四川大學漢語史研究所
四川大學中國俗文化研究所

漢語史研究集刊

第十四輯

四川出版集團·巴蜀書社
中國·成都

主　編　項　楚

副主編　俞理明　雷漢卿

學術委員會
丁邦新（香港科技大學）
高田時雄（日本京都大學）
何莫邪（Christoph Harbsmeier，挪威奧斯陸大學）
江藍生（中國社會科學院）
蔣紹愚（北京大學）
柯蔚南（W. South Coblin，美國依荷華大學）
魯國堯（南京大學）

梅維恒（Victor H. Mair，美國賓夕法尼亞大學）
梅祖麟（美國康乃爾大學）
裘錫圭（復旦大學）
王邦維（北京大學）
王　寧（北京師範大學）
項　楚（四川大學）
向　熹（四川大學）
辛島静志（日本創價大學）
徐文堪（漢語大詞典出版社）
薛鳳生（美國俄亥俄州立大學）
游汝杰（復旦大學）
張永言（四川大學）
趙振鐸（四川大學）
佐藤晴彦（日本神户外國語大學）

編輯委員會
曹廣順（中國社會科學院）
董志翹（南京師範大學）
馮勝利（美國堪薩斯大學）
管錫華（四川師範大學）
何寶璋（美國哈佛大學）
洪　波（南開大學）
蔣冀騁（湖南師範大學）
蔣宗福（四川大學）
雷漢卿（四川大學）
李文澤（四川大學）

劉　利（北京師範大學）
譚　偉（四川大學）
汪維輝（浙江大學）
伍宗文（四川大學）
楊　琳（南開大學）
楊宗義（巴蜀書社）
俞理明（四川大學）
張顯成（西南大學）
張涌泉（浙江大學）
朱慶之（北京大學）

本期執行編委　蔣宗福　雷漢卿　李文澤　俞理明
本期編務主持　王彤偉

目 錄

再論字典的修訂 ………………………………… 趙振鐸（1）
試論限定副詞"光"的語法化機制與動因 …… 沈　煜　龍國富（9）
係詞"爲"字產生的動因與機制 ………………… 解植永（30）
上古漢語的假設構式 …………………………… 龔　波（40）
"自己"在中古以後的發展 ………………………… 陳中源（54）
表達全量的"若X若Y"格式 ……………………… 董正存（67）
清代初年的"給"字句 …………………………… 宋慧曼（83）
元明清"險些"類句式初探 ……………… 邵則遂　陳　霞（98）
《西遊記》雙賓語句考察 ………………… 張美蘭　戴　利（111）
《兒女英雄傳》時間複句研究 …………………… 匡鵬飛（132）
金文虛詞研究綜述 ……………………………… 陳順成（148）
東漢佛道文獻詞彙新質的概貌 …………… 顧滿林　俞理明（164）
"首、頭"的歷時演變 …………………………… 王彤偉（172）
"生死""存亡"與"死活" ………………………… 袁　嘉（185）
《〈八卷本〈搜神記〉語言的時代〉補證》質疑 …… 汪如東（200）
《朱子語類》中的白話語料探析 ………………… 徐時儀（206）
俗語辭書《談徵》的作者與語言學價值 ………… 曾昭聰（222）
傳教士所編《西蜀方言》及其在四川方言研究中的價值…… 鄧章應（233）
關於語言系統、音義結合及相關問題的思考
　　——讀索緒爾《普通語言學教程》 ………… 譚代龍（245）
論元結構變化與詞彙化的發生
　　——以"了得"、"了不得"的詞彙化為例 …… 王麗玲（280）

從方言詞的底層成分看贛語與吴語的相互關係
——以贛語詞彙中的古吴語成分爲例 ……… 肖九根（296）
思界話與廈門話鼻化韻、鼻尾韻的對應關係及古音痕迹
………………………………………………… 李　玉（306）
禪語脞説 ……………………………………… 雷漢卿（316）
《蜀語》名物續考 ……………………………… 蔣宗福（328）
敦煌、吐魯番文獻詞語方言考補遺 …………… 黑維强（349）
《朱子語類》詞語考釋八則 …………………… 程碧英（358）
《觀世音應驗記三種》校釋四則 ……………… 陶　智（366）
《西藏紀遊》點校注釋札記 …………………… 王寶紅（373）
《湧幢小品》俗語詞札記 ……………………… 黄宜鳳（384）
《金瓶梅詞話》注釋商榷 ……………………… 崔山佳（393）
評《佛教與漢語史研究：以日本資料爲中心》……… 闞緒良（408）

再論字典的修訂*

趙振鐸

內容摘要：本文認爲字典的修訂是字典編纂的重要後續工作。但要在修訂中發現硬傷、消滅硬傷並不容易。

關鍵詞：字典　修訂　《漢語大字典》

字典的修訂是字典編纂的重要後續工作，一部字典要它有更強的生命力，能夠與時俱進，發揮更大的社會效益，群衆願意使用它，其中重要的一環就是定期對它進行修訂，改正錯誤，克服缺點，在體例許可的範圍內補充新的內容。

修訂工作應該針對前一版存在的問題來作。《漢語大字典》第一版問世，受到各方面的關注，有不少批評文章，這些文章涉及字典的方方面面，歸納起來有以下幾點：一是漢字形體的收列，1981 年，大字典還在編纂的時候，作爲顧問的呂叔湘先生曾經向李格非和我談到：大字典的楷書字頭下面祇列甲金篆隸等古文字形體顯得面貌古老，應該考慮將行書和草書的形體列進去，這個意見無疑是正確的，當時因爲人手不够，沒有作。二是義項的劃分顯得非常零碎，有些義項缺乏概括性，還有一些義項解釋有誤。三是對於虛字的解釋非常凌亂，沒有一個統一的解釋

---

* 本文所舉的例子均採自《漢語大字典》第一版，湖北辭書出版社四川辭書出版社，1986 年—1990 年。

方式。有些解釋還有錯誤。四是還有不少硬傷。這些問題都在修訂之列。要把這些問題都解決，從人力、物力、財力上看，目前都還有不少困難。但是修訂工作又必需進行。經過編纂處的反復研究討論，決定把消滅前一版的硬傷作爲修訂的重點。在編纂處的《修訂説明》中指出這次修訂不是大修，而是中修，即"對《漢語大字典》的硬傷性、體例性錯誤進行糾正。力所能及做提高性修改，如適當地增加字頭、增加義項、更換例証等。"這是根據目前不少讀者提出的需要來考慮的。真正把第一版出現的硬傷都改正了，避免誤導，讓讀者放心去使用，這也是一件大好事，同時也是一件不容易的事。

就以消滅硬傷而論，發現硬傷並不容易，没有比較强的學識功力，一定的業務水平，是不一定能够發現問題的。舉幾個明顯的例子：

坪　平坦的場地。《説文·土部》："坪，地平也。桂馥義証：'地平也者，《廣雅》：坪，平也。'趙宧光曰：蜀蛾山有雷洞坪。"（《土部》五畫"坪"字第一義項）

巡　同"巡"。明趙宧光《説文長箋·辵部》："巡，同'巡'"。（《囟部》七畫"巡"字）

閛　突入。趙宧光《説文長箋·門部》："閛，驀至人家也。"（《門部》十畫"閛"字第二音項第一義項）

趙宧光是明朝時期的學者，作有《説文長箋》，很多人對他的生平不熟悉，往往把"宧"錯成了"宦"，大字典在編纂的時候已經改正了不少。桂馥《説文義証》引作"趙宧光"，不誤。這三條是當時審稿漏掉的。又：

羔　未滿一歲的小羊。《廣雅·釋獸》："吳羊牡一歲曰牡羔；三歲曰羝，其牝一歲曰牸羔。"（《羊部》六畫"羔"字第一義項）

挚　小羊。《廣雅·釋獸》：挚，羔也。王念孫疏証：

"小羊謂之羍,猶小雞謂之鷇矣。"(《羊部》九畫"羍"字第二義項)

這兩條都在《廣雅·釋嘼》,"嘼"字後作"畜",《説文·嘼部》:"嘼,㹌也。象耳、頭、足厹地之形。古文嘼下從厹。"徐鉉音許救切。編者誤將它作爲"獸"的簡體字"兽"了,不知道它是"畜"字。

彣　錯綜駁雜的花紋或色彩。《説文·彡部》:"彣,䩵也。"(《彡部》"彣"字四畫第一義項)

䀘　舉目使人。《説文·目部》:"䀘舉目使人也。"(《目部》四畫"䀘"字第一義項)

《説文》部首五百四十部,它和明清已來部首的情況不盡相同。這兩例都是用今天的部首去套《説文》的部首,所以弄錯了。"彣"字《説文》在《彣部》,不在《彡部》。"䀘"字在《䀘部》,不在《目部》,"䀘"字古文字形體收列引《説文》不誤。

唐朝孔穎達等人編纂《五經正義》,因爲孔穎達學識地位比較高,而年紀又長,於是把他作爲編纂《五經正義》的代表。談到這部書都説孔穎達《五經正義》。五經是《易經》、《尚書》、《詩經》、《左傳》和《禮記》。其他的經書如《周禮》、《儀禮》、《公羊傳》和《穀梁傳》都有唐人寫的疏。但是它們不是孔穎達寫的,而字典裏面這些疏卻出現了孔穎達的名字。且看下面的例子:

付　通"祔"。祭名。新死者附祭於先祖。《周禮·春官·大祝》:"言向人讀禱,付練詳,掌國事。"鄭玄注:"付當爲祔。祭於先王以祔後死者。"孔穎達疏:"祔謂虞卒哭後祔祭於祖廟。"(《人部》三畫"付"字音項②)

庮　木爛發出的臭氣。《周禮·天官·内饔》:"牛夜鳴則庮。"鄭玄注引鄭司農曰:"庮,朽木臭也。"孔穎達疏:"庮,惡臭也。"(《广部》七畫"庮"字第一音項第二義項)

齾　牙床末端最後長出的兩對磨牙。《儀禮·既夕禮》："左齾右齾。"孔穎達疏："謂牙兩畔最長者。"(《齒部》十畫"齾"字)

三個例子裏面的孔穎達都是錯的，唐人爲《周禮》和《儀禮》作疏的是賈公彥。這裏的孔穎達都應該改成賈公彥。第三個例子文字太短，而且有錯字。原文可以引長一些。將修改後的句子鈔錄如下："卒洗，貝反於笲，實貝柱，右齻左齻。"鄭玄注："象齒堅。"賈公彥疏："謂牙兩畔最長者，象生時齒堅。"

唐人顏師古曾經給《漢書》作過注。但是沒有聽說他給《史記》作注。大字典裏面竟出現《史記》顏師古注。顯然是把材料弄錯了。

概　稠密。《史記·齊悼惠王世家》："深耕概種，立苗欲疏。"顏師古注："概，稠也。"(《禾部》九畫"概"字)

譙　城門上的望樓。《史記·陳涉世家》："攻陳，陳守令皆不在，獨守丞與戰譙門中。"顏師古注："譙門，謂門上爲高樓以望遠者耳。樓一名譙。"(《言部》十二畫"譙"字第二音項第一義項)

這兩個句子《漢書》裏面相關的傳裏面都有，而且有顏師古注。編纂者把《漢書》的顏師古注移到了《史記》文字的下面，又沒有進一步說明，所以出現了這樣的差錯。類似的例子還可以舉出一些。

權　變通；權變。《易·繫辭下》："井以辨義，巽以行權。"王弼注："權，反經而合道，必合乎巽順，而後可以行權也。"(《木部》十七畫"權"字第一音項第十一義項)

《繫辭》屬於《十翼》，它是晉朝人韓康伯作的注，不是王弼。文中"辨"字當作"辯"。

腪　同"胃"。《禮記·內則》："鴰奧鹿腪。"漢鄭玄注："胃，音謂。字又作腪。"(《月部》九畫"腪"字)

檢《禮記·月令》，沒有發現鄭玄這段注釋，這是陸德明《經典釋文》裏面的話。應該把"漢鄭玄注"改成"釋文"。

綴　連結。《國語·齊語》："式權以相應，比綴以度。"高誘注："綴，連也。"（《苦部》八畫"綴"字第一音項第二義項）

高誘沒有給《國語》作過注。他祇給《戰國策》和《淮南子》作過注，給《國語》作注的是比高誘晚的韋昭。這條材料正見於韋昭的《國語·齊語》注。

賵　送給喪家助葬的車馬等物。《左傳·隱公元年》："秋七月，天王使宰咺來歸惠公、仲子之賵。"鄭玄注："賵，助喪之物。"

鄭玄沒有《左傳注》傳下來。檢《左傳》，這明明是杜預注。當改。

這種張冠李戴的現象，多數是鈔寫資料時候沒有寫清楚，或者是編寫排比材料的時候，需要交代的地方缺乏應該有的解釋，而在審稿和通讀的時候又沒有仔細思考所造成的。

書名、篇名、作者名、注家名的錯誤，情況最爲複雜，有的是編者的疏忽，有的是抄校者不明白文意，還有就是審稿時候沒有看到，不管怎樣說，這些錯誤都是應該避免的。下面是隨手檢來的一些例子：

游　同"斿"。古代連綴於旗幟正幅下沿的垂飾。《周禮·春官·中車》："王之五路，一曰玉路……建太常，十有二斿，以祀。"（《水部》九畫"游"字第一音項）
按："中車"當作"巾車"。

渾，〔渾渾〕同"滾滾"。〕水流不絕。《荀子·當國》："上得天時，下得地利，中得人和，則財貨渾渾如泉源。"（《水部》九畫"渾"字第三音項第一義項）
按：《荀子》祇有《富國》，沒有《當國》，"當"是"富"字之誤。

澗　山間的水溝。《詩·周南·采蘩》："於以采蘩，于澗之中。"毛傳："山夾水曰澗。"(《水部》十二畫"澗"字第一義項)

按：《采蘩》在《召南》。不在《周南》，此誤。

股　大腿。《易·説》："乾爲首，坤爲腹，震爲足，巽爲股。"孔穎達疏："股隨於足，則巽順之謂，故爲股也。"(《月部》四畫第一義項)

按：《説卦》是《周易》十翼之一，不在六十四卦之列，不能够這樣標注。

臅　胸中的脂膏。《禮記·肉則》："小切狼臅膏，以與稻米爲酏。"鄭注："狼臅膏，臆中膏也。"(《月部》十三畫"臅"字)

按："肉則"是"内則"之誤，這個錯誤非常明顯。

碕　〔碕礒〕山石錯落不平貌。《楚辭·劉安〈招隱士〉》："欽岑碕礒兮，硱磳磈硊。"洪興祖補注："碕礒，石貌。"(《石部》八畫"碕"字第三音項)

按：《招隱士》的作者是淮南小山，是淮南王劉安的門下，文獻有明確的記載。不宜標作劉安。

踞　倚，依靠。《文選·班固〈西京賦〉》："於後則高陵平原，據渭踞涇。"劉良注："踞，倚也。"(《足部》八畫"踞"字第三義項)

按：班固的作品是《兩都賦》，即《西都賦》和《東都賦》，不叫《西京賦》。《西京賦》是張衡作的。

雊　雄雉鳴。《書·高宗肜日》："高宗祭成湯，有飛雉昇鼎而雊。"(《隹部》五畫"雊"字)

按：《尚書》的篇名是《高宗肜日》，不是"彤"字，編校者把字看錯了。

臂　同"髖"。《廣韻·釋親》:"髀,臂也。"王念孫疏证:"髖,與臂同。"(《骨部》十二畫"髖"字)

　　按:《廣韻》是《廣雅》之誤。

　　鱃　魚名。《山海經·北江經》:"嶽法之山,瀺澤之水出焉,而東北流注於泰澤。其中多鱃魚,其狀如鯉而雞足,食之已疣。"(《魚部》十一畫" "字)

　　按:《山海經》沒有《北江經》,祇有《北山經》。

類似的情況還不少,如把《詩·大雅·文王有聲》錯成"文王之聲",《周頌·小毖》錯成"小瑟",《儀禮·少牢饋食禮》錯成"少年饋食禮"等等,都是應該避免的。

《漢語大字典》在編纂的時候,專門建立了字音組負責字音的審定和標注。但是在這方面也還有一些錯訛。例如:

　　罙 mí　《廣韻》必移切 平支明 脂部

　　①深入,冒也。《廣韻·脂韻》:"罙,深入也,冒也。"(宀部)六畫"罙"字)

　　按:《廣韻·支韻》沒有"必移切",《必》字聲母也不在明母。《廣韻》的切語是"武移切",在微母,與明母爲類隔切,這裏弄錯了。釋義條把《廣韻》引作《脂韻》,也是錯的,應該作《支韻》。

　　狛 bó　《集韻》匹各切 入鐸幫　鐸部(《犬部》五畫"狛"字)

　　按:"匹"在滂母,不在幫母。此誤。

　　謵(二) ché 比涉切 入葉昌(《言部》十一畫"謵"字音項二)

昌母沒有"比"字,《廣韻·葉韻》音"叱涉切",這裏把字弄錯了。

　　至於引文的衍、譌、缺、倒,初稿本裏面就不少。來一次清理的確非常必要。

這裏列舉了字典的一些錯謌,並不是説這部字典就有很多很多的硬傷,其實這樣大部頭的工具書,現在查到它的錯謌還不到萬分之二。但是作爲一部有影響的大型工具書,就是這些錯謌也是應該避免的,修訂查出它的錯謌是一個進步。

　　還應該指出,字典的修訂,是一項繁重的工作,必需特別注意,不能够馬虎從事。就拿硬傷來説,它出現在什麽地方,沒有規律可尋,有人把它比作定時炸彈,它在什麽地方出現沒有一個準,這就要求參加修訂工作的同仁百倍小心,認真對待。"校書如掃落葉。"字典的修訂也是如此,就拿消滅硬傷來説,就很難説一次就把以前遺留下來的硬傷通通都找到了,都消滅完了。

　　字典形成的格局是字典編纂者多年研究摸索出來的。它有嚴密的系統性,修訂工作對這方面要特別留神。不要自作主張隨意改動。如果不留心,可能改錯,破壞了整個字典的完整性。大字典對於字頭的收列强調要有書証。沒有書証的字,堅決不收進字典。這是最根本的原則。不能够違背。現在發現新收的某些字,沒有書証,不符合字典編纂的根本原則。誰知道是從什麽地方淘來的?應該注意搜求,找到確切的書証再收進字典。

(趙振鐸,四川大學文學與新聞學院　郵編:610064)

試論限定副詞"光"的語法化機制與動因*

沈　煜　龍國富

內容摘要：本文討論限定副詞"光"語法化的機制和動因。本文認為，謂語前表限定的副詞"光"的語法化機制是重新分析和類推。限定副詞"光"的語法化語用動因主要是交際互動、語用推理、主觀化。直接參與詞義泛化、抽象化和重新分析的，是含語素"光"的雙音節形容詞。副詞"光"的句法限制和感情色彩，與"光"語法化早期的語用意義有關。

關鍵詞：限定副詞"光"　語法化　機制　动因

現代漢語限定副詞"光"主要有兩種用法。一種位於動詞/形容詞性謂語（簡稱"動謂"）前，一種位於體詞性謂語（簡稱"體謂"）前。（呂叔湘 1980）太田辰夫（2003 [1958]：261）初步假設表示"衹有"的限定副詞"光"源於"光滑"義形容詞"光"。王靜（2010）認為限定副詞"光"源於"裸露"義動詞"光"。本文基於太田辰夫和王靜的研究，對限定副詞"光"語法化的過程、機制和動因作進一步探索。

一　限定副詞"光"語法化過程

"光"本義是"光線"。又有形容詞、動詞用法。有反光的物

---

* 本研究屬於國家社科基金一般項目（批准號 11BYY072）。

體表面光滑乾淨。於是"光"可引申指"光滑"、"乾淨"。如：

(1) 樹下有十二方石，地甚光潔。(《水經注》卷四十)

例(1)的"光"雖有"光滑、光潔"義，卻沒有明顯的"祇有"的意思。

本文發現，同時隱含有"祇有"義的"光滑、光潔"之"光"，文獻中最早在南宋，形容無髮的頭。如：

(2) 忽一光頭小兒自靈幄走出。(洪邁《夷堅支志·己卷九》)

"光頭"在南宋之前應該已產生並慣用了，因為南宋時"光頭"已可以比喻一種形似光頭的農作物。如：

(3) 稻：大青矮、青光頭、青黃散秈、馬齒紅、金珠之類是也。(《(嘉定)赤城志》卷三十六)

"光頭"的"光"的意象可為：

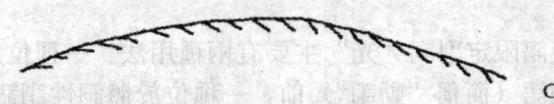

圖一

其中，a表示物體外部、表面(如頭髮)，b表示物體內部(如頭蓋骨、腦漿)，c表示內外交面(如頭皮)。"光"向a方向可突顯"在c外面沒有附加物"，向b方向可突顯"祇有裏面的乾淨的c"。"光"語義擴展或抽象化後，依然反映這種基本意象。而b方向突顯的"祇有"義可看作限定副詞"光"的認知語義來源。

元代開始，B方向的突顯可以擴展形容更多事物，多義性極大增強。"某一形式增加多義性的過程"正是語法化前的特徵之

—"泛化（generalization）"的一個特點（Hopper & Traugott 2005 [2003]：101）。該突顯主要以非單音節的含"光"形容詞來實現。如：

(4) 梳個頭兒光光地。（《清平山堂話本·快嘴李翠蓮記》）

(5) 婆婆哎你覷那光塌塌的墳墓前。（《元曲選·散家財天賜老生兒雜劇》）

(6) 放起火來，把山寨燒做光地。（《李卓吾先生批評忠義水滸傳》卷三十五）

(7) 到了光骨頭的田地，那些小鬼們走近前。（《三寶太監西洋記》卷十八）

(8) 四匹馬祇有兩匹有鞍轡，兩匹是光馬。（李寶嘉《文明小史》第四回）

例(4)—(8)都是圖一的具體表現；含"光"形容詞的使用功能極大地擴展了，"祇有"義牢牢固定在該詞中；但擴展的語義仍是具體的。

隨著搭配擴展，"光"的語義自然也隨語境而抽象化。這種語境主要有兩類：身體和房屋。元代以後，"光"所修飾的身體範圍由"外無雜質或頭飾、祇有光滑乾淨的頭髮"的髮型（例4）擴展到"外無附加衣服、祇有裏面的皮膚"的裸體（例9）。如：

(9) 又見婦人脫的光赤條條。（《金瓶梅》卷三）

錢是身外之物，所以，"裸體"可抽象比喻"捉襟見肘"的經濟狀況。"光身子"就是表示這個比喻用法的習語。太田辰夫（2003 [1958]：261）認為"光身子"即"裸體"。實際上，文獻中全是比喻義。該習語詞典未收。元代就有。如：

(10) 你要私休，將一應家財房廊屋舍帶孩兒都與了我。祇把這個光身子走出門去。（《元曲選·包待制智賺灰闌記雜

劇》）

非習語也具有了這種比喻義。如：

(11) 少不得弄到赤腳精光也，剩不得半文錢抽身跑。（《掛枝兒·詠部八》）

語素"光"還可修飾"受災（一般火災）後，外面沒有任何裝潢、祇有裏面的骨架"的房屋。如：

(12) 眼見一家兒燒的光光兒了也，教俺怎生過活咱？（《元曲選·相國寺公孫合汗衫雜劇》）

房屋可比喻家業、家財。於是，語素"光"可抽象化而比喻經歷某事件（通常不吉利）後的家徒四壁的經濟狀況。如：

(13) 自從把家私分開了，好似那湯潑瑞雪。風卷殘雲。都使的光光蕩蕩了。（《元曲選·崔府君斷冤家債主雜劇》）

抽象義的含"光"形容詞有可能孕育出限定副詞"光"。

據呂叔湘（1980），現代漢語限定副詞"光"主要有兩種用法。一種位於動謂前，一種位於體謂前。本文分開討論其語法化過程。

明代中後期，動謂前的含"光"形容詞既可看成修飾賓語的形容詞，又可重新分析為修飾動詞謂語的副詞。如：

(14) 蒼頭的性命也不知死活。身中一應行李，盡被劫去，光光剩個身子。（馮夢龍《古今小說》卷九）

明代後期，副詞"光光"發生語音縮減，產生出單音節形式。如：

(15) 今日他爹不在家，家裡無人，光丢着些丫頭們，我不放心。（《金瓶梅》卷三）

明清之際，副詞"光"與否定副詞"不"、限定副詞"止"等連用，說明副詞"光"的句法功能進一步成熟，詞性範疇更加典型。如：

(16) 況且又不光止打罵那妾，畢竟也還把自己丈夫牽

扯在裏頭。(《醒世姻緣傳》第四十四回)

清代中期以前,動謂前的副詞"光"進一步虛化為"總是"義頻率副詞,並有埋怨語氣。如:

(17) 你這個小亡八羔子,光惹的我生氣!(《白雪遺音》卷二)

同在明代中後期,出現在體謂前的含"光"形容詞既能看成修飾名詞的形容詞,又能重新分析為修飾整個體謂的副詞。如:

(18) 精光一個老鼠。(《三寶太監西洋記》卷十五)

同期,副詞"精光"已縮減,單音節副詞"光"已出現。如:

(19) 光一個老鴉,卻沒有了身上的火,船上就不妨礙。(同上)

同期,"光"能與同類限定副詞連用,共同修飾體謂。如:

(20) 又問:"你媳婦沒子女?"那人道:"祇光兩口兒。"(《金瓶梅》卷十五)

清代後期,"光"可與"不"黏合成詞,放在體謂前。如:

(21) 因為別人見不着的很多,並不光我一個。(《官場現形記》卷三十三)

二 限定副詞"光"語法化的機制

近年來,國際語法化界(如 Himmelmann 2004、Traugott 2008、Traugott 2009 等)和漢語語法史界注重結構式在詞項語法化過程中的重要性。吳福祥(2005)認為,某些詞彙項的語法化"總是發生在一個特定的結構式裏,總是需要特定結構式的句法結構和語義關係作為其語法化過程發生的語用、語義和句法條件"。

本文認為,動謂和體謂前的"光"的語法化主要機制很可能都是在隱含"祇有"義的特定句法環境中經"重新分析""驅動(drive)"（Hopper & Traugott 2005 [2003]: 69）的。此外，類推也是重要機制。

2.1 動詞前的限定副詞"光"語法化的機制。

隱涵"祇有"義的"含'光'形容詞＋V＋N"的句法環境會造成重新分析。該句式的最初形態是南宋佛教語境中的"光剃頭"。如：

（22）不害光鬢頭淨洗缽也。（黃庭堅《山谷老人刀筆》卷十七）

（23）光薙頭淨洗缽，頭頭拈起頭頭活。（陸游《渭南文集》卷二十二）

（24）光剃頭，淨洗缽。（《五燈會元》卷十一、十五、十六）

（25）師云："光剃頭，淨洗缽。"（《古尊宿語錄》卷六、十、四十二）

"剃頭"是南北朝已經產生的用法。如：

（26）太子不剃頭，使人落髮。（釋僧佑《弘明集》卷八）

（27）我剃頭沙門，本出家求道。（釋慧皎《高僧傳》卷八）

"光剃頭"應是產生在南北朝"剃頭"和南宋"光頭"之後的結構式。正常語序應是"剃頭使光"、"洗缽使淨"。"光剃頭"突出了"剃"的結果。這裏，"光"是做狀語的形容詞，語義仍具體，語義指向仍是受事"頭"而非動詞"剃"。元代起，可在"梳"前做狀語的含"光"詞項也是形容詞。如：

（28）我光梳了頭，淨洗了臉，開了這茶房，看有甚麼人來。（《元曲選·東堂老勸破家子弟雜劇》）

（29）帶冠梳硬挺着虺脖項，恰掌記光舒着黑指頭。

(《朝野新聲太平樂府》卷九)

(30) 燕青除了頭巾,光光的梳着箇角兒。(《李卓吾先生批評忠義水滸傳》卷七十四)

明代語境又有拓展。如:

(31) 祇見仙師騎着一匹黃馬,鬃尾都是紅的,卻是光騎着,並無鞍轡。(丁耀亢《續金瓶梅》第五十二回)

例(31)的"光"也是做狀語的形容詞,形容"外無鞍轡,祇有裏面赤裸軀體"的馬,見例(8)。總之,以上這些"含'光'形容詞+V+N"中,含"光"形容詞雖有"祇有"義,但沒可能重新分析為修飾動詞的副詞。因為整個句法環境沒有"祇有"義。雖然如此,這一結構還是為重新分析創造了契機。

做狀語的含"光"形容詞祇有出現在隱含"祇有"義的該句法結構中時,纔能受句法壓制而"被語法化"。早期重新分析的例子在明代,如例(14)。賓語本是習語"光身子",比喻捉襟見肘,如例(10)。試對比:

(32) 今日剩得個光身子,怎好來擾得你!(《二刻拍案驚奇》卷二十六)

例(32)是正常語序,例(14)突出了結果"沒有錢",句法隱含"祇有"義(這個"祇有"義不是"剩"所含的,而是句法結構的)。這樣,受句法壓制,"光光"就可重新分析成修飾"剩"的更抽象的"祇有"義限定副詞。例(14)涉及構成成分、層次結構、範疇標注和黏著性的重新分析(見 Hopper & Traugott 2005 [2003]:51)。構成成分上,可重新括號分析:

(33) a. 光光 [剩個] 身子〉
　　　b. [光光剩個] 身子

從例(33a)到例(33b)的過程不是一次完成的,而是多個更細小步驟的結果。"光光"在例(33a)中與"身子"相搭配,修飾"身子";重新分析為例(33b)後,"光光"與鄰近的

"剩"相配，修飾"剩"。層次結構上，例（33a）中，"光光"從屬於賓語"身子"的層次；重新分析為例（33b）後，"光光"從屬於謂語"剩個"，同位於謂語層次中。範疇標注上，例（33a）的"光光"是狀語位置的形容詞，例（33b）的"光光"可看成修飾動詞的副詞。例（33a）到例（33b）的"光光"的範疇變化是非範疇化（decategorialization）的過程。黏着性上，從例（30）到例（14）到例（15）能說明這種變化。例（30）中，"光光"與"梳"仍有助詞"的"為界。例（14）中，"光光"與"剩"之間的邊界已消失，黏着性加強。但"光光"仍是獨立的韻律詞，與"剩個"之間仍有停頓（"光光/剩個/身子"）。（15）是目前能找到的最早的動謂前的副詞"光"。例（15）的"光"已縮減為單音節，祇能與動詞"丟著"融合為三音節韻律詞，"光"與"丟著"間無停頓（"光丟著些/丫頭們"），黏着度更高。所以，黏著度變化可以表示為：

(34)"光光（的）"（adj.）>"光光"（adj./adv.）>"光"（adv.）

總之，當含"光"形容詞出現在含"祇有"義的這一句法結構中時，就有可能被重新分析為"［含'光'副詞＋V］＋N"。

例（15）說明了動謂前的副詞"光"在明代中後期已出現了語音減縮。但是，它還限於這一特定的句法環境；"光"的"祇有"義還隱約指向賓語"丫頭們"，留有"身外沒有防禦能力，祇有自己柔弱的身軀"的形容詞義。

是類推機制將副詞"光"擴展到其他同構項和句法環境中，使得它不再被分析為形容詞，並進一步發展更抽象的句法功能。不含形容詞性的用例最早在1630年前後。如：

(35) 光陪禮，也不濟事。若是觸犯魏爺，咱們還可帶你去陪個禮。（《梼杌閑評》卷三十四）

當"光"的搭配動詞類推擴展到例（35）時，"光"不能再被分析為指向賓語"禮"的形容詞，祇能分析為修飾動詞"陪"的副詞。同一時期，副詞"光"類推至不及物動詞前，"光"也不能分析為語義指向名詞賓語的形容詞，祇能分析為副詞。如：

(36) 叫腳夫挑了貨物光走。(陳忱《水滸後傳》第四回)

明清之際，副詞"光"擴展到與否定副詞"不"、限定副詞"止"、"一味"等連用，句法功能進一步成熟，詞性範疇更加典型。如例(16)。又如：

(37) 你行頭不怎麼，光一味好撇。(《金瓶梅》卷十四)

(38) 你這罪過犯的較重大些，光止念經拜懺當不的甚麼事。(《醒世姻緣傳》第六十四回)

此後，句法環境由表空間擴展到更抽象的表時間，成為"總是"義頻率副詞，並有埋怨色彩。清代中期前已出現。如例(17)。又如：

(39) 我見人家抱著孩子，我就光眼熱。(《白雪遺音》卷二)

(40) 想郎想的俺光睡覺。(《白雪遺音》卷三九)

總之，"光"重新分析後，鞏固和強化其語法功能和抽象語義的機制主要是類推。

2.2 體謂前的副詞"光"語法化的機制

體謂前的副詞"光"語法化的機制關鍵也是"祇有"義結構式的重新分析。我們發現，當出現"含'光'形容詞＋一＋量詞＋N"的這種隱含"祇有"義的結構式時，做狀語的含"光"形容詞不可避免地受句法壓制而被語法化。該結構式就能重新分析為"含'光'副詞＋一＋量詞＋N"。1597年成書的《三寶太監西洋記》的連續語篇中有語法化早期階段的例子。如：

(41) a. 精光$_1$的一個老鴉。……(引詩)……光一個老鴉，却沒有了身上的火，船上就不妨礙。

b. 精光₂一個老鼠。……（引詩）……光一個老鼠，却也沒有身上的火，船上也不妨礙。
c. 精光₁的一條大蛇。……（引詩）……光祇是一條大蛇，却也沒有了身上的火，箬篷兒又不妨礙。
d. 精光₂一個靈龜。……（引詩）……光祇是一個靈龜，也却沒有了身上的火，船艙裏又得穩便。（《三寶太監西洋記》卷十五）

Hopper & Traugott（2005 [2003]：125）認為："在任何一種語言的某一範圍裏，總是存在相當多的共時的多樣性。最顯著的一些例子是，某一個完全形式與一個縮減形式共存，它們有相關的形式和最低程度的功能差異"。例（41）的共時系統中的3個含"光"詞項——"精光₁"、"精光₂"以及縮減形式"光"也遵循這規律。可以將它們的語法化連續統作一邏輯假設：

(42) a. "精光₁"（adj.）> b. "精光₂"（adj./adv.）> c. "光"（adv.）

"精光₁"是形容詞，形容火燒後體表無毛的老鼠，是例（12）的固定語境意義的擴展。"精光₂"處於重新分析階段，它連貫了形容詞"精光₁"和副詞"光"，使得排比和雙關的修辭手法得以施展。語義上，它既可以分析為形容詞，形容火燒後動物體表無毛，又可以重新分析為副詞，限定謂語範圍，顯得"老鼠"微不足道。語法上，它的構成成分變化可分析為：

(43) a. 精光 [一個] 老鼠〉
b. [精光一個老鼠]

例（43a）中，"精光"與"老鼠"相配，修飾"老鼠"，句法結構可還原為"一個精光（的）老鼠"；重新分析為例（43b）後，"精光"與整個體謂相配，修飾整個謂語。從層次結構上說，例（43a）中，"精光"從屬於名詞"老鼠"；重新分析為例

(43b) 後，"精光"從屬於謂語"一個老鼠"，與"一個老鼠"同屬於謂語層次。從範疇標注上說，例（43a）的"精光"是修飾"老鼠"的形容詞，例（43b）的"精光""非範疇化"為修飾整個體謂的副詞。從黏着性上說，"精光"比"精光的"少了助詞界限，但還留有韻律邊界。而例（42c）的"光"在韻律上已經與鄰近成分融合為一個韻律單位。

例（41c）（41d）中，"光"還與副詞"祇"連用，並且出現了係詞"是"，突出了"光"的副詞角色，與謂語成分進一步融合。但是，例（41）的"光"還隱約指向謂語中的名詞成分，還留有"動物火燒後外無毛髮或保護層，祇有裏面赤裸的肉體"的形容詞義。

是類推機制擴展了同構項和句法環境，其副詞性得以穩定下來。明代後期就有，如例（20）。同構項由例（41）的"動物"擴展到例（20）的"人"，"光"也已不限於"光＋一＋量詞＋N"的句法環境，而置於其他體謂前；類推使"光"不再被分析為修飾名詞的外表（不是形容"兩口兒"的身體）而祇分析為限定體謂的範圍（限定謂語為"兩口兒"而不包括"子女"），即不可再被分析成形容詞。清代後期，"光"與副詞"不"組成新副詞放在體謂前，同構項也由例（20）的"人"擴展到例（21）的更抽象的第一人稱"我"。

三　限定副词"光"語法化的動因

學科不同，關注動因的側重點不同。語法化學者尤感於"交際環境中說話者與聽話者協商意義時的作用"（Hopper & Traugott 2005 [2003]：71），常在交際的語用環境中找語法化動因。本文認為，"光"語法化的語用動因主要體現在三方面：1. 交際互動；2. 語用推理；3. 主觀化。

3.1 交際互動

語法化受"說話人－聽話人互相作用和交際策略""激發(motivate)"（Hopper & Traugott 2005［2003］：73）。交際互動的動因常包括說話人要求的經濟性（簡單性）、效率性、慣例化（習語化），以及聽話人的信息性、明晰性、表達性。（Hopper & Traugott 2005［2003］：71－74）說話人和聽話人策略互異，相互競爭。

3.1.1 說話人角度的交際互動

說話人希望簡化、合併有微小區別的形式，以求經濟性（economy）和效率（efficiency）。這可能誘導語法化。因為形式簡化後，意義就可能模糊、歧義或缺失。聽話人不好理解，就用語用推理推測說話人的"言外之意"（語用義），進而誘發表層結構重新分析。如，動謂前的雙音節含"光"形容詞一般帶助詞"的"，如例（30）。而例（14）的說話人可能認為形式"光光"與"光光的"區別度很小，可以等價換用，所以，為圖快捷省力，省略"的"（也可能是語音弱化，而書面文字沒有記錄）。但是，聽話人可能對不加"的"的"光光"不能理解，於是尋求用語境推理"光光"的意思。由於語境含"祇有"義，聽話人就推理"光光"含抽象語境義，從而誘發重新分析。又如例（41）的"精光$_2$"。說話人將它與帶助詞"的"的"精光$_1$"放在排比段的同一位置，顯然認為"精光$_2$"和帶"的"的"精光$_1$"形式區別很小，意義無別。而聽話人卻可能認為兩個"精光"有別，就嘗試用語境義推理"精光$_2$"。據 3.2 的分析，聽話人對無"的"形式——"光光"、"精光$_2$"的推理的動因主要是轉喻。

說話人還傾向於讓表達式"慣例化（routinization）"，即"習語化（idomatization）"，以使符號"簡單化（simplification）"。即，說話人常重複聽話人聽過的表達式。重複的表達式頻繁使用而成為固定結構式。慣例化對語法化有重要推動。試舉五點：

第一，頻率促進"光"語義的"漂白"(bleaching)。

第二，一些含"光"構式慣例化為習語，促進了能重新分析的含"光"構式的生成。如：

(44) 不然，你光梳頭淨洗面的躲在家裏，不出去回拜人，豈不叫人嗔怪？(《醒世姻緣傳》第四回)

(45) 每日替他光梳淨洗，穿著了上蓋衣裳。(《醒世姻緣傳》第五十六回)

兩例是例(28)"光梳了頭，淨洗了臉"的慣例化結果。例(28)的"光"雖不能重新分析，但慣例化後，能牽引含"光"形容詞在"祇有"義句法環境中也提至謂語前，使結構獲得重新分析。

第三，副詞"光"剛產生後，頻繁使用對鞏固成果和進一步類推很有幫助。

第四，頻率使得副詞"光光"、"精光"出現了語音形式的縮減和韻律詞邊界的消失，與謂語黏合為一個韻律單位。

第五，慣例化把語法化早期的語用義凝固到詞彙義中，讓詞彙義"滯留"(persistence)在副詞"光"字上，從而制約副詞"光"的句法功能和語體分佈。"滯留"指，"當一個形式經歷從詞彙項到語法項的語法化時，它原來的一些詞彙意義痕跡(traces)往往會黏附着它，它的詞彙歷史上的具體細節會反映在對它的語法功能的制約上"(Hopper & Traugott 2005[2003]：96)。周剛(1999)注意到現代漢語的"光"不同於"祇"、"僅"，常用於口語，基本不用於書面語；用於祈使句時祇能是否定語氣的，如，不能說"光玩遊戲"而能說"別光玩遊戲"；常用於表消極不如意或中性場合。王靜(2010)從漢語史角度予以認同。本文認為，元代開始的用例，能體現"光"語法化之前的消極語用義。如：

(46) 我這光頭不賭他罷。省的你叫不利市。(《元曲選‧梁山泊李逵負荊雜劇》)

當時"光"已產生家境敗落、貧困的比喻義，所以，從例(46)來看，人們有種避免接觸到和尚、尼姑的趨勢。和尚、尼姑的"光頭"的某些語境常含"不利市"、不如意、交厄運的會話隱涵義。隨著慣例化，形容詞的這種消極的語用色彩被凝固了，最終制約著虛詞的句法、語體分佈。

3.1.2 聽話人角度的交際互動

聽話人要求說話人提供足夠和清晰的信息，追求信息性（informativeness）和明晰性（clarity），促進了語法化。如，例(14)的說話人省略了"光光"後的"的"。從信息性出發，聽話人直覺地會認為新形式提供了新信息。在明晰性推動下，聽話人會盡量推測新形式的明確意圖。這誘發聽話人結合語境義去重新分析"光光"。

聽話人還鼓勵會話中的新奇表達式，追求豐富的語言表達性（expressivity）。這激勵說話人主動創造新表達方式來加強語言表達能力，同樣能推動語法化。如，據用例和3.1.1的討論，副詞"光"帶有鮮明的"晦氣"和"俗氣"，其句法、情感、語體特徵是同類"衹、僅、單"等所不能匹敵的，具有獨特性。"光"得以在語法系統中站穩腳跟，豐富了漢語的表達方式。又如，類推一開始總是新奇的。聽話人鼓勵、理解、接受和傳播這些創新，驅動"光"的語法化機制。

3.2 語用推理

語言使用者會結合語境進行推理，來表達或理解新形式的意義，以求獲得交際雙方的平衡。Hopper & Traugott（2005[2003]）認為語法化的語用推理主要有隱喻和轉喻。

3.2.1 隱喻動因

語法化前和語法化後期，主要動因是隱喻。Heine 等

(1991)將人類認識世界的認知域映射（mapping）次序列成一個由自身到外部、由具體到抽象的等級：（引自趙豔芳2001：163）

(47) 人〉物〉事〉空間〉時間〉性質

"光"語法化前，形容詞義的引申和抽象化遵循這一規律。宋代"光"可以形容人（例2），並能隱喻而比喻一種類似光頭的農作物（例3）。進而，在元、明可以形容墳墓（例5）、地（例6）、骨頭（例7）等物，進而可以比喻經濟狀況窘迫之事態（例10、11、13）。

發生重新分析後，同類項類型、句法、語義一語用環境的類推擴展主要也是隱喻動因在發生作用，遵循上述映射次序。副詞"光"首先在表空間的認知域中（例15）。例（15）表示在整個抽象的物理空間裏，祇有丫頭而沒有家人。繼而，語境義映射到時間域（例17）。例（17）表示時間上出現的頻率高，幾乎祇出現惹說話人生氣的事。進而，到清代前中期，語義映射到表性質、狀態的認知域中，如王靜（2010）所舉：

(48) 大兒子、二兒子也都死了，光留下這個死的兒子叫張三，今年二十三歲，還沒有娶女人呢。（《紅樓夢》第八十六回）

例（48）的"光"就限定一種性質，限定了祇有張三一個孩子的狀態。

一開始的隱喻創新不是遵循語用準則的，而是言語個體的"新奇"用法，但某些時候會被聽者領會和接受，並可能因此在言語社團內傳播擴散開去。以這種時空漸進方式，"光"的隱喻最終合法化，並可能繼續隱喻下去。

3.2.2 轉喻動因

語法化早期的重新分析階段，主要的動因是轉喻。轉喻是"用一個相關的概念來指稱了一個概念"（沈家煊2001a），是在同一認知域内的映射，主要通過聯想和重新分析發生作用。

（49）轉喻的認知模型：（參見沈家煊 1999）

1. 在某個語境中，為了某種目的，需要指稱一個"目標"概念 B。
2. 概念 A 指代 B，A 和 B 須同在一個"認知框架"内。
3. 在同一"認知框架"内，A 和 B 密切相關，由於 A 的啟動，B（一般祇有 B）會被附帶啟動。
4. A 附帶啟動 B，A 在認知上的"顯著度"必定高於 B。

在含"祇有"義的語境中，"光光"、"精光"（概念 A）因"祇有"義的語境而發生聯想，轉喻句法結構的抽象"祇有"義（"目標"概念 B）。以"光光"為例。如：

（50）"光光"轉喻的認知模型：

1. 例（14）的語境上含有"經歷劫難後祇剩下不值錢的東西"這一抽象的語用義。在這種語境中，作者想要強調這語用義，即需要指稱句法結構中抽象、消極的"祇有"義（"目標"概念 B）。

2. 用"光光"（概念 A）轉喻句法結構的"祇有"義（"目標"概念 B），"光光"的語義和該句法結構的構式義同在"部分和整體"這個認知框架内："光光"是整個句法結構的一個組成部分。

3. A 和 B 密切相關，"光光"在（圖一）b 方向上的"祇有"義受"祇有"義語境的聯想被啟動，會附帶啟動隱涵在句法結構中的抽象的"祇有"義。

4. 詞彙形式在認知上比句法結構的意義顯著：形式具體，句式意義抽象。具體的比抽象的顯著，這是一般的認知規律。

這種語法化現象前人已觀察到，正如 Dahl（1985：11）所說：

（51）如果在某範疇使用時某些條件頻繁出現，并且和範疇之間有密切的聯繫，那麼該條件就会成为範疇意義的一部分。

例（51）的"範疇"在本文中能理解為詞彙形式"光光""精光"，而"條件"應能被理解為"特定的語用、句法環境義含'衹有'義"。我們進一步肯定這一現象主要是轉喻作用。

轉喻還作用在重新分析後形式的語音縮減中：用單音節"光"（概念 A）轉喻雙音節"光光"、"精光"（"目標"概念 B）。這也是部分轉喻整體。和隱喻一樣，轉喻一開始也是個體行為，在隨後的交際中被慣例化，最終成為規則，並可能繼續轉喻。

隱喻和轉喻實際上貫穿"光"語法化過程始終，並且，總是互補而共同作用的。如，在重新分析中，如果沒有隱喻，形容詞"光光"、"精光"就不可能映射到更抽象的認知域中去，就無法轉喻句式意義，也就無法被重新分析為副詞；在類推中，如果沒有轉喻，屬於時間域的句式義就不能被形式"光"借代，"光"的副詞性就得不到鞏固和強化，也就阻礙了隱喻類推。

3.3 主觀化

主觀性指一種語言交際特性，"說話人在說出一段話的同時表明自己對這段話的立場、態度和感情"（沈家煊 2001b），Traugott 認為，主觀化是"一種語義－語用的演變，即意義變得越來越依賴於說話人對命題內容的主觀信念和態度"（引自沈家煊 2001b）。主觀化與語法化存在密切聯繫（Traugott 2009：258）。主觀性和主觀化是"光"語法化的重要語用動因。

詞項語義泛化（generalization）背後，主觀化發揮了重要作用。實詞意義被逐漸"漂白"，語用意義逐漸加強，這也是一個客觀意義逐漸減弱、主觀意義逐漸加強的主觀化過程。如，對比例（28）（15）（17）。例（28）說得像例行公事，主觀意義幾乎未體現；（28）的"光"表示梳頭的結果，主要是對物的描述，是形容詞。例（15）主觀上不安的情緒比例（28）主觀；而這時

"光"的實詞意義幾乎已完全丟失，比例（28）抽象虛無，已語法化為副詞。例（17）"光"的埋怨、憤怒情緒比例（15）的不安情緒又更主觀了；而這時"光"已從空間域進一步虛化到時間域，語義更抽象，成為"總是"義頻率副詞。這樣，依時間先後和程度高低，主觀性、語義泛化及語法化斜坡均可示為：（28）〉（15）〉（17）。總之，"光"語義的泛化顯得越來越依賴說話人的主觀情感，句法功能也越來越抽象。這是主觀化發生作用的結果。主觀化伴隨語法化，相互作用。

重新分析中，主觀化動因也發生了重要作用。"語言成分主觀化之後越來越傾向於用在外圍位置，最典型的是動賓語言中的左移現象和賓動語言中的右移現象"（Traugott 2009：261），這使得含"光"形容詞左移到謂語左邊，得以與謂語更靠近，從而誘發重新分析。如，對比（32）（14）。例（32）的"光"是形容詞，除實義外，帶有說話人主觀上無奈、失落、不安的情緒。主觀化使含"光"形容詞左移到句子外圍，即核心動詞左邊。如例（14）。這使"光光"與核心謂語動詞相鄰。在句式義壓制下，"光光"與鄰近核心動詞發生重新分析。又如，將例（18）與（52）對比，如：

（52）貧僧一個光葫蘆頭，怎禁得這一刀，却不分做了兩個瓢哩！（《三寶太監西洋記》卷十一）

兩例"光"都在體謂句中。例（52）的"光"是形容詞，在數量名短語的里面。例（18）帶有說話人主觀上不屑、蔑視的情緒。主觀化使"精光"左移到句子外圍，即體謂左邊。"精光"就被重新分析為修飾整個體謂的副詞。

"從自由形式變為黏着形式"的變化也是主觀化的表現（Traugott 1995，引自沈家煊 2001b）。"光"在近代漢語後期的形容詞以雙音節形式出現，是獨立韻律單位；虛化為副詞後，語音上縮減為單音節，韻律上失去獨立韻律詞地位而祇能黏合其他韻律詞出現。"光"的語音形式從比較自由變為比較黏着,部分可歸於主觀化。

四 結論

1. 擴展、抽象後含"祇有"義的形容詞"光",可看成是副詞"光"語法化的來源。

2. 限定副詞"光"在隱涵"祇有"義的句法結構和語境中受句法壓制發生重新分析,開始語法化。示意如下:

(53) a. 動詞性謂語前的副詞"光"的重新分析:
"含'光'形容詞＋［V］＋N"→"［含'光'副詞＋V］＋N"→"光（adv.）＋V＋N"

（明代） 重新分析 類推（擴展）、縮減 （明代）

b. 體詞性謂語前的副詞"光"的重新分析:
"含'光'形容詞＋［一＋量詞］＋N"→"［含'光'副詞＋一＋量詞＋N］"→"光（adv.）＋N"

（明代） 重新分析 類推（擴展）、縮減 （明代）

重新分析產生新語法規則。"光"又在多次類推中進一步語法化。

3. 直接參與詞義抽象化和重新分析的是含"光"雙音節形容詞。"光"是語法化的語音縮減形式。

4. "光"語法化的語用動因主要包括:交際互動;語用推理（主要包括隱喻和轉喻）;主觀化。

5. 元代,形容詞"光"的消極語用義隨語境凝固在含"光"形容詞的詞彙意義中,最終"滯留"在副詞"光"中,使其限於特定的句法環境（不用於肯定語氣祈使句）和感情色彩（消極或中性）。

〔主要參考文獻〕

[1] 高秀雪. 語法化及其語用動因 [J]. 廣西社會科學, 2004 (8).

[2] 李勇忠. 構式義、轉喻與句式壓制 [J]. 解放軍外國語學院學報, 2004 (2).

[3] 呂叔湘. 現代漢語八百詞 [M]. 北京: 商務印書館, 1980.

[4] 彭睿. 語法化"擴展"效應及相關理論問題 [J]. 漢語學報, 2009 (1).

[5] 沈家煊. 轉指和轉喻 [J]. 當代語言學, 1999 (1).

[6] 沈家煊. 語法化學說·導讀 [A]. 北京: 外語教學與研究出版社, 2001.

[7] 沈家煊. 語言的"主觀性"和"主觀化"[J]. 外語教學與研究, 2001 (4).

[8] 太田辰夫. 中國語歷史文法 [M]. 蔣紹愚, 徐昌華譯. 北京: 北京大學出版社, 2003 [1958].

[9] 王靜. "光"的虛化歷程 [J]. 宜賓學院學報, 2010 (4).

[10] 吳福祥. 漢語語法化研究的當前課題 [J]. 語言科學, 2005 (2).

[11] 趙艷芳. 認知語言學概論 [M]. 上海: 上海外語教育出版社, 2001.

[12] 周剛. 表示限定的"光"、"僅"、"衹"[J]. 漢語學習, 1999 (1).

[13] Dahl, Osten. *Tense and Aspect Systems* [M]. Oxford: Blackwell, 1985.

[14] Heine, Claudi & Hunnemeter, Friederike. *Grammaticalization A Conceptual Framework* [M]. Chicago: The University of Chicago Press, 1991.

[15] Himmelmann, N. P. Lexicalization and Grammaticalization [A]. In Bisang, Himmelmann & Wiemer (eds.) *What Makes Grammaticalization—A Look from Its Fringes and Its Components* [C]: 19—40. Berlin & New York: Mouton de Gruyter, 2004.

[16] Hopper, Paul J. & Traugott, Elizabeth Closs. *Grammaticaliza-

tion [M]. 北京：北京大學出版社，2005 [2003].

[17] Traugott, E. C. Subjectification in grammaticalization [A]. In Stein & Wright (eds.) 1995. *Subjectivity and Subjectivisation* [C]：31—54. Cambridge：Cambridge University Press, 1995.

[18] Traugott, E. C. 語法化專題講座（上）[A]. 孫朝奮譯.//歷史語言學研究. 第1期 [C]. 北京：商务印书馆，2008.

[19] Traugott, E. C. 語法化專題講座（下）[A]. 孫朝奮譯.//歷史語言學研究. 第2期 [C]. 北京：商务印书馆，2009.

（沈煜、龍國富，中國人民大學文學院　郵編：100872）

係詞"爲"字產生的動因與機制

解植永

內容摘要："爲"字在古漢語中曾用作係詞，它產生的動因在於彌補無係詞判斷句充當句子成分或者充當複句的分句時表意的不足，它是由動詞"爲"虛化而來的，它可以在動詞"爲"的不同義項上，在不同的句法結構裏虛化爲係詞。

關鍵詞：爲　係詞　動因　機制

一　關於"爲"的係詞性

"爲"字在古漢語中是個含義非常廣泛的動詞，不過它也曾用作係詞，"爲"的係詞性通過以下幾點可以得到證明。

首先，"爲"字可以用在疑問代詞前面表示判斷，如：

(1) 長沮曰："夫執輿者爲誰？"子路曰："爲孔丘。"（《論語·微子》）

(2) 桀溺曰："子爲誰？"曰："爲仲由。"（《論語·微子》）

(3) 宣孟曰："而名爲誰？"（《呂氏春秋·報更》）

(4) 今親不幸，仲子所欲報仇者爲誰？（《戰國策·韓策二》）

(5) 趙盾曰："子名爲誰？"（《公羊傳·宣公六年》）

根據先秦漢語的語法規則，疑問句中疑問代詞作賓語要前置到謂語動詞之前，在漢代以前這是一條比較嚴格的規則。以上例句中如果"爲"字是動詞，那麼疑問代詞"誰"要前置，構成"某誰爲"的結構，而之所以沒有發生前置現象正說明"爲"字不是普通動詞（當然也不是介詞，介詞賓語也要前置），而是一個係詞。

其次，先秦漢語中有時"爲"字連接的前後兩項是完全等同的，即構成"甲爲甲，乙爲乙"式，這種結構中的"爲"字祇能分析爲係詞，如：

(6) 知之爲知之，不知爲不知，是知也。（《論語·爲政》）

(7) 爾爲爾，我爲我，雖袒裼裸裎於我側，爾焉能浼我哉？（《孟子·公孫丑上》）

(8) 曲爲曲，直爲直。（《韓非子·説林下》）

(9) 是爲是，非爲非，能爲能，不能爲不能。（《荀子·強國》）

以上例句中的"爲"字完全沒有動詞性，祇能用現代漢語係詞"是"去理解或翻譯。

以上兩種句法條件下的"爲"字是無可否認的係詞，另外，有些"爲"字句"爲"字也幾乎沒有動詞性，主要起到聯繫判斷的作用，它的係詞性比較明顯，如：

(10) 余爲伯儵，余，而祖也。（《左傳·宣公三年》）

(11) 余爲渾良夫，叫天無辜。（《左傳·哀公十七年》）

(12) 鄭穆公再拜稽首曰："敢問神名？"曰："予爲句芒。"（《墨子·明鬼》）

(13) 吾爲汝父也，豈謂不慈哉！（《呂氏春秋·疑似》）

(14) 重耳爲晉文公。（《史記·趙世家》）

以上例句中"爲"字連接的兩項大多是等同關係，"爲"字祇起聯繫、判斷作用，無疑是一個真正的係詞。特別是漢代以後出現了"爲"與係詞"是"對舉使用的用例，如：

(15) 世彥識器理政，纔隱明斷。既爲國器，且是楊侯淮之子。（《世說新語·賞譽》）

上例中"是"是係詞，"爲"與之對應，那麼也應是係詞。

以上事實足可證明漢語史上"爲"字確曾作爲係詞使用，不過"爲"字作係詞出現頻率並不高，它的使用受到一定的限制，並不能像成熟的係詞"是"字那樣靈活運用[①]，所以有人稱之爲"準係詞"。

二 係詞"爲"字產生的動因

先秦時期已經有了主謂相續式的比較成熟的判斷句式，爲什麼還要產生"爲"字係詞句呢？一般來說新興語言現象的產生是爲了彌補舊有表達方式的不足，我們注意到主謂相續式判斷句在降級使用時存在缺陷。一方面無係詞句充當句子成分時表意不明確，如：

(16) 太祖閱見之，疑其衣冠也。（《三國志·魏志·倉慈傳》注引《魏略》）

本句如果不參照上下文，"疑其衣冠"可有兩種理解："其"字看作"衣冠"的主語，理解成"懷疑那是衣冠"；或者"其"字看作"衣冠"的定語，理解成"懷疑那衣冠"。祇有參考語境纔知道應該按前者理解。可見無係詞句充當句子賓語是有缺陷的，而如果采用有係詞句就可以彌補這方面的不足，比如加入係詞"爲"，構成"疑其爲衣冠"，表意就明確了，就不會有歧解了。充當句子成分的"爲"字判斷句並不少見，如：

(17) 則夫好攻伐之君，不知此爲不仁不義也，其鄰國之君不知此爲不仁不義也，是以攻伐世世而不已者，此吾所謂大物則不知也。（《墨子·天志》）

(18) 凡人之爲外物動也，不知其爲身之禮也。（《韓非子·解老》）

(19) 始以先生爲庸人，吾乃今日而知先生爲天下之士也。（《戰國策·趙策三》）

(20) 曾子問曰："喪有二孤，廟有二主，禮與？"孔子曰："天無二日，土無二王，嘗禘郊社，尊無二上，未知其爲禮也。"（《禮記·曾子問》）

(21) 齊師、宋師、曹師城邢，此一事也。曷爲復言齊師、宋師、曹師，不復言師？則無以知其爲一事也。（《公羊傳·僖公元年》）

(22) 段，鄭伯弟也。何以知其爲弟也？殺世子母弟目君，以其目君，知其爲弟也。（《穀梁傳·隱公元年》）

(23) 人不知其爲星也。（《論衡·説日》）

隨著這種句式使用的越來越多，"爲"的主語還可以省略，如：

(24) 母甚異之，知爲國器。（《世説新語·夙惠》）

此外，後世並用兩個"爲"字判斷句充當句子賓語表示選擇關係，這種用法也是無係詞句所不具備的，如：

(25) 覺有異色，乃自申明云："向問飲爲熱爲冷耳。"（《世説新語·紕漏》）

(26) 但未知爲坐爲臥耳。（《周氏冥通記》卷一）

可見"爲"字判斷句在降級使用，充當句子成分時優於無係詞句。

另一方面，無係詞句進入複句也有不足之處。"某，某也"這種表判形式雖然單獨成句時頓挫有力，判斷語氣比較強烈，但是它在進入複句時如果幾個判斷句連用，或者判斷句與其他句式並用，由於停頓較多，就不利於複句或句群表達一個整體的句意。而如果采用有係詞句就可以消除單個判斷句主謂之間的停

頓,判斷句進入複句後也可以比較流暢地表達語意了。試比較以下兩例:

(27) 泰山,東嶽也;霍山,南岳也;華山,西岳也;常山,北岳也;嵩高山,中岳也。(《說苑·辨物》)

(28) 泰山爲東嶽,華山爲西岳,霍山爲南岳,恒山爲北岳,嵩高爲中岳。(《爾雅·釋山》)

同樣是解釋"五嶽",《說苑》采用主謂相續式,讀來覺得拖遝吃力。而《爾雅》采用"爲"字句,讀來舒暢,語意更爲連貫。

也就是説"爲"字判斷句進入複句也可以在一定程度上彌補無係詞判斷句的不足。事實上,"爲"字判斷句產生之初絕大多數情況下是作爲一個分句出現在複句中的。"爲"字句構成複句主要起到比較、對舉等作用,如:

(29) 重爲輕根,靜爲躁君。(《老子》二十六章)

(30) 夫子爲王子圍,寡君之貴介弟也。……此子爲穿封戌,方城外之縣尹也。(《左傳·襄公二十六年》)

(31) 吳人曰:"於周室,我爲長。"晉人曰:"於姬姓,我爲伯。"(《左傳·哀公十三年》)

(32) 養其小者爲小人,養其大者爲大人。(《孟子·告子上》)

(33) 南海之帝爲儵,北海之帝爲忽,中央之帝爲渾沌。(《莊子·應帝王》)

(34) 乾爲馬,坤爲牛,震爲龍,巽爲雞。(《易·說卦》)

總之,係詞"爲"字產生的動因來自語用需要,一方面是分割主語和謂語,消除充當句子成分時帶來的歧義;另一方面是消除判斷句主謂之間的停頓,從而使之順利進入複句表達較爲完整的語意,起到比較辨別的作用。

三　係詞"爲"字產生的機制

"爲"字在上古漢語中是個含義非常廣泛的動詞，根據具體的語境可以譯爲"做""擔任""從事""變爲""成爲""作爲"等，也可以說它有動詞性不等的多個義項。王力先生曾經敏銳地指出"爲"字由具體動作義到"作爲""成爲"義，再到係詞的虛化方向。由於"爲"字由動詞虛化爲係詞發生的比較早，目前利用現有材料很難清晰展示"爲"的歷時語法化過程了。不過由於"爲"字虛化過程中，舊有的意義並沒有立即消失，而是與新義一起共存了相當長的時間，那麼共時材料中就暗含了歷時語言要素，我們加以梳理分析，可以約略推知"爲"字係詞性的產生。且看《史記》中的用例：

(35) 度爲山陽太守十餘歲，坐法失侯。(《史記·平津侯主父列傳》)

(36) 吳起取齊女爲妻，而魯疑之。(《史記·孫子吳起列傳》)

(37) 及政立爲秦王，而丹質於秦。(《史記·刺客列傳》)

(38) 刑者相半於道，而死人日成積於市。殺人眾者爲忠臣。(《史記·李斯列傳》)

(39) 公子姊爲趙惠文王弟平原君夫人，數遺魏王及公子書，請救於魏。(《史記·信陵君列傳》)

例 (35) "爲"字當"做""擔任"講，意義較實，動作性較強。例 (36)(37) "爲"字分別是"作爲"義、"成爲"義，比例 (35) 詞義稍虛，但動作性仍比較強，仍是動詞。例 (38) "爲"字基本理解成"成爲"，不過它比例 (37) 虛，有判斷的意味，也可以勉強理解成係詞"是"，這是向係詞過渡的"爲"字。

例（39）"爲"字就完全是係詞了。

　　以上是對"爲"字由實到虛語法化的簡單推測，不過實際虛化的過程可能比較複雜。係詞"爲"字的根本來源是動詞"爲"，不過其具體的虛化途徑可能不止一途。係詞"爲"也可能從"以……爲……"結構中虛化而來。在"以……爲……"結構中如果"以"是介詞，那麼後面"爲"字是動詞，意義較實，如：

　　（40）堯以天下讓許由，許由不受。又讓於子州支父，子州之父曰："以我爲天子，猶之可也……"。（《莊子·讓王》）

　　（41）堯以不得舜爲已憂。（《孟子·滕文公上》）

　　（42）得天之道者爲帝，得地之道者爲三公。今我得地之道，而不以我爲三公。（《呂氏春秋·行論》）

例（40）"爲"的動詞性較強，譯成"做"，例（41）（42）"爲"的動詞性稍弱，理解成"作爲""當作"。這幾例"爲"字無疑都是動詞，再看以下兩例：

　　（43）世之人主，多以珠玉戈劍爲寶。（《呂氏春秋·侈樂》）

　　（44）不如相銜負我以行，人以我爲神君也。（《韓非子·說林上》）

例（43）一般理解成"把珠玉戈劍作爲寶物"，"以"是介詞，表處置，"爲"是動詞"作爲"。不過如果理解成"認爲珠玉戈劍是寶物"似乎也能說得過去，那麼按照這種理解，"以"就是動詞"認爲"，"爲"字就是係詞了。"以……爲……"結構按前者理解是處置式，按後者理解是兼語式。兩相比較此例按前者理解好些，不過"爲"字動詞性比較弱，句子結構有了重新分析的基礎。而例（44）也可以作兩種理解，理解成"人們把我作爲神君"，是處置結構；理解成"人們以爲我是神君"，是兼語結構。此例理解成後者好些，即把"以"看作動詞，把"爲"看成係詞。那麼由例（43）到例（44）是一個重新分析的過程，這是"爲"字虛化爲係詞的過渡狀態。而以下例句中，"爲"字完全是一個係詞了，如：

（45）百姓皆以王爲愛也。（《孟子·梁惠王上》）

（46）市人皆以嬴爲小人，而以公子爲長者能下士也。（《史記·信陵君列傳》）

（47）鮑叔不以我爲貪。（《史記·管晏列傳》）

（48）天下必以陛下爲不忘功德，而朝臣爲知禮民。（《漢書·張敞傳》）

這些例句中"爲"後成分一般是謂詞性的，句子不能按照"把……作爲……"結構去理解，因此"爲"字祇能看作係詞。

另外，有一部分係詞"爲"可能來自表示稱謂的"爲"。"爲"字可作"稱謂"講，在上古較爲常見，如：

（49）一爲乾豆，二爲賓客，三爲充君之庖。（《穀梁傳·桓公四年》）［《公羊傳》作：一曰乾豆，二曰賓客，三曰充君之庖。］

（50）如此者直臣也，是爲六正也。……如此者亡國之臣也，是謂六邪。（《説苑》卷二）

例（49）"爲"與"曰"在不同的文獻中形成異文，説明二者同義，理解成"稱爲"。例（50）同一文獻中"爲"與"謂"前後形成互文，説明二者也是同義的，也是"稱爲""叫做"之義。這是"爲""曰""謂"相通，"爲"有稱謂義的例証。後來"爲"與"曰""謂之"等成了訓詁學上的一組釋義術語。

"曰""謂"是稱謂詞，義爲"叫做""稱爲"，其辭彙意義就含有判斷的要素，動作性較弱，因此被王力先生、呂叔湘先生等稱爲"準係詞"。由於"'爲'字被假借爲'曰''謂'之用"[2]，因此"爲"字也可以表示稱謂。"稱謂"義的"爲"動詞性本就不強，又含有判斷的語義要素，因此很容易虛化爲係詞。

上古漢語中有很多"是謂某某"的句子，如：

(51) 醉而不出，是謂伐德。(《詩經·小雅·賓之初筵》)

(52) 君之卿佐，是謂股肱。(《左傳·昭公九年》)

(53) 大火，閼伯之星也，是謂大辰。(《國語·晉語四》)

(54) 其恒舞於宮，是謂巫風。(《墨子·非樂》)

(55) 彼民有常性，織而衣，耕而食，是謂同德。(《莊子·馬蹄》)

(56) 公孫鞅曰："行刑重其輕者，輕者不至，重者不來，是謂以刑去刑。"(《韓非子·內儲説上》)

這樣的"是謂某某"的句子後來更多地採用"是爲某某"的形式，這一方面説明"謂""爲"相通，另一方面根據後來"是爲某某"句中"爲"的係詞性，可以推測，這種係詞"爲"正是來自"稱謂"義的"爲"。比如，以下"是爲某某"句中的"爲"就可以確定地理解成係詞了：

(57) 孟子曰："是爲馮婦也。"(《孟子·盡心下》)

(58) 如使予欲富，辭十萬而受萬，是爲欲富乎？(又《公孫丑下》)

(59) 齊桓公出獵，逐鹿而走入山谷之中，見一老公而問之曰："是爲何谷？"對曰："爲愚公之谷。"(《説苑》卷七)

(60) 帝沃甲崩，立沃甲兄祖辛之子祖丁，是爲帝祖丁。(《史記·殷本紀》)

(61) 三星直者，是爲衡石。(《漢書·天文志》)

《史記》中"是爲＋帝王諸侯名號"結構有幾百例，而用"謂"字的僅《魯周公世家》"考公四年卒，立弟熙，是謂煬公。"一例，《史記》"是爲＋帝王諸侯名號"結構中"爲"字一般看作是係詞，從中也可以推知係詞"爲"字的虛化。又，《左傳·莊公二十二年》"是謂觀國之光"，到了《史記·陳杞世家》中作"是爲觀國之光"，這一方面可証"爲"與"謂"語法功能相近，可以替換，另一方面也可以認爲《史記》中的"爲"是係詞，《左傳》時代句中"稱爲"義的動詞，到了《史記》時代可以用虛化了的係詞"爲"來連接表示判斷了。

總之，係詞"爲"的來源是動詞"爲"，由於動詞"爲"在上古時期含義比較廣泛，它有多個義項，在不同的義項上都有可能虛化爲係詞，在不同的句法結構裏也都有可能虛化爲係詞。

〔注釋〕
① 比如"是"字的前後成分都可以省略，而"爲"字祇能省略其前項，後項是絕對不能省的。另外，係詞"是"的焦點標記、強調標記等一些引申用法更是"爲"字不具備的。
② 參見王力．中國文法中的係詞//王力語言學論文集．北京：商務印書館，2000．

〔主要參考文獻〕
王　力．中國文法中的係詞[J]//王力語言學論文集，北京：商務印書館，2000．
伍宗文．"爲"的係詞性補議[J]//漢語史研究集刊．第七輯．成都：巴蜀書社，2005．
肖婭曼．漢語係詞"是"的來源與成因研究[M]成都：巴蜀書社，2006．
解植永．中古漢語判斷句研究[D]四川大學博士學位論文，2007．
俞理明．古代漢語語法分析瑣記[J]//漢語史研究集刊．第七輯．成都：巴蜀書社，2005．

(解植永，天津外國語大學國際交流學院　郵編：300204)

上古漢語的假設構式

龔 波

內容摘要：假設句可以看成是一種構式。從形式上看，上古漢語的假設構式有一種基本形式和六種變化形式；從語義上看，上古漢語的假設構式前後件之間的語義關係有言效、承接、轉折、說明等幾類。將假設句看成是一種構式，可以發掘某些假設義類詞假設語義的來源，還可以避免將句式的意義誤加到虛詞的身上。

關鍵詞：假設句　構式　虛詞

1. 假設句可以看成是一種構式

假設句是表達假設性虛擬範疇的語句，是假設性虛擬範疇的語言表現形式。

假設句可以看成是一種構式（construction）。根據 Goldberg（1995）的定義，構式是指：

C 是一個構式當且僅當 C 是一個形式—意義的配對〈Fi, Si〉，且 C 的形式（Fi）或意義（Si）的某些方面不能從 C 的構成成分或其他先前已有的構式中得到完全預測。（第 4 頁）

根據這個定義，構式即"形式和意義的匹配體"，是語言中的基本單位。假設句通常包括兩個部分：假設條件及其結果。在線性序列上，假設條件大多位於假設結果之前①；在假設條件與結果之間，通常都會有語音停頓②。這符合"構式"對於形式方面的要求。在意義上，假設句意義的某些方面不能從其構成成分或其他先前已有的構式中得到完全預測。例如假設句的前件表示的是虛擬的事件，具有虛擬性，可是這種虛擬事件句可以在形式上與一般的現實句沒有任何區別，即可以採用無標記的形式；假設句的後件也具有虛擬性，但通常都不採用任何的表明其虛擬性的標記。假設句前件具有指稱性，是對虛擬事件的指稱，構成前件的 VP 可以是指稱化的謂詞性結構。(龔波，2010a) 如英語的假設句前件可以用動詞不定式的形式，(Quirk et al., 1985) 上古漢語可以用"其 VP"、"N 之 VP"、"VP 者"等形式，但是在大多數情況下，假設句前件的謂詞性結構是沒有指稱化標記的，與一般表陳述的 VP 沒有形式上的差別。(龔波，2010b) 所有這些形式與意義上的不對稱現象都說明假設句的意義不能從它的構成成分和先前已有的構式中得到完全的預測。把假設句看成構式，符合構式在形式和意義上的要求。因而假設句也是"一個形式—意義的配對〈Fi, Si〉"，是一種構式。

以往對於假設句的研究大多在複句研究的框架下進行，將假設句看成複句的一種，研究假設句關聯詞的意義及相互的配合關係等。這種研究在取得了很大的成績的同時也忽視了一些值得深入探討的問題。本文將假設句納入構式的範疇，通過對上古漢語假設構式的形式和意義及其相互關係的考察，來探討假設句的語義和句法特徵。

2. 上古漢語假設構式的形式類別

從形式上來看，上古漢語的假設構式可以分為一種基本形式和六種變化形式。

基本形式："Sp，Sa" 式③。這是最常見的假設句形式，即前件表示假設的條件，後件表示假設的結果。例如④：

(1) Sp 若以相，Sa 夫子必反其國。(左·僖公二十三年)

(2) Sp 若欲得志於魯，Sa 請止行父而殺之。

(左・成公十六年)

（3）Sp 君若以德綏諸侯，Sa 誰敢不服？（左・僖公四年）

（4）Sp 公子若反晉國，Sa 則何以報不穀？（左・僖公二十三年）

（5）Sp 先君若從史蘇之占，Sa 吾不及此夫！（左・僖公十五）

（6）Sp 使郤子逞其志，Sa 庶有豸乎！（左・宣公十七年）

從語氣上看，Sa 可以是陳述（例1、2）、疑問（例3、3）或感歎（例5、6）。

除了基本形式之外，假設句還有幾種變化形式。

變式一："Sp1，Sp2…，Sa"式，即前件包括多個假設條件。例如：

（7）Sp1 若以大夫之靈，得保首領以沒，Sp2 先君若問輿夷，Sa 其將何辭以對？（左・隱公三年）

（8）Sp1 如水益深，Sp2 如火益熱，Sa 亦運之而已矣。（孟・梁惠王下）

例（7 "若以大夫之靈，得保首領以沒"為前件的第一條件，"先君若問輿夷"為前件的第二條件，"其將何辭以對"為後件，表示在前件的兩個條件都具備前提下所產生的結果。例（8）"如水益深"、"如火益熱"是前件的兩個並列條件，"亦運之而已矣"是後件。

變式二："Sp，Sa1，Sa2…"式，即後件包括多個結果。例如：

（9）Sp 若野賜之，Sa1 是委君貺於草莽也，Sa2 是寡大夫不得列于諸卿也。Sa3 不寧唯是，又使圍蒙其先君，將不得為寡君老，其蔑以復矣。（左・昭公元年）

(10) Sp 不如此，Sa1 天子不尊，Sa2 宗廟不安。(史·袁盎晁錯列傳)

(11) Sp 必秦國之所生然後可，Sa1 則是夜光之璧不飾朝廷，Sa2 犀象之器不為玩好，Sa3 鄭、衛之女不充後宮，Sa4 而駿良駃騠不實外廄，Sa5 江南金錫不為用，Sa6 西蜀丹青不為采。(史·李斯列傳)

例（9）中，"若野賜之"為條件，其後均為結果；例（10）中，"不如此"是條件，"天子不尊"與"宗廟不安"都是結果。例（11）中，"必秦國之所生然後可"是條件，其後有6個表示結果的後件。

變式三："Sp1，Sa1；Sp2，Sa2（Sa1＝Sp2）"，即兩個假設構式，前一構式的結果是後一構式的條件，兩者形式相同。例如：

(12) 國君不可以輕，Sp1 輕 Sa1 則失親；Sp2 失親，Sa2 患必至。(左·僖公五年)

(13) Sp1 不讓，Sa1 則不和；Sp2 不和，Sa2 不可以遠征。(左·定公五年)

(14) 若民，Sp1 則無恆產，Sa1 因無恆心。Sp2 苟無恆心，Sa2 放辟邪侈，無不為已。(孟·梁惠王上)

例（12）包含了兩個假設構式，在第一個假設構式中，"輕"是條件，"則失親"是結果，這個結果"失親"又是下一個假設構式的條件，結果是"患必至"。其餘類似。

由於 Sa1＝Sp2，因此可以祇出現一次，例如：

(15) Sp1 苟有益也，Sa1＋Sp2 公子則往，Sa2 群臣之子敢不負羈縶以從？(左·定公八年)

(16) Sp1 即欲捐之，Sa1＋Sp2 捐之此三人，Sa2 則楚可破也。(史·留侯世家)

(17) Sp1 趙若受我，Sa1＋Sp2 秦怒，Sa2 必攻

趙。(史·白起王翦列傳)

對於例(15)，前人有兩種不同的理解。楊伯峻《春秋左傳注》認為："則猶假若，假設連詞"，(293頁)他將"苟有益也"和"公子則往"都看成是假設的條件；白兆麟(1998)則認為，"其偏句僅為'苟有益也'；而'公子則往'與'群臣之子……'合為正句，分明是從'公子'和'群臣之子'兩方來說明其結果"，"因此其'則'字當釋為'就'，是與偏句之'苟'字相關聯的副詞"。他是將"苟有益也"看成假設的條件，而將"公子則往"和"群臣之子……"都看成假設的結果。兩位先生說得都有道理，但都還有進一步討論的餘地。我們認為這個句子中"公子則往"既是假設的結果，也是假設的條件，句子可以看成是下面一句的省略形式：

(18) ＊苟有益也，公子則往，公子若往，群臣之子敢不負羈絏以從？

"公子往"既是"苟有益也"的結果，也是"群臣公子負羈絏以從"的條件。因此，楊伯峻先生說"公子則往"是假設條件是有道理的，而白兆麟先生說它是假設的結果也是有道理的，衹是楊伯峻先生認為"則"相當於"若"則是誤解。其餘兩例與例(15)類似：例(16)"捐之此三人"既是"即欲捐之"的結果，又是"楚可破也"的條件；例(17)"秦怒"既是"趙若受我"的結果，又是"必攻趙"的條件。

變式四："Sp，Si，Sa"，即在條件和結果之間插入一個小句[5]。例如：

(19) Sp若棄書之力，而思慮之罪，Si臣戮餘也，Sa將歸死于尉氏，不敢還矣。(左·襄公二十一年)

(20) Sp使宋舍我而賂齊、秦，藉之告楚，我執曹君，而分曹、衛之田以賜宋人，Si楚愛曹、衛，Sa必不許也。(左·僖公二十八年)

(21) Sp 王若卒大命，Si 太子不在，Sa 陽文君子必立為後，太子不得奉宗廟矣。(史·春申君列傳)

例（19）"臣戮餘也"是個插入的小句，是對情況的說明；例（20）"楚愛曹衛"是一個插入的小句；例（21）"太子不在"是一個插入的小句，這個小句也可以看成是"陽文君子必立為後，太子不得奉宗廟矣"的條件，但這個條件是現實的條件，不是虛擬的條件。

有時候，在假設條件或結果明顯可知的情況下，前件或後件都可以省略。這是一種語用因素造成的省略，由此可以構成兩種特殊的構式。

變式五："……，Sa"式，此為省略前件式。例如：

(22) 鄭侯曰："Sa 人將不食吾餘。"⑥（左·莊公七年）

(23) 毋妄言，Sa 族矣。（史·項羽本紀）

(24) 吾獨不得廉頗、李牧時為吾將，Sa 吾豈憂匈奴哉！（史·張釋之馮唐列傳）

例（22）"人將不食吾餘"為結果，之前省略了條件；例（23）在"族矣"之前省略了"若妄言"之類的話；例（24）在"吾豈憂匈奴哉"之前省略了"吾若得廉頗、李牧時為將"之類的話。

變式六："Sp，……"，此為省略後件式。例如：

(25) Sp 君若能以玉帛綏晉，不然，則武震以攝威之，孤之願也。（左·襄公十一年）

(26) 丁醜，崔杼立而相之，慶封為左相，盟國人於大宮，曰："Sp 所不與崔、慶者——"晏子仰天歎曰："嬰所不唯忠於君、利社稷者是與，有如上帝！"（左·襄公二十五年）

(27) 晏子仰天曰："Sp 嬰所不（獲）唯忠於君利

社稷者是從!"不肯盟。(史·齊太公世家)

例(25)在條件"君若能以玉帛綏晉"之後省略了結果;例(26)在"所不與崔、慶者"之後省略了結果⑦;例(27)與例(26)記述的是同一件事情,《史記》省略了結果——"有如上帝"之類的話。

3. 上古漢語假設構式的語義類別

上古漢語假設構式前後件之間的語義關係包含了幾種不同的類型,可以分為言效、承接、轉折、說明、推論等幾類。

言效關係是指前件提出某種情況,後件指出這一情況所能導致的結果。言效關係與因果關係之間有糾葛,大部分言效關係可以歸入廣義的因果關係,但言效並不等同於因果。言效關係的"因"與"果"之間是間接的聯繫而不是直接的聯繫,這與一般的因果關係是有區別的。

假設構式前後件之間的語義關係大部分屬於言效。例如:

(28) 如有不嗜殺人者,則天下之民皆引領而望之矣。(孟·梁惠王上)

(29) 夫仁政必自經界始。經界不正,井地不鈞,穀祿不平,是故暴君汙吏必慢其經界。(孟·滕文公上)

(30) 彼即肆然而為帝,過而為政於天下,則連有蹈東海而死耳,吾不忍為之民也。(史·魯仲連鄒陽列傳)

言效與因果之間有相通之處,因此二者可以使用相同的關聯詞語。如例(29)中的"是故"通常情況下就是一個表示因果關係的關聯詞。仔細分析各例不難發現,這些前件所述的條件都不是引起後件結果的直接原因。這在例(30)中可以看得比較清楚,例(30)的"連有蹈東海而死"的直接原因不是"彼即肆然而為帝,過而為政於天下",而是"不忍為之民",說話人將這個直接原因用追加說明的方式來表現⑧。

承接關係是指假設構式的前件提出假設，後件表示這一假設所繼發的動作行為，前後件之間不存在因果關係，而存在時間上的相承關係。例如：

(31) 發而不中，不怨勝己者，反求諸己而已矣。(孟·公孫丑上)

(32) 人有不為也，而後可以有為。(孟·離婁下)

(33) 三十日不還，則請立太子為王，以絕秦望。(史·廉頗藺相如列傳)

表承接關係的假設句，後件可以不使用關聯詞（例31），也可以用"而後"（例32）、"則"（例33）等表承接關係的連詞。

轉折類假設句一般稱為讓轉複句，是假設句中比較特殊的一種。例如：

(34) 雖使五尺之童適市，莫之或欺。(孟·滕文公上)

(35) 縱上不殺我，我不愧於心乎？(史·張耳陳餘列傳)

(36) 如有一朝之患，則君子不患矣①。(孟·離婁下)

(37) 聖人復起，不易吾言矣。(孟·滕文公下)

表示轉折關係的假設句，前件一般由"雖"或"縱"等引導，如例（34）和例（35）；也可以用"如"引導，如例（36）；也可以不使用引導詞，如例（37）。

說明關係是指前件提出某種假設，後件是對所假設情況性質的說明或判斷。例如：

(38) 若大盜禮焉以君之姑姊與其大邑，其次皁牧輿馬，其小者衣裳劍帶，是賞盜也。(左·襄公二十年)

(39) 左右皆曰賢，未可也；諸大夫皆曰賢，未可也。(孟·梁惠王下)

(40) 而居堯之宮，逼堯之子，是篡也，非天與也。（孟·萬章上）

表示說明關係的假設句，其特點是句末如果使用語氣詞，則一般用"也"而不用"矣"。

還有一部分假設構式前後件之間是推論關係。例如：

(41) 今吾子曰"必尋盟"，若可尋也，亦可寒也。（左·哀公十二年）

(42) 前日之不受是，則今日之受非也；今日之受是，則前日之不受非也。（孟·公孫丑下）

(43) 掩之誠是也，則孝子仁人之掩其親，亦必有道矣。（孟·滕文公上）

例 (41) 中，"可寒"是從"可尋"推論出來的；例 (42) 中，"今日之受非"是從"前日之不受是"推論出來的；"前日之不受非"是從"今日之受是"推論出來的；例 (43) 中，"孝子仁人之掩其親，亦必有道矣"是從"掩之誠是也"推論出來的。

從以上討論可以看出，假設句前後件之間的語義關係並不單純，不是"廣義因果關係"[⑩]所能完全涵蓋的，即便是其中的大部分能夠歸入因果關係，這種因果關係與一般的因果關係也是有差別的，確切地說，應當稱之為"言效"。

4. 假設構式的判定標準

綜上所述，假設句作為一種構式，是一個形式與意義的配對。在形式與意義兩個方面，假設構式都有自己的特點，即：

(1) 形式上，假設句一般由前件和後件兩個分句構成，前後件之間一般有語音停頓。

(2) 意義上，前件敘述某種虛擬的非現實的情景（事件），後件指明這種虛擬情景（事件）的性質或陳述這種虛擬情景（事件）所能引發的結果、所繼發的動作行為或基於這種虛擬情景（事件）所能作出的推論。

假設構式的這兩個特點可以作為假設構式的判定標準，本文即用這兩個標準來判定上古文獻中的假設句。但是這兩個標準在判定假設構式的過程中所起的作用有輕重之別。假設範疇是一個語義範疇，對假設構式的判定必須以意義標準為主，在這兩個標準中，形式標準是次要的，意義標準是主要的。凡是滿足意義標準的句子都可以納入假設構式的範疇；凡是不能滿足意義標準的句子即不能納入假設構式的範疇；當句子滿足意義標準而不滿足形式標準時也可以構成一個假設構式，這種假設構式即通常所說的緊縮複句。

需要明確的是，假設構式與所謂的關聯詞語之間並沒有必然的聯繫。一方面，沒有關聯詞語的句子，祗要滿足上述條件，仍然可以構成一個假設構式，這種無標記的假設構式在漢語發展史上是不勝枚舉的；另一方面，具有關聯詞語的句子，如果不滿足上述條件，仍然不能構成一個假設構式[①]。這從另一方面說明，在判定假設句的過程中，意義標準是主要的，甚至是決定性的，形式標準是次要的。

假設構式與假設句之間並非完全是一一對應的關係：假設構式可以是成句的假設構式，也可以是不成句的假設構式；一個假設句可以祗包含一個假設構式，也可以包含不止一個假設構式。例如：

(44) 德之休明，雖小，重也。其奸回昏亂，雖大，輕也。（左·宣公三年）

(45) 君若不有寡君，雖朝夕辱於敝邑，寡君猜焉。（左·昭公三年）

(46) 苟有益也，公子則往，群臣之子敢不負羈絏以從？（左·定公八年）

例(44)包含了兩個假設句，第一個假設句是"德之休明，雖小，重也"，其中"德之休明"是前件，"雖小，重也"是後件；第二個假設句是"其奸回昏亂，雖大，輕也"，其中"其奸回昏亂"是前件，"雖大，輕也"是後件。這個語段包含了四個假設構式。第一個假設構式的前件是"德之休明"，後件是"雖小，重也"；第二個假設構式的前件是"其奸回昏亂"，後件是"雖大，輕也"；第三個假設構式的前件是"雖小"，後件是"重也"；第四個假設構式的前件是"雖大"，前件是"輕也"。其中第三和第四個假設構式包含於假設句中，不能獨立成句。例（45）與例（44）類似，一個假設句中包含了兩個假設構式。例（46）也包含了兩個假設構式，第一個假設構式的條件是"苟有益"，結果是"公子則往"，第二個假設構式的前件是"公子則往"，後件是"群臣之子敢不負羈絏以從"。霍蓋特（1958）在分析漢語中的"我今天城裡有事"這個句子時曾說這個句子的結構猶如中國的套盒，一層套一層。這樣的套盒式的結構在假設構式中也是非常常見的。

5. 將假設句看成構式對於假設句研究的意義

陸儉明（2004、2008）在討論構式語法的研究對於漢語研究的意義時指出，構式語法的研究可以避免將構式的語法意義誤歸到某個虛詞身上[12]。將假設句看成構式，同樣可以避免類似的錯誤。王克仲（1990）指出，以往的訓詁學家們所認定的可以表示假設的詞語（王文稱為"假設義類詞"），有很多其實並不表示假設，如"自非"、"今"、"及"、"微"、"適"、"而"、"之"等。王文還指出，很多假設義類詞的假設語義是受到了"意合法"的影響。趙京戰（1994）在王文的基礎上概括了三種將非假設義類詞錯誤地歸入假設義類詞的情況：一是已成事實，不必假設；二是雖有假設，非關本字；三是句無假設，詞更無之。但趙文不同意王文所說的某些假設義類詞的假設語義是受到了意合法的影響這一說法。

我們認為王克仲（1990）所指出的意合法對於假設義類詞的

形成有一定的作用這一點是符合語言事實的。一些副詞,如"誠"、"必"、"信"等,正是由於經常處於假設構式中而逐漸失掉了其表肯定和確認語氣的語義,吸收了本來是由構式所表達的假設語義,這些詞也最終由語氣副詞發展成了假設義類詞。另一方面,一些虛詞,如"其"、"之"、"而"、"則"等,也可以位於假設句的前件中,由於漢語假設句的假設語義經常由構式來承擔,後人在分析假設句中的假設語義的來源時,往往錯誤地將本來由構式表達的假設義加到了這些虛詞的身上。但是,由於這些虛詞句法位置與典型的假設性義類詞的句法位置很不一致,缺乏發展為假設義類詞的句法環境,它們很難吸收構式的假設義,把它們看成"假設義類詞"祇能是後人的誤解[⑤]。

所以,將假設句看成是一種構式,一方面可以發掘某些假設義類詞假設語義的來源,即,構式語義的吸收;另一方面還可以避免將句式的意義誤加到虛詞的身上。這些虛詞本身在假設句中是有著其他的語法作用的,它們或是表明前件的指稱化傾向,或是表明前件語義上的不自足性,把它們看成是假設義類詞就掩蓋了這些虛詞的本來作用。把假設語義歸之於構式,有利於我們認清這些虛詞的真正作用,從而更深刻地認識假設句本身的語義和句法特徵。

〔注釋〕
① 有時候,假設條件也可以位於結果之後,表示一種追加的說明,本文所說的假設句不包含此類句式。
② 假設條件和結果之間有時候可以沒有語音停頓,即通常所說的緊縮複句,但這是一種特殊的情況。
③ 本文用"Sp,"代表假設構式的前件,p 是 protasis(前件)的首字母;用"Sa"代表假設構式的後件,a 是 apodosis(後件)的首字母。
④ 本文例證采自《左傳》《孟子》和《史記》,書名用簡稱。
⑤ 用"Si"表示。

⑥ 楊伯峻注：此句有省略，意謂吾若於此時殺楚生，人將唾棄我。

⑦ 這句有可能是省略，也有可能是說話人的話被晏子打斷了，也有可能是《左傳》誤脫一"死"字，《史記·齊太公世家》記述此為"不與崔慶者死"，這裡取前一種說法。

⑧ 這種追加說明的句子比較容易看出言效關係與因果關係之間的區別來。試比較：

（1）很多運動員喜歡收藏車，我跟他們一樣，如果我有了錢，我也要買很多車，因為我喜歡車。

（2）把一杯開水放在空氣中，經過相當長時間纔冷卻。如果用電風扇吹，開水很快變涼。這是因為靜止空氣不善於散熱，而流動的空氣能很快散熱。

（3）如果你真的這樣想，可有麻煩了。因為你的決定建立在幻想之上。

例（1）中，"我也要買很多車"的原因是"我喜歡車"，而不是我有錢；例（2）中，"開水很快變涼"的原因是"靜止的空氣不善於散熱，而流動的空氣能很快散熱"；例（3）中，"有麻煩了"的原因是"你的決定建立在幻想之上"。這些句子中，假設句前件都不是產生某種結果（後件）的原因，而是產生這種結果的前提，前後件之間的語義關係是言效而不是因果。

⑨ 楊伯峻《孟子譯注》釋此句為："即使一旦有意外飛來的禍害，君子也不以為痛苦了。"（198頁）

⑩ 邢福義（2001）認為，假設關係可以歸入廣義因果關係。

⑪ 以古漢語中常用的關聯詞語"若"為例，"若"引導的句子就不一定是假設句。例如：

（1）若羈也，則君知其出也，而未知其入也，羈將逃也。（左·定公元年）

（2）無恆產而有恒心者，惟士為能。若民，則無恆產，因無恒心。（孟·梁惠王上）

（3）臣固愚忠，若御史大夫湯，乃詐忠。（史·酷吏列傳）

以上諸例都符合判定標準的第一項（形式標準），並且有關聯詞"若"，但是這些句子都不是假設句而是話題句。

⑫ 陸儉明先生指出，胡裕樹、范曉（1995）即誤將"SVOV得R"句

子(如"小張吃飯吃得飽極了")表示肯定的語法意義歸到了"得"字頭上。還有不少人將複句所表示的並列關係、遞進關係、讓步轉折關係或條件關係等語法意義歸到複句中的"也"字頭上。

⑬具體論述請參看龔波《上古漢語假設句研究》(2010)。

〔主要參考文獻〕

白兆麟.《左傳》假設複句研究. //郭錫良. 古漢語語法論集. 北京：語文出版社，1998.

龔波. 假設句的語義特徵. 重慶三峽學院學報，2010 (1).

龔波. 上古漢語假設句研究. 北京大學博士論文，2010.

陸儉明. "句式語法"理論與漢語研究. 中國語文，2004 (5).

陸儉明. 構式語法理論的價值與局限. 南京師範大學文學院學報，2008 (1).

王克仲. 意合法對假設義類詞形成的作用. 中國語文，1990 (6).

邢福義. 漢語複句研究. 北京：商務印書館，2001.

楊伯峻. 孟子譯注. 1960. 北京：中華書局，2005.

楊伯峻. 春秋左傳注. (修訂本). 1990. 北京：中華書局，2005.

趙京戰. 關於假設義類詞的一些問題. 中國語文. 1994 (4).

[美] 霍蓋特. 現代語言學教程. 1958. 索振羽，葉蜚聲譯. 北京：北京大學出版社，1986.

Goldberg Adele E. Constructions: A Construction Grammar Approach to Argument Structure. Chicago: Chicago University Press, 1995.

Quirk Randolph, Sidney Greenbaum, Geoffrey Leech & Jan Svartvik A comprehensive grammar of the English language. London and New York: Longman, 1985.

(龔波，四川外語學院中文系　郵編：400031)

"自己"在中古以後的發展[*]

陳中源

内容摘要：本文考察了"自己"在中古以後的發展，發現一直到清代以前，"自己"在中土文獻中的使用頻率都並不高。從唐五代至清，"自己"的句法功能和用法經歷了一個逐漸完備、動態調整的過程。

關鍵詞：自己　反身代詞　句法功能　用法

以往的漢語歷史語法研究，往往對某種語法現象的來源及形成過程十分重視，而對其形成以後的發展則關注不夠。如現代漢語中常用的反身代詞"自己"，程工（1999）、董秀芳（2002）分別以《左傳》和《史記》為材料分析了"自己"一詞特殊用法的來源，朱冠明（2007）考察了它的形成過程及其在唐以前的使用，而該詞在唐以後功能和用法的發展，則還未見系統的研究。本文在廣泛調查唐代至清代各類文獻的基礎上，考察"自己"在中古以後的發展。

一　"自己"的用例情況

就我們調查[①]，從唐五代至明代，"自己"的用例逐漸增多，

---

[*] 本文寫作得到了朱冠明師的悉心指導，在此謹致謝忱！文中錯誤概由本人負責。

但使用頻率一直不高。到了清代，"自己"的使用纔突然有了爆發式的增長，在"量"上出現了重大突破②。尤其值得注意的是，從唐五代到宋，"自己"在佛典文獻中的使用頻率要遠遠高於同時期的中土文獻，宋代佛典文獻中的使用頻率甚至要高於元明兩代。這說明，"自己"雖然在不晚於隋代已經凝固成詞（朱冠明，2007），但一直在清代以前，它在中土文獻中的使用頻率都並不高。

時代	唐五代	宋	元	明	清
每萬字中用例數（個）	0.07	0.298	0.788	0.921	9.663
中土文獻/佛典文獻	0.01/0.45	0.15/1.52			

下文我們將從句法功能和用法兩個方面考察"自己"從唐代至清代的發展變化。

二 "自己"句法功能的發展

2.1 現代漢語"自己"的句法功能

我們以《王朔自選集》為對象，調查了現代漢語中"自己"所具有的句法功能，發現"自己"以做主語、賓語、領屬語、狀語和附加語為主，此外還有少量的兼語用例，例分別如：

（1）他揮手叫女招待回去，自己也走回總服務臺。（《一半是海水，一半是火焰》）

（2）你瞧瞧你，照照自己，那副玩世不恭的樣兒，哪還有點新一代青年的味道？（《頑主》）

（3）"那是。"我甚至有點自鳴得意，待發現自己的處境，又火冒三丈，"你等著。"（《過把癮就死》）

（4）血流得不兇，已接近凝結，但傷口邊緣不規則，皮肉還有一些破損，很難自己愈合。（《我是你爸爸》）

（5）就像一個已成年的孩子總住在父母家，公家慈祥，

不說什麼，咱自己也不好意思。(《浮出海面》)

(6) 但就在那種情形下，我仍小心翼翼地保持着分寸，不使別人看出我心情的激動，如同一個醉酒的人更堅定地提醒自己保持理智。(《動物凶猛》)

2.2 "自己"幾種主要句法功能的發展

如果僅就"有無"而論，"自己"的幾種主要句法功能，最遲在唐五代佛典文獻中就已經具備。如：

(7) 六眾苾芻前人坐自己立。為其說法。(唐·義淨《根本說一切有部毘奈耶》，23/903c)

(8) 僧云："爭奈自己何？"師云："誰奈我何？"(《祖堂集》卷第八)

(9) 開袋乃見便是自己破弊故衣。(唐·義淨《根本說一切有部毘奈耶》，23/648b)

(10) 皇后問言："將軍今夜點檢御軍五百，復得闊刃陌刀，甲幕下埋伏。阿奴來日，前朝自幾（己）宣問。若也冊立使君為軍（君），万事不言。一句參差，殿前惣殺。別立一作大臣，乞（豈）不好事。"(《敦煌變文集·韓擒虎話本》)

(11) 僧問："如何是學人自己本分事？"師云："拋卻真金，拾得瓦礫作什摩？"(《祖堂集》卷九)

但仔細分析後可以發現，"自己"的這幾種句法功能，產生時間有先有後，使用頻率及在不同性質文獻中的發展並不一致（見附表一）。

2.2.1 領屬語和主語

"自己"做領屬語和主語的功能發展得最早，唐五代時就已經具備，且一直是"自己"兩種重要的用法。兩種句法功能在唐五代就以獨立使用為主：

(12) 托他人之述作，竊自己之聲光。用此面欺，將為

身計。(《全唐文》卷八百六十二)

(13) 對曰:"自己頭不白,追思別汝,稍似無多,寧期此中。"(《唐文拾遺》卷六十九)

吳福祥先生(1994)認為"(敦煌變文中)分布上,'自己'多數與前面的體詞連用複指性強,獨立性弱","此期(宋代)'自己'……分布形式有所變化:多單獨充當結構成分,獨立性增強,依附性減弱"。吳福祥先生的結論主要來自對敦煌變文的調查。在我們的調查範圍內,唐五代佛典文獻中與體詞連用的"自己"(我們稱之為"附加語")為 16 例,單獨使用的"自己"則達到了 83 例。而在中土文獻中,14 處"自己"全都是單獨使用。可以說,早在唐五代,"自己"就具有很強的獨立性。

2.2.2 賓語

"自己"做賓語用法的發展要遲於做主語和領屬語,使用頻率並不高。佛典文獻中"自己"做賓語用法的發展要早於中土文獻。

在我們的調查中,唐五代中土文獻中"自己"僅有的 1 處賓語用例祇是用作標題,作者是一位叫本先的和尚,詩的內容也關涉佛理:

(14) 明自己頌:曠大劫來祇如是,如是同天亦同地。同地同天作麼形,作麼形兮無不是。(《全唐詩補編·全唐詩續拾》卷四十六)

嚴格說來,"自己"做賓語的用法在唐五代還未能真正進入中土文獻。

2.2.3 兼語

兼語的用法一直偶見用例:

(15) 坐臥兼行總一般,向人努眼太無端。欲知自己形骸小,試就蹄涔照影看。(《全唐詩》卷八百七十)

(16) 宜令京官五品以上及諸州總管刺史舉一人,其有

志行可錄,纔用未申,亦聽自己具陳藝能,當加顯擢,授以不次。(《全唐文》卷二)

2.2.4 附加語

附加語的用法最先見於佛典文獻,中土文獻中一直到宋代都較罕見,元代時纔開始多見。所謂"附加語",指的是"人稱代詞或指人名詞+自己"的用法,兩者結合則可以做主語、賓語、領屬語等:

(17) 釋氏自己不為君臣父子夫婦之道,而謂他人不能如是,容人為之,而己不為,別做一等人。若以此率人,是絕類也。(《河南程氏遺書》第十五)

(18) 師云:"不是你自己,是什摩?"(《祖堂集》卷十一)

(19) 至元二十八年五月初八日,中書省奏:還轉官員自己地面裏休做官者道來。(《通制條格》卷六)

2.2.5 狀語

做狀語的用法發展得最遲,中土文獻中可靠的用例一直要到明代纔出現。明清時開始有了緩慢的發展,但使用頻率較低。如:

(20) 初時李瓶兒還掙扎著梳頭洗臉,還自己下炕來坐淨桶。(《金瓶梅詞話》第六十二回)

(21) 薛姨媽道:"我自己掰著吃香甜,不用人讓。"(《紅樓夢》第三十八回)

做附加語與做狀語兩種句法功能有時在形式上相同,很難區分。劉丹青(2008:189)曾指出,"小張自己去"這個例句"有兩種可能的句法結構。一種是'自己'作名詞性的同位語,即'小張自己'構成一個同位短語,一起作主語(這種同位語還可以離開動詞單用,如:'明天誰去?'——'小張自己。');另一種是'自己'作副詞性的強調狀語,即'小張'單獨作主語,

'自己'作狀語修飾'去'。"

与之類似，如果單獨看例（21）中的"我自己掰著吃香甜"，"自己"也可以有兩種分析：一種是"自己"與"我"結合做同位主語，"我自己/掰著吃香甜（你掰著吃的時候沒覺得香甜嗎?）"；另一種則是"自己"修飾"掰"做狀語，"我/自己掰著吃香甜（你來替我掰就不覺得香甜了）"。結合句意，這裏的"自己"應該做後一種分析。

劉丹青（2008：189）認為"同位結構強調主語本身，區別於別人，即'是小張本人去，不是別人去或不光是別人去'；作狀語時則強調謂語動詞的方式，即'小張獨自去，不和別人一起去'"。前一種"自己"大致可以用"本人"替換；而後一種"自己"則可以用"親自、獨自、私自"等替換。我們對"附加語"與"狀語"用法的區分，主要也是以此為依據進行判斷。

此外，我們認為，"N＋AUX/ADV＋自己＋V"結構中的"自己"應該是比較明確的狀語位置。但就我們調查，這種句法結構最早在明代纔看到，如例（20）。這說明"自己"做狀語的用法是較晚纔發展出來的。我們在《水滸全傳》中發現了一處用例："宋江自己，焚香祈禱，暗卜一課。"（《水滸全傳·第六十八回》），但校勘注中又指出"貫華堂本作'宋江又自己焚香祈禱，暗卜一課……'"。《水滸全傳》用的底本是天都外臣序刻本，要早於貫華堂本。該用例不僅說明了做狀語"自己"的後出，還向我們指示了"自己"狀語用法的可能來源：即是在附加語位置上重新分析而來。"自己"雖然早就有了做狀語的功能（如例10），但真正在中土文獻中發展成熟，則有賴於附加語用法的發展。

2.3 幾種句法功能的發展

各種用法的出現先後與發展狀況大致是由"自己"一詞的來源決定的。"自己"由反身代詞"自"和代詞"己"複合而成。東漢以前"自"和"己"的分布原有很大差異，東漢以後漢譯佛經中的"自"產生了做領屬語等新用法，使得兩個詞的合並有了可能③。漢譯佛經賦予"自"新用法後，"自"和"己"在句法分布上仍有異同：

	主語	賓語	領屬語	狀語
自	＋（泛指）	＋（動詞或介詞前）	＋	＋
己	＋（泛指或照應）	＋（動詞或介詞後）	＋	－

　　從句法位置和用法兩方面來看，"自"和"己"祇在領屬語位置有完全相同的表現，所以"自己"在唐宋文獻中作領屬語的用例較多。"自"和"己"在做主語時雖有用法上的差別，但不像做賓語那樣有句法位置上的差別，做主語也就比做賓語來得更容易些，因此較早的唐宋文獻中"自己"作主語的用例要多於賓語。而"己"根本沒有做狀語的功能，"自己"做狀語自然也就比做賓語出現得還要晚。

三　"自己"用法的發展

　　"自己"主要有"照應、強調、泛指"三種用法（程工，1999）。在唐五代至宋的佛教文獻中，照應用法一直是"自己"最主要的用法，但泛指用法的比例和它相差不大。佛典文獻比中土文獻更早具備了強調用法，其比重經歷了逐漸增大的過程。從唐至清的中土文獻中，照應用法在元代取代了泛指用法的絕對優勢地位。強調用法也是直到元代纔發展起來，使用頻率一直不高。（詳見附表二。）

　　3.1 "照應"用法

　　"照應"用法也可以叫做"回指"，句中一般有顯性的先行詞（不包括附加語和狀語位置上的"自己"，後兩者屬於強調用法④）。在"自己"的所指對象上，既可以是一類人，也可以是具體某一個人，如：

(22) 節度防禦團練等使、刺史，除自己馬外，不得因便影佔。(《唐文拾遺》卷八)

(23) 三皇弟名忒沒葛真，所統多系自己人馬，善戰有功。(《蒙韃備錄·太子諸王》)

但也有不出現先行詞的情況，如：

(24) 問僧："甚處來？"曰："嶺外來。"師曰："還逢達磨也無？"曰："青天白日。"師曰："自己作麼生？"曰："更作麼生？"師便打。(《五燈會元》卷第七)

"自己"照應用法在不同性質文獻中的表現並不一致。《通制條格》、《大元聖政國朝典章·刑部》這兩種語料中"自己"照應用法用例的比例僅為11.76%，《新校元刊雜劇三十種》、《原本老乞大》、《直說通略》這三種語料中的比例則達72.41%（在《直說通略》中更是達到了87.5%）。我們認為，前兩種語料內容多為舉出同類案例並給出判例，屬於舉例性質，在行文上就多泛指而無明確的對象。後三種纔更接近於當時的口語現實。所以，在中土文獻中，"自己"的照應用法到元代已經佔據絕對優勢。

3.2 "強調"用法

劉丹青（2008：189）指出"自己"可以有兩種方式表示強調，一種是作名詞性的同位語，另一種是作副詞性的強調狀語。即我們上面說的附加語和狀語兩種情況。

"自己"同位語的強調方式要比做狀語的方式發展得早。"自己"的強調用法以其能出現的句法位置為基礎，"己"沒有做狀語用法一直限制了強調用法的出現。

3.3 "泛指"用法

也叫做"類指"用法，表達說話人心目中的普遍真理或事實。與照應用法類似，"自己"的泛指用法在不同性質文獻中的表現也並不一致，而在比例上則恰好與照應用法呈現出此消彼長的關係。

唐宋時期佛典文獻中"自己"用作泛指的比例遠低於同時期的中土文獻。中土文獻中,"自己"泛指用法的比例從宋代已開始下降但仍然長期佔優,一直到元代,纔讓位於照應用法。這一用法的用例最遲在明代急劇減少,僅在引用俗語等情況下出現,如:

(25) 陳達叫將起來,說道:"你兩個閉了烏嘴!長別人志氣,滅自己威風!他祇是一個人,須不三頭六臂。我不信!"(《水滸全傳》第二回)

(26) 行者陪著笑道:"施主莫惱,'與人方便,自己方便。'你就與我說說地名何害?我也可解得你的煩惱。"(《西遊記》第十八回)

3.4 其他
3.4.1 長距離約束

"自己"允許長距離約束,是較引人關注的現象。如現代漢語中有:

(27) 馬林生預感到她要請自己開路了,便主動往門口走。(《王朔自選集·我是你爸爸》)

"自己"的先行語是"馬林生"。就我們調查,"自己"允許長距離約束的用例可能要遲至清代纔出現,僅有幾處,如:

(28) 襲人素知賈母已將自己與了寶玉的,今便如此,亦不為越禮,遂和寶玉偷試一番,幸得無人撞見。(《紅樓夢》第六回)

(29) 寶玉聽了,又喜又氣又歎:喜的是平兒竟能體貼自己;氣的是墜兒小竊;歎的是墜兒那樣一個伶俐人,作出這醜事來。(《紅樓夢》第五十二回)

(30) 黛玉會意,知道是襲人怕自己又懸心的緣故,又感激,又傷心。(《紅樓夢》第八十三回)

3.4.2 領屬語位置使用結構助詞

我們注意到，"自己"在領屬語位置上結構助詞的使用在不同時期有不同的表現（見附表三）。唐宋時期文獻中的"自己"在領屬語位置上基本不使用結構助詞。有意思的是，佛典文獻直至宋代還堅持不使用結構助詞。唐五代時唯一一處使用了結構助詞的用例，也是為了與前文結構形成對稱而為之：

(31) 經云：雖然承佛聖旨，且第一文殊，蒙佛告敕，起立筵中，欲申師資之恩，謙讓自己之事，合十指掌，立在筵中，啓三界慈尊向（問）於會上。（《敦煌變文集·維摩詰經講經文》）

在這點上，佛典文獻似乎較中土文獻表現出了更大的"保守性"。元代開始，"自己"與被領屬名詞之間使用結構助詞的用例增多，但直到清代，都以不用結構助詞為多數。在助詞的選擇上，則經歷了"之"、"底"向"的"的轉換⑤，這屬於正常的詞彙替換。

四 結語

對於"自己"一詞功能和用法在中古以後的發展，通過細緻的文本考察，本文得出這樣一些結論：1) 較之中土文獻，"自己"一詞最先在佛典文獻中有了完備的功能和用法，使用頻率也更高。2) 考察唐至清的中土文獻，"自己"做領屬語和主語的功能發展得最早，做賓語的頻率一直不高，附加語的用法直到元代纔發展起來，而可靠的狀語用例則或許要到明代。3) 中土文獻中，元代以前，泛指用法一直較照應用法佔據絕對優勢。而強調用法則是直到元代纔發展起來；元代和清代似乎構成了"自己"發展的兩個關鍵時期："自己"在元代出現了重要的功能和用法的變化，在清代則出現了使用量的爆發式增長。4) "自己"允許長距離約束用法的出現，應該是一個比較晚近的現象。

附表一："自己"用例情況表

時期		主語	賓語	領屬語	兼語	附加語	狀語	總例
唐五代	中土	4 (28.57%)	1 (7.14%)	7 (50%)	2 (14.29%)	0	0	14
	佛教	16 (16.16%)	9 (9.1%)	56 (56.56%)	1 (1.01%)	16 (16.16%)	1 (1.01%)	99
宋代	中土	29 (29.59%)	16 (16.33%)	51 (52.04%)	1 (1.02%)	1 (1.02%)	0	98
	佛教	13 (10.83%)	39 (32.5%)	35 (29.17%)	1 (0.83%)	32 (26.67%)	0	120
元		18 (28.57%)	8 (12.70%)	23 (36.51%)	1 (1.59%)	13 (20.63%)	0	63
明		121 (41.72%)	11 (3.79%)	115 (39.66%)	2 (0.69%)	31 (10.69%)	10 (3.45%)	290
清		442 (53.19%)	47 (5.66%)	181 (21.78%)	2 (0.24%)	116 (13.96%)	43 (5.17%)	831

附表二："自己"三種主要用法用例情況表

時期		總用例數	照應	強調	泛指
唐五代	中土	14	6 (42.86%)	0	8 (57.14%)
	佛教	99	46 (46.46%)	17 (17.17%)	36 (36.36%)
宋代	中土	98	23 (23.47%)	1 (1.02%)	74 (75.51%)
	佛教	120	46 (38.33%)	32 (26.67%)	42 (35%)
元		63	24 (38.10%)	13 (20.63%)	26 (41.27%)
明		290	230 (79.31%)	41 (14.14%)	19 (6.55%)
清		831	661 (79.54%)	159 (19.13%)	11 (1.32%)

附表三："自己"在領屬語位置結構助詞使用情況表

時期		之	底	的	使用結構助詞用例總數	領屬用例總數	比例
唐五代	中土	1	0	0	1	7	14.29%
	佛教	1	0	0	1	56	1.79%
宋代	中土	3	1	0	4	51	7.84%
	佛教	0	0	0	0	35	0
元		0	0	9	9	23	39.13%
明		6	0	22	28	115	23.35%
清		0	0	69	69	181	38.12%

調查文獻及引文目錄：

1. 唐五代：(1) 非佛典文獻：《全唐文》，上海古籍出版社，1990年；《唐文拾遺》，同上；《全唐詩》，中華書局，1960年；《全唐詩續拾》，據《全唐詩補編》中華書局，1992年；《全唐詩續補遺》，同上；(2) 佛典文獻："義淨譯經"，據大正新修《大藏經》23—24冊；《祖堂集》，中華書局，2007年；《敦煌變文集》，人民文學出版社，1957年。

2. 宋：(1) 非佛典文獻：《全宋詞》，中華書局，1965年；《乙卯入國奏請》，據《近代漢語讀本》，上海教育出版社，2005年；《河南程氏遺書》，商務印書館，1935年；《蒙韃備錄》，中華書局，1985年；《朱子語類》，中華書局，1986年； （2）佛典文獻：《五燈會元》，中華書局，1984年。

3. 元：《新校元刊雜劇三十種》，中華書局，1980年；《通制條格》，浙江古籍出版社，1986年；《大元聖政國朝典章·刑部》，中華書局，1980年；《原本老乞大》，外語教學與研究出版社，2002年；《直說通略》，據北京大學圖書館藏明成化庚子重刊本。

4. 明：《水滸全傳》，人民文學出版社，1954年；《西遊記》，人民文學出版社，2002年；《金瓶梅詞話》，人民文學出版社，1985年；《喻世明言》，人民文學出版社，1958年； 《二刻拍案驚奇》，上海古籍出版社，1983年。

5. 清：《紅樓夢》，人民文學出版社，1996。

6. 現代：《王朔自選集》，華藝出版社，1998年。

〔注釋〕

①調查文獻及版本情況詳見文末的"調查文獻及引文目錄"。需要說明的是，我們所調查的唐五代時期文獻其實還包括《唐文續拾》、《全唐五代詞》、《唐律疏議箋解》、《朝野僉載》、《大唐西域記校注》、《王梵志詩校注》、《寒山詩注》、《敦煌新本六祖壇經》、《入唐求法巡禮行記》等，但僅在"調查文獻及引文目錄"所列的文獻中發現了"自己"的用例。

②明代後期"自己"使用已經開始逐漸增多：《喻世名言》和《二刻拍案驚奇》中每萬字"自己"的用例已分別達到了1.97個和2.36個。此外，在元代，似乎有過一個使用"自己"的小高峰，《通制條格》達到了1.46個/萬字，《原本老乞大》則有2.63個/萬字。馮春田（2000：59）認為"'自己'在明代較多，入清以後更為普遍"，我們認為還需指出兩點：（1）元代已經達到了明末以前（三言二拍之前）的使用頻率；（2）明代的"較多"與清以後的"普遍"之間有著量的飛躍，而非一般性的增多。

③詳見朱冠明（2007）對"自己"一詞形成的分析。

④劉丹青（2008：152）指出"反身代詞除了用來回指外，在一些語言中還有強調用法，即充當某個成分特別是主語的同位語或動詞的狀語，如'他自己去'。這屬於反身代詞的非回指用法，這種強調用法在某些語言裏要用不同於反身代詞的詞項來表示。"

⑤明代出現了"自己的"這樣的"的字結構",如:"二位官人在上,小人祇拿了自己的。"(《水滸全傳·第三十八回》)

〔主要參考文獻〕

[1] 程工．生成語法對漢語"自己"一詞的研究 [J]．國外語言學, 1994 (1)．

[2] 程工．漢語"自己"一詞的性質 [J]．當代語言學, 1999 (2)．

[3] 董秀芳．古漢語中的"自"和"己"——現代漢語"自己"的特殊性的來源 [J]．古漢語研究, 2002 (1)．

[4] 馮春田．近代漢語語法研究 [M]．濟南:山東教育出版社, 2000.

[5] 劉丹青．語法調查研究手冊 [M]．上海:上海教育出版社, 2008.

[6] 呂叔湘．現代漢語八百詞(增訂本) [M]．北京:商務印書館, 1999.

[7] (日) 太田辰夫．中國語歷史文法(修訂譯本) [M]．蔣紹愚, 徐昌華譯．北京:北京大學出版社, 2003.

[8] 吳福祥．敦煌變文中的人稱代詞"自己""自家"[J]．古漢語研究, 1994 (4)．

[9] 朱冠明．從中古佛典看"自己"的形成 [J]．中國語文, 2007 (5)．

(陳中源,中國人民大學文學院　郵編:100872)

表達全量的"若X若Y"格式*

董正存

內容摘要：具有反義關係、成對互配使用的X、Y構成了一個集合，爲"若X若Y"表達全量奠定了基礎。"若X若Y"格式在獲得了全量意義之後，其功能性質和句法位置都發生了轉變：由述謂性成分變爲指稱性成分，由謂語核心位置移到了主語或話題位置，發生了結構語法化和功能語法化。表達全量的"若X若Y"格式具有有定性和離散性，這兩個特點是所有全量表達成分所共同具有的。

關鍵詞：全量　"若X若Y"格式　結構語法化　功能語法化　有定性　離散性

在六朝及唐代的漢譯佛經中，有一種中土文獻或書面語文獻鮮見、使用頻率較高的全量表達格式——"若X若Y"，[①]在隨後口語性較強的文獻特別是明清小説中，此種格式也較爲常見，如：

(1) 石主釋氏聚落多人疫死。處處人民。若男若女。從四方來受持三歸。其諸病人。若男若女。若大若小。皆因來者自稱名字。（南朝・宋《雜阿含經》2，288/b）

(2) 其中若凡若聖，若正若邪，若草若木，有情無情，遇斯光者，皆獲無上正等菩提。（《五燈會元・徑山宗杲禪師》）

---

* 本文得到教育部人文社會科學研究一般項目"漢語全稱量限表達研究"（項目批準號：10YJC740027）資助。

除了單獨使用表達全量外,"若 X 若 Y"還與其他全量表達格式連用,如:

(3) 地方若老若小,無不聳聽歡喜,或時唾罵嚴賊,地方人等齊聲附和。(《喻世明言·沈小霞相會出師表》)

(4) 平生祇好結識江湖上好漢,但有人來投奔他的,若高若低,無有不納。(《水滸傳》第十八回)

(5) 宣信道:"章府同文府郎舅至親,時常來往,他家若大若小,老奴那個不知。"(《鏡花緣》第五十七回)

(6) 兒來前,待吾一一告爾,可知各人生死各人了,若子若女不得替得絲厘。(《繡雲閣》第二十三回)

(7) 山河大地,日月星辰,若凡若聖,是人是物,盡在拂子頭上一毛端裏出入遊戲。(《五燈會元·四祖仲宣禪師》)

(8) 無大無小,若男若女,都不怕他相貌之醜,抬著豬八戒,扛著沙和尚,頂著孫大聖,撮著唐三藏,牽著馬,挑著擔,一擁回城。(《西遊記》第七十九回)

(9) 話說這時寺中聽說到了東土大唐取經僧人,寺中若大若小,不問長住、掛榻、長老、行童,一一都來參見。(《西遊記》第九十三回)

(10) 王家若男若女,若大若小,那一個不欣羨潘小官人美貌。(《醒世恆言·兩縣令競義婚孤女》)

(11) 男男女女,老老幼幼,若村若俏,或行或止,紛紛嚷嚷,挨挨擠擠,都出來步月觀燈。(《薛剛反唐》第十一回)

(12) 這日月臺丹墀儀門外,若大若小,男男女女,挨肩擦背,屁都擠將出來。(《隋唐演義》第四回)

通過以上各例可知:(1) "若 X 若 Y"常佔據主語或話題位置,表達全量,其後續成分中常出現總括範圍副詞或強調個體的名詞性或代詞性成分,表示 X、Y 所規定的語義範圍內的所有個體成員都怎麼樣或都不怎麼樣,其意義可概括為"XXYY",如

"若男若女"義爲"男男女女","若老若小"義爲"老老小小"。"男男女女"、"老老小小"均爲具有複數意義的、指人的名詞性成分,因而表達全量意義的"若X若Y"應爲具有複數意義的、指人的名詞性結構。(2) X、Y多爲具有相反或相對的反義關係、成對互配出現的單音節形容詞或名詞,以單音節形容詞最爲常見。當此格式中的X、Y爲單音節形容詞時,二者分別轉指具有X、Y性質的類指名詞,如形容詞"老"、"小"分別轉指類指名詞"老人"、"小孩(年輕人)"。(3) X與Y爲加合關係,"若X若Y"總括X、Y所屬集合内的所有成員,具有總括性。

本文分爲兩部分,首先交待全量表達格式"若X若Y"的用法及其性質,然後討論"若X若Y"表達全量的過程及原因。

一 全量表達格式"若X若Y"的用法及性質

1.1 全量表達格式"若X若Y"的用法

關於"若X若Y"格式,前人的研究成果並不多見,龍國富(2008)在討論連接詞"若"時有所涉及。龍文認爲,"若"是連接詞,在中土文獻和漢譯佛經中"若"具有相同的用法,都用作選擇關係和並列關係。但是,在漢譯佛經中,連接詞"若"還具有兩種特殊用法,"若"也可以表示選擇關係和並列關係,跟本文全量表達格式"若X若Y"相關的是"若"表示並列關係的用法。龍文把表示並列關係的"若"分爲三種情況:

一,用在兩項並列成分的第一項成分前面,構成"若XX"格式。如[2]:

(13)是人所經國土,若點不點,盡末爲塵。(《法華經》,9/22a)

(14)菩薩摩訶薩求佛道以來大久遠,若受決未受決者,皆聞深波羅蜜。(東漢支婁迦讖譯《道行般若經》,8/445a)

二、用在兩項並列成分的每一項前面,構成"若X若X"格式。如:

(15) 若佛在世,若滅度後,其有誹謗,如斯經典,見有讀誦,書持經者,輕賤憎嫉,而懷結恨,此人罪報。(《法華經》,9/15b)

(16) 世尊我常獨處山林樹下,若坐若行,每作是念:我等同入法性,云何如來以小乘法而見濟度?(《法華經》,9/10c)

(17) 若有罪若無罪,機械枷鎖檢係其身,稱觀世音菩薩名者,皆悉斷壞。(《法華經》,9/56c)

三、用在多項成分中的每一項之前,構成"若X若X……"格式。如:

(18) 在在處處,若說、若讀、若誦、若書、若經卷所住處,皆應起七寶塔。(《法華經》,9/31b)

(19) 若好、若醜、若美不美,及諸苦澀物,在其舌根,皆變成上味。(《法華經》,9/49c)

龍文認爲,"這一類格式在漢譯佛經中是最多的,也是最爲容易識別的"。由於能夠出現很多項成分,這說明此類格式能夠繼續擴展,是一個邊界不清晰的無界格式,因而它的凝固化程度不高。第二種情況祇有兩項成分,不能再繼續擴展,可以看成是一個邊界清晰的有界格式,因而此種情況格式的凝固化程度應該比第三種情況格式的凝固化程度高。本文的"若X若Y"即龍文所討論的"若X若X"。

對於"若"的並列用法,龍文以"若"出現的句法位置和並列項的數目爲標準進行分類的做法無疑是可取的,操作性也很強,但是這種操作方法割裂了X、Y二者之間的語義聯繫,不利於判斷全量意義所從何來。因而,爲了更利於判斷全量意義的産生來源及原因,我們以X、Y的性質作爲分類依據。

在全量表達格式"若X若Y"中，按照X、Y的數目可分爲兩種情況：一，X、Y性質相同，二者可以爲形容詞（包括非謂形容詞）、名詞和動詞，以形容詞最爲多見；二，X、Y性質不同，一個是詞，一個是短語。一般而言，X是單音節詞，而Y是X的否定形式即"否定詞＋X"，用例極少見。下面逐類說明。

一，X、Y性質相同，可分爲三種情況：

1. X、Y爲形容詞

X、Y一般爲性質形容詞，二者之間常常具有相反或相對的反義關係，上文通常會出現二者的指稱集合或所屬範圍，二者是指稱集合的兩個子集，共同構成一個完整的集合，二者具有加合性，如：

(20) 眼清淨無瑕穢，觀眾生類，生者、逝者、善色、惡色、善趣、惡趣，若好、若醜，所行、所造，如實知之。（東晉譯經《增壹阿含經》）

(21) 處處多有男子婦人。若男若女漸漸患飢。（南北朝·東魏《金色王經》3，389/a）

(22) 當此居家，若長若幼，現在未來百千歲中，永離惡趣，能於十齋日每轉一遍，現世令此居家無諸橫病，衣食豐溢。（《地藏菩薩本願經·如來讚歎品》）

(23) 一看事物之來，若小若大，四方八面，莫不隨物隨應，此心元不曾有這個物事。（《朱子語類》第十六卷）

(24) 那時庵傍人家盡皆曉得，若老若幼，俱來觀看。（《醒世恒言·赫大卿遺恨鴛鴦縧》）

(25) 蕭后道："普天混亂之時，不意你們這些若男若女，自立經濟，各得其所。……"（《隋唐演義》第六十五回）

2. X、Y爲名詞[③]

X、Y是名詞，二者常常具有相近或相關的近義關係，上文通常不會出現 X、Y 的指稱集合或所屬範圍，如：

(26) 譬如人年少端正著好衣服，欲自見其形，若以持鏡，若麻油若淨水水精，於中照自見之，云何寧有影從外入鏡麻油水水精中不也？（《佛説般舟三昧經·行品》）

(27) 世尊，現在未來一切眾生，若天若人，若男若女，但念得一佛名號，功德無量，何況多名。（《地藏菩薩本願經·稱佛名號品》）

(28) 無有內外，若臣若子皆延頸企踵，知皇帝之繼志述事，如是其篤且至也。（《宋朝事實》）

(29) 山河大地，若草若木，皆是我眷屬。（《五燈會元·亡名道婆》）

(30) 少年曰："若山若水，乃天造地設，高低醜好，俱屬生成……"（《繡雲閣》第八十八回）

3. X、Y 爲動詞

X、Y 是動詞，二者具有相反或相對的反義關係，如：

(31) 世間一切所修心人，不假禪那，無有智慧，但能執身，不行淫欲，若行若坐，想念俱無，愛染不生，無留欲界，是人應念，身爲梵侶，如是一類，名梵眾天。（《大佛頂首楞嚴經》卷九）

二、X、Y 性質不同

X 爲單音節詞，Y 爲 X 的否定形式，如：

(32) 不爲盜賊所中傷，不爲天龍鬼神所觸嬈，閱叉鬼神蠱道鬼神若人若非人，皆不能害殺得其便也，除其宿命不請。（《支謙譯經·佛説八吉祥神咒經》）

1.2 全量表達格式"若 X 若 Y"的性質

1.2.1 "若 X 若 Y"的有定性

朱德熙（1982 [1998]：93）指出"周遍性""表示在所涉及的範圍之内沒有例外"；韓志剛（2002）也曾指出，"周遍義，又稱全量義,是指在一定範圍內所有的對象都怎麼樣或都不怎麼樣,沒有例外"。這兩個定義表明,"全量"或"周遍"強調在某一集合內沒有例外,窮盡某一集合內的所有對象。可以這樣理解,全量成分總是屬於某個特定的指稱集合,該集合是有定的,"集合"的存在是表達全量的前提。由上述各例可知,"若X若Y"的後續成分中常常含有總括範圍副詞,如"都"、"俱"、"盡"等。總括範圍副詞要求必須與一個具有複數意義的名詞性成分相聯繫,與其相聯繫的名詞性成分是其指向目標,常居於其左側。指向目標構成一個可以包含N個不同個體的集合,集合中的每個個體均參與謂語所表示的事件或處於謂語所表示的狀態(董秀芳,2002)。表達全量意義的"若X若Y"是具有複數意義的、指人的名詞性結構,其句法位置處於總括範圍副詞的左側,應爲總括範圍副詞的指向目標。"若X若Y"構成的集合包含X、Y兩個子集,兩個子集包含N個不同的個體。

"若X若Y"爲表示複數意義的名詞性成分,而名詞性成分在句法上一般佔據主語或賓語的位置。根據考察可知,"若X若Y"衹在主語或話題位置上出現,未見現於賓語位置的用例。一般來説,作爲被陳述對象、敘述起點的主語是有定成分。另外,X、Y分別轉指具有X、Y性質的類指名詞,類指名詞一般是可以確定的即有定的(劉丹青、徐烈炯,2007:163)。由此可知,表達全量的"若X若Y"具有有定性。

1.2.2 "若X若Y"的離散性

除了有定性之外,"若X若Y"還具有離散性,表現在:(1)"若X若Y"後續成分中常常出現總括範圍副詞,總括範圍副詞的指向目標所構成的集合由N個不同的個體構成,這説明該集合可以離散,具有離散性;(2)"若X若Y"後續成分中出現的強調個體的成分如分指代詞"各"等均爲上文某一有定指稱集合離散出來的不同個體;(3) X、Y轉指爲類指名詞,雖然類指名詞"並不排他性地特指該類別的任何成員"（劉丹青、徐烈炯，2007：163），但是其所構成的集合能夠下分爲 N 個不同的個體，該集合是由具有 X、Y 特徵的所有個體構成的這一看法是確定無疑的。由此可知，"若 X 若 Y"在具有有定性的同時也具有離散性，二者相輔相成。

"有定性"和"離散性"不祇爲"若 X 若 Y"所獨有，所有全量表達成分都具有這兩個特點，二者是反映"全量"本質的核心要素，是判斷一個詞或格式是否具有全量用法的關鍵所在。

1.3 並不是所有"若 X 若 Y"格式都表達全量

全量表達要求在一個有定集合內窮盡所有對象或個體成員，全量表達成分指稱這一有定集合內的所有對象或個體成員，常常佔據主語或話題的句法位置，但是，並不是所有"若 X 若 Y"格式都能夠表達全量，如：

（33）那崖下石坎邊，花草中，樹木裏，若大若小之猴，跳出千千萬萬，把個美猴王圍在當中。（《西遊記》第二回）

（34）三人徑至洞口，把那百十個若大若小的妖精，盡皆打死，原來都是些虎狼彪豹，馬鹿山羊。（《西遊記》第八十九回）

（35）慌忙架起天平，搬出若大若小許多法馬。（《醒世恆言·賣油郎獨佔花魁》）

（36）說著便命丫頭們把箱櫃一齊打開，將鏡奩，妝盒，衾袱，衣包若大若小之物一齊打開，請鳳姐去抄閱。（《紅樓夢》第七十四回）

（37）仲笑岩見曾瑟庵賣弄他家先賢的高風，揭挑自家先賢的短處，早有些不悅，也回口道："須比你家那位子皙公祇合些若大若小的孩子廝混的有些干頭些！"（《兒女英雄傳》第三十九回）

通過上述各例可以看出，"若 X 若 Y"格式用作定語，常常爲"若大若小","大"、"小"爲形容詞,因而可以進一步認爲,用作定語的"若X若Y"要求X、Y爲形容詞性成分。另外,上述各例的"若大若小"並不表達全量,祇對其後的名詞性成分起描述作用,具有述謂性,而其後的名詞性成分構成了X、Y的指稱集合。我們之所以認爲其不表達全量,是因爲上述各例中存在表達不定量的"千千萬萬"、"百十個"、"許多"和"些"等語言形式,而據上文可知,能夠表達全量的成分應該具有有定性,強調有定集合内的所有對象或個體成員即所有量,而所有量則是一個完全確定的量。"若大若小"之所以常常用爲定語,恐怕與"大"、"小"的適用範圍有較大的關係。"大"和"小"的適用範圍較廣,既能描述人、東西,也能描述事物、動物等,因而,如果其後不出現所描述的名詞性成分則會造成表達不清楚不明確。也就是説,適用範圍廣決定了二者不能專門描述某個語義範疇的指稱集合,而其他X、Y同樣爲形容詞的"若男若女"、"若老若少"、"若老若幼"等格式,其中的"男"、"女"、"老"、"少"、"幼"則一般專門描述人,幾乎不能描述其他語義範疇的名詞性成分,因而,即使其後不出現所描述的名詞性成分也不會造成表達不清。衆所周知,表達的基本目標是清楚明確,因而"若大若小"後需要出現所描述的名詞性成分,二者具有修飾與被修飾的關係,即"若大若小"用作定語。用作定語、具有述謂性的"若X若Y"格式正好揭示了全量表達格式"若X若Y"的來源,據此我們相信,"若X若Y"的句法功能應該發生了由述謂性到指稱性的轉變,詳見下文。

二 "若X若Y"格式表達全量的過程及原因

2.1 "若X若Y"格式表達全量的過程

我們認爲,"若X若Y"格式全量意義的獲得,與其經歷了結構語法化和功能語法化有密切的關係。

"若X若Y"的結構語法化導致其内部結構日益緊密，表現爲：一，"若X"與"若Y"之間由有語音停頓發展爲語音停頓不能出現在二者中間。"若X"與"若Y"之間有語音停頓，表明二者之間的關係並不十分緊密。以（20）爲例，例中"若好"與"若醜"應看成並列短語，與其他並列短語並列連用。"生者"與"逝者"、"善色"與"惡色"、"善趣"與"惡趣"、"所行"與"所造"不能看成内部凝固程度較高的固定成分，因而與其並列連用的"若好"與"若醜"也不宜視作凝固爲一個固定成分。而語音停頓不能出現在二者中間時，則表示"若X若Y"的内部比較緊密，不再能拆成"若X"與"若Y"兩部分，例可見（9）（10）（23）（24）（25）等。二，由句中同時出現幾個"若X若Y"格式的並列連用發展到祇出現一個"若X若Y"，後一種情況的語法化程度要高於前一種情況。關於此，見上文1.1相關論述。

據上文可知，"若X若Y"格式中的X、Y以形容詞最爲多見，形容詞的主要句法功能爲述謂功能，而全量表達格式"若X若Y"則具有明顯的指稱性，這説明"若X若Y"格式發生了由述謂功能到指稱功能的轉變，即發生了功能語法化。上文例（33）—（37）及以下兩例中的"若X若Y"均具有述謂性，對其前或其後的名詞性成分進行陳述，如：

（38）凡事若小若大，寡不道以歡成。（《莊子·人間世》）

（39）凡人者，若賤若貴，若幼若老。聞道志而藏之，知道善而行之，上人矣。（賈誼《新書》卷九）

而當"若X若Y"格式出現在主語或話題位置表達全量時，其具有了指稱功能，實現了由述謂功能到指稱功能的性質轉變。由於所能發現的語料有限，造成無法厘清"若X若Y"獲得指稱功能的詳細過程及具體原因,因而祇能做一些猜測,但猜測也是建立在充分依據漢語語言事實的基礎上進行的。我們認爲,"若X若Y"之所以能夠獲得指稱功能、表達全量,應該與其處於兩個述謂成分的前一個句法位置有關。一般來說,漢語中兩個述謂成分挨鄰出現時,前一個述謂成分的語法化程度會高於後一個述謂成分,這體現了"線性增量原則"前舊後新的信息分佈規律(方梅,2005)。比如漢語"把"字結構、"被"字結構中"把"、"被"的語法化都根源於兩個述謂成分挨鄰出現、"把"、"被"出現於前一個述謂成分的句法位置上這一語言事實。其實,除了"若X若Y",還有一些全量表達格式或詞語也是由於出現在挨鄰出現的兩項述謂成分的前項位置上進而語法化爲全量表達格式或詞語的。比如,表達全量的"是X是Y"格式和來源於"完結"義動詞的全量表達成分"畢"、"竟"、"終"、"盡"等(詳見董正存 2010,2011)。由於其後出現了其他謂詞性成分,"若X若Y"逐漸喪失掉了述謂核心的功能,其述謂性逐漸減弱,指稱性有所增強。一般而言,用作述謂成分的"若X若Y"前都會出現被陳述的名詞性成分,X、Y具有反義關係,其對名詞性成分的陳述也從相反的兩個角度或方面來說明,這兩個角度或方面的陳述就形成了對名詞性成分的全方位陳述。這說明"若X若Y"與其前名詞性成分的語義關係較爲密切,這種密切關係並不會隨著述謂性的減弱而消失。再由於名詞性成分所處的句法位置爲句首,并且其常爲類指名詞,如(38)(39),句法位置及其性質決定了"若X若Y"格式前的名詞性成分能夠構成一個有定的指稱集合,具有反義關係的X、Y也就將這一有定的指稱集合分成了兩個子集,由此指稱功能得以獲得。簡而言之,"若X若Y"由於其後出現其他謂詞性成分而喪失了述謂核心的句法地位,其與所陳述的名詞性成分之間的語義關係十分密切則使得其與名詞性成分一起構成一個有定的指稱集合,另外,由於具有相反或相對反義關係的 X、Y 涵蓋了整個指稱集合，因而得以表達全量。當然，指稱功能的獲得和述謂功能的消失並非涇渭分明，在其發展過程中也會存在依違兩可的過渡階段，如：

(40) 又兼鄧蒲風走方上的人，有兩個上好奇妙的春方，魁姐模樣算得標致，卻是個十分的淫貨，明水鎮上若大若少的人物沒有管起他一遭快活的。(《醒世姻緣傳》第六十一回)

例中的"若X若Y"用作定語，理應理解爲具有述謂功能，但如果將其理解爲表達全量的成分也似無不可，語義理解兩可應該是"若X若Y"功能語法化過程中的必然結果。

2.2 "若X若Y"格式表達全量的原因

"若X若Y"格式之所以能夠表達全量，與成對互配出現、具有反義關係的 X、Y 密切相關。具有反義關係的 X、Y 處於所屬量級的兩端，兩端構成一個完整的集合。按性別來分，"人"祇分爲"男"和"女"兩類，"男"和"女"處於性別量級的兩端，這兩類能包含"人"這一集合中的所有個體成員。按年齡來分，"人"雖然可分爲"老"、"中"、"青"和"少（幼）"幾類，但以處於年齡量級兩端的"老"和"少"就能夠涵蓋所有各個年齡段的人。X 與 Y 具有相反或相對的反義關係，二者成對、互配出現，通過 X、Y 的成對互配使用強調指稱集合內的全部個體成員。X、Y 缺一都會造成集合不完整，不能涵蓋所有的個體成員。漢語中存在大量通過具有反義關係、成對互配使用的兩個語素構成的組合來表達全量或周遍的現象。董正存（2008）曾指出，在漢語中，很早就有由一個語義場中的兩個反義語素以極性對立的方式來表達該義場內的周遍性的現象，如：

(41) 窈窕淑女，寤寐求之。(《詩經·周南·關雎》)

例中的"寤寐"是"無論是醒着的時候還是睡着的時候"的意思，表示寤寐時間上的周遍性。與此相同的還有以下各例中的

"趣舍"、"古今"和"好歹":

(42) 夫僕與李陵俱居門下,素非相善也。趣舍異路,未嘗銜杯酒接殷勤之歡。(《漢書·司馬遷傳》)

(43) 此人皆身至王侯將相,聲聞鄰國,及罪至罔加,不能引決自財,在塵埃之中。古今一體,安在其不辱也?(《漢書·司馬遷傳》)

(44) 興哥道:"我這番出外,甚不得已,好歹一年便回。"(《古今小説·蔣興哥重會珍珠衫》)

實際上,這種現象不祇存在於漢語中,在其他語言中也存在,通過具有反義關係、成對互配使用的兩個語素來涵蓋整個語義場,這是一種基本的認知方式,在人類各民族中具有廣泛的普遍性(董正存,2008)。"若X若Y"格式由連接詞"若"連接具有反義關係、成對互配使用的兩個語素,符合這一認知模式,也因此得以表達全量意義。雖然因X、Y個性的差異會造成在具體的使用過程中有不同的所指,但不管具體的所指爲何,都不會改變"若X若Y"表達全量這一本質意義,全量是對"若X若Y"表達的所有具體意義的高度概括。

2.3 "若X若Y"格式中"若"的性質

與全量表達格式"是X是Y"中"是"的語義和句法功能都發生了變化不同,"若X若Y"格式中的"若"始終爲連詞,龍國富(2008)也持這種看法。用作連接詞,"若"字連接相近、相關或相反、相對的兩項成分,如:

(45) 旅王若公。(《尚書·召誥》)

(46) 孟氏使半爲臣,若子若弟。(《左傳·襄公十一年》)

(47) 事若不成,則必有人道之患;事若成,則必有陰陽之患。若成若不成而後無患者,唯有德者能之。(《莊子·人間世》)

解惠全等（2008：594）和王海棻等（1996 [1999]：284）均以（47）爲例來說明"若"爲表示選擇關係的連詞。解惠全等指出"'若'字，皆不定之詞"，義爲"或"、"或者"。此外，王雲路、方一新（1992：329—330）所舉的兩個例子也可以用作"若"爲連詞的證據，如：

(48) 所有一切眾生之類，若卵生若胎生，若濕生若化生，若有色若無色，若有想若無想，若非有想若非無想，我皆令入無餘涅槃而滅度之。（《金剛般若波羅蜜經》）

(49) 若有持戒若不持戒，若有精進若不精進，脫彼袈裟，逼令還俗，或與身罪，或打或縛。（《虛空孕菩薩經》卷上）

除了舉例之外，二位學者援引江藍生（1988：173）的觀點——"'若'字此用法六朝鮮見，但先秦兩漢文獻中不乏其例"來證明中古"若"的連詞用法較少這一現象。通過上述幾位先生的看法可知，"若 X 若 Y"中的"若"的確應該視爲連詞。一般而言，選擇關係連詞所連接的兩項成分不能同時存在，祇能擇其一，但當兩項成分能夠同時存在於一個指稱集合，屬於同一集合的兩個子集，二者能夠表達全量時，"若"的連詞性質並不會因此得到改變，其仍爲連詞。以現代漢語連詞"或"爲例，如：

(50) 去或不去，你都得告訴我一聲。

(51) 或去或不去，你都得告訴我一聲。

兩例中"去"和"不去"兩種情況不能同時存在，祇能出現一種情況，"或"爲選擇關係連詞，但兩種情況加合在一起時就能夠表達全量，這裏涉及如下的推理：

(52) 如果去，你得告訴我一聲。

如果不去，你也得告訴我一聲。

去和不去，你都得告訴我。兩個句子加合在一起，也就是同時存在於一個指稱集合，就概括了"去"和"不去"的所有情況，全量意義得以産生，其中的"或"並不會因全量意義的産生而發生性質的改變。呂叔湘（1981：490）在說明"無論"的用法時指出，其用法之一就是"用於表示任指的疑問代詞或有表示選擇關係的並列成分的句子裏"，呂先生的這一看法也驗証了我們的觀點。也就是說，雖然"無論"後的並列成分爲選擇關係，但二者加合在一起，構成一個共同的指稱集合，能夠表達全量，這些都不會影響"無論"的連詞性質。

結　語

表達全量的"若 X 若 Y"格式具有有定性和離散性兩個特點，經歷了結構語法化和功能語法化的演變過程，句法位置發生了由謂語核心位置到主語或話題位置的改變，句法功能發生了由述謂性成分到指稱性成分的改變。全量意義之所以能夠獲得，根源於具有反義關係、成對互配使用的 X、Y，二者構成一個指稱集合，爲表達全量奠定了基礎。在獲得全量意義的過程中，"若"作爲連詞的性質始終未發生改變。

〔注釋〕

① 本文"全量"爲"周遍"的同義詞，二者可自由替換，這一看法的理論基礎爲朱德熙（1982［1998］）和韓志剛（2002）的相關論述。

② 此小節例皆引自龍國富（2008）。

③ 有時，"若"後出現名詞短語，用例僅1見，如：

語次，排闥入女室，若室隅，若榻下，若箱，若櫃，無不搜索殆盡。（《洪憲宮闈艷史演義》）

例中兩個"若 X 若 Y"格式並列連用，前者"若"後爲名詞短語，後者"若"後爲單音節名詞。

〔主要參考文獻〕

董秀芳. "都"的指向目標及相關問題 [J]. 中國語文, 2002 (6).

董正存. "完結"義動詞表周遍義的演變過程 [J]. 語文研究, 2011 (2).

董正存. 表達周遍的"是X是Y"格式 [J]. 殷都學刊, 2010 (4).

董正存. 情態副詞"反正"的用法及相關問題研究 [J]. 語文研究, 2008 (2)

方梅. 篇章語法與漢語研究 [C] //劉丹青主編. 語言學前沿與漢語研究. 上海：上海教育出版社, 2005.

韓志剛. 表事物周遍義時"每"與"各"的差異 [C] //郭繼懋, 鄭天剛主編. 似同實異——漢語近義表達方式的認知語用分析. 北京：中國社會科學出版社, 2002.

洪波, 董正存. "非X不可"格式的歷史演化和語法化 [J]. 中國語文, 2004 (3).

江藍生. 魏晉南北朝小說詞語彙釋 [M]. 北京：語文出版社, 1988.

劉丹青, 徐烈炯. 話題的結構與功能（增訂本）[M]. 上海：上海教育出版社, 2007.

龍國富. 從語言接觸看漢譯佛經中連接詞"若"的特殊用法 [C] //浙江大學漢語史研究中心. 漢語史學報（第七輯）. 上海：上海教育出版社, 2008.

呂叔湘. 現代漢語八百詞 [M]. 北京：商務印書館, 1981.

解惠全, 崔永琳, 鄭天一. 古書虛詞通解 [M]. 北京：中華書局, 2008.

王海棻, 趙長才, 黃珊等. 古漢語虛詞詞典 [M]. 北京：北京大學出版社, 1996 [1999].

王雲路, 方一新. 中古漢語語詞例釋 [M]. 長春：吉林教育出版社, 1992.

朱德熙. 語法講義 [M]. 北京：商務印書館, 1982 [1998]

（董正存, 中國人民大學文學院/國際學院（蘇州研究院）, 郵編：100872/215123）

清代初年的"給"字句*

宋慧曼

内容摘要： 本文以順治元年至順治五年的《明清檔案》爲語料，對其中的"給"字句進行了詳盡的考察。分析了"給"作動詞的四種用法即：給＋動詞、"給"單獨作動詞帶名詞賓語、動詞＋給、Ns＋動詞＋N＋給＋N'。在此基礎上，對與"給"字相關的歧義句式進行了分析和論述，同時也對"給"如何產生使役和被動的用法進行了一定的探討。

關鍵詞： "給"字句　給予類動詞　使役　被動　歧義

一　引言

漢語的授予動詞，在近代由"與"變爲"給"。"給"出現的時間及意義演變的過程，是一個值得探討的問題。志村良治（1995）發現刊於元代至治年間（1321—1323）的《武王伐紂平話》中，有一個"給"作爲表示授予介詞的用例，傅惠鈞（2001）在明萬曆刻本《金瓶梅詞話》中，發現一個"給"作授予動詞的典型用例。在《紅樓夢》中，"給"的用法已經比較複雜，有作爲授予動詞的，也有作爲使役動詞相當於"讓、叫"的，還有作爲介詞表被動的。可見，在"給"字發展的研究中存在着一個斷層，也就是說，我們還不清楚"給"在從明代後期到

---

* 本文在寫作過程中得到俞理明老師多次反復耐心的修改，謹此致謝。

《紅樓夢》時期這段時間發展的情況。鑒於此，我們利用《明清檔案》①中清初五年的材料（順治元年至順治五年）對"給"進行了考察，發現"給"是在替代"與"作動詞的基本用法之後，產生了表使役和表被動的用法。

二　"給"作動詞的用法

在我們所考察的檔案中，一部分"給"還保留"供給"義，"給"還處於由"供給"義向"給予"義過渡的階段。但是已有相當數量的"給"是"給予"義，單獨作動詞。并且這個時期的"給"已經開始以"給予"義的身份，出現在和給予式有關的各種句式中，大致有三種情況："給＋動詞"、"動詞＋給"、"動詞＋名詞＋給＋名詞"，下面分別討論。

（一）給＋動詞

後漢時期就有"給"和"與"、"予"、"遺"等連用的例子②，這種現象的出現，既與漢語詞彙複音化有關，也與表意的明確性要求有關，雖然用例不多，但它為"給"由"供給"義轉向"給予"義提供了條件，同類的用例到清初依然存在。下面是幾個例子（"給"字組合用斜體標出，下同）：

（1）照牛錄章京*給與*身價。（8/4095，指第八冊4095頁，下同。）

（2）除所獲驢頭已*給賞*有功人役外……。（6/3221）

（3）梓（人名）自合將追完在庫銀參百兩*給還*本犯。（7/3419）

（4）即按期*給發*，猶若糊口不足。（5/2231）

（5）如縣請*給付*鄭家口。（6/3221）

（6）除自己額領俸薪馬匹外多冒餉銀*給散*短少侵扣數多。（8/3579）

清初五年的檔案中"給"與上述六個動詞組合，作謂語中心，其中"給＋與"出現得最早。"給"在"供給"的意義上，供給者和被供給者雙方存在地位上的差異。但是，如果忽略雙方地位上的差異，它同"與"的意義差別不大，"給、與"因爲語義近似，連屬成一個單位。其他與"給"組合的動詞也都有"給予"義，但它們與"給"的連用，淡化了"給"的"供給"義，加強了它的"授予"義，爲"給"的意義變化創造了條件。這是"給"字從"供給"義向"給予"義發展的開端。

（二）"給"單獨作動詞

"給"和動詞連用使得"給"的"供給"義淡化，"授予"義加強，以致單獨用"給"也可表示"授予"。明代成化年間的《訓世評估》中已經出現"給"作動詞表"給予"義的用例（張美蘭 2002）。而"給"的"供給"義，則早在《管子‧地圖》篇就通過"供給"連用來表示（如"論功勞，行賞罰，不敢蔽賢有私，供給軍之求索"），在清初檔案中表"給予"義的"給"單獨作動詞得到進一步發展，用例最多。

表"給予"的"給"是一個三價動詞，在語義上應該涉及：與者 Ns，受者 N'，與者所與受者所受的事物 N。Ns 和 N' 一般由指人的名詞、名詞短語或代詞來充當。N 由指物名詞或名詞短語充當。檔案中實際出現的例句，在形式上可以分爲五類：

A 給＋N'＋N

(7) 欠銀子二兩給小的地一塊。(8/4113)

(8) 於柒月內萊蕪縣拿他時給了他銀子是實。(7/3690)

B Ns＋給＋N＋與＋N'

(9) 即呈佟知縣給孝布叁定錢捌千並棺木與氏叔翁。(6/3058)

C N'＋給＋以＋N

(10) 〖請給江南提督總兵敕書關防以重職守事〗各提督

總兵俱有專責必給以敕書。(7/3464)

D N'＋給＋N

(11) 州縣給壹印票以便取信於本户。(2/521)

E N＋給＋N'

(12) 趙鷂子着糧刮解,將原價收訖,未給百姓。(7/3733)

(13) 异姓難民男婦大小貳百貳十柒口並查牛祇面給本民。(7/3463)

(14) 原以本人之馬,仍還本人之用,非另給別項人氏也。(3/1225)

(15) 前郧鎮原有兵五千名及經制一定分發,別給王光恩,屢以解散爲辭,不知此餘兵果否解散。(6/2911)

(16) 又備謝禮銀五兩給昌京。(6/2929)

(17) 又搜獲受顯忠等寨贓銀二十五兩給主。(7/3463)

A式是現今最常見的結構（N和N'分別指直接賓語和間接賓語）,也是歷史最悠久的結構,在甲骨文中就有"給予類動詞＋間賓＋直賓"的結構。這種現象是容易理解和解釋的,因爲"與者—受者—所受之物"勾畫了一個理想的認知框架模型（ICM）,從信息加工的角度講,受話人對這種模型的句子進行識解時最省力。

若N'在N後,則N'前面要加"與"構成B式。若N放在"給"的後面,則前面要加"以"構成C式,這種句式在魏晋南北朝時期是以"以＋N＋給予動詞＋N'"形式出現的,以後就很少見,在我們所看到的檔案中也僅有一例。對於這種現象,我們暫時還不能給出很好的解釋。照我們的看法,N'一般不放在"給"前,因爲那樣容易使人把受者看成與者（施事）,就(10)而言,上文的語境限制了句首的"各提督總兵"祇能是N'。這樣,受事在句首做了話題。單獨看(11)是有歧義的,

"州縣"既可以看作受者,也可以看作與者,不過從上下文我們可以斷定"州縣"是受者,由於 N 的前面沒有介詞"以",所以另立爲 D 類。這種結構一般不常用。在上下文語義明了的情況下 Ns 可以省略,這時 N 可以位於句首作爲話題構成 E,這種句式是觀念上的被動句。同時因爲 N 一般由指物的名詞或名詞短語充當,不會被誤認爲與者或受者,所以 A、E 是最經濟最富有生命力的結構。

我們在對《孟子》、《論語》、《戰國策》及《世説新語》進行檢索的過程中發現,"給"表"供給"義的句式,祇有"給"單獨作動詞及"動詞+給"(這是一個封閉的類,僅限於爲數不多的動詞)這兩類。而"給"在由"供給"義向"給予"義的過渡時期,就開始出現在跟給予式有關的各種句式中,包括:給+N'+VP(這種結構有歧義,下文將討論)、動詞+給、Ns+動詞+N+給+N'+VP、V+與+N'+N、V+N+與+N'、與+N+V+N'。[3]

(三) 動詞+給

徐丹(1990)指出,西漢時期給予式突然出現了一個新的句型 Va1+Va2+OI+OD(Va1 指賜、傳、假、饋等描述具體動作的動詞,Va2 指予、與、遺等一般意義上的給予動詞;OI 是間接賓語,OD 是直接賓語),并且指出,這一句型是從"V+OI+OD"這個古老的句式中衍生出來的。朱德熙(1979)指出,能夠出現在"動詞+給"這種句式裏的動詞一般都是包含"給予"義的動詞,如"交、退、發"等。在我們所看到的句式中,與"給"連用的動詞百分之七十以上都是本身包含"給予"義的動詞。不包含"給予"義的動詞如"查",出現在這種句式裏,整個句子也是表示"給予"義的。"給"跟包含"給予"義的動詞連用,使得"給"的"給予"義得以鞏固。這種句式分爲三類:

ⅠNs＋動詞＋給＋N

(18) 臣借給銀參百兩爲行糧草料之需。(1/260)

Ⅱ Ns＋動詞＋給＋N'

(19) 則又經該鎮審追給主矣。(7/3684)

Ⅲ (把) N＋動詞＋給＋N'

(20) 軍餉盡係張國治出納，支剩銀兩除補給兵餉外，臣臨行時，盡見清帳面交衆紳。(2/528)

(21) 彼時田肥等待收完大糧照依原數兌與工吏，麻粟轉給陸拾伍裏里長收領。(7/3735)

(22) 所獲小子婦女頭蓄器甲等項俟驗明，查給有功及傷亡兵士以示鼓勵外……(8/4112)

(23) 令原發銅價退給貴雲。(6/2924)

(24) 動者撥給參萬兩。(6/3151)

(25) 財產斷給被殺之家妻子。(7/3408)

(26) 將搜獲保康縣印信壹顆發給該縣。(7/3595)

句式Ⅰ，句首的"臣"既可以看作與者（施事），也可以看作受者（這時祇能理解爲話題），從上下文推測應該是與者，"給"後的受者N'在句子中沒有出現。(19)是句式Ⅱ，省略了Ns。在由"給"構成的句子中，如果N和N'僅僅出現一個，最好把N放在"給"的前面，構成Ⅲ式。(20—26)都是句式Ⅲ，N位於句首（"將"作爲受事格標記可以省略），構成觀念被動句（宋慧曼，2003）。

（四）Ns＋動詞＋N＋給＋N'

徐丹（1990）指出，給予式在魏晉南北朝時期由Va1＋{V2/與}＋OI＋OD演變出Va1＋OD＋{V2/與}＋OI。我們看到這種用法的句子祇有兩例：

(27) 投希祁審明於李斗南名下追銀參兩給被傷養腿醫藥之用。(8/4066)①

(28) 投希祁審明於屠家名下斷原價銀柒錢給張仁吾收領。(8/4066)

這一類句子是包含動詞"給"的複雜句式,"給"前的動詞包含"給予"義時,這種句式可以轉換成:Ns+動詞+給+N'+N+VP。"追"(追回來給自己是"取得"義,追回來給別人是"給予"義)和"斷"都可以含有"給予"義,因而這兩個句子都可以轉換成"動詞+給+N'+N+VP"的形式。(27)可以變換爲:追給被傷銀叁兩養腿醫藥之用。N'是VP的施事,N是VP的受事。能夠出現在這種句式裏的動詞一般有三類,[+給予]類、[+取得]類及[+製作]類動詞(朱德熙1979)。但是在檔案裏還没有後兩類動詞用在這種句式裏的例子。(28)還可以看作使役句,這一點在下文的歧義句式中再討論。

此外,從我們的調查來看,"給"作"給予"動詞,還衹限於陳述句,在疑問句中仍然用"與"。例如,此票誰與的?(6/2877)。在否定句中,"給"還限於同"非、未、別"連用。在由"不"構成的否定句中,一般也用"與"。例如,不意應舉等竟悖旨藐法,將元年分恩賜銀,持强不與,一反訟於户部(3/1533)。對於這種現象,我們認爲,"給"對"與"的替換是一個歷史過程,從語用的角度講,陳述句的使用頻率最高,"給"首先在這個領域將"與"擠出交際的舞臺,使它衹在疑問句這樣使用頻率較低的領域中存在。隨着時間的推移,"給"最終在交際中完全替代"與"。

以上"給"字的用法中仍然保留到今天的有:給+N'+N、N+給+N'、Ns+動詞+給+N'、(把)N+動詞+給+N'、Ns+動詞+N+給+N'+VP。諸如"給他一本書"、"這本書給他"、"我還給他(了)""把書還給他""我買個橘子給小明吃","給"的用法基本健全。但是在清初"給"的對象還限於實物,用來表示對事物所有權的轉讓,它的内涵還很簡單,使用範圍也相當狹窄。像"劉氏回家學與馮樂善"（6/3057）這種比較抽象的用法，在檔案中還用"與"來表示。但是，無論是"給"單獨作動詞，還是和動詞連用，都出現了大量N位於句首的觀念上的被動句。這種用法爲"給"表被動邁出了關鍵性的一步。我們推測造成這種現象的原因可能有兩點：1由於上下文的襯托，與者不言而喻往往可以省略，"給"前就留出一個空位；2宋元以後述補結構的發展，大量的賓語位於句首成爲受事主語句，使得"給"後的賓語有可能位於句首。對於"給"字句來說，放在句首的最佳候選者是N而不是N'，因爲在沒有上下文的情況下，它不會造成歧義。而N'（間賓）放在句首時，如果沒有上下文，會造成歧義。

三　與"給"有關的歧義句式

"給"類動詞能同時作施事標記詞的根本機制在於，這類詞最有可能轉化爲使成或使動意義的詞，而使成意義的詞與被動標誌相通，是被動標誌的一個重要源泉，最明顯的例子是"讓""叫"。從語義上講，"給"類詞很容易引申爲"給某人機會做某事"（徐丹1992）。詞彙意義的可能性和句法結構的相似性促使"給"發生了演變。

N＋給＋N'＋VP是"給"字句發生演變的基本的句法結構，該結構和"給"表使役及表被動的表層結構完全一樣，都是"給＋名詞＋VP"。這種句法結構中的"給"一般都是一身兼三職：給1（給予動詞），給2（表使役），給3（表被動）[5]。

(29) 所霸李可白房地產牲畜等物相應給主收領。（8/4114）

(30) 其所獲婦女除給領外現在壹百口。（7/3516）

(31) 任贊有女子小六姐仍令關治明押送梁山寨內被宜

總兵搜出給本主領去。(7/3511)

(32) 隨將男婦一十五名口給各親屬認領。(3/1530)

(33) 又將白明善原交存誠銀一十四兩退出當給潘貴雲收記。(6/2923)

(34) 投希祁審明於屠家名下斷原價銀柒錢給張仁吾收領。(8/4066)

(29)—(34) 的句法結構都是：N＋給＋N'＋VP，其中V是及物動詞，并且都是兼語句。N是VP的受事，N'是VP的施事。這六句話中的"給"既可以看作動詞，表示所有權的轉讓，也可以看作動詞讓、叫，表使役，同時還可以看作介詞"被"表被動。以(29)爲例，所霸李可白房地產牲畜等物相應給主收領，就可以看作：A 房地產牲畜等物給主人，然後主人收領了；B 所霸李可白房地產牲畜等物讓主人收領；C 所霸李可白房地產牲畜等物被主人收領。要說明的是，這裏指的是結構歧義，而不是說句子的基本意義可以作多種理解。爲什麼會造成歧義呢？因爲：其一，受事位於句首；其二，"給"後的VP表"給"的目的。

(一) 表使役的"給"字句

歧義往往是語法演變的起點，N＋給＋N'＋VP這種句式正是"給"向表使役、表被動演變的起點。那麼"給"究竟是怎麼產生表使役的用法呢？張美蘭 (2006) 認爲，"NP1 ＋ V1 (使/令) ＋ NP2 ＋ V2"句式是典型的表示"致使"語義的基本句式結構，其中"使"等表示"致使"、"使令"義，NP1 充當句法主語和語義上的施事成分，V2 必須滿足整個"致使"句式的要求，對致使對象 NP2 所處的狀態或產生的結果作出描述。歧義句中的"給"在句法結構上與"致使"語義的基本句式完全一樣。

我們以 (29) 爲例。當"給"作動詞表給予時 (29) 是連動式，表使役時是遞係式。但是，當作爲連動式時，因後面的 VP

表目的，句子本身就包含有使役的意思，相當於"給主人讓主人收領"。我們再拿幾個使役句做一下比較：

(35) 擄來婦女行令該縣各喚本主認領。(4/1793)

(36) 婦女幼童除有親人者令其識領外……。(3/1793)

(37) 所獲驢伏即令原客認領訖。(3/1531)

(38) 於兩寨地窖內搜出婦女一百五十口當招鄉民認領。(7/3515)

例（30）和例（38）是同一篇裏對同一件事情的陳述。"婦女一百五十口當招鄉民認領"，所表示的動作尚未發生，祇能是使役結構。"所獲婦女（除）給領外"既可以看作使役也可以看作被動。使役句和連動句表層結構完全一樣，都是"動詞＋名詞＋動詞"。使役句是漢語中最穩固的一種句式，歷史悠久。在漢代以後使役式已經不局限於使令性動詞。而"給"作爲一個新興的動詞，很不穩定，極易發生變化。在表層結構相同的情況下，一個歷史悠久的結構極易影響一個新興的結構，這就是語法的類推作用。在上述（29）—（34）中，都是一句話表達了兩個事件，直接讓"給"表使役把個事件合併成一句話，語義上更簡明。所以處在這種結構中的"給"很容易虛化爲表允許義的使令性動詞。也就是說，表使役的"給"，是N＋給＋N'＋VP這種結構通過重新分析而來的。

（二）表被動的"給"字句

下面我們再看看"給"是如何產生被動的用法的。我們仍然看（29）—（34）這幾個例子。這幾個例句都是受事主語句，句子結構都是"N＋給＋N'＋VP"；N是VP的受事，N'是VP的施事。這種結構同早期的被動句的結構完全一樣。例如：臣被尚書召問（蔡邕《被收時表》）。但是明末被動句的發展已漸趨成熟，表現在V後有補語或體態詞"了"（因爲被動句表示的動作往往是已實現的）。我們再來看幾個典型的被動句。

(39) 至順治貳年蒙英王大兵追剿闖賊經過彼地燒景又被兵擄獲。(4/2117)

(40) 知事駁變立刻下屋赴敵被賊砍一刀。(4/2067)

這兩個句子的句子結構都是"受事＋被＋施事＋VP（V後有補語或"了"）"。所以，"給"的歧義結構要轉化爲純粹的被動句而不是使役兼被動，V後還需要有補語或體標記"了"。并且如果按照這一標準，前述例句中祇有（30）、（31）可以看作被動句。原因在於：雖然V後沒有補語，但"除VP外"這一句法框架表示的語法意義是"VP所代表的事件完成或實現"。（33）後面的"訖"雖然相當於"了"，但"給"前有"當"，這個詞一般不用在被動句中（當然也可以看作被動句）[⑥]。所以這種由使役句轉化而來的被動句還需要通過"被"字句的類推纔能轉化爲純粹的被動句[⑦]。

但是，如果這種結構中"給"後的VP不表目的而表示結果[⑧]，"給"很容易就表被動了。因爲"給"後的VP表示"給"的結果時，VP往往是一個述補結構，這就滿足了被動句的要求。在N＋給＋N'＋VP的句法結構中，"給"理解爲給予義動詞，N'既是"給"的對象，又是VP的施事。這種結構的"給"字句，語義上的重心在VP上，在結構上和被動句完全一樣，語義上表達的重點也是完全一樣，"給"的詞彙意義很容易虛化爲一個被動標記詞。

檔案中已經出現了"給"純粹表被動的句子，如"每裏共瓜收銀捌錢共銀伍拾貳兩俱給馬鳴鸞騙收入己"（7/3733）。這句話之所以祇能看作被動句是因爲：1."給"後的動詞帶有補語；2."給"後的動詞不表目的而表一種出人意料的結果。這樣，"N＋給＋N'＋VP"也就很容易由意念上的被動句轉化爲有形態標記的被動句，"給"也就很容易弱化爲施事的標記。同時因爲"給"表被動是通過"N＋給＋N'＋VP"這種結構重新分析而來的,所以"給"早期表被動時,句中的施動者祇能是人或有生物。"給"所構成的被動句也是對應於雙賓語的被動句(有歧義的幾句話中的N都可以放到N'的後面)。并且"給"表被動不像"被"是由遭受意義發展而來的,"給"表被動,主要是強調一種結果,表被動的語氣比"被"要輕。

我們所看到的檔案中的"給"無論是作動詞表給予、使役,還是作介詞表被動,都是由"N+給+N'+VP"這種結構發展而來的,并且僅限於"事物—得失性"這樣的語義模式;也就是說,在"給"後動詞的作用下,人或物的所有權發生了轉讓。另外,"給"字句由表給予到表使役和表被動的過程,從順治初期,一直持續到《紅樓夢》時期。例如:我的一件梯己,收到如今,沒給寶玉看見過(紅五十六回)。這句話中的"給"兼表給予、使役和被動,句子結構也是"N+給+N'+VP"。由此,我們也可窺見語法的穩固性。同時,在《紅樓夢》中,"給"字句表使役和表被動比檔案中的要成熟一些。例如:千萬別給老太太、太太知道(紅五十二回)。這種"給"僅表使役和表被動的句式在我們所看到的檔案中還沒有。

另外需要指出的是,並不是所有處在和"給"一樣的句法環境中的句式都能發生演變。我們知道,語法本身是成系統的。"給"本身向表使役和表被動的發展,需要語法系統内部三個條件的發展成熟:

A 使役句不局限於使令性動詞,這一條件在漢代以後纔能滿足;

B 連動句發展為前一動詞帶賓語,後一動詞表目的,這種句式在唐代纔出現;

C 受事主語句(指"受事+教+兼語+VP"這種能够被重新分析為被動句的受事主語句)的發展成熟。這種受事主語句在《世說新語》中纔出現,在《敦煌變文集》中纔得以發展(蔣紹愚 2002)。

四　幾點結論

（1）"給"作動詞，表"給予"，還僅限於陳述句。"給"和動詞連用，還僅限於給予義的動詞。"給"在由供給義向給予義發展的階段就開始出現在與給予式有關的句式中。在"給"作動詞的用法中有大量的 N 位於句首的觀念被動句，這是"給"能表被動的關鍵。清初檔案中，還沒有看到"給"可以純粹看作介詞引進動作對象這種用法（我給他打一件毛衣，"給"等於"替"或"爲"，是純粹的介詞）。

（2）"給"表使役、表被動的用法，都是由"N＋給＋N'＋VP"這種句式分析而來的。"給"表被動最大的特點是，位於句首的是"給"的直接賓語（VP 的受事）而不是 VP 的賓語。"給"表被動有兩個來源：1. 通過使役句重新分析，然後再由被字句類推；2. "N＋給＋N'＋VP"這種結構中 VP 不表"給"的目的，而表一種出人意料的結果，"給"字句就跨越了表使役的階段直接表被動。

（3）本文的研究從一個側面表明，語法是很穩固的，一旦形成很難改變。語法又是成系統的，某一結構的演變，必然會受到其他結構發展的制約。

（4）"給"究竟是替代"與"還是"饋"至今都有爭論。我們認爲不如把"給"看作受漢語複音化的影響由供給義發展爲給予義然後出現在和給予式有關的句式中，最終排擠"與、饋、遺"的。

〔注釋〕

①《明清檔案》爲張偉仁主編（1987），臺灣"中央研究院"歷史語言

研究所存,清代内閣大庫原藏。

②《漢語大詞典》將"給"的這六個組合都列爲詞目。

③已有研究表明,15—18世紀的給予式,已很接近現代漢語,包括:V(給予類動詞)+N'+N、V+與+N'+N、V+N+與+N'、與+N+V+N'(徐丹 1990)。

④(27)中的"給"也可以看作"供給",但是我們没有發現"給"表供給義有同類的句式。所以此句中的"給"有可能是供給義混用到給予義的句式中,可以看作"給"表供給義的殘留。

⑤(30)句中的"給"都處於短語當中,可以看作"給"後的N'省略了,(34)的施事位於句首,祇能看作使役句,但劃綫部分同以上句子在結構上完全一樣

⑥"當"在被動句中的使用頻率極低,但是不是絕對不能出現在被動句以及它什麼時候開始出現在被動句中,目前還不清楚。

⑦蔣紹愚(2002)指出,"給"字句表被動最初同被字句有兩點差别:(1)句中的施動者祇能是人或動物。(2)句末没有"了"。這兩點差别是通過被字句類推而消除的。

⑧連動式後一動詞一般表目的,但不是全部都表目的。

〔主要參考文獻〕

[1] 傅惠鈞.《金瓶梅詞話》中的授予動詞"給",中國語文. 2001 (3).
[2] 江藍生. 近代漢語研究探源,北京:商務印書館. 2000.
[3] 蔣紹愚."給"字句"教"字句表被動的來源.//語言學論叢.第26輯.北京:商務印書館. 2002.
[4] 宋慧曼. 清初觀念被動句. 語言科學,2003 (3):102—108.
[5] 王力. 漢語語法史,北京:商務印書館,2000.
[6] 徐丹. 關於給予式的歷史發展. 中國語文,1990 (3).
[7] 徐丹. 北京話中的語法標記詞"給". 方言,1992 (1):54—60.
[8] 張美蘭.《訓世評估》中的授予動詞"給". 中國語文,2002 (3).
[9] 張美蘭. 近代漢語使役動詞及其相關的句法、語義結構. 清華大學學報(哲學社會科學版). 2006 (2):96—105.
[10] 志村良治. 中國中世語法史研究. 北京:中華書局,1995.

[11] 朱德熙. 與動詞"給"相關的句法問題. 方言 1979 (2): 81—87.

[12] 朱德熙. 包含動詞"給"的複雜句式. 中國語文, 1983 (3).

(宋慧曼, 北京師範大學文學院 郵編: 100875)

元明清"險些"類句式初探

邵則遂 陳 霞

内容摘要："險些"類句式是由含語素"險",且表示差點發生某事,但幸好没發生的意思的一系列句式,這類句式的典型成員爲"險些"。"險些"類句式最早出現於元代戲曲《小孫屠》,在元明清時期這類句式主要表現爲兩種基本類型:"險些"＋肯定式、"險些"＋否定式。從語義上看,"險些"類句式有非常強的接消極結果的的傾向。

關鍵詞：險些 肯定 否定 消極 積極

"險些"類句式是由含"險些"義的語素"險",且全句的語義爲差點發生某事,但幸好没發生的一系列句式,這種語義在現代漢語中被稱爲羨餘否定。語法學界對以"差點"爲代表的"表回顧與表推測"類羨餘否定的研究已經比較成熟,而對以"險些"爲代表的羨餘否定的研究卻還不夠。文章擬對元明清時期的"險些"類句式進行句法類型的描寫,並對這一句式的語義特點、語用功能進行分析,在描寫分析的基礎上再進一步對這一句式的生成與發展進行初步的探討。

"險些"類句式包括"險些"、"險些個"、"險些兒"、"險些的"、"險些些"以及"險不"、"險不險"、"不險些兒"等組成的句子,但這些形式中的其他成員處於整個系統的非主流地帶,并且由於各種各樣的原因,慢慢消失了,而該家族的典型成員"險些"則得到了廣泛的應用,因此我們在選取用例時以"險些"爲主。

本文利用了《漢籍全文檢索》和北大中文語料庫。

一　"險些"類句式在元明清時期的表現

"險些"類句式最早出現於元代戲曲《小孫屠》，並在元明清時期的文獻中大量使用，考察其用例我們可以從中得出這樣的結論：首先，從句法上看這一時期的"險些"類句式大體表現爲兩種基本形式，即"險些＋肯定結構"和"險些＋否定結構"；其次，從語義上看這一時期的"險些"類句式絕大多數表現爲"險些＋消極結果"，這種消極結果或者是"險些"後的動詞結構本身表示的是消極意義，或者是動詞結構表示積極義，但其前有否定成分削弱或消解其積極義，使其最終仍然表現爲消極義。

1.1 "險些"＋肯定式與"險些"＋否定式

我們在選擇用例時以"險些"爲主，但"險些兒"是"險些"的地域方言形式，所以我們在研究"險些"類句式的語法特點時，也綜合考察了含"險些兒"的語料。我們考察了元明清時期代文學作品中這類句式的使用情況，其中元代資料中"險些"類句式共出現 101 次（含"險些兒"）。在這 101 次的用例當中，其中 95 次爲"險些"＋肯定式，僅 6 處爲"險些"＋否定式。明代用例中"險些"＋否定式共 19 例，《繡像金瓶梅詞話》一書就佔 11 例。清代用例中"險些"＋肯定式 635 例，"險些"＋否定式 67 例。從這一考察結果來看，元明清時期"險些"類句式的基本形式爲"險些"＋肯定結構，而"險些"＋否定結構則爲變式，我們重點討論"險些"＋否定結構。

在討論"險些"＋否定結構之前我們需要厘清這一結構的範圍，在我們所考察的所有用例中有兩種結構看似相同卻有所差異，這就是"險些＋（不＋動）"與"險不＋動"，前一種是我們所討論的"險些"＋否定結構的典型，而後一種則是由"險不"

與動詞的肯定結構組合而成的，它不是"險些"類句式的主流，但它對討論這一句式的發展有著重要的啓示，因此我們將它放在"險些"類句式的生成與發展初探一節中討論。"險些"＋否定結構在元明清時期文獻中的情況如下：

元代語料中共有6處"險些"＋否定式

(1) 夜來祇爲那賤人，險些不做出一場事來，這事祇得自相滅。(《全元南戲〈小孫屠〉》)

(2) 這廝險些兒不閃我在水裏。(《全元雜劇·馬致遠〈呂洞賓三醉岳陽樓〉》)

(3) 貪說話險些兒不走過去了。(《全元雜劇·武漢臣〈散家財天賜老生兒〉》)

(4) 則這此情惟有月光知，險些兒不枉費了我那栽培力。(李壽卿《月明和尚度柳翠》)

(5) 險些兒不傷害了兄弟性命？(《全元雜劇·劉唐卿〈降桑椹蔡順奉母〉》)

(6) 險些兒連性命也不得回歸。(《全元雜劇·無名氏〈凍蘇秦衣錦還鄉〉》)

明代共有19處"險些"＋否定式。《繡像金瓶梅詞話》一書出現11處"險些"＋否定式。

這個李三若非雷神顯靈，險些兒沒辨白處了。(《二刻拍案驚奇》)

呀！我杜開先險些兒又沒了主意。(《鼓掌絕塵》)

祇爲用錯了一個奸臣，濁亂了朝政，險些兒不得太平。(《今古奇觀》)

若不是老師張先生救得我性命時，險些兒不與姑姑相見。(《三遂平妖傳》)

大嫂，我險些兒和你不廝見了。(《水滸傳》)

宋江對吳用道："不聽賢弟之言，險些兒不得相見。"

(《水滸傳》)

    剖開路一直前行，險些兒不唬倒那怪物。(《西遊記》)
    我的性命，險些兒不著這獼猴害了。(《西遊記》)
    看著婆子小肚上，祇一頭撞將去，險些兒不跌倒，卻得壁子礙住不倒，那猴子死命頂在壁上。(《繡像金瓶梅詞話》)
    西門慶聽了，心中越怒，險些不曾把李老媽媽打起來。(《繡像金瓶梅詞話》)
    早時扶住架子，不曾跌著，險些沒把玉樓也拖下來。(《繡像金瓶梅詞話》)
    拉著祇一輪，險些不論了一交。(《繡像金瓶梅詞話》)
    不防黑影裏，被臺基險些不曾絆了一交。(沒摔著)(《繡像金瓶梅詞話》)
    山誓海盟，說假道真，險些兒不爲他錯害了相思病！(《繡像金瓶梅詞話》)
    須臾紫漲了面皮，把手祇一推，險些兒不把潘姥姥推了一交。(《繡像金瓶梅詞話》)
    又相李瓶兒來頭，教你哄了，險些不把打到贅字型大小去了！(《繡像金瓶梅詞話》)
    那春梅從酪子裏伸腰，一個鯉魚打迤，險些兒沒把西門慶埠了一交，早是抱的牢，有護炕倚住不倒。(《繡像金瓶梅詞話》)
    大娘後邊拉住我聽宣紅羅寶卷，與他聽坐到那咱晚，險些兒沒把腰累羅瘋了！(《繡像金瓶梅詞話》)
    險些兒一夜沒曾把我麻犯死了！(《繡像金瓶梅詞話》)
    清代共有 67 處使用 "險些" ＋否定式。

"險些" ＋否定式包涵如下兩種情況：第一種情況 "險些" ＋否定副詞（不/沒有）表示否定的意思；且此句式中否定副詞後所接的結果爲好的結果；第二種情況 "險些" ＋（不/沒有）

表示肯定的意思，含有進一步肯定的意思。此句式中的不/沒有是否定羨餘成分，這裏的"不""沒"不是否定副詞，沒有否定的意思，它們和"險些"結合的更緊。此句式中所接的結果爲不好的結果。

元代的6處用例中，第（1）至第（5）處屬於否定羨餘的情況，衹有第（6）處的用例屬於真正的否定句式。明代"險些"後接否定式的用例已經明顯增多，且含有否定羨餘成分的用例爲12處，真正的否定句式衹有7處。

1.2 "險些"句式與"把"字句、被動句的結合

"把"字句和被動句式也是漢語裏兩個較爲特殊的句式，很早就引起了學者們的關注，有學者認爲："把"字句側重於動作，而被動句側重於結果的強影響性，且認爲被動句中一般是表示不好的結果和影響。《現代漢語詞典》對"險些"的解釋爲"慶幸沒發生某事"，這一意義與把字句、被動句在表義上有一定的聯繫，因此我破門對"險些"類句式中的這兩類特殊句式進行了分析，試圖進一步弄清楚"險些"句式的具體語義內涵。

元代"險些"句式有9例爲被動句，4例爲把字句。
被動句用例如下：

（1）若不是二位兄弟説知，險些兒被他害了性命。(《全元南戲·徐畎〈殺狗記〉》)

（2）險些兒被他打死我也。(《全元雜劇·李文蔚〈同樂院燕青博魚〉》)

（3）兄弟，我被那姦夫淫婦，險些兒斷送了也。(《全元雜劇·李文蔚〈同樂院燕青博魚〉》)

（4）眼裏並不曾見這怪異，險些兒被他嚇死。(《全元雜劇·武漢臣〈包待制智賺生金閣〉》)

（5）破了這廝謊，險些兒被賺入天羅地網。(《全元雜劇·李壽卿〈説鱄諸伍員吹簫〉》)

(6) 龍王雲秀纏，則被你險些兒熱殺我也。(《全元雜劇·李好古〈沙門島張生煮海〉》)

(7) 我呵若不是妝束巍巍，險些兒被金神打的天靈碎。(《全元雜劇·王曄〈桃花女破法嫁周公〉》)

(8) 你恰纔不來呵，險些兒被包待制打出俺屁來哩。(《全元雜劇·無名氏〈玎玎當當盆兒鬼〉》)

(9) 若不是二位兄弟說知，險些兒被他害了性命。《全元南戲·徐畤〈殺狗記〉》)

把字句用例如下：

(1) 險些把我氣冲倒，身謾靠，把太真妃放聲高叫。(《全元雜劇·白樸〈唐明皇秋夜梧桐雨〉》)

(2) 若不是急流中將腳步抽回，險些兒鬧市里把頭皮斷送。(《全元雜劇·紀君祥〈冤報冤趙氏孤兒〉》)

(3) 姦夫姦婦，把哥哥推在河裏，把我險些勒死。(《全元雜劇·無名氏〈風雨像生貨郎旦〉》)

(4) 明明的這關節有何難見，險些把一家兒恩多成怨。(《全元雜劇·無名氏〈朱太守風雪漁樵記〉》)

明代有47處爲被動句，40處爲把字句，清代有84處爲被動句，69處爲把字句。根據我們的統計，雖然"險些"類句式與把字句、被動句結合的用例在各朝代的比例都不大，但與被動句結合的頻率略高於與把字句結合的頻率。據此我們認爲：表回顧推測的羨餘否定的"險些"類句式更側重於強調動作事件對客觀事實所造成的結果或影響。

1.3 "險些"類句式的表義特點

我們說"險些"類句式表示的是羨餘否定，所謂羨餘否定就是某些句子形式上含有否定副詞"不""沒有"等等，但實際上並不表示否定的意義，也就是說這類句子中的否定成分不表示真正的否定意義。具體到"險些"類句式中，我們可以看到這類句式中存在的羨餘否定的情況以及這類句式的語義特點。

從文獻用例來看,元代的 100 例中有 99 次爲"險些"+消極結果,祇有 1 例爲"險些"+積極結果;明代 299 次用例當中有 294 次爲"險些"+消極結果,僅 5 次爲"險些"+積極結果,且在表積極結果的成分前均有否定成分,使得"險些"後成分總體上仍表現爲消極義。如:

祇爲用錯了一個奸臣,濁亂了朝政,險些兒不得太平。(《今古奇觀》)

若不是老師張先生救得我性命時,險些兒不與姑姑相見。(《三遂平妖傳》)

大嫂,我險些兒和你不廝見了。(《水滸傳》)

宋江對吳用道:"不聽賢弟之言,險些兒不得相見。"(《水滸傳》)

剖開路一直前行,險些兒不唬倒那怪物。(《西遊記》)

清代由於用例太多難以精確統計,但我們在整理語料過程中所得出的印象與以上情況總體上是相符的。

由此我們可以看出,"險些"類句式在語義上有一個特點,那就是:"險些"後必須接表消極結果的語義成分。

究其原因,應該與"險"字的本義有關。是由"險阻"的意思再引申出"危險"義,後來這種比較實在的"危險"逐漸虚化爲一種比較抽象的徵兆,正如清翟灝《通俗編·境遇》所説"今凡作事,幾至喪敗,則曰'險些'",正是"險些"一詞的基本義素決定了"險些"類句式其後接"消極結果"的語義特點。

二 "險些"類句式的交際功用

一種語言形式能夠長期存在,便用事實表明瞭他的存在價值,否則它必將爲其他的語言的形式所取代。語言的形式和意義是相對應的。人們根據用語言的形式來理解語言的意義,從而實現語言的交際形式。然而以"險些"爲代表的表推測和回顧的羨餘否定句式卻能實現正反同義,并且能達到交際的目的,本章試圖解讀"險些"類句式語用價值及交際的功能實現。

2.1 "險些"類句式中羨餘否定的語用價值

2.1.1險些"類句式中羨餘否定存在的合理性

"險些"類羨餘否定句中,否定標記副詞存在的最大語用價值是表示強調,而不是表示否定。

(1) 夜來祇爲那賤人,險些不做出一場事來,這事祇得自相滅。(《全元南戲〈小孫屠〉》)

(2) 這廝險些兒不閃我在水裏。(《全元雜劇·馬致遠〈呂洞賓三醉岳陽樓〉》)

(3) 貪説話險些兒不走過去了。(《全元雜劇·武漢臣〈散家財天賜老生兒〉》)

(4) 則這此情惟有月光知,險些兒不枉費了我那栽培力。(李壽卿《月明和尚度柳翠》)

(5) 險些兒不傷害了兄弟性命。《全元雜劇·劉唐卿〈降桑椹蔡順奉母〉》)

此處5處用例若全改爲肯定式,則強調"險"的意味就減弱了。試比較:

(6) 險些不做出一場事來

(7) 險些做出一場事來

根據詞與詞之間的距離可以判斷詞與詞之間的親疏遠近,例(6)"險些"與"不"緊密相連,強調不發生之險,暗含發生的可能性很大。例(7)"險些"與"做出一場事緊密相連"強調發生之險,暗含不發生的可能性很大。而實際上"險些"類句式是説差點發生某事,但幸好沒發生,所以加上羨餘否定標記副詞後,更起到了一個強調、強化的作用。也就是説,羨餘否定的存在，有其語用上的價值。

朱德熙（1980）在分析"差點兒"沒＝差點兒時認爲，"沒"是一個否定羨餘成分，是説話人爲了强調事情沒有發生這一點，在 VP 前加一個否定詞"沒"。石毓智（2001）也認爲：純粹的羨餘否定詞是沒有的，它們都有一定的作用，最常見的是加强否定語氣。

2.1.2 "險些"類句式中羨餘否定與主觀意願

張誼生《羨餘否定的類別、成因、與功能》一文認爲：表示推測的羨餘否定句，用於否定句時含有較强的主觀意願，並舉例證明：

我一陣心酸，手中的板刷差點掉下來，但臉仍然裝笑，"不爲我守寡？"（王朔）

我從他倆手掌間接下一搪瓷盆米飯，手一軟，差點沒掉下來，忙用另一祇手托住。

該文認爲，前一句祇表示"沒有掉下來"，後句則除了表示"沒掉下來"同時還表示了説話人感到"幸好沒掉下來"的主觀意願。如果我們將前句補上"沒"，後句去掉"沒"，基本語義不會改變，但兩句所隱含的主觀意願就會發生微妙的變化。

"險些類"否定羨餘句式也屬於表示推測的羨餘否定句式，雖然肯定的"險些"類句式也暗含了説話者的主觀意願，但加上否定羨餘標記副詞後，則説話者的主觀意願會更清晰。但同時我們也發現"差點"否定羨餘句式，在現代漢語的使用情況頻率遠遠超過了"險些"類羨餘否定句。筆者認爲：表明主觀意願是表推測類的羨餘否定存在的又一合理性解釋，但由於"險些"這個詞在表明主觀意願的立場上，已經是自足的，也就是説他不需要藉助於否定標記副詞就可以表明主觀意願，所以"險些"類否定羨餘句式較"差點"否定羨餘使用的就少了。

2.2 "險些"類句式使用者的主體選擇

我們認爲在漢語中是否使用否定羨餘成分主要是語言使用者的主體選擇與用語習慣，而從語用的角度來表示強調則是次要的。如"險些摔跤"與"險些沒摔跤"相比較，哪一個更強調主體的意願，哪一個更強調了事件的結果似乎並不那麼的重要，也很難嚴密的進行邏輯驗証，但無論哪種情況都能達到語言的交際目的，即告訴聽眾或讀者沒有摔跤。并且大量的語料事實也表明，羨餘否定的使用與否，主體的主動選擇、主體的言語習慣佔很大的比重。

明代《金瓶梅詞話》"險些"類句式共18次，否定式11次，肯定式7次。

元代關漢卿的作品共出現"險些"類句式7次，但沒有一次使用羨餘否定句式。

險些兒送了孩兒也。（《全元雜劇·關漢卿〈鄧夫人苦痛哭存孝〉》）

險些兒一口氣死了。（《全元雜劇·關漢卿〈杜蕊娘智賞金線池〉》）

若是碎磚瓦裏命終得這身夭，險些兒白骨臥荒郊（《全元雜劇·關漢卿〈山神廟裴度還帶〉》）

不是我去呵，險些兒送了孩兒也。（《全元雜劇·關漢卿〈鄧夫人苦痛哭存孝〉》）

小梅香死的來忒沒影，李慶安險些兒當重刑！（《全元雜劇·關漢卿〈錢大尹智勘緋衣夢〉》）

險些兒俺子母每分離。（《全元雜劇·關漢卿〈狀元堂陳母教子〉》）

若不是我尉遲恭來的單呵，險些兒落在他彀中。（《全元雜劇·關漢卿〈尉遲恭單鞭奪槊〉》）

這兩部文學作品的使用情況則用事實證明瞭否定羨餘成分主要是語言使用者的主體選擇與用語習慣。即"險些"類句式在實際的使用當中是采取肯定句的形式還是否定句的形式是由作者的主體選擇和用語習慣決定的。

三　"險些"類句式的生成與發展初探

對"險些""差點"這類羨餘否定句的生成機制的探討在現代漢語語法領域已經比較成熟，張誼生《羨餘否定的類別、成因、與功用》一文認爲否定羨餘絕大多數是由前面的客觀表述同後面的否定性主觀意願緊縮而成，是在肯定式的基礎上合並同類、保留否定形式之後形成的。他在文章中通過分析例句對這類句子的深層語義關係及其生成過程進行了揭示。

聽到角落裏有人叫我的名字，回頭一看。我差點沒叫出來，那張正人君子的臉我太熟悉了。（王朔）

他認爲此句的深層關係及其生成過程可以分析爲：

聽到角落裏有人叫我的名字，回頭一看，我差點【叫出來，幸好】沒叫出來。

我們肯定張文的觀點，并且我們可以從元明清時期"險些"句的情況和人類思維的規律兩方面對此觀點做出解釋。

"險些"類句式出現於元代，在元明清時期得到發展並逐漸成熟，在我們收集到的用例中"險些"類句式既可以單獨成句，也可以做複句的分句。做複句的分句時，"險些"類句式都處於複句的後段，并且前段往往爲表假設的分句，這些假設可以阻止某種結果的發生，這樣"險些"類句式所在複句的語義格式爲：

如果A，就會B；但所幸沒有A，結果B幸免了。

這種語義格式從認知上說涉及到虛擬空間與現實空間，這種語義格式就是兩種空間的交錯，其中虛擬空間的假設是全句成立的一個語義基礎，而現實空間的敍述則是在前面的基礎上出現的另一種情況。爲了避免語義的重復和句子結構的複雜，這些深層語義在實現爲句子時不是全部都顯現出來，而是部分顯現，部分隱含。爲了達到語義完整與句式簡潔的完美結合，人們將語義上有重複的"如果A""但所幸沒有A"和"就會B""結果B幸免了"進行合併，我們可以看到這兩組句子在語義上的特點：虛擬空間與現實空間相對；前一組是前提，後一組表結果；每組內部兩個句子之間語義相反。正是這種相對造成了現實狀況與虛擬狀態的反差，這種反差就是這類句子的核心，而在選擇表現這種反差的語言成分時，人們選擇了"險些""差點"等這一類詞。選擇這一類詞的原因在於這類詞本身所蘊含的語義成分。就"險"而言，由"險阻"的意思再引申出"危險"義，後來這種比較實在的"危險"逐漸虛化爲一種比較抽象的徵兆，正如清翟灝《通俗編·境遇》所說"今凡作事，幾至喪敗，則曰'險些'"。正是"險"的這種"幾至喪敗"，但又沒有失敗的語義特點使其擔任起了表現現實與虛擬的反差的重任。同時由於人們總是期望事情朝著積極的方向發展，而對消極結果總是期望能夠幸免，正是這種趨利避禍的心態使得"險些"類句式在現實中總是呈現出一種避免災禍的慶幸，這也是"險些"句式中"險些"後總是接消極結果的原因。

　　在具體的句法實現中，這種句式經過兩個階段，第一階段是從"如果A，就會B；但所幸沒有A，結果B幸免了。"到"如果沒有A，險些B"。在這一階段"如果A"與"所幸沒有A"合併爲"如果沒有A"，"就會B"與"結果B幸免了"合併爲"險些B"，我們把這一階段稱爲合並同義項，隱含背景義。第二階段是由"如果沒有A，險些B"到"險些B"，這一過程是在"險些"類句式的使用中，人們日益重視這種句式所表達的對結果的慶幸，而越來越忽略造成這種結果的條件，最終使得表條件的"如果沒有A"在句法上消失，而祇有一個表慶幸義的單句形式。

〔主要參考文獻〕

[1] 朱德熙. 現代書面漢語裏的虛化動詞和名動詞 [A]. 第一屆國際漢語教學討論會論文選 [C], 1985.

[2] 張誼生. 羨餘否定的類別、成因、功用 [J]. 語言學論叢, 2005.

[3] 張誼生. "都"的語法化和主觀化 [J]. 語法化與語法研究, 2005.

[4] 張誼生. 副詞"都"的語法化和主觀化 [J]. 徐州師範大學學報, 2005 (1).

[5] 王助. 現代漢語和法語中否定贅詞的比較研究 [J]. 外語教學與研究. 2006 (6).

[6] 張誼生. 副詞"都"的語法化與主觀化——兼論"都"的表達功用和內部分類 [J]. 徐州師範大學學報（哲學社會科學版）, 2005 (1).

[7] 陳榮. "險些"有誤 [J]. 現代語文, 2004 (7).

[8] 朱德熙. 說"差點 [J]. 中國語文, 1959.

[9] 袁賓. 近代漢語"好不"考 [J]. 中國語文, 1984 (3).

[10] 袁賓. "好不"續考 [J]. 中國語文, 1987 (2).

[11] 何金松. 肯定式"好不"產生的時代 [J]. 中國語文, 1990 (5).

[12] 曹澂明. 《肯定式"好不"產生的時代》質疑 [J]. 中國語文, 1992 (1).

[13] 曹小雲. 《五代史平話》中已有肯定式"好不"用例出現 [J]. 中國語文, 1996 (2).

[14] 孟慶章. "好不"肯定式出現時間新證 [J]. 中國語文, 1996 (2).

[15] 張傳真. 否定詞的否與不否 [J]. 延安大學學報（社會科學版）, 2004 (2).

[16] 金長輝. 準否定詞的意義和用法 [J]. 外語教學, 1986 (4).

[17] 周一民. 北京話裏的"差點兒沒 VP [J]. 語文教學與研究, 2003.

[18] 張誼生. 現代漢語副詞探索 [M]. 上海：學林出版社, 2004 (12).

(邵則遂、陳霞, 中南民族大學文學與新聞傳播學院　郵編：430074)

《西遊記》雙賓語句考察

張美蘭 戴 利

内容摘要：本文對《西遊記》"VO_1O_2"雙賓結構進行了窮盡性的考察整理，有雙賓動詞100個（單音節74個，雙音節26個，含部分二價動詞），共553個用例。從語義上看，雙賓動詞可分爲給予、取得、問告、表稱四大類，使用頻率爲給予類＞取得類＞問告類＞表稱類。其中給予類動詞對間接賓語的有生性要求最高，直接賓語的類型不拘一格，但與動詞的語義有關聯。

關鍵詞：西遊記 雙賓結構 直接賓語間接賓語

《西遊記》作者吳承恩，淮安人，是明代中期的一部章回體小說，語言上帶有濃厚的下江官話特色。近代漢語雙賓句式研究一直比較薄弱，除何洪峰（1993/1997）對《金瓶梅詞話》中單動雙賓結構及"V與"式雙賓語句及其變化形式作過研究外，高媛媛（2003）對《近代漢語語法資料彙編》中雙賓結構做過全面的調查。本文主要對《西遊記》中的雙賓語句進行考察。

一 《西遊記》中雙賓語動詞

在雙賓句式中動詞是至關重要的，《西遊記》中雙賓動詞根據語義可分爲四大類：給予、取得、問告、表稱類。

動詞類型	小類劃分	動詞數	用例數	動詞總數	總例數
給予類	賞賜類	7	22	37	220
	給予類	14	147		
	饋送類	2	22		
	施助類	12	22		
	施罰類	2	7		
取得類	奪取類	17	54	52	274
	獲得類	19	75		
	期待取得類	4	79		
	遭受、收受類	4	54		
	損耗類	6	9		
	虧欠類	2	3		
問告類	詢問類	2	30	9	45
	告示類	5	12		
	祈求類	2	3		
表稱類				2	14

（一）給予類

施事 S 通過給予等動作給某人以具體或抽象之某物；施事 S 通過教的行為給某人以某方面的知識；施事 S 通過命名給某人以某一稱呼；施事 S 通過製造"某物"給某人以某種成品。這些構成了給予類句式語義的豐富性。

《西遊記》中"與"因為其詞彙意義與句式的基本意義相同，是最典型的雙賓動詞。陳昌來（2002）指出：給予類動詞是最典型的三價動詞，它在語義上支配三個必有的語義成分，從而構成"施事（給予者）＋動詞＋與事（接受者）＋受事（給予物）"這樣的語義結構，再投射到句法表層便構成"主語＋動詞＋間接賓語＋直接賓語"這樣的雙賓結構。李永（2003：52）指出，而當述語動詞不是三價動詞時，生成過程中會涉及論元增容（argument augmentation），如"我也鋤他三二十個透明的窟窿"中，動詞的使動化使得 V 的組合激發出"結果"這一語義格，然後雙賓框架所建立的新的語義格局，重新賦予"V＋O_1"新的語義關係，從而改變了 O_1 的語義角色，發生了格的轉化，O_1 由受事格轉化為與事格。這樣動詞原本並不表示"給予"，它們進入雙賓句式後，獲得構式賦予的"給予"、"致使"等意義而不具有給予義的二價動詞"饒"可組成"V＋O_2"（如"饒一瓢"），如果表達上還要求涉及動作的來源、物件、所有者時，則上述述語結構 V＋O_2 的動詞後就張開了一個空位，給動詞預設了新的意義要素，填入表示與事的有形詞語後，就組成了雙賓結構（如"卻不吃我兄弟筵席'），從而動詞在表層取得了予取義，核心動詞也由二價提昇為三價。

給予類是雙賓語的典型代表，體現了直接賓語從主語向間接賓語轉移的過程，給予類雙賓句涉及三個參與者：施事 S、與事 O_1 和受事 O_2。給予類雙賓句描述了這樣一個事實：施事 S 通過動作 V（的方式/作用）將受事 O2 從己處交給與事 O_1。V 發生前，O_2 屬於 S 所有；V 發生後，O_2 轉歸 O_1 所有。

S（給予者）（V）O_2　　　O_1（被給予者）

根據語義可以將其分為四類：

1. 賞賜類，22 例。有 7 個動詞：賜[11]、賜與[1]、遺賜[1]、授[2]、賞[2]、封[3]、加[2]，共 22 個用例。其中單音節動詞 5 個，雙音節動詞 2 個。S 與 O_1 間存在尊卑關係，尊者 S 將 O_2 賞賜給卑者 O_1。O_2 一般為官職、酒肉禮物等。

(1) 朕賜你<u>左僧綱、右僧綱、天下大闡都僧綱之職</u>。(11：139)

按：動詞"賜"有一個特點是直接賓語成分複雜長。11 例中有 8 例是數量名短語。如：

(2) 好一個有道的君王，即將御妹的妝奩、衣物、首飾，盡賞賜了劉全，就如陪嫁一般，又<u>賜與他永免差徭的御旨</u>。(11：136) 按：上句用"將 O2 賞賜 O1"。

(3) 仙娥聖女恭修制，<u>遺賜禪僧靜垢身</u>。(37：453)

(4) 乞我主授他此職。(8：95)

(5) 但不知捉住他，可賞我些酒肉？(48：585)

(6) 自幼修成不壞身，玉皇封我齊天聖。(63：761)

(7) 祇是加他個空銜，有官無祿便了。(4：48)

2. 給予類

這一類動詞在整個給予類中佔最多數，動詞個數爲 14 個，用例 147 例。其中單音節動詞 8 個，雙音節動詞 6 個。一般給予類動詞不強調施事與間接賓語的關係，語義重心一般自然落在後面（或句尾）的直接賓語 O_2 上。O_2 既可以是一般具體名詞也可以是抽象名詞如"功勞"、"一功"。該類動詞及其用例數：與$_{54}$、傳$_{12}$、傳與$_3$、還$_{56}$、算還$_1$、送還$_1$、借$_4$、配與$_1$、留與$_1$、送$_6$、打發$_2$、貼$_3$、復$_1$、陪$_2$。

(1) 與他些精米、細面、竹筍、茶芽、香草、蘑菇、豆腐、麵筋，著他二十里，或三十里，搭下窩鋪，安排茶飯，管待唐僧。"(76：927)

按："與 $O_1 O_2$ (NP)"，27 例。

間接賓語：他、你、我；直接賓語：俸祿、執事、五件寶貝、香環、袈裟、草料、孩兒、師父。如：

(2) 我那果子有數，祇許與他兩個，不得多費。(24：289)

按："O_2，與 $O_1 O_2$（數量詞）"，5 例。

(3) 施主莫惱，與人方便，自己方便。(18：217)

按："與 $O_1 O_2$（法術抽象名詞）"，5 例。

(4) 不若與他一件事管，庶免別生事端。(5：50)

按："與 $O_1 O_2 + V_2$"（後附動詞 V_2 構成兼語句），8 例。

(5) 與他個順手牽羊，將計就計，教他住不成罷！(16：195)

按："$V + O_1$（賓語'他個'）O_2（動詞短語）"，7 例。這

類句子有點處置的意味。《西遊記》"送你/他個＋NP"用法類似，如：

(6) 不然，就送你個皮筴籠，一撈個罄盡。(39：471)

關於"V＋他（間接賓語）＋個（一個）＋VP"，最早的用例，如：

(7) 此祇是就子貢身上與他一個"恕"字。(《朱子語類》一一八，286)

這種數詞"一"的脫落還體現在助詞"他個"的形成過程中。帶虛指賓語的雙賓句不是典型的雙賓句。這涉及到無指代詞"他"的句法語義功能，但該類句式的產生無疑和雙賓句有關。所以袁毓林（2003）指出：無指代詞"他"的賓語句是從雙賓語句發展來的。

元曲中用例，如：

(8) 高文秀《保成公徑赴漫池會》第一折：某來日畫與他個十五座城子圖樣，留下玉璧，則不與他城子。(《全元戲曲》一 P. 619)

馮勝利（2000：104）指出："與他個十五座城子圖樣"，與，將重音指派到這個範圍的最後一個成分上，"十五座城子圖樣"。

(9) 李文蔚《張子房圯橋進履》第二折【隔尾】："貧道化一貨卜先生，探此人忠義若何，我指他個正路。可早來到市座也。"(同上，三，P. 79)

這是典型的雙賓語結構，其中"他"是句中的間接賓語，"NP"是句中的直接賓語，"個"是數量詞"一個"省略數詞"一"的結果。

關於"V＋他（間接賓語）＋個（虛化）＋VP"

(10)《說鱄諸伍員吹簫》第三折：我待來且慢祇，我問他個擘兩分星，說一段從頭的至尾。(同上，二，P. 484)

(11) 無名氏《關雲長千里獨行》楔子："我今夜晚間，

領著軍兵,直殺入曹營;尋著曹操殺了他,可不好!我殺他個措手不及。"(同上,六,P. 710)

這種結構中,"他"依然是個人稱代詞,有所指。而"VP"在句中,既可以充當賓語,如例(1),又可以充當結果補語,如例(2)。而且,這類結構例(1)中的"問他個擘兩分星"與《朱子語類》中"與他一個'恕'字"雙賓結構有所區別,前者是"VP"充任直接賓語,後者是"NP"充任直接賓語,而"個"是個名量詞,當與"VP"連用中,"個"不斷虛化,變得沒有意義,如例(2)。這個例中的"VP"充當補語,這一點我們可以通過變換分析來確認:

(殺+他+個+R)句式————(把+他+殺得+R)
殺他個措手不及————把他殺得措手不及

當"個"處於虛化過程中,而"他"由於所指不明而不斷虛化,就形成"V+他(間接賓語)+個(虛化)+VP"結構。

(12)這呆子咒我死,且莫與他個快活!且跟去看那妖精怎麼擺佈他,等他受些罪,再去救他。(《西遊記》76:923)

這些句子有一個共同的特點即它的賓語是虛指的。形式上是雙賓句,由於"他"已虛指,就缺少運動的一端。開始超出雙賓句的範圍了。

(1)我今祇就你這個勢,傳你個筋斗雲罷。(2:21)
按:也許同《西遊記》內容相關,動詞"傳"的直接賓語是與"道術、法術"等有關。間接賓語:你、他、我、我師父、王母。

(3)此間更無六耳,止祇弟子一人,望師父大舍慈悲,傳與我長生之道罷。(2:18)

(4)等老孫去尋著那廝,教他還我馬匹便了(15:178)

(5)師父不必罣念,少要心焦,且自放心前進,還你個

功到自然成也。(36：433)

按："V＋O1O2（NP）"，55用例，"V＋O1（你個）O2（VP）"，1例。

(6) 算還了小二店錢，起程回到京城。(8：104)

(7) 趕早兒送還我師父師弟白馬行囊，仍打發我些盤纏，往西走路。(34：415)

(8) 遂立了文書與判官，借他金銀一庫，著太尉盡行給散。(10：128)

按：此處"借"爲"借出"義，下文借2爲"借進"義。

(9) 真真、愛愛、憐憐，都來撞天婚，配與你女婿。(23：284)

按：《西遊記》中"配"多用於"將/把"雙及物句中，如：

(10) 我要把大女兒配你，恐二女怪；要把二女配你，恐三女怪；欲將三女配你，又恐大女怪。所以終疑未定。"(23：283)

(11) 你們都出殿前，掩上格子，不可泄了天機，好留與你些聖水。(45：547)

(12) 老官兒，既然曉得老孫的手段，快把金丹拿出來，與我四六分分，還是你的造化哩。不然，就送你個皮笊籬，一撈個罄盡。(39：471)

按：送1，6例。其中5例是"VO1你個/他個＋O2"，含有處置意味。

(13) 趁今日就上殿，打發他關文，教他出城，卻好會宴。(94：1131)

(14) 等他喫飯時，再貼他些兒小菜。(25：300)

(15) 那時節功成免罪，復你原職，心下如何？(8：88)

(16) 陪他個禮罷。(25：298)

3. 饋送類

這一類動詞有送$_{21}$、贈$_1$，此類雙賓動詞的語義特徵多含致送義，"送"在 2，10 中祇表示給予義且更偏重於施加。這裏的"送"表示贈送，所以分爲兩類。O2 則大多表示物品一類名詞的名詞性成分。

(1) 未及二載，也不知送了他多少珠翠金銀，綾羅緞匹。(60：726)

(2) 行者道："嫂嫂休得推辭，我再送你個點心充飢！"(59：721)

按：送$_2$，共 21 例，其中 VO1O2，17 例，VO1O2＋V2，4 例。

(3) 你過來，我再贈你一般本事。(15：184)

4. 施助、招待類

(1) 你且莫動手，等我老君助他一功。(6：70)

按：助，8 例。有援助。直接賓語與"功力"有關。

(2) 悟能，你果有本事拱開胡衕，領我過山，注你這場頭功。(67：815)

(3) 就當看我分上，一發都饒了罷，也算你一番降妖之功。(71：864)

(4) 他就吹他一口仙氣，果然即時把身子變過，與那孩兒一般。(47：581)

(5) 祇是元氣盡絕，得個人度他一口氣便好 (39：472)

按：以上幾個動詞，類似古代漢語的"爲動"用法，"爲某人作某事"。

(6) 哥哥，就不帶挈我些兒？(44：543)

(7) 他來托夢與你，分明是照顧老孫一場生意。(37：449)

(8) 是東土取經的和尚，昨晚至此借宿，公公婆婆管待他一頓晚齋，教他在草團瓢内睡哩。(56：688)

(9) 又虧他管了我們一頓齋飯。(21：256)

按：《西遊記》"將/把"字雙及物句中用"待、齋"字表示"管待"，如：

阿儺、伽葉，你兩個引他四眾，到珍樓之下，先將齋食待他。(98：1171)

(10) 仍買治民間田地，與老爺起建寺院，立老爺生祠，勒碑刻名，四時享祀。(87：1055)

(11) 既大聖來取，我再延他陽壽一紀，教他跟大聖去。(97：1165)

(12) 我先變小妖，去請老怪，磕了他一個頭。這番來，我變老怪，是他母親，定行四拜之禮。雖不怎的，好道也賺他兩個頭兒！"(34：413)

動詞"立"、"延"、"磕"在句中的用法類似古代漢語的爲動、使動、對動雙賓用法，分別爲"爲……立"、"使……延長"、"對……磕頭"。

5. 施罰類

"施罰"類雙賓語代表的語義框架爲"施事 S 將 O_2 施加於 O_1"，使 O_1 得到懲罰和損害。O_2 以罪名和數量名短語爲主。這類動詞在以往研究中很少提到，我們認爲它所以成立的原因在於完整地體現了雙賓語的兩條原則：(一)一個述語動詞同時帶了兩個賓語；這兩個賓語分別同動詞構成述賓關係，而彼此不直接構成句法關係；(二)O_2 在施事 S 支配下有方向性地由起點向終點 O_1 移動。這類動詞共有 2 個，用例 7 例。

(1) 老孫因此來尋尋玉帝，問他個鉗束不嚴。(51：620)

按：主要指問罪。構式是："問＋我/你/他＋個＋VP/NP"。

(2) 大聖寬心，小龍子將他拿上來先見了大聖，懲治了

他罪名,把師父送上來,纔敢帶回海內,見我家父。(43:528)

(二)取得類:直接賓語所表示的事物受事大都是可轉讓可轉移的。

1. 奪取類

這一類有 17 個動詞,54 個用例。動詞強調非正常性獲取:偷、搶、騙等。直接賓語大多爲寶貝、財富等。動詞及其用例數如下:

奪$_6$、搶奪$_2$、套$_1$、捉$_2$、活捉$_1$、搶$_3$、偷$_{20}$、偷摘$_1$、詐$_1$、騙$_3$、盜$_3$、劫$_2$、打劫$_2$、竊$_1$、佔$_4$、居$_1$、剜取$_1$

(1) 你那廝乃是個猴子成精,焉敢欺心,要奪玉皇上帝尊位?(7:76)

(2) 他打傷我師父,搶奪我包袱。(58:710)

(3) 如今在下界張狂,不知套了我等多少物件!(52:641)

(4) 及收兵查勘時,止捉得些狼蟲虎豹之類,不曾捉得他半個妖猴。(6:62)

(5) 祇見那玉英宮主,正在花陰下,徐步綠苔而行,被鬼使撲個滿懷,推倒在地,活捉了他【玉英】魂,卻將翠蓮的魂靈,推入玉英身內。(11:134)

(6) 搶了我金箍棒。(52:641)

(7) 師父別時叮嚀,教防他手下人羅唣,莫敢是他偷了我們寶貝麽?(24:296)

(8) 你是那方怪物,敢大膽偷摘我桃!(5:52)

(9) 等我變做他的模樣,你分開水路,趕我進去,尋那宮主,詐他寶貝來也。(63:767)

(10) 你是甚麽人,敢弄虛頭,騙我寶貝!(89:1073)

(11) 盜了外甥寶貝。(35:429)

(12) 劫他些資本。(97：1153)

(13) 打劫了人家東西。(97：1158)

(14) 攪亂了蟠桃大會,又竊了老君仙丹,又將御酒偷來此處享樂,你罪上加罪,豈不知之?(5：58)

(15) 像你強佔人家女子,又沒個三媒六證,又無些茶紅酒禮,該問個真犯斬罪哩!(19：230)

(16) 你是何等妖邪,敢變我的相貌,敢佔我的兒孫,擅居吾仙洞,擅作這威福!(58：701)

(17) 活剜取劉洪心肝。(8：103)

按:類似用例見於"將"字雙及物句,如:

將二從者剖腹剜心,剁碎其屍。(13：155)

2. 獲得、消耗類

這一類雙賓語表達的語義框架爲施事 S 從間接賓語 O1 處主動獲得直接賓語 O2。該類動詞有 19 個,用例 75 例。取$_5$、討$_6$、賺$_2$、學$_1$、覓$_1$、領$_4$、拿$_2$、得$_3$、借$_7$、收$_1$、哄$_2$、獲$_1$、落$_1$、贏得$_1$、買$_2$、穿$_1$、換$_1$、飲$_2$、吃$_{32}$、

(1) 得取如來妙法文。(43：522)

(2) 你去邀著,等我討他帖兒看看。(89：1072)

(3) 我先變小妖,去請老怪,磕了他一個頭。這番來,我變老怪,是他母親,定行四拜之禮。雖不怎的,好道也賺他兩個頭兒!(34：413)

(4) 做兒的十分歡喜,欲要拜他爲師,學他手段,保護我邦,此誠莫大之功!(88：1063)

(5) 這裏定有現成的兵器,我待下去買他幾件,還不如使個神通覓他幾件倒好。(3：28)

(6) 我纔自也要領你些油湯油水之愛。(25：309)

(7) 行者道:"我拿你什麼寶貝,你問我要?"(34：416)

(8) 祇拜求得他一碗水。(53：647)

(9) 教八戒解包袱，取些米糧，借他鍋竈，做頓飯吃，待臨行，送他幾文柴錢便罷了。(24：291)

(10) 哪吒太子收了他六件兵器，火德星君著眾火部收了火龍等物，都笑吟吟贊賀行者不題。(52：634)

(11) 哄他一頓飯吃了。(67：808)

(12) 你家居何處？身出何方！怎生得到祭賽國，與那國王守塔，卻大膽獲我頭目，又敢行兇，上吾寶山索戰？(63：761)

(13) 拿這二十兩銀子買豬羊去，如今到了干方集上，先吃幾壺酒兒，把東西開個花帳兒，落他二三兩銀子，買件綿衣過寒，卻不是好？(89：1070)

(14) 我當初做大聖時，曾在北天門與護國天王猜枚耍子，贏得他瞌睡蟲兒，還有幾個，送了他罷。(77：934)

(15) 朕買你這兩件寶物，賜他受用。(12：145)

(16) 那賊把船渡到南岸，將船付與李彪自管，他就穿了光蕊衣冠，帶了官憑，同小姐往江州上任去了。(8：96)

(17) 我兩件裝人之寶，貼換你一件裝天之寶，若有反悔，一年四季遭瘟。(33：407)

(18) 行者定不肯坐，正立飲了他一杯漿，吃了一塊藕，急急離了瀛洲，徑轉東洋大海。(26：319)

(19) 不知端的可是他吃了我馬？(15：179)

按：吃，32例。其中以"吃他（唐僧）一塊肉"出現頻率最高。"喫飯"的"吃"這個動詞，主語即施事，在完成動作以後，"飯"肯定是有位移的進入到施事的身體，所以"吃"的語義特徵是［＋位移］。

3. 期待取得類、未來取得類："饒$_{53}$、免$_8$、赦$_{14}$、恕$_4$"

這類句子根據動作物件的不同，可分兩類：一是當有施控力的一方主動免除第二第三人稱"你或他"的"罪或死",從施控方來說是給予"你或他的性命",最終使"你、他"受動方將獲得"性命或無罪",這是泛義的"取得"。一是當受動方爲第一人稱"我或臣下"請求有施控力的一方饒恕"罪或死",期待取得"性命或無罪",從施控方來說是將給予"我性命",最終使"我"受動方將獲得"性命或無罪",這是泛義的"取得"。從使用比例看,"饒、免"是主動被給予大於被動取得;而"赦、恕"則是祈求取得爲主。

兄弟,且饒他死罪罷。(43:532)

著他即送祭賽國金光寺塔上的寶貝出來,免他一家性命!(63:760)

(3) 又聽得國王叫領關文:"赦你無罪!快去!"(46:564)

(4) 今又有勞陛下降臨,望乞恕我催促之罪。(10:124)

4. 遭受、收受類

這一類雙賓語表達的語義框架爲施事 S 從間接賓語 O_1 處被動得到直接賓語 O_2,O_2 大多爲施事者 S 施罰的棍棒、計謀等。這一類動詞有:著$_1$、吃$_{342}$、受$_{13}$、中$_5$。具體如:

(1) 著了他假,吃了人方。(42:510)

(2) 讓他走了罷!我吃他這一場虧也!且關了門,莫與他打話,祇來刷洗唐僧,蒸吃便罷。"(42:511)

按:吃^2:遭受,經受,其中"吃他虧、吃他這言語",3例。如果把"一N"作爲名詞性的成分,"吃 O2 一 N(工具)"有31例,如:

你不要怕,祇吃老孫一拳!(2:25)——經受老孫一拳毒打

(3) 你偷吃了他的果子,就受他些氣兒,讓他罵幾句便也罷了。(25:301)

(4) 行者氣得暴跳道:"中他計了,中他計了!"(86:1034)

5. 損耗類

"損耗"類"VO1O2"可以看成是"取得"類雙賓語的引申:施事者 S 有意通過動作 V 從 O1 處消耗或損壞 O2,致使 O1 失去了 O2,而 S 並未獲得 O2。這類動詞及用例爲:誤$_3$、躭擱$_1$、忘$_1$、孤負$_1$、弄破$_1$、破$_2$。

(1) 誤了我多少大事。(61:737)
(2) 你休誤了我誠心,躭擱了我來意。(65:786)
(3) 忘你指引之恩。(1:11)
(4) 莫孤負了孫大聖一片恭孝之心也。(53:643)
(5) 不期被他走來,弄破我這勾當,又幾乎被他打了一棒。(27:328)
(6) 這和尚有搬運抵物之術,抬上櫃來,我破他術法,與他再猜。(46:561)

6. 虧欠類

虧欠類"VO1O2"的句式意義爲施事 S 從 O1 處取得 O2 的結果,獲取物 O2 一般也是具體的事物,但由於是獲取後的結果和狀態,意味著轉移已經完成,因而不表示現場的轉移。這一類與其他幾類最大的差別在於動詞後不能加"得"、"到"等表示接收、取得意義的詞,因爲其動詞本身已包含結果義。這一類動詞及其用例爲:少$_2$、該$_1$。

(1) 前生少了唐僧債。(85:1027)
(2) 時有崔判官傳上簿子,閻王看了道,寡人有三十三年天祿,繞過得一十三年,還該我二十年陽壽,即著朱太尉、崔判官、送朕回來。(11:132)

(三)問告類

這一類"VO1O2"結構多是施事 S 通過 V 將 O2 所表達的

資訊傳遞或施加給了 O1。根據語義可以將這一大類分爲詢問、告示、祈求三大類。總共動詞數 11 個，用例 45 個。

1. 詢問類

這類雙賓句是 S 將 O2 所表述的加於 O1，期待從 O1 那裏獲取答案或相關資訊，O2 的位移方向與給予類雙賓句一致。動詞以"問"爲核心。共有 30 例。其中"問"29 例，"求問"1 例。

(1) 問他甚麼時辰，甚麼雨數。他就說辰時布雲，巳時發雷，午時下雨，未時雨足，得水三尺三寸零四十八點，我與他打了個賭賽（9：112）

(2) 悟空，我們去化齋的人家，求問他一個過河之策，不強似與這怪爭持？（22：266）

2. 告示類

這一類雙賓句中，O2 是 V 的內容，意爲施事 S 將 O2 所表述的資訊傳達給了 O1。這一類動詞有告誦$_1$、回$_1$、指$_1$、指與$_1$、教$_8$。

(1) 師父！這娘子告誦你話，你怎麼伴伴不睬？（23：278）

(2) 且等下去問得明白，好回師父話。（44：535）

(3) 老孫拜他爲師父，指我長生路一條。（17：205）

(4) 但望你指與我那神仙住處，卻好拜訪去也。（1：10）

(5) 教我一個砍頭法。（46：563）

3. 祈求類

這類雙賓語結構可看成是給予類的延伸，它表達的語義框架爲：施事 S 希望將 O2 轉移給 O1，O2 大多爲祝福義。這一類動詞及用例如下：祈保$_1$、保佑$_2$。

(1) 祈保我主江山永固。（12：149）

(2) 保佑你母子平安。（86：1045）

此類受事 O2 均爲短句,表達的是一種希望呈現的狀態。
(四)表稱類
這類雙賓句的語義框架爲施事 S 通過動作 V 將 O2 所表稱的内容給予了 O1(稱呼物件),從而讓 O_1(稱呼物件)客觀上擁有了 O2 所表述的稱謂。這類動詞有:謂$_{10}$、叫$_4$。
　　(1)若乾著口喊謂之嚎,扭搜出些眼淚兒來謂之啕。(39:469)
　　(2)叫他聲"孫老爺"。(68:824)
小結

大類	給予					取得						問告			表稱
小類	賞賜	給予	饋送	施罰	施助	奪取	獲得消耗	期待取得	遭受收受	損耗	虧欠	詢問	告示	祈求	
單音節V	5	8	2	1	9	12	18	4	4	3	2	1	3	1	
總數	25					43						4			2
雙音節V	2	6	0	1	3	5	1	0	0	3	0	1	2	2	
總數	12					9						5			0

　　《西遊記》中的雙賓語動詞數比例爲:取得類(52)>給予類(37)>問告類(9)>表稱類(2);用例數:取得類(274)>給予類(220)>問告類(45)>表稱類(14)。單音節動詞和雙音節動詞比例爲74:26。

二　《西遊記》中的雙賓賓語

(一)間接賓語 O_1
　　《西遊記》中雙賓語間接賓語 O_1 可以分爲四大類:人稱代詞、表人名詞、一般名詞和處所詞。
　　A. 人稱代詞,單數他、你、我、吾;復數"吾等、汝等、我等"等。例如：

(1) 你卻造化，天賜汝等長壽哩！(44：539)

B. 表人名詞：a、人名：光蕊；例如：

(2) 那賊把船渡到南岸，將船付與李彪自管，他就穿了光蕊衣冠，帶了官憑，同小姐往江州上任去了。(8：96)

b、稱謂：我主、王、老孫、孫大聖、外甥、菩薩、王母、玉帝、老君、靈吉菩薩等，如：

(3) 他姐姐被孫行者打死，假變姐形，盜了外甥寶貝，連日在平頂山拒敵。(35：429)

c、同位元結構：我老娘、你老叔、你祖宗等。

(4) 你不要走，吃我老娘一劍！(59：720)

C. 一般名詞：朱紫國、你家。

(5) 那怪也曾對我說，他雖是食腸大，吃了你家些茶飯，他與你幹了許多好事。(19：229)

D. 處所詞：塔上、塔、這寺裏。

(6) 眾臣諫道："我寺裏僧人偷了塔上寶貝，所以無祥雲瑞靄，外國不朝。"(62：750)

"給予"類雙賓中對O_1具有生命性的要求最高，其O_1不存在處所詞，僅有一例一般名詞；"取得"類作爲非典型性雙賓具有更大的自由性，它更強調取得的直接賓語O_2，而對間接賓語$O2$的有生性要求相比而言低一些。言語類雙賓表達了施事S與O_1的話語傳遞，其對O_1有生性的要求要比取得類高。

間接賓語O_1中有一個人稱代詞引起很多學者的注意，即"他"。"我、你、他"三個人稱代詞的生命度等級分別是"我＞你＞他"（張伯江、方梅1996），其中"他"的生命度最低，因此語法化程度最高，而語法化就代表詞彙意義的虛化，語法能力的增強。呂叔湘（1985）認爲這個"他"起到湊音節的作用，李劍影（2007）認爲"湊結構"更恰當一些，因爲這個結構如果祇缺一個單音節詞的話，可以根據上下文還原一個相應的單音節詞，但有時這種還原並不能成立。例如：

星期六晚上我把牌要回來打它個通宵，看李梅亭又怎麼樣。（錢鍾書《圍城》）

"打它個通宵"不能還原成"打牌個通宵"。由此可見，"湊音節"不是"ta"出現的首要原因。我們認爲，"他"的存在是爲了協助構成雙賓語結構。我們也同意這種觀點。用"V＋他＋（個）～"來表示能動地賦予（某物一個狀態）＋將來時態這就是該結構的特有語義，表達的是實現某個結果的決心或願望

我們可以看《西遊記》雙賓語中間接賓語爲"他"的例句：

（1）及收兵查勘時，止捉得些狼蟲虎豹之類，不曾捉得他半個妖猴。（6：62）

（2）有許多瓶罐，都是那玉液瓊漿，你們都不曾嘗著。待我再去偷他幾瓶回來，你們各飲半杯，一個個也長生不老。（5：55）

（3）實指望賺他幾錢銀子，他卻吃齋，又賺不得他錢，故此嗟歎。（84：1017）

（4）拿這二十兩銀子買豬羊去，如今到了干方集上，先吃幾壺酒兒，把東西開個花帳兒，落他二三兩銀子（89：1070）

（5）與他個順手牽羊，將計就計，教他住不成罷！（16：195）

（6）你自坐下，等我與他個餓鷹雕食。（22：268）

（7）築還費力，不若尋些柴來，與他個斷根罷。（72：879）

其中例句（1）表示的是對過去狀態的描述，可以將"他"省略，"不曾捉得半個妖猴"仍可以說得通，這裏的"他"可以看成是一個實義代詞，代指前文提到的"他"（孫悟空）。例句（4）中"他"的虛化程度最高，前文沒有提到直接賓語"二三兩銀子"的領屬者，且表達的是對獲得銀子的願望，所以可以看成爲這個結構的

代表。例句（2）和（3）都表示出一種願望，但"他"處於虛實之間，既可以將其看成是直接賓語的領屬者，也可以將其讀為輕聲，看成是虛詞。例句（5）—（7）有一個共同的特點，即直接賓語為"個"＋動詞，這裏"個"使動詞體詞化。

（二）直接賓語 O_2

《西遊記》中雙賓結構直接賓語 O_2 情況如下表所示：

1	詢問、告訴、傳授、答應或命名的內容	甚麼家長禮短、少米無柴的話説、生年月日、尊號、一個消息、一個過河之策、那神仙住處、長生路一條、若干的不是、四象、壁裏安柱、"流"字門中之道
2	金錢、食物或其他物品	謝金五十兩、三斗三升米粒黃金、幾文柴錢、些浮財、瓜果、一頂花帽、一粒定風丹、仙丹、桃、多少珠翠金銀、綾羅緞匹、袈裟、兩畝良田、一場大雨、雷音寶刹、扇子、半個妖猴、金剛琢、寶貝、靈芝、多少豬牙子、羊羔兒、巢穴、水簾洞府
3	身體部位	心肝、肉、心
4	人	女子、三個女兒、女婿、師父、寶貝與我母親、大唐僧、一個活人、個囫圇唐僧、金聖娘娘、師父師弟、二萬個人、四個王子、個真公主
5	抽象	個人情、手段、些油湯油水之愛、口中言、慧眼、假、些氣兒、正果、誠心、一個滿肚紅、一個絕後計
6	數量	一副、一程、三丸、一個、十個、幾個、幾斤
7	代詞	些、些兒
8	複合結構	多少物件、一盞香茶、兩個頭兒、七個獅精、一碗水、師父的下落
9	VP/小句	幾時下雨、三年前夫妻宮裏之事與後三年恩愛同否、餓鷹雕食、武不善作、順手牽羊、將計就計
10	施罰的內容	一棍、三四杠子、一棒、一寶杖、兩跌

O_2 的類型不拘一格，或抽象名詞或具體名詞；或光杆名詞或數量名結構、聯合結構或謂詞性結構。O_2 絕大部分是無生名詞，祇有少數情況下有生，如"還我師父"、"還我金聖娘娘來"。O_2 中數量名短語和聯合、偏正結構短語佔總例的 43％，這一比例低於現代漢語，這是和《西遊記》文本的書面語風格有很大的關係。

另外，O_2 的類型還和動詞的語義有關聯，在給予類雙賓結構中(除"還"外),數量名短語的比例高於其他類型,這是因爲 O_2 在施事 S 和 O_1 間發生了典型的轉移,需要在語法層面相應地獲得凸顯。而表稱類雙賓句的 O_2 均非數量名結構,這是因爲 O_2 是一種抽象的資格,它在 S 和 O_1 之間所有權的轉移也是抽象的、非典型的,因此 O_2 僅以無界名詞的光杆形式予以表現。

值得注意的是給予類動詞"還"後所接的 O_2 更傾向於光杆名詞,如:

"和尚那裏去?還我寶貝來!"(35:431)

究其因,因爲説話者就是間接賓語 O_1,他與直接賓語 O_2 有著語義上的領屬關係,所以在經濟原則下,可以不再用數量詞修飾,而是直接使用光杆名詞。

以《西遊記》雙賓句中使用頻率很高的動詞"與"爲例,它的 O_2 搭配類型最爲廣泛。不僅可以搭配光杆名詞、數量詞、代詞、數量名短語,還可以搭配謂詞性短語(加"個"體詞化)。除了普通的錢財、物事外,還能搭配"手段、方便、快活"等比較抽象的名詞。例:

(1)不與我寶貝,今日又來做甚?"(39:470)

(2)與他個順手牽羊,將計就計,教他住不成罷!(16:195)

〔注釋〕

①《西遊記》的作者問題是學界爭議不休的一個論題,根據顔景常(1988)的觀點:從小説中的韻類系統來證明作者籍貫即爲淮海地區。

②江淮地區的方言古稱下江官話,主要特點是,四聲五調,古入聲一般仍爲入聲,聲母濁音清化,古全濁聲母逢塞音、塞擦音。語法上南方話特點有:"把,給予。"如:行者道:"好師父,把與我穿戴了罷。"(14:175);他身上有幾兩銀子,把與你罷。(56:681)雙賓語句"VO2O1":如:轎夫道:"把些兒我們吃吃。"(34:413)你可有盤纏,把些兒我去。(76:924)

③ 動詞下方的數字為該動詞在《西遊記》中雙賓語動詞的用例數。

④ 本文為敘述簡潔,將卷數 a 和頁碼 b 以（a:b）表示,(8:95)即表示第 8 卷,第 95 頁。

⑤ 管待:招待。

⑥ 金華燙溪方言存在表給予的"V+O1O2"方式,不能再後附動詞構成兼語句,祇能是直接賓語先於間接賓語,如:渠寄兩塊洋錢我用用吧。(引自張國憲 2004)

⑦張寧（2000）曾揭示了現代漢語雙賓句式的合法性與動詞語義類的關係:消耗類動詞能用在雙賓式中,例如:老李吃了我一個蘋果。/他燒了我一份文件。/老張穿了老李一件襯衫。

⑧"吃了這寺裡六個小和尚。"(81:980) 沒有計算在內。

〔主要參考文獻〕

吳承恩. 西遊記,北京:人民文學出版社,1997.

呂叔湘. 近代漢語指代詞. 江藍生補. 上海:學林出版社,1985.

張伯江,方梅. 漢語功能語法研究. 南昌:江西教育出版社,1996.

袁毓林. 無指代詞"他"的句法語義功能. //語法研究和探索（十二）. 北京:商務印書館,2003.

張寧,現代雙賓語句結構分析. //陸儉明主編. 面臨新世紀挑戰的現代漢語語法研究. 濟南:山東教育出版社,2000.

張國憲. 雙賓語結構式的語法化管道與"元"句式語義. //徐傑主編. 漢語研究的類型學視角. 北京:北京語言大學出版社,2004.

高媛媛. 近代漢語雙賓語結構研究. 華南師範大學碩士論文,2003.

何洪峰. 《金瓶梅》中的單動雙賓結構. 古漢語研究,1997（3）.

何洪峰. 《金瓶梅》中的"V 與"式雙賓結構. 武漢教育學院學報,1993（2）.

李劍影. 再論"玩它個痛快". 漢語學習,2007（2）.

李永. 配價語法理論框架下的漢語雙賓結構. 寧夏大學學報,2003（4）.

馮勝利. 漢語韻律句法學引論（下）. 學術界,2000（2）.

（張美蘭、戴利,清華大學人文學院中文系　郵編:100084）

《兒女英雄傳》時間複句研究[*]

匡鵬飛

內容摘要：《兒女英雄傳》的時間複句既有無標記的意合式，也有有標記的形合式，根據標記的特點，可分爲單標式和雙標式兩種，作爲標記的關聯詞語語法性質不完全相同，並具有鮮明的特點。着眼於時間分句對事件時間的表達方式，《兒女英雄傳》的時間複句可分爲時間背景類時間複句和事件背景類時間複句兩大類，前者包含直接式和間接式兩個次類，後者包括同時、先時和後時三個次類。與上古漢語時間複句相比，《兒女英雄傳》中的時間複句在表達功能上進一步豐富，在形式特點上則發生了較大變化。除了少許差異之外，《兒女英雄傳》的時間複句與現代漢語時間複句已十分接近。

關鍵詞：兒女英雄傳　時間複句　標記　時間表達

如果複句的某一分句主要用於表達與另一分句所述事件有關的時間意義，這樣的複句就是"時間複句"。其中，表示時間的分句可稱爲"時間分句"，被修飾的分句可稱爲"正分句"（匡鵬飛 2010a）。關於近代漢語中的時間複句，前賢時哲鮮有論及。本文考察《兒女英雄傳》的時間複句，借此勾勒出清代中後期北

---

[*] 本文是教育部人文社會科學研究青年基金項目"漢語時間分句的時間表達功能研究"（項目編號 08JC740015）、教育部人文社科重點研究基地重大項目"語法原則與漢語特殊句式"（項目編號 2009JJD740011）和"211"工程重點學科建設項目"中華文化繁榮發展中的漢語學科創新"子課題（項目編號 YYZX0916）的階段性成果。

方話系統中時間複句的基本面貌，並將其與上古漢語和現代漢語時間複句的有關情況進行縱向比較，以探尋時間複句在漢語史上發展變化的大致軌迹。所據《兒女英雄傳》，爲中華書局2001年出版的點校本，爲避煩瑣，文中例句皆衹標回目不標頁碼。

一 《兒女英雄傳》時間複句的形式特點

特定的關聯詞語，可以看作複句的形式標記。有標記複句采用"形合"的聯結方式，無標記複句則是"意合"的方式。在《兒女英雄傳》中，既有意合式時間複句，也有形合式時間複句。

1.1 無標記的意合式

對意合式時間複句的確認主要依據意義。一般來説，意合式的時間分句所述內容都是從時間的角度修飾正分句，句子的表義重心在正分句，明顯形成一偏一正的關係。例如：

（1）不上一月，那先生早已辭館而去。（第十八回）

（2）便是你尊翁靈柩到京的時候，我也曾在我那墳園上供養他幾日。（第二十回）

1.2 有標記的形合式

關於時間複句的形式標記，已有不少學者發表過一些看法。太田辰夫《中國語歷史文法》（2003：300）曾認爲"表時間的連詞多數和介詞的用法不能夠區別"，但仍認爲"等、等到、直到、及至"可看作表時間用法較多的連詞，并且所舉例子主要以《紅樓夢》和《兒女英雄傳》爲主。此外，有關現代漢語的研究中，黎錦熙（1924/1992）、劉月華等（1983）、王緗（1985）、秦旭卿（1989）、馬真（1997）、王志（1998）等都直接或間接指出了"當"、"恰好"、"等到"、"時"、"當……的時候"、"剛"、"正"、"一"以及能與它們配對出現的"就"、"便"、"還"、"纔"等都可看作時間複句的形式標記。

據此，我們對《兒女英雄傳》中的形合式時間複句進行了分析研究。根據標記是單個獨用還是兩個配對使用，可先分爲單標式和雙標式兩類。

1.2.1 單標式

單標式衹有一個關聯詞語。根據關聯詞語出現在前分句（一般是時間分句）還是後分句（一般是正分句），又可分爲前置式、後置式、前置後置兩用式。

（一）前置式衹出現在前分句，即時間分句之中，且多位於句首，主要標記有：及至、到（了）、等（到）、過了、將/纔。

1.2.1.1 "及至"義爲"到了"，是一個文言詞語，在《兒女英雄傳》中屬於仿古的用法。例如：

(3) 及至聽見公子小小年紀説了這一番大道理，心中暗暗歡喜。（第一回）

(4) 及至聽得銅旋子掉在石頭上，鏗的一聲響亮，倒驚得蘇醒過來。（第六回）

1.2.1.2 "到（了）"的形式一般爲"到了"，但用於將來時或"到"前有單音副詞修飾，"了"則可以自由的隱現。例如：

(5) 到了次日，那些刑書、招房、仵作、捕快人等，一窩蜂的都跟了去。（第十一回）

(6) 到那時候，大家可得原諒我個没法兒。（第三十三回）

極少數情況下，"到（了）"之前還可以出現時間詞語。例如：

(7) 那天已到晚飯時候，二人伺候了婆婆晚飯。（第二十九回）

此外，"直到"一般與"纔"搭配使用，偶爾單用，單用時可把它看作"到（了）"的强調式變體。例如：

(8) 直到今日，我不曾報得他一分好處。（第十六回）

"到（了）"之後一般是一個表示時間的賓語，形成"到（了）＋時間賓語"格式。若賓語不表時間而表處所，即使句子中含有時間詞語，也不屬於這類格式而祇能把它看作意合式時間複句。例如：

（9）我到了咱們家這一年多，聽了聽京裏置地，敢則合外省不同。（第三十三回）

1.2.1.3 "等（到）"的形式也較複雜，共有"等"、"等到"、"等着"三種變體。例如：

（10）等鳳兒大了好生孝順孝順大爺罷。（第十九回）

（11）等到日已東昇，這個心可按捺不住了。（第三十六回）

（12）等着你過了門，看個好日子，你們三個人好好的弄點兒吃的，再給親家太太順齋。（第二十七回）

"等（到）"後面的賓語，既可以是時間詞語，也可以是一個事件，都表示"到了那個時候"的意思。

1.2.1.4 "過了"後接時間賓語，既可以是時點也可以是時段。例如：

（13）過了元旦，舅太太合張老夫妻分頭過去拜年，安老爺合家也來回拜，並看姑娘。（第二十四回）

（14）過了兩日，便次第的踏勘丈量起來。（第三十三回）

1.2.1.5 "將"和"纔"義爲"剛"，都用於時間分句中引領時間複句。例如：

（15）將吃完飯，祇見一個軍機蘇拉進來。（第四十回）

（16）公子纔要上手去摸，何小姐忙攔道："別着手，那箭頭兒上有毒！"（第三十一回）

（二）後置式祇出現在後分句，即正分句之中，最常見的標記是"恰好"。

1.2.1.6 "恰好"主要出現在後分句,用於引領正分句。例如:

(17) 酒過三巡,恰好那鄧九公問起老爺的官場來。(第十五回)

(18) 時當正午,日影在窗,恰好屋裏關住一個蜂兒,急切不得出去,碰得那窗櫺兒冬冬作響。(第三十回)

除了單用以外,更多情況下,"恰好"與"正"搭配使用,形成"正……,恰好……"格式,詳後。

當"恰好"出現在前分句,似乎也是時間複句,但實際上,在這些句子中"恰好"的語義都是指向上文所涉及的某個時間的,而並非指向後分句,因而句子不是時間複句。例如:

(19) 恰好安公子已吃過飯,同了褚一官過來,安老爺便把方纔的話大略合他説了一遍。(第十六回)

(20) 説話間,舅太太也過來了。恰好這日張親家太太眼睛好了,也出來了。(第四十回)

(三) 前置後置兩用式既可用於前分句、也可用於後分句,最主要的標記是"正"。

1.2.1.7 "正"多用於前分句,也可用於後分句。例如:

(21) 正説着,褚一官也回來了。(第十四回)

(22) 正在那裏勸解,褚大娘子過來,一把把姑娘扯住。(第十八回)

(23) 他從山下經過,耳輪中正聽得白臉兒狼説:"……"(第五回)

(24) 這日進來,正值安老爺在家。(第三十三回)

當"正"用於前分句時,有時在"正"之前還可出現別的表示時間的成分。例如:

(25) 奴才方纔正在大門板凳上坐着,見這位老爺騎着匹馬,老遠的就飛跑了來。(第三十六回)

(26) 却説安公子這日正在書房裏溫習舊業,坐到晌午,兩位大奶奶給送出來滾熱的燒餅,(第三十三回)

當"正"用於後分句時,它前面有時還會出現"恰好",以示强調。例如:

(27) 來到上屋,恰好正是安老爺叫他拿帽子的那個時候兒。(第三十五回)

(28) 何小姐不容分説,上前連拉帶拽纔把他架下樓來,恰好正遇張姑娘帶着一群人趕了來。(同上)

1.2.2 雙標式

雙標式指兩個關聯詞語配對使用,又可分爲句内雙標和句間雙標兩種。

(一) 句内雙標指兩個關聯詞語在時間分句中分開使用,形成一種框式結構。主要標記有:當……的時節/時候、等……的時候/時兒、待……時。例如:

1.2.2.1 "當……的時節/時候"包括兩種形式,其中,"時節"爲文言説法,"時候"爲其白話形式。例如:

(29) 當公子説的時節,便不肯用話打他的岔,默默凝神静氣去聽。(第十二回)

(30) 當我家娶這兩房媳婦的時候,大家祇説他門户單寒。(第三十六回)

1.2.2.2 "等……的時候/時兒"也包括兩種形式,其中"時兒"是文言形式在北方話口語中的變體。例如:

(31) 等他晚上果然來的時候,我們店裏就好合他打饑荒了。(第五回)

(32) 等回來你大伙兒吃的時兒,給我盛過碗去就得了。(第二十二回)

1.2.2.3 "待……時"爲仿古的文言用法。例如:

(33) 待月上時,安太太便高高興興領着兩個媳婦圓了

月,把西瓜月餅等類分賞大家,又隨意給老爺備了些果酒。(第三十四回)

(二)句間雙標指兩個關聯詞語搭配使用,分別居於時間分句和正分句。主要標記有:及至/(直)到/等……,纔;等……,再;及至/纔……,就/便;正……,恰好;及至……,恰好/正。

1.2.2.4 "及至/直到/(直)等(到)……,纔"比較複雜,包含了多種同義的形式。例如:

(34)及至見面,遞上履歷,纔知這老爺是由進士出身。(第二回)

(35)直到秋盡冬初,安老爺纔得病退身安,起居如舊。(第一回)

(36)我等他那天有了婆家,齊家得過了,我纔開這齋呢!(第二十一回)

(37)直等他把話聽完了,纔透過這口氣來。(第十二回)

(38)直等到三天以後,他纔忽然想起,告知了張進寶。(第三回)

1.2.2.5 "等……,再"相對較爲簡單。例如:

(39)等自己見過十三妹,再叫人來送信。(第十七回)

1.2.2.6 "及至/纔……,就/便"中,"纔"仍是"剛"的意思。僅舉兩例:

(40)及至夢中遇着了他,那匹馬就不見了。(第二十六回)

(41)纔點燈,便放下號簾,靠了包袱待睡。(第三十四回)

1.2.2.7 "正……,恰好"是單標式的"正"和"恰好"的搭配形式,形成了一個固定的格式。如:

(42) 二人正要進後邊去,恰好隨緣兒媳婦出來。(第二十回)

(43) 却說姑娘正在心裏盤算,恰好張金鳳從上房過來。(第二十八回)

此外,表示"剛"的"將/纔"有時也與"恰好/恰巧"搭配,但用例較少。例如:

(44) 將走到窗跟前,恰好聽得安太太說到"鬥牌算奉了明文"的那句話。(第三十三回)

(45) 纔得消停,恰巧老爺早回來了。(第四十回)

1.2.2.8 "及至……,恰好/正"的格式進一步說明"恰好"祗用於後分句。例如:

(46) 及至姑娘後來長篇大論的自言自語,恰好他醒了。(第二十二回)

(47) 及至到了家,正碰見荒旱之後瘟疫流行。(第三十二回)

1.2.3 標記的性質和特點

邢福義先生曾指出:"複句關係詞語是根據聯結分句、標明相互關係、形成複句格式的共同特點組合攏來的一些詞語,沒有十分明確的標準,因而也沒有十分明確的範圍","在詞類系統中,關係詞語不屬於固定的類","在語法單位中,關係詞語不處於固定的級","在造句功用上,關係詞語不具有劃一性"。(邢福義 2001:28—30) 這些觀點對我們確認和研究《兒女英雄傳》時間複句的關聯詞語具有極大的指導意義。

作爲標記的關聯詞語,其語法性質並不相同。其中,"及至"、"到(了)"、"直到"、"祗等"、"等(到)"、"過了"雖然還保留了一定的動詞性意義,但又有明顯的連詞化傾向;"當……的時節/時候"、"等……的時候/時兒"、"待……時"爲具有連詞性質的框式結構;"將/纔"、"恰好"、"正"是表示同時的時間副詞，"纔"、"便/就"、"再"等副詞所表意義也都與時間有關，在特定的時間複句中都能起到很好的聯結前後分句語義、凸顯前後分句關係的作用，因此將其視爲時間複句的標記。

《兒女英雄傳》時間複句的關聯詞語具有十分鮮明的特點。

首先，沒有典型的連詞。如上所述，除了副詞以外，"及至"、"到（了）"、"直到"、"衹等"、"等（到）"、"過了"等雖有連詞化傾向，但仍有動詞意味，它們應處於向連詞虛化的過程之中。這也說明時間複句還不是一種形式特徵十分明顯而主要靠意義關係來予以確認的複句類別，這也給時間複句的判定造成一定困難。

其次，有一類十分特殊的框式結構"當……的時節/時候"、"等……的時候/時兒"、"待……時"。上古漢語中已有"當……之時"結構並充當時間分句（匡鵬飛 2010b），上述三個框式結構應是由它發展而來。在現代漢語中，這類結構也十分常見，但對其理論價值，却還未得到應有的重視，在複句研究的論著中，很少有學者把它們歸入關聯詞語之列。趙元任（1979）、秦旭卿（1989）等已指出，"當＋謂詞性結構"中"當"已弱化爲連詞，同樣，這類結構中的"等"、"待"也有這樣的傾向。

再次，關聯詞語中既有專職的，也有兼職的。專職時間複句關聯詞語有"及至"、"到（了）"、"直到"、"衹等"、"等（到）"、"過了"，它們一般都位於句首引領某個分句，衹要所聯結的後續成分是時間賓語，無論是否包含時間詞語，整個分句都表示的是時間意義，並對正分句從時間上進行修飾，因而可看作時間複句的專職標記。"當……的時節/時候"、"等……的時候/時兒"、"待……時"更是明顯的專職標記。兼職時間複句關聯詞語有兩種類別。第一類是時間副詞"將/纔"、"恰好"、"正"，它們都可以單獨使用，獨立成爲時間複句的標誌，但其用法都十分複雜，除了用於時間複句的標記以外，還可大量使用在非時間複句的語境中。不過，它們不再會表示其他複句關係。第二類是副詞"纔"、"便/就"、"再"，它們一方面必須和其他標記搭配使用而不能單獨作爲時間複句的標記，另一方面，當它們和別的關聯詞語搭配使用時，可以形成其他類別複句的形式標誌，如"纔"還可標記條件複句，"再"還可標記承接複句，"便/就"還可以標記條件複句和承接複句。

1.3 時間分句和正分句的語序

時間複句的語序，一般是時間分句在前，正分句在後，如上述各例。但是，若正分句所述事件因緊接上文需要先於時間分句進行叙述時，也會形成正分句在前、時間分句在後的相反語序。例如：

(48) 屋裏開了門，那時天已閃亮。（第三十一回）

二 《兒女英雄傳》時間分句的功能類別

對於時間複句的分類，可以從不同的角度進行。不過，時間分句作爲一種表達特定意義範疇的分句，這種特殊性是時間複句區別於其它複句的根本特徵。時間分句對事件時間的不同表達方式，體現了不同類型時間複句更爲本質的差異。因此，下文主要着眼於時間分句對事件時間的表達方式，把時間複句分爲兩個類別。

2.1 時間背景類時間複句

所謂"時間背景類時間複句"，是指時間分句以時間概念的形式來表達與正分句所述事件相關的某個時間意義。這類複句又可分爲兩類。

2.1.1 直接式

時間分句直接表述一個時間概念，這一時間就是正分句所述事件的發生時間。時間分句中出現的時間詞語都是時點。除了部分意合式時間複句以外,"到(了)＋時間詞語"、"等(到)＋時間詞語"、"直到＋時間詞語,纔"等格式的形合式一般都屬於這一類。例如：

(49)纔交巳正,便換了隨常衣裳,催齊車馬,見過堂上,回明要去。(第三十五回)

(50)此時正是濃蔭滿地、綠葉團雲的時候,遠遠的望着那"萬綠叢中一點紅",便有個更新氣象。(第三十六回)

(51)到了三月初六日,太太打發公子帶了隨使家丁,跟隨老爺進城。(第一回)

(52)等明年開了春,可要認認真真的用起功來了。(第三十回)

(53)直到次日晌午,那程師爺纔趕回來。(第三回)

上述時間分句可以稱爲"直陳式"。此外,時間分句也可以不出現時間詞語,而用一種比較含蓄的方式來表明正分句所述事件發生的時間,最常見的方式是描述天象的變化或以人的年齡來表示時間。這一類可以稱之爲"含蓄式"。例如：

(54)纔得天亮,他父女翁婿合那個孩子以及下人早已收拾了當,吃了些東西便要告辭。(第三十二回)

(55)交了五歲,安老爺就教他認字號兒,寫順朱兒。(第一回)

2.1.2 間接式

時間分句並非直接指出主句所述事件發生的時間,而是間接表明與主句所述事件相關的一個時間概念。時間分句中出現的時間詞語多爲時段。除了部分形合式時間複句以外,以"過了"爲標記的意合式一般都屬於這一類。例如：

(56)那消幾日,都布置停妥。(第十四回)

(57)隔了半盞茶時,祗見靠東這扇窗户上有豆兒大的一點火光兒一晃,早燒了個小窟窿,插進枝香來。(第三十

一回)

(58) 過了兩天,便有各親友來送場。(第三十四回)

2.2 事件背景類時間複句

所謂"事件背景類時間複句",是指以時間分句所述事件發生的時間爲參照時間,來觀察正分句所述事件發生的時間,也就是呂叔湘先生所說的"以一事爲另一事的時間背景,就是說拿甲事來指乙事發生的時間"(呂叔湘 1982:370)。就與主句所述事件的時間關係來看,事件背景類時間分句又可分爲同時、先時和後時三類。

2.2.1 同時

同時,即時間分句所述事件與正分句所述事件同時發生,並以時間分句所述事件爲背景來指明正分句所述事件的發生時間。形合式時間複句中表示同時關係的數量最多,一般以"恰好"、"正"、"當……的時節/時候"、"正……,恰好"、"及至……,恰好/正"爲標記的句子,都屬於同時性事件背景類時間複句,如上述符合這些條件的例子都是如此。對於意合式時間複句,判斷兩個分句是否表示同時關係主要依靠意義。例如:

(59) 說着,把自己頭上帶的一衹累金點翠嵌寶銜珠的雁釵摘下來,給張姑娘插在鬢兒上。(第十二回)

(60) 聽到後來,漸漸兒的把個脖頸低下去,默默無言,衹瞅着那杯殘酒發怔。(第十六回)

2.2.2 先時

先時,即正分句所述事件先於時間分句所述事件,時間分句所述事件的發生時間作爲正分句所述事件的背景時間。在事件背景類時間複句中,無論是形合式還是意合式,若在時間分句中出現"未/沒/不曾 VP"之類結構或在正分句中出現"早(已)/已(經)VP"之類結構,則一般是表示先時關係的時間複句。如:

(61) 一句話未完，祇聽得山腰裏吱的一聲骲頭響箭，一直射在半空裏去。（第十一回）

(62) 還不曾到得那裏，舅太太便在車裏指點着告訴姑娘道……（第二十三回）

(63) 及至轉過身來向前打去，早不見了顧先生。（第十八回）

(64) 公子聽到這裏，已經打了個寒噤，坐立不安。（第五回）

2.2.3 後時

後時，即正分句所述事件後於時間分句所述事件，時間分句所述事件的發生時間作爲正分句所述事件的背景時間。對於形合式來説，後時性事件背景時間複句又可細分爲兩類。一是"及至"、"等（到）"、"等……的時候"、"及至/（直）到/等（到）……，纔"、"及至……，就/便"、"等……，再"之類格式①，"及至"、"等"這些動詞的本義決定了前後分句之間必然是後時關係。二是"將/纔"、"纔……，就/便"之類格式，前後分句所述事件從邏輯上來説是前後相承的，但在時間上或人們的主觀認識上幾乎是同時發生的，所以，這類格式比較接近於同時類時間複句。上文中符合這些條件的例子都是如此，不再重復舉例。對於意合式來説，一般以"動詞＋時量性時間詞語"結構充當時間分句的事件背景時間複句，都是後時性的。例如：

(65) 怔了半晌，忽然的省悟過來。（第二十三回）

(66) 勸了良久，那姑娘纔止住哭聲。（第二十回）

(67) 那人去不多時，便聽得裏面開得鐵鎖響。（第十四回）

這類複句的後分句中往往會出現"纔"、"便"等承接複句的常見標記，但由於前分句中包含時間詞語，而這個時間詞語實際上與後分句所述事件的發生時間具有密切的關聯，前分句主要是作爲後分句的時間背景的，兩者之間的承接意味已很弱，因此我們把它們歸入後時性時間複句。

三　結語

《兒女英雄傳》中的時間複句數量衆多，且種類較爲齊全，在一定程度上能大致反映清代中後期北方方言系統中時間複句的基本面貌。

與上古漢語時間複句相比，《兒女英雄傳》中的時間複句在表達功能上進一步豐富，在形式特點上則發生了較大變化。

第一，意合式比例的下降。"在上古漢語中，絕大多數時間複句都不使用關聯詞語而是采用意合的方式來構成複句的"（匡鵬飛 2010b）。但在《兒女英雄傳》中，一方面由於形合式標記及其搭配方式的增多而導致形合式數量的急劇上昇，另一方面上古漢語意合式中的特殊句式"主＋之＋謂（＋也/者）"結構在古白話系統中已不再使用，因此，意合式在時間複句中的比例已大大降低，不再是時間複句的主要形式。這與整個漢語複句系統的演變趨勢是一致的。

第二，標記系統的發展。其一，成員的更替。由於雙音化的影響，上古漢語很多單音節標記如"及"、"比"、"逮"等都已被相應意義的雙音詞"及至"、"到了"、"等到"等代替。其二，數量的增長。無論是前置式單標、後置式單標、句內雙標和句間雙標，每一類標記的數量都有所增加。同時，還新產生了前置後置兩用式單標。其三，標記性增強。上古漢語很多單音節標記"及"、"比"、"當"等的性質十分接近於介詞，當賓語爲简單的名詞性成分時，整個結構就不再是時間分句而祇能看作時間短語，因此其標記性還不是很強。但《兒女英雄傳》中的很多專職性標記如"及至"、"到（了）"、"直到"、"祇等"、"等（到）"、

"過了",衹要賓語與廣義的時間意義有關就是時間複句的典型標記,其標記性已大大增强。

第三,表達功能的豐富。就時間背景時間複句來説,上古漢語中不僅數量較少,在時間分句的表達方式上也有很大局限,衹有間接式和少量直接式中的含蓄式[2],而在《兒女英雄傳》中,不僅含蓄式繼續得到發展,而且,進一步出現了能直接表達正分句所述事件發生時間的直陳式。直陳式的出現,大大完善了時間分句的時間表達功能。就事件背景時間複句來説,由於標記系統的發展和近代漢語中"着"、"了"等時體標記的産生,時間分句表達時間的手段更加多樣化,表達時間的精確程度得到提高。

《兒女英雄傳》的時間複句與現代漢語已非常接近,差異主要有二。一是現代漢語中基本不用"及至"、"將(剛)"等一些具有文言或古白話色彩的形式標記,二是現代漢語中時間分句的表達方式進一步豐富多樣。

對《兒女英雄傳》時間複句的詳盡描寫和深入研究,對於揭示時間複句在漢語史中的發展演變具有重要的意義。

〔注釋〕

①這類格式中,若賓語是時間賓語,則整個複句是時間背景類時間複句,故不在此之列。

②筆者2010b一文中分類的術語與本文略有差異,該文衹有"直陳式"和"含蓄式"兩類,其中"直陳式"相當於本文的"間接式","含蓄式"相當於本文"直接式"中的"含蓄式",本文所説的"直陳式"這種類別,上古漢語中還没有産生。

〔主要參考文獻〕

匡鵬飛. 後時性時間背景複句 [J]. 漢語學報,2010 (2).

匡鵬飛. 上古漢語時間複句説略 [J]. 華中師範大學學報,2010 (5).

黎錦熙. 新著國語文法 [M]. 北京:商務印書館,1992.

吕叔湘. 中國文法要略 [M]. 北京：商務印書館，1982.
劉月華，潘文娛，故韡. 實用現代漢語語法 [M]. 北京：外語教學與研究出版社，1983.
馬真. 簡明實用漢語語法教程 [M]. 北京：北京大學出版社，1997.
秦旭卿. "當"和時間複句 [J]. 吉首大學學報，1989（3）.
[日] 太田辰夫. 中國語歷史文法（修訂譯本）[M]. 蔣紹愚，徐昌華譯. 北京：北京大學出版社，2003.
王緗. 複句·句群·篇章 [M]. 西安：陝西人民出版社，1985.
王志. 時間副詞"正"的兩個位置 [J]. 中國語文，1998（2）.
邢福義. 漢語複句研究 [M]. 北京：商務印書館，2001.
趙元任. 漢語口語語法 [M]. 吕叔湘譯. 北京：商務印書館，2001.

（匡鵬飛，華中師範大學語言與語言教育研究中心　郵編：430079）

金文虛詞研究綜述

陳順成

内容摘要：商代金文虛詞研究尚處於起步階段，兩周金文虛詞研究成果相對較多。從總體研究、各類虛詞研究、具體虛詞研究等角度，重點梳理了兩周金文虛詞研究的相關成果，分析了學術界目前存在較多爭議的一些問題。

關鍵詞：出土文獻　商代金文　兩周金文　虛詞　綜述

歷代治金石者考釋古文字時或有論及某一虛詞，但多從形體入手，重意義解釋而少用法分析。總體而言，20世紀80年代以前的金文虛詞研究，研究者少，關注面小，成果零散。80年代以後，隨著出土文獻語言研究逐漸昇溫，對金文虛詞的研究開始走向系統和深入。因此，我們的綜述也基本以20世紀80年代之後的成果爲主，但是在討論具體問題時也不排除將研究史追溯到更早的時期。

趙誠（2003）、梁華榮（2005）、武振玉（2006）、李曉峰（2008）等曾梳理過西周金文虛詞的研究狀況，但是或者此後又有新的文獻出現，或者祗關注某一時期金文的虛詞研究情況，或者討論時過於簡略，所以我們采取從宏觀到微觀的視角，逐一介紹此前金文虛詞研究的相關成果。

目前所見商代青銅器數量不算少，但有銘文者不多，且篇幅短小，討論其虛詞的成果相應也少：喻遂生（2002）[①]論及"用"

在商代金文中的連詞用法，意思是"因此"，並解釋說"金文往往要用因果複句說明作器原因，因此'用'用作連詞就多"。董蓮蓮（2003）概述性地交代了商代金文的詞彙和語法，沒有分實虛詞。嚴志斌（2006）在描寫商代金文狀語、補語等句法成分時，認爲副詞有"唯"，介詞有"於"、"自"、"在"。金河鐘（2008）《殷商金文詞彙研究》第一次較爲全面地勾勒了商代金文虛詞的基本面貌。簡言之，商代金文虛詞研究因爲主客觀原因所限，目前尚不深入。

以下重點討論兩周金文虛詞的研究成果。

一　總體研究

迄今爲止，專門研究金文虛詞的論著有：方麗娜（1985）《西周金文虛詞研究》、崔永東（1994）《兩周金文虛詞集釋》、梁華榮（2005）《西周金文虛詞研究》、武振玉（2006）《兩周金文詞類研究：虛詞篇》、李山川（2007）《西周金文虛詞系統研究》。其中方麗娜的著作（臺灣大學碩士學位論文）無由得見。

崔永東《集釋》是大陸第一部系統研究兩周金文虛詞的著作。分西周、東周兩個時期匯釋金文虛詞，在縱向對比中明瞭各虛詞的歷史變化，而且引入了傳世文獻用例，便於橫向比較。共收錄百餘個虛詞，帶有詞典性質。後人剖析其缺憾有三：一是收詞有遺漏，如無"因"、"哉"、"載"、"已"、"誕"等介詞和語氣助詞；二是用法未窮盡，缺少"以"連接謂詞性成分、"及"作副詞等；三是釋義有錯誤，如以"衣"爲"語首助詞"，"對"爲連詞等[②]。

梁華榮《研究》以西周金文爲對象，第一次較爲全面地探究了金文的虛詞系統，既有語法結構的描寫，也有同類詞的相互比較，但稍顯粗略。其後附有《西周金文虛詞彙釋》，例釋了130

餘個虛詞的意義和虛實用法，可以看作是對崔永東《集釋》中西周部分的補充。存在的問題是：異形詞重出，虛詞認定過寬。

武振玉《詞類》概述了金文的語料價值和虛詞研究的重要性，在總結此前金文虛詞研究成果的基礎上，歸納出了金文虛詞研究的三種方法。能夠聯繫甲骨文和傳世文獻來探討虛詞的縱向和橫向脈絡，單個虛詞內部的分類和語法結構的描寫也較爲細緻。引証文獻眾多、説解論証詳細是武著的兩大特點，是迄今爲止研究較爲全面和深入的金文虛詞研究著作。

李山川《系統》以虛詞搭配對象的不同和語法功能的區別分爲 8 個子系統，再以語義或句法位置爲綱進行下位分類，兼及各個系統特點的探討。基於語料庫和引得進行研究，統計了 109 個單音節虛詞在西周金文中出現的時代和頻率。視角較爲獨特，資料統計也增強了科學性，但是由此造成的同系統虛詞意義明確但各自用法零散出現的問題也不容忽視。

包含金文虛詞研究或與之相關的著作主要有周清海（1980）《兩周金文語法研究》、管燮初（1981）《西周金文語法研究》、張玉金（2004）《西周漢語語法研究》、潘玉坤（2005）《西周金文語序研究》、朱其智（2007）《兩周銘文篇章指同及其相關語法研究》、徐力（2007）《春秋金文詞彙系統研究》、裘燮君（2008）《商周虛詞研究》等。

周著（新加坡國立大學博士學位論文）應當是第一部研究金文語法的著作，自言秉周法高之語法系統，據摘要和目録，分詞爲 11 類，涉及代詞、副詞、介詞、連詞、助詞（語氣詞）、嘆詞等虛詞[③]。

管書是國內第一部系統全面研究金文語法的專著，影響較大。在"詞類"下涉及了各類虛詞。每類詞下所附該類詞在金文中作句法成分或出現的頻率表，結果直觀可信，並著意列舉同期傳世文獻《尚書》中的相同用法。管氏注重構建體系，所以對許多問題的探討都較爲簡單，而且以208篇西周金文爲研究對象，現在看來範圍過於狹窄。

張書對金文虛詞的探討相對較細，能夠比之於傳世文獻，客觀上有助於瞭解一時期虛詞的全貌。潘書從語序出發探討了介詞、副詞、連詞等幾類虛詞的用法，説解簡潔明瞭。因爲側重於句法描寫，所以一個詞語在不同地方出現，於虛詞的系統性和用法的完整性稍弱。朱作系統回顧了金文代詞的相關研究，並就第一、二、三人稱代詞的格位、指稱、復指等問題做了必要的探討。徐力的碩士學位論文也對虛詞系統做了分類研究，有頻率統計，但是較少同類詞用法之間的對比分析。裘著不是專門研究金文虛詞的，但是在研究時能夠將金文虛詞材料置於歷時與共時、傳世與出土材料的對比中，可以較爲清晰地把握先秦尤其是商周時期虛詞的概貌。

二 代詞研究

何定生（1928）在研究《尚書》時，涉及了金文的個別代詞，但從語言的角度專門研究金文虛詞的意義和用法，始於容庚（1929）。容文簡要介紹了金文的主要代詞並指出了格位區別，後黄盛璋（1963）較爲系統地説明瞭各代詞間的相配關係，韓耀隆（1966）用大量例子分析格位區別，注意區分代詞的常見用法和罕見用法，馬國權（1981）全面地介紹了金文中的各種代詞，注意分析各代詞出現的先後時間。周清海（1980）和管燮初（1981）分别列舉了大量金文代詞，討論了其用法。管氏還統計了各自作主語、賓語、兼語、修飾語的頻率，並與《周書》中代詞的用法做了比較。張玉金（2006）系統探討了包括金文在内的西周漢語代詞的相關問題，裘燮君（2008）對代詞的研究所涉及的時空範圍和材料範圍更爲廣泛。

金文作爲出土文獻上繼殷商甲骨，橫聯傳世文獻兩周典籍，其人稱代詞也存在時間、方言、用法的差異。

黃盛璋（1963）、周生亞（1980）和賈則夫（1981）認爲西周之際"朕"、"余"開始消失，但據張玉金（2006）統計，金文中"朕""余"的數量並未像傳世文獻一樣明顯遞減，他認爲這與金文脫離口語的書面語文體有關。大西克也（1998）祇選取列國金文中充當領格的第一身代詞"我"爲對象，發現"'我'字多用在表人名詞前面是其顯著特點"。周生亞（1980）認爲"余（予）、朕、我"可能是殷方言人稱代詞，甲骨文、宗周金文和《尚書》是其代表。特點是"余"、"朕"是單數，因爲洛邑雅言興起，金文中"我"處於主賓格已無單複數之別，祇有處於領格纔表複數。張玉金（2004）也認爲"我"、"余"、"朕"以殷方言爲基礎，但"我"是殷方言、共同語、宗周方言共有的，西周時宗周方言中的"我"跟殷方言、共同語在稱數方面可能存在差異，即"我"表示複數。張玉金（2005）還認爲"我"的稱數與位置沒有關係，最終取代了原指稱單數的"朕"、"餘"。洪波（1996）主張"余（予）"、"我"、"朕"之間的根本區別在於意義上有謙敬功能的差別："余（予）"是謙稱形式，"朕"是尊稱形式，"我"是通稱形式。張玉金（2004）則認爲西周漢語第一人稱代詞不存在謙敬功能。武振玉（2009）認爲三者的主要區別在於句法功能方面。第一人稱代詞的語音和語源，張玉金（2003）認爲，可以分爲兩系："朕"和"余"雙聲或聲母接近，"我"和"吾"聲母相同、韻部相近並通轉。之所以分兩系，是因爲它們在稱數和格位上有對立。第一人稱代詞的發展歷史，劉靖文（2003）認爲：甲骨文和西周金文中是"我"、"余"、"朕"，到東周金文和簡帛中新增了"吾"、"台"，並討論了不同時期的用法和演變情況。

張玉金（2004，2006）在統計第二人稱代詞的數量和頻率的基礎上,集中討論了其稱數、句法功能、活用、地域性和時代性等問題。朱其智(2007)也采用統計方法,列表比較了金文與《尚書》第一二人稱代詞格位的頻率,並對其指稱問題作了探討。洪波(2002)認爲第二人稱代詞有謙敬之別,"爾"是通稱,"女"是賤稱,"乃"是尊稱,"而"是昵稱。張玉金(2006)持反對意見,以爲第二人稱代詞並無謙敬功能,夏先培(2007)同意張玉金的看法。第二人稱代詞的格位和稱數,黃盛璋(1963)、張玉金(2003)先後都指出和第一人稱代詞存在對應關係。夏先培(2007)則認爲"余"、"朕"、"女"、"乃"和"我"、"爾"在殷商以前可能屬於不同方言,後者之進入前者所在方言,可能就是爲了補前者不表複數之不足。張玉金(2003)還認爲金文第一、二人稱代詞在語音、地域性和時間性上,也存在比較嚴格的對應或相似關係。

上古有無第三人稱代詞,爭論的焦點集中於第三人稱代詞是否源於指示代詞以及何時完全從指示代詞分化出來。黃盛璋(1963)、郭錫良(1980)、徐丹(1989)等先後認爲第三人稱代詞源於指示代詞,姚振武(2001)認爲這是"古指稱詞"的兩種固有用法,無所謂源流。張玉金早先(2004)認爲第三人稱代詞是從指示代詞發展來的,但他(2005)似乎也認爲第三人稱代詞和指示代詞可以相互轉化。劉翔(1989)、方述鑫(1993)、高島謙一(2001)、朱其智(2002,2007)主張"之"、"彼"、"厥/叀"、"其"在金文中可充當第三人稱代詞,並探討了其指稱功能。周清海(1980)認爲有"厥"、"其"、"之"、"茲"、"若"。唐鈺明(1990)詳細考察了第三人稱代詞"其"逐漸替代"厥"的過程中兩周金文所處的階段。姚振武(2001)歸納的第三身範疇爲"彼"、"其"、"之"。張玉金(2004,2006)認爲是"厥"、"其"、"之",並指出與指示代詞同形,不易區分。張氏還統計了金文第三人稱代詞的數量和頻率,探討了其句法功能、所指和稱數、本用和活用、時代性和地域性等問題。總體來看，大家認識較爲一致的第三人稱代詞是"厥/氒"、"其"、"之"。陳初生（1989）雖然認定上述三字是表領屬的助詞，但他提供了一個很有啓發意義的思路："之"、"其"、"厥"聲類相同，劉翔（1989）也有相同看法。這說明如果金文中此三詞已是第三人稱代詞的話，那麼第三人稱代詞內部也存在較爲嚴整的語音關係。洪波（1994）則視三者爲兼指代詞。

"己"，韓耀隆（1966）、周法高（1972）、馬國權（1981）認爲是與人稱、指示等相並列的其他代詞，周清海（1980）認爲是第一人稱代詞，陳初生（1987）、張玉金（2004）、武振玉（2006）、金河鐘（2008）則歸於人稱代詞下的己身稱代詞。此外，張玉金（2004）還認爲"自"、"身"也是己身代詞，"人"是旁稱代詞。

早先有學者如胡適、高本漢、陳夢家等認爲先秦漢語人稱代詞存在"格"和"變格"現象，後趙世舉（1990）、洪波（1996）、劉靖文（2003）、張玉金（2004）等人指出金文人稱代詞並不存在"格"範疇。金文中有某一人稱代詞表示別的人稱的現象，梁華榮（2005）認爲是人稱代詞使用的混亂和誤用，與作器者和作銘者的關係決定的銘文的敍述視角的變換和混亂不無關係。張玉金（2005）則以爲是活用現象，有些可用語用學"禮貌的觀點轉移"來解釋。

另外，各家對人稱代詞數量的認定不盡相同，主要區別在於對"吾"、"身"、"自"、"己"、"走"、"台（辝）"、"若"、"而"、"子"、"迺"、"茲"等詞語的認定，其中有些分歧則是因研究對象本身的時間不一致（有人祇關注西周，有人則關注兩周）引起的。

于省吾（1966）較早辨析並認爲"王若曰"中"若"是指示代詞，但是現在也有人認爲是"語氣詞"。黃盛璋（1983）、姚炳祺（1983）、洪波（1991，1994）、高島謙一（2001）、李學勤（2002）等人就金文中的"是"、"茲"、"之"、"此"、"厥"、"其"、"若"等指示代詞的探討較爲簡單。系統論述金文指示代詞系統的是周清海（1980）、張玉金（2004，2006）、梁華榮（2005）、武振玉（2006）、李山川（2007），但各人對指示代詞的認定存在差異，主要區別在於對"若"、"它"、"實"、"此"、"斯"、"是"、"厥"、"乃"、"皮（彼）"、"者（諸）"等詞語的認識。傳統認爲指示代詞祇分遠近，但也有人提出異議：洪波（1994）認爲祇有兼指，周清海（1980）、張玉金（2006）細分爲遠指、近指、旁指、無定。

雖然楊伯峻（1963）早已指出金文中"亡"可以用作無指代詞，但對金文中有無無指代詞，看法仍舊不一：周清海（1980）、馬國權（1981）、陳初生（1987）、張世超（1996）、許偉建（1998）、潘玉坤（2005）、武振玉（2006）等認爲是無指代詞的"亡"、"莫"、"無"，崔永東（1994）、喻遂生（1995）、張玉金（2004）、梁華榮（2005）、李山川（2007）視爲否定副詞，即認爲金文中沒有無指代詞。

"害"，丁聲樹（1942）認爲通疑問代詞"曷"，大西克也（2002）則以爲是反問副詞。陳初生（1987）、梁華榮（2005）、李山川（2007）均贊同丁説，並認爲是金文中唯一的疑問代詞。韓耀隆（1966）、周清海（1980）、張世超（1996）、張玉金（2006）認爲有"害"、"叚"二個。武振玉（2006）則認爲有"隹（誰）"、"害"、"叚"三個。

三　副詞研究

吳世昌（1933）區分金文中的"則"爲連詞和副詞兩種詞性，是最早研究金文副詞者。黃景欣（1958）認爲金文的否定詞

'弗'字和'不'字在作爲否定副詞方面，是沒有區別的。後劉黎（2004）發現甲金文中"不"和"弗"還是有細微區別：二者對主語、賓語的選擇不同，"不"所組成的雙重否定形式也相對比"弗"的豐富。武振玉（2009）則認爲"不"、"弗"與"毋"、"勿"的區別在於後面一組表示禁止性否定。管燮初（1962）研究"唯"時，將副詞用法包含在次動詞中。後裘錫圭（1983）、姚炳祺（1983）、高島謙一（1998）、趙誠（1998）、湯餘惠（1999）、張玉金（2001）、沈培（2004）等分別就金文中的個別副詞做過討論。

　　系統論述金文副詞系統的是周清海（1980）、管燮初（1981）、郭莉（2004）、張玉金（2004）、梁華榮（2005）、武振玉（2006）、李山川（2007）、顧丹霞（2007），但各人對副詞數量的認定不盡一致，分類互有重合。原因有二：有學者將"能"、"敢"、"可"、"克"、"義"、"龕"等助動詞視爲副詞，也與研究材料的範圍大小有關。

　　郭莉（2004）分副詞爲 8 類，先列甲金文形體，次引《說文》等說解其本義，再分析其用法，同時參以《詩經》、《尚書》等傳世文獻用法。結語中簡單論述了金文副詞的來源、修飾限定作用、位置關係等，並從語義角度將金文副詞歸爲 4 類，對雙重否定句也做了語義分類。最後總結出了兩周金文的總特點，涉及從甲骨文到金文的演變，與傳世文獻的對比等。存在的問題是沒有對具體副詞在金文內部的前後變化做縱向梳理。顧丹霞（2007）選取西周文獻橫斷面，也分副詞爲 8 類。主要以傳世文獻爲主，兼及金文，觀點多採自管燮初（1981）、劉翔（1989）等，許多結論都值得商榷。文中徵引多於己見，而且缺少不同性質文獻虛詞間的相互比較。副詞系統內部的具體詞語也有不同的認識，傳世文獻中"咸"一般認爲祗能做範圍副詞，但武振玉（2008）分析後認爲兩周金文中還可以做時間副詞。

四 介詞研究

系統探討過金文介詞的是周清海（1980）、管燮初（1981）、陳永正（1986）、張玉金（2004）、梁華榮（2005）、潘玉坤（2005）、武振玉（2006）和李山川（2007），但各家對介詞數量的統計存在差異。有爭議的詞語是"在"、"於"、"雩"、"雩若"、"會"、"即"、"曰"、"有"、"卑"、"史"、"事"、"至於"、"遹"、"若"、"隹"、"與"、"庸"、"爲"、"從"、"繇"、"者"、"虖"、"叀"等。而且對介詞的內部分類也不一致。

管燮初（1962，1981）認爲金文中"唯"有做次動詞即介詞的用法，並統計得西周金文介詞共 14 個，分別計算了頻次，並與《周書》對比，簡單説明瞭其句法功能。陳永正（1986）的研究則較爲全面，對金文中的"于"、"於"、"虖"、"以"、"暨"、"及"、"自"、"因"、"之"等介詞的用法做了系統的梳理。

"於"是一個討論較多的詞語，涉及被動句及其出現時間。楊五銘（1982，1983）認爲西周金文中用介詞"於"引進施事對象句式是漢語最早見的被動式，黃偉嘉（1987）、周清海（1992）、崔永東（1994）、潘玉坤（2004）、武振玉（2005）均認同，衹有張國光（1997）認爲此時還沒有真正的被動句。陳永正（1986）認爲"於"春秋始虛化爲介詞，但後來的學者普遍認爲時間應該更早。黃偉嘉（1987）聯繫甲骨文討論了"於"字介詞用法的歷時發展變化，趙誠（1996）歸納金文介詞"於"的用法有 21 類之多，郭錫良（1997）也認爲"於"的介詞用法最早見於西周金文，武振玉（2005）指出"於"介引處所和對象的主要用法與傳世文獻無二。李山川（2006）依據格理論，統計金文中介詞"於"在處所、對象、時間、施動、原因等格方面的頻次和差異後，歸納出了"於"的歷史特點。劉攀峰（2008）則比較了

"於"從甲骨文到金文中包括介詞在内的用法差異。

"以"是另一個討論較多的詞語，楊五銘（1983）、陳永正（1986）、郭錫良（1998）分別梳理過"以"在金文中的介詞用法。陳初生（1983）認爲用介詞"以"引進涉及對象的"以"字句是處置式的更早期形式，始見於西周金文，章也（1992）、崔永東（1994）也持此説。但張華文（1984）認爲此時"以"不具有提賓的作用，相關的"以"字句不是處置式。武振玉（2005）發現，介詞是金文中"以"的主要用法，數量多且用法豐富，已經具備了後世典籍中的基本用法；完整地呈現著動詞—介詞—連詞的虛化過程。武振玉（2008）還認爲：介詞"用"、"以"的用法以春秋時期爲過渡，在時間上表現出較爲明顯的先後替代關係。而對"以"的歷史變化討論較爲深入的是羅端（Redouane Djamouri）（2009），羅文對甲骨文和金文中"以"的各種用法進行了全面的梳理，並詳細分析了其在不同時期不同性質文獻中從動詞到介詞、連詞的虛化過程。

潘玉坤（2005）認爲"於"、"以"是西周銘文中使用最多的兩個介詞，儘管兩者用法有少量重合之處，但總體説來，"於"和"以"的意義、功能在許多方面相互補足，體現出語言的系統性。武振玉（2008）對"暨"、"及"、"以"、"與"四個引進偕同對象的介詞的用法及其差異和共性作了探討。

五　連詞研究

吳世昌（1933）最早論及金文中的連詞，認爲"金文中'則'用以挈合兩種相繼的意義，這是最普通的用法。……在金文中，'則'又大抵用在假設的語氣之下，而且多半含有恐嚇性的。"楊五銘（1983）、陳永正（1986）討論西周春秋銅器銘文中一些連詞時，不但注意分辨各詞的具體用法，而且著意説明其出現時間和虛化情況。李零（1983）、裘錫圭（1988）先後指出《毛公旅鼎》、《毛公鼎》中的"引"字應訓爲表示"況"、"又"一類義的連詞"矧"。張玉金（1994）也指出《詩經》和《尚書》中的"誕"即金文中的"延"，是表示前後相繼的連詞。王暉（1991）認爲分析金文中用於連接數量成分的連詞"又"的使用情況有助於文獻的斷代，其後趙誠（1996）對金文中"又"的用法的梳理更爲細致和全面。

系統探討過金文連詞的有周清海（1980）、管燮初（1981）、陳永正（1986）、張玉金（2004）、梁華榮（2005）、潘玉坤（2005）、武振玉（2006）、李山川（2007）。但各家對連詞數量的認定存在差異，區別在於對"于"、"亦"、"而"、"作"、"古"、"且"、"遂"、"與"、"兼"、"因"、"爰"、"延"、"肆"、"如"、"雖"、"厥"、"引"等的認定。

"于"在金文中是否有連詞用法討論比較多。管燮初（1981）認爲"于"有並列連詞用法，楊五銘（1983）、黃偉嘉（1987）、崔永東（1994）、張世超（1996）、趙誠（1996）、張玉金（2004）均持此説，以爲同"與"。但陳永正（1986）認爲金文中的兩個連用的"于"是介詞短語的重疊，並無連詞用法，喻遂生（1993）、郭錫良（1997）、潘玉坤（2005）和武振玉（2005）有相同看法。

金文中的"用"，楊五銘（1983）認爲西周時作介詞與"以"混用，陳永正（1986）雖也主張與"以"混用，但指出其介詞用法始於春秋。趙誠（1993）梳理了甲骨文到戰國金文中的"用"後發現，西周金文中已完成向介詞的演變。武振玉（2009）認爲兩周金文中有動詞、介詞、連詞三種用法。

關於"則"，陳初生（1987）、張世超（1996）在各自的金文詞典中認爲有副詞和連詞兩種用法，但崔永東（1994）、李傑群（2001）、武振玉（2007）認爲金文中的都是連詞。

六　語氣詞、嘆詞、助詞研究

李達良（1980）認爲語氣詞發展成熟是在周金文和《詩經》《尚書》之後，張振林（1981）認爲句末語氣詞在先秦出土古文字中很少見，並推測早期傳世文獻中的語氣詞都是後人摻入的，但是不爲學界所認同。裘錫圭（1983）、郭錫良（1989）、趙誠（1993）先後指出金文中有語氣詞"弋"、"哉"和"用"。此後，許多學者都系統探討過金文語氣詞：周清海（1980）、管燮初（1981）、陳永正（1992）、張玉金（2004）、梁華榮（2005）、武振玉（2006）、李山川（2007）、裘變君（2008），但各人對語氣詞數量的認定存在較大差異。除去異形詞外，大家的分歧主要在於對詞語"雩"、"於"、"若"、"不"、"繇"、"惠"、"卣"、"有"、"廼"、"已"、"亦"、"嗟"、"則"、"弋"、"妹"、"諆"、"延"、"夫"、"肇"、"囟（斯）"、"叡"、"虖"、"也"、"矣"、"焉"的認定。數量較多是由於不同人的認定聚合後產生的，並不能説明金文中有很多的語氣詞。比如"雩"，武振玉（2009）認爲可以做語氣詞，但張素格（2009）認爲祇有介詞和連詞的用法。裘變君（2008）指出金文語氣詞少的原因有二：語言因襲守舊行文刻板脫離當時口語，多記事體而罕見語氣詞賴以出現的議論體。

有人將嘆詞置於語氣詞下，如張振林、管燮初、陳永正和李山川，有人則將嘆詞獨立。周清海（1980）可能將擬音詞也包括在嘆詞內。張振林（1981）認爲最初出現的是描寫強烈驚歎語氣的獨立的感歎詞，西周時期已有較多的句首感歎詞使用。陳永正（1992）、武振玉（2009）也認爲嘆詞出現於兩周金文。李山川（2007）認爲表示感歎語氣的虛詞西周時處於萌芽階段。目前比較有爭議的詞語是"哉（纔）"、"於"、"若"。

楊樹達（1954）認爲金文中的"肇"無實義，爲語首詞，張戀鎔（1985）進一步指出"肇諆"爲語助詞連用。但朱鳳瀚（2000）認爲"肇"應是表示"開始"之義的動詞。管燮初（1962）認爲金文中的"唯"有語助詞的用法，趙誠（1998）持相同看法，裘燮君（1994）更是引用金文的有關用例得出"唯"的肯定助詞用法已佔絕對優勢的結論。一般所謂結構助詞，劉翔（1989）、陳永正（1992）視爲介詞，武振玉（2006）歸入語氣詞，祇有陳初生（1989）、張玉金（2004）、梁華榮（2005）和李山川（2007）單列。陳氏和張氏認爲金文中有"之"、"厥"、"其"3個助詞，梁氏認爲還有"若"、"有"、"囟（斯）"、"唯"4個，李氏認爲有"之"、"有"、"囟"、"其"、"厥"5個。對於早期秦建明（1985）等認爲是"國家"義的國名、朝代前的"有"，後來的學者崔永東（1994）、喻遂生（2001）、張玉金（2004）、裘燮君（2008）都認爲是詞頭或詞綴。

縱觀金文虛詞研究歷史，除了以上平面分析所涉及的成果和爭議外，還存在需要學者們進一步解決的問題。

首先，對銘文字詞的釋讀和篇章意義的理解要爭取準確一致，祇有這樣纔會有較爲統一的研究對象。其次，根據語言演變的一般規律，金文中的虛詞數量應當不會太多，但是從我們梳理的情況看，各類虛詞下幾乎都因不同學者的認定而聚合産生數量偏多的詞語，今後的研究要盡量統一語法理論和判定標準，祇有這樣纔會有較爲整齊的研究系統。再次，及時吸收學界的最新考釋和研究成果，積極借鑒采用歷史和現代語言學理論，用更爲先進的理論和方法開展研究，祇有這樣，纔會有較爲深入的研究狀態。此外，要把商代、西周、春秋、戰國，甚至漢代等時期的金文放在同樣重要的位置上研究，利用好各種檢索工具，做到材料的窮盡統計而不是個別舉例；把出土文獻和傳世文獻結合研究，並做好不同性質材料間差異現象的合理解釋。祇有這樣，纔會有較爲廣闊的研究視野和更爲準確的研究結論。

〔注釋〕

① 因單篇論文較多,且均易查找,故本文祇注明發表時間。2006 年以前的研究可參考武振玉《兩周金文詞類研究:虚詞篇》,吉林大學博士學位論文,2006 年,第 272—294 頁。

② 梁華榮:《西周金文虚詞研究》,四川大學博士學位論文,2005 年,第 11 頁。

③ http://libpweb.nus.edu.sg/chz/bib/theses/phd.htm. 又見鄭子瑜:《與周清海博士論兩周金文語法》,《煙臺大學學報:哲學社會科學版》1988 年第 1 期,第 36—38 頁。

〔主要參考文獻〕

崔永東. 兩周金文虚詞集釋 [M]. 北京:中華書局,1994.

董豔豔. 商代金文語言研究 [D]. 西南師範大學碩士學位論文,2003.

顧丹霞. 西周時期副詞系統研究 [D]. 湖南師範大學碩士學位論文,2007.

管燮初. 西周金文語法研究 [M]. 北京:商務印書館,1981.

郭莉. 兩周金文副詞初探 [D]. 華南師範大學碩士學位論文,2004.

郭錫良. 漢語史論集:增補本 [M]. 北京:商務印書館,2005.

金河鐘. 殷商金文詞彙研究 [D]. 山東大學博士學位論文,2008.

李山川. 西周金文虚詞系統研究 [D]. 華東師範大學碩士學位論文,2007.

李曉峰. 西周金文語言研究的歷史與現狀 [J]. 古籍整理研究學刊,2008(6).

梁華榮. 西周金文虚詞研究 [D]. 四川大學博士學位論文,2005.

劉翔等. 商周古文字讀本 [M]. 北京:語文出版社,1989.

潘玉坤. 西周金文語序研究 [M]. 上海:華東師範大學出版社,2005.

裘錫圭. 古文字論集 [M]. 北京：中華書局，1992.
裘燮君. 商周虛詞研究 [M]. 北京：中華書局，2008.
武振玉. 兩周金文詞類研究：虛詞篇 [D]. 吉林大學博士學位論文，2006.
徐力. 春秋金文詞彙系統研究 [D]. 華東師範大學碩士學位論文，2007.
喻遂生. 甲金語言文字研究論集 [M]. 成都：巴蜀書社，2002.
曾憲通. 建國以來古文字研究概況及展望 [J]. 中國語文，1988 (1).
張玉金. 西周漢語語法研究 [M]. 北京：商務印書館，2004.
張玉金. 西周漢語代詞研究 [M]. 北京：中華書局，2006.
趙誠. 二十世紀金文研究述要 [M]. 太原：書海出版社，2003.
周青海. 兩周金文語法研究 [D]. 新加坡國立大學博士學位論文，1980.
朱其智. 西周銘文篇章指同及其相關語法研究 [M]. 保定：河北大學出版社，2007.

(陳順成，延邊大學漢語文化學院　郵編：133002)

東漢佛道文獻詞彙新質的概貌[*]

顧滿林　俞理明

內容摘要：在4757條東漢詞彙新質中，佛經的詞彙創新量明顯高於道經。外來文化影響激發的漢語創新，和佛經翻譯本身對漢語詞彙新質的采用，使翻譯佛經中出現的新詞多於道經中的新詞。佛經中的新詞不僅數量高於道經，與中土非宗教文獻用詞的密切程度也略高於道經。

關鍵詞：描寫詞彙學　詞彙新質　詞彙翻新　佛教用語　道教用語

詞彙新質指詞彙中發生新變化的成分，包括詞彙中的新形式和原有詞彙形式的新意義，通常也稱爲新詞新義。

東漢時期，由於中國道教興起和佛教傳入，形成了最早的一批道教和漢譯佛經文獻，新的思想內容和新的表達風格，爲這批文獻中帶來了一批新的用詞[①]。我們運用描寫詞彙學的手段，對東漢出現的這批佛道文獻作了調查，從中發現4757條詞彙新質[②]，在此基礎上，根據產生時間、使用範圍、長度和形義關係等方面因素，作了綜合統計，合成如下表格，以方便分析。表中欄目名稱從簡處理，說明如下：

"舊詞新義"指東漢以前產生的詞語，在東漢出現了新義。如"白衣"原指平民身份，見於《史記·儒林傳》，在東漢佛經

---

[*] 本文是教育部人文社會科學研究十五規劃項目（01JB740010）"漢代佛道典籍語言研究"和四川省哲學社會科學十五規劃項目"漢語詞彙史·東漢佛道文獻詞彙研究"前期成果，屬本項目成果"東漢佛道詞彙新質研究"結論的一部分。

中指俗人、未出家的人：

> 佛教比丘，莫親白衣，戀於家居，道俗异故。（曇果共康孟詳 196 p154b）

"新詞新義"指東漢前期產生的詞語，在東漢佛道文獻中有了新義。如"貴女"原指命運高貴的女子，見《漢書·元后傳》，在東漢佛道文獻中指地位尊貴的女兒：

> 欲侍貴女隨菩薩行。（支讖 224p473a）

> 帝王尸［乃］上皇天之第一貴子也，皇后乃地之第一貴女也。（《鈔》戌 p250）

"老新詞"指東漢前期產生的新詞，後來在佛道文獻中使用。如《論衡·本性》用"聖師"指聖明的導師、《論衡·道虛》用"人中"指人間，它們在東漢佛道文獻中也使用：

> 故時時生聖人，生聖師，使傳其事。（《鈔》庚 p468）

> 譬如或人中或天上。（安世高 13p236b）

"新新詞"指東漢後期與佛道文獻同時的新詞。如始見於東漢佛道文獻的"善師"：

> 設使新學菩薩與惡師相得相隨，或恐或怖。與善師相得相隨，不恐不怖。（支讖 224p427a）

> 夫人既得生，自易，不事善師，反事惡下愚之師。（《太》卷 40/53p77）

"無"表示沒有佛道以外文獻的佐証；如上舉"善師"條。

"有"表示有佛道以外文獻的佐証。如上舉"白衣""貴女""聖師"條。

"旁"表示雖無佐証，但有同源的材料。如東漢佛道文獻用"蚑行"表示動物和昆蟲，《新語》和《漢書》則用"跂行"：

> 亦入於薜荔，亦入於禽獸，亦入於泥犁，亦入於蜎飛，亦入於蠕動，亦入於蚑行，亦入於喘息。（支讖 224p475b）

> 神靈之施，莫不被榮，恩及蚑行，草木亦然。（《太》卷

110/179p401)

跂行喘息蜎飛蠕動之類，水生陸行。（《新語·道基》）

跂行喙息，咸得其宜。（《漢書·公孫弘傳》）

"佛"表示使用於佛經而未見於東漢道經的詞語。如"善知識"指引人信佛向善的人：

六恭敬，一爲恭敬佛，二爲恭敬法，三爲恭敬同學者，四爲恭敬戒，五爲好口，六爲善知識。（安世高 13p236a）

避惡知識，近善知識。（支讖 418p904b）

"道"表示使用於道經而未見於東漢佛經的詞語。如"天君"指天界的統治者：

天君召問是信生。（《太》卷 110/179p393）

使神疏記，天君親隨月建斗綱傳治發。（《太》卷 111/180p403）

"佛道"表示東漢佛經道經中都使用的詞語。如上舉"善師""蚑行"條。

"單"表示單音詞（不含音譯詞）。

"復"表示複音詞（不含音譯詞）。

"譯"表示單音或複音的音譯詞。

		舊詞新義		新詞新義		老新詞		新新詞			共計	
		旁	有	旁	有	旁	有	無	旁	有		
佛	單	200	18	3	2	1	7	29	6	5	271	2360
	譯							(13)	(1)		(14)	
	複	144	16	71	17	12	234	1324	85	186	2089	
	譯						1	(259)		(2)	(261)	
道	單	197	43	—	—	3	6	2	4	4	259	2073
	複	153	20	78	17	13	338	1037	47	111	1814	
佛道	單	41	11	—	—		1	—		3	56	324
	複	35	12	20	8	—	103	45	13	32	268	
合計		770	120	172	44	29	689	2437	155	341	4757	

一　佛道文獻的詞彙創新總量分析

在4757條東漢詞彙新質中，見於佛教文獻而未見於道教文獻的有2360條，見於道教文獻而未見於佛教文獻的有2073條，佛道文獻都出現的有324條③，佛教文獻中新質數量（2684條）比道經（2397條）高出12.06%，其中有幾個可能起作用的因素：

1. 外來的佛教文化帶入的新异事物和觀念，多於跟中國傳統有繼承關係、基於中國人文自然環境的道教在思想觀念上的創新。

2. 佛經內容豐富，每種佛經都有自己的話題，佛經説教又多比喻，涉及廣泛。相對之下，道經文獻種類少，話題比較集中或單一，涉及面小，影響詞彙量。

3. 處在草創時期的東漢佛經翻譯者有幾個團體，彼此沒有師承和傚仿關係，這也擴大詞彙使用方面的分歧，增大了創新量。而道經作者的用語有的（如《周易參同契》《老子想爾注》）具有一定的承古傾向，有的則彼此學習，如書出衆手的《太平經》，後來的作者在文風和措辭方面都有對先前作者的傚仿，抑制了詞彙的創新。

這些方面的差異，影響這兩個處在同時期的宗教社團的用語，導致他們在詞彙創新量方面的差异。

二　佛道文獻詞彙新質的繼承性

我們把東漢佛道文獻中的詞彙新質，根據源流關係分爲四個部分，包括東漢以前的詞在佛道文獻中出現新義的（稱爲舊詞新義），東漢前期，即佛教文獻產生以前出現的新詞而出現在佛道文獻中的（稱爲老新詞），東漢前期產生的新詞在佛道文獻中出現新義（稱爲新詞新義），最早在東漢佛道文獻中出現的詞（稱爲新新詞），具體情況如下：

1. 舊詞新義共890條，其中，祇見於佛經的378條，祇見於道經的413條，佛道文獻都出現的99條；

2. 新詞新義共216條，其中，祇見於佛經的93條，祇見於道經的95條，佛道文獻都出現的28條；

3. 老新詞共718條，其中，祇見於佛經的254條，祇見於道經的360條，佛道文獻都出現的104條；

4. 新新詞共2933條，其中，祇見於佛經的1635條，祇見於道經的1205條，佛道文獻都出現的93條。

從整體上看，在佛道詞彙新質中，跟前代關係密切的第1、2、3組共佔38.33%，來自東漢後期創新（第4組）佔61.67%，在新質方面，創新遠高於承用。

佛道共用的詞彙新質情況也不相同，從數量上看，第1、3、4組大體相同，達到或將近100條，第2組共用的新詞新義數量較少，僅28條，不足前三組的三分之一。不過，第2組詞語的數量本身較少，因此，還應該從比率來看。按比率，第1組854條中共享91條佔10.66%，第2組196條共享28條佔14.28%，第3組736條中共享100條佔13.59%，第4組2969條中共享95條，佔3.20%，前三組大體接近，而第4組比率最低。詞語的歷史稍長，則它們在不同文獻中共現的比率相應增高，佛道文獻中新出現的新詞，分佈面最窄。

佛道之間，在承用東漢初期新詞和新詞的引申義方面（第2、3組），差別不大，但是，道經中在采用舊詞新義方面略高於佛經（第1組），創造和采用當時新詞方面（第4組），佛經的詞彙創新量明顯高於道經，由於外來文化影響激發的漢語詞彙創新，和佛經翻譯本身對漢語詞彙新質的采用，使翻譯佛經中出現的當時新詞明顯多於道經中的當時新詞。

在4757條詞彙新質中，有1194條（25.09%）在同時或稍早的其他文獻中有使用，有2437條（51.52%）沒有其他文獻的支持。這些得不到其他文獻印证的詞彙新質，大多是佛道文獻的撰寫者所創造，體現佛道兩教流傳對漢語詞彙的直接影響，當然，也可能有部分詞語已經在社會上使用，通過佛道文獻的使用而流傳下來。

三 佛道文獻新質與全民用語的共時關係

我們還可以利用其他中土文獻的比照，從詞彙旁证方面進行考察，其中，新義舊詞、新義新詞和老新詞，都是詞彙中本有基礎的成分，不必再論，在新新詞中，佛經1635條有191條見於當時其他文獻，佔11.67%，道經1205條有115條見於當時其它文獻，佔9.54%，佛道共享93條有35條見於當時其它文獻，佔37.63%。佛經中的新新詞不僅數量高於道經，與中土非宗教文獻用詞的密切程度也略高於道經。

這一現象，跟佛教的傳佈沒有明顯的關係，因為，上述統計包括了音譯在內的大量佛教專門用語，但這些佛教專門用語或外來詞，基本限於佛經中使用④，佛經中新新詞跟漢地其他文獻有關聯或同現的，是那些跟佛教專門用語無關、表達公共概念的用語。表達宗教概念的社團用語，不論是佛教的，還是道教的，在當時其他文獻中都極為少見⑤，宗教社團用語跟公共用語之間的隔閡十分明顯。

上述比較說明，佛教文獻的外來性，並沒有減弱佛教文獻用詞跟漢地文獻用詞的聯繫，相反，為了克服這種外來性可能帶來的交流障礙，譯人們更注重用詞在漢語中的通用程度，這樣，就在很大程度上冲淡了佛經用語的新異性，居然得到了比道經更高的共通性。

另外，佛教文獻涉及更多的生活場景和日常行爲，也有助於提高佛教文獻詞彙新質在中土文獻中重現的比率。

〔注釋〕

①本文采用的東漢道經有《太平經》、《周易參同契》、《老子想爾注》。所選佛經篇目據《出三藏記集》記載，並參考 Jan Nattier（2008，最早的漢譯佛教文獻導論）和其他學者的意見，把它們分爲兩個部分，以公認時代確鑿部分的材料作爲主证，據以立目，另一部分（加＊號）祇作附证，不據以立目，包括安世高所譯的《長阿含十報經》（T13）、《人本欲生經》（T14）、《一切流攝守因經》（T31）、《四諦經》（T32）、《本相猗致經》（T36）、《是法非法經》（T48）、《漏分佈經》（T57）、《普法義經》（T98）、《八正道經》（T112）、《七處三觀經》（T150A）、《九橫經》（T150B）、《陰持入經》（T603）、《道地經》（T607）、《阿含口解十二因緣經》（T1508）、《阿毗曇五法行經》（T1557），＊《五十校計經》（T397）；支讖所譯《道行般若經》（T224）、＊《般舟三昧經（散句部分）》（T418）、＊《兜沙經》（T280）、＊《遺日摩尼寶經》（T350）、《文殊師利問菩薩署經》（T458）、《内藏百寶經》（T807），安玄所譯《法鏡經》（T322），曇果、康孟詳所譯《中本起經》（T196），＊竺大力、康孟詳所譯《修行本起經》（T184）。

②本文引用佛道文獻標寫説明。《太平經》原書 170 卷分 10 部，今殘存本文 57 卷，另有唐人據全經摘鈔的《太平經鈔》，每部 1 卷共 10 卷（其中甲部不是《太平經》本身的内容，實質 9 卷）。引文據《太平經正讀》，屬《太平經》本文的，直接標爲《太》，各例後數字表示引例的卷次/篇次和頁碼；屬《太平經鈔》的文字，標爲《鈔》，並標明該例所屬的天干分部和頁碼。佛經引文據《大正藏》，各例後標出作者和經文在《大正藏》中的篇次、頁碼（p）、欄次（a/b/c），略去經名。

③以下三項並舉時，"見於佛教文獻"指祇見於佛教文獻而未見於道教文獻，"見於道教文獻"指祇見於道教文獻而未見於佛教文獻，"佛道文獻都出現"指既出現在佛經中又出現在道經中。

④從我們的調查來看，東漢佛經中的音譯詞，祇有"師子"一詞原見

於中土文獻,"天竺"一詞見於當時中土文獻,另有"琉璃"一詞在西漢文獻中已經出現(本文未計),其它譯詞當時的文獻中沒有出現。另一方面,中土文獻中出現的有關佛教譯詞,如"浮屠""桑門",跟佛經中的寫法完全不同。

⑤ 比如《太平經》中十分強調的"承負"概念,在當時的教外文獻中也沒有記載。

〔主要參考文獻〕

正統道藏. 文物出版社、上海書店、天津古籍出版社,1987年影印明正統十年刊本.

大正大藏經. 日本大正一切經刊行會1934年.

饒宗頤,老子想爾注校證,上海:上海古籍出版社,1991.

俞理明,太平經正讀. 成都:巴蜀書社,2002.

Jan Nattier, A Guide to the Earliest Chinese Buddhist Translations——Texts from the Eastern Han and Three Kingdoms Periods(最早的漢譯佛教文獻導論),〔日本〕創價大學國際佛教學高等研究所,2008.

(顧滿林、俞理明,四川大學中國俗文化研究所 郵編:610064)

"首、頭"的歷時演變

王彤偉

内容摘要：表"頭（身體最上部）"之義時，上古主要用"首"。"頭"最早見於《左傳》，但使用上處於劣勢；從戰國中晚期開始，"頭"的使用漸趨活躍；經過兩漢時代的激烈競爭，"頭"以其表義單純的特點，使用漸多，從而在語法功能、適用對象、搭配組合能力等方面都表現出了明顯的優勢。結合"以今語、通語釋古語"性質的訓詁專著《説文解字》以及更加貼近漢代語言實際的中醫典籍來看，應該說最晚到漢代末期，"頭"已經代替了"首"。

關鍵詞：同義詞　常用詞　演變　首　頭

一　漢語史上"頭"的歷時同義詞

漢語史上，用來表示"頭（身體最上部）"的詞，自古至今主要有"首、頭、元、頁、顛（巔）、顙、顱、魁、腦、元首、首領、頭顱、腦瓜、腦殼、腦袋、靈台[①]"等，但是這些詞並不屬於同一歷史層次。

這些詞裏，漢代以前就已經出現的有"首、頁、元、頭、顛（巔）、顙、顱、元首、首領、頭顱、腦"，其中以"首、頭"的使用最多。從表義系統上來看，"頁、首、頭、元"本義即爲"腦袋"。"頁"從甲骨文字形看表示人頭，但未發現文獻用例，所以對於《説文·頁部》"頁，頭也"，王筠《句讀》解説爲：

"頁本即首字。蓋後漢已變爲胡結切，故許君重明之。"對於"顱、顛、額、腦"四詞，《説文·頁部》："顱，首骨也。""顛，頂也。""額，額也。"《説文·匕部》曰："𡿺（腦），頭髓也。"可見，這四個詞屬於由部分而代整體，引申出了"腦袋"之義。

魏晉至五代新出現了"靈台、魁"。"靈台"爲道教語，如《黃庭外景經·上部經》："靈台通天臨中野。"它不但出現時代較晚，也一直沒有進入通語的行列。《説文·斗部》："魁，羹斗也。"段玉裁注："斗，當作枓……枓，勺也，抒羹之勺也。"由於勺子端頭圓大，與表示身體上端的"頭"在外形上有相似性，故可引申指"頭"。如《太平廣記》卷四五九引五代范資《玉堂閒話·朱漢賓》："有大蛇……其魁可大如五斗器，雙目如電。"但是這種使用並不多見，以至於《漢語大字典》《唐五代語言詞典》等都沒有收錄。"腦袋"一詞直到近代纔出現使用。如金董解元《西廂記諸宮調》卷八："牙關緊，氣堵了咽喉；腦袋裂，血污了階址。""腦瓜、腦殼"出現得更晚，《漢語大詞典》都以當代作品用例爲首証。

現代漢語中，能獨立成詞仍表此義的祇有"頭、腦、腦袋、腦瓜、腦殼"。對於現代漢語中的這五個詞，"腦"單用時一般出於仿古，如"探頭探腦"；"腦袋、腦瓜"主要用於口語，"腦殼"保留在一些方言中，祇有"頭"纔是最有代表性的通語。②

如果把表示"頭（身體最上部）"的歷史加以提煉，其中最重要的變化就是"頭"在語言的漸變中代替了"首"。

二 "首、頭"在漢代以前的使用情況

戰國末期以前，表示"腦袋"之義主要用"首"而不用"頭"。具體使用可參下表③：

	詩經		公羊傳		左傳		周禮		論語		孟子	
首	12	12	6	1	39	33	13	3	1	1	3	3
頭	0	0	0	0	1	1	0	0	0	0	0	0

愛而不見,搔首踟躕。(《詩·邶風·靜女》)

螓首蛾眉。(《詩·衛風·碩人》)

自伯之東,首如飛蓬。(《詩·衛風·伯兮》)

魚在在藻,有頒其首。(《詩·小雅·魚藻》)

有兔斯首,炮之燔之。(《詩·小雅·瓠葉》)

牂羊墳首,三星在罶。(《詩·小雅·苕之華》)

若以大夫之靈,得保首領以沒,先君若問與夷,其將何辭以對?(《左傳·隱公三年》)

六月,大敗戎師,獲其二帥大良、少良,甲首三百,以獻於齊。(《左傳·桓公六年》)

伐東郊,取牛首。(《左傳·桓公十四年》)

富父終甥摏其喉以戈,殺之,埋其首於子駒之門,以命宣伯。(《左傳·文公十一年》)

中行獻子將伐齊,夢與厲公訟,弗勝,公以戈擊之,首隊於前,跪而戴之,奉之以走,見梗陽之巫皋。(《左傳·襄公十八年》)

豎牛懼,奔齊。孟、仲之子殺諸塞關之外,投其首於寧風之棘上。(《左傳·昭公五年》)

郳人羊羅攝其首焉,遂入之,盡俘以歸。(《左傳·昭公十八年》)

廚人濮以裳裹首而荷以走,曰:"得華登矣!"(《左傳·昭公二十一年》)

追師掌王后之首服。(《周禮·天官·追師》)

祭祀,割羊牲,登其首。(《周禮·夏官·羊人》)

縣喪首服之法於宮門，掌三公孤卿之吊勞。(《周禮・夏官・太僕》)

由上可見，"首"與"頭"相比，不但出現時間早，而且在數量上一直都佔據優勢；從語法功能上來看，可以充當主語、賓語、定語；從適用對象上看，既可以表示人頭，也可以表示動物的頭，并且還可引申而表無生命之物的頭；意義所指既可以非常具體，也可較爲抽象；也可以"首領"等偏義復詞等形式出現。"頭"的出現要晚至《左傳》，且用例極少。《左傳》祇有一例："苟偃瘖疽，生瘍於頭。"諸子典籍中纔漸見使用。相比較而言，"頭"在此期的語法功能比"首"要弱，主要充當主語、賓語，或者和介詞"以、於"組合爲介詞結構充當狀語、補語；適用對象上，主要表示人頭，也表示動物的頭，但絕不表無生命之物的頭；其意義所指比較具體。如：

爲人臣者，譬之若手，上以修頭，下以修足。(《韓非子・有度》)

是歲，人有自剄死以其頭獻者。(《韓非子・內儲說上七術》)

夫冠雖賤，頭必戴之；屨雖貴，足必履之。(《韓非子・外儲說左下》)

夫陳善田利宅所以戰士卒也，而斷頭裂腹播骨乎平原野者，無宅容身，身死田奪。(《韓非子・詭使》)

三　"頭、首"的競爭

隨着時代和語言的發展，"首"的表義漸多、負擔漸重，漢代以前已經出現了"腦袋、首領、劍拊環、受上鐏、頂端、首要、第一"等眾多意義①，而對於其中的"腦袋"義，指稱範圍卻在縮小，逐漸集中於"斬殺的對象或脫離身體的腦袋"。而

"頭"的表義一直都非常單一明確，這作爲一種優勢吸引了人們的使用，從而頻率漸高，形成了對"首"的強大競爭。而"頭"自戰國初期《左傳》始見，祇引申出了和本義密切相連的"某些整體中的局部"⑤、有腦袋之物的量詞"兩項意義，可以説它一直都集中於表示"腦袋"之義。另一方面，在"腦袋"義上，它的涵蓋卻非常全面，可涵蓋其他動物的腦袋和人腦袋（既包括與身體分離，也包括不分離的）。"頭"的這種特性成爲吸引人們使用的一種優勢，從而頻率漸高，形成了對"首"的強大競爭。

	呂氏春秋		淮南子		史記⑥		漢書	
首	12	6	34	15	282	221	371	196
頭	12	12	24	21	101	97	142	119

到戰國末期的《呂氏春秋》中，在表"腦袋"之義時，"頭"已初步顯示了對"首"的替代能力。其中，"首"和"頭"都各出現12次，但"首"祇有6次表"腦袋"（其中4次有與身體分離的意義，即"先登而獲甲首、首足異處、有首無身、斷首以易冠"），而"頭"12次全表"腦袋"。語法上，"首"主要作賓語，也作主語；"頭"可作主語、賓語或與介詞組合作狀語。

子頭，所重也；石，所輕也。（《呂氏春秋·察爲》）

故死而操金椎以葬，曰："下見六王、五伯，將敲其頭矣！"（《呂氏春秋·當務》）

盛吾頭於笥中，奉以托。（《呂氏春秋·士節》）

危身傷生，刈頸斷頭以徇利，則亦不知所爲也。（《呂氏春秋·期賢》）

請以頭托白晏子也。（《呂氏春秋·士節》）

表義的單純（主要表示"腦袋"義）和全面（人或物、與身體相連或分離）成爲"頭"的強大優勢，使人們樂於用它，而頻繁的使用又促使它的語法功能和組合能力不斷提高。比如，語法功能方面增强，可作定語；搭配對象上出現了"叩頭、殺頭、科頭、頭髮、頭痛"等爲"首"所沒有的新形式。同時,"頭"還經常用於對地名和事物形象的命名,如"雞頭、雞頭山、大頭痛山、小頭痛山、黃頭郞"等。而"首"在語法功能和適用對象這兩方面都沒有突破,指稱"腦袋"的"首"以更大的比例出現在"斬首獲級"的語境中(如《呂氏春秋》大約爲67%,《史記》爲86%,《三國志》爲93%),"首"作爲基本範疇詞的地位不斷受到"頭"的挑戰。如《史記》中盡管"首"122次表示"腦袋",絕對數量高於"頭",但其中105次都表示"被斬殺的對象或與身體分離的腦袋",祇有17次和這種意思無關。

可以說,戰國末期至漢代中期成爲新詞"頭"和舊詞"首"公開競爭的時代,在競爭中"頭"充分展示了自己的生命力。

東方川谷之所注,日月之所出,其人兌形小頭,隆鼻大口……其地宜麥,多虎豹。(《淮南子·墜形》)

自西南至東南方,結胸民、羽民、讙頭國民、裸國民、三苗民、交股民、不死民、穿胸民、反舌民、豕喙民、鑿齒民、三頭民、脩臂民。(《淮南子·墜形》)

病疵瘕者,捧心抑腹,膝上叩頭,踡局而諦,通夕不寐。(《淮南子·精神》)

夫所以養而害所養,譬猶削足而適履,殺頭而便冠。(《淮南子·說林》)

頭蝨與空木之瑟,名同實異也。(《淮南子·說林》)

中國白頭游敖之士皆積智欲離齊秦之交,伏式結軼西馳者,未有一人言善齊者也,伏式結軼東馳者,未有一人言善秦者也。(《史記·田敬仲完世家》)

漢乃引天下兵欲屠之,爲其守禮義,爲主死節,乃持項王頭視魯,魯父兄乃降。(《史記·項羽本紀》)

病愈,西入關,至櫟陽,存問父老,置酒,梟故塞王欣頭櫟陽市。(《史記·高祖本紀》)

秦帶甲百餘萬，車千乘，騎萬匹，虎賁之士跿跔科頭貫頤奮戟者，至不可勝計。(《史記·張儀列傳》)(《集解》：科頭謂不著兜鍪。)

胯腹絕腸，折頸折頤，首身分離，暴骸骨於草澤，頭顱殭僕，相望於境，父子老弱係脰束手爲群虜者相及於路。(《史記·春申君列傳》)

樊噲側其盾以撞，衛士僕地，噲遂入，披帷西向立，瞋目視項王，頭髮上指，目眥盡裂。(《史記·項羽本紀》)

齊侍御史成自言病頭痛，臣意診其脈，告曰："君之病惡，不可言也。"(《史記·扁鵲倉公列傳》)

始常山王、成安君故相與爲刎頸之交，及爭張黶、陳釋之事，常山王奉頭鼠竄，以歸漢王。(《漢書·蒯伍江息夫傳》)

臣嘗夢見一白頭翁教臣言。(《漢書·車千秋傳》)

今論功而請賓，曲突徙薪亡恩澤，焦頭爛額爲上客耶？(《漢書·霍光金日磾傳》)

許多在先秦時用"首"表示的地方，到漢代都被"頭"所替代。如：

1. 自伯之東，首如飛蓬。(《詩·衛風·伯兮》)

樊、酈、曹、灌，攜劍推鋒，從高皇帝墾災除害，耘鋤海內，當此之時，頭如蓬葆，勤苦至矣，然其賞不過封侯。(《漢書·武五子傳》)

當此之勤，頭蓬不暇疏，飢不及餐，鰲生蟣虱，介胄被沾汗，以爲萬姓請命乎皇天。(《漢書·揚雄傳》)

2. 願言思伯，甘心首疾。(《詩·衛風·伯兮》)

又歷大頭痛、小頭痛之山，赤土、身熱之阪，令人身熱無色，頭痛嘔吐，驢畜盡然。(《漢書·西域傳》)

3. 智伯兼範、中行而攻趙不已，韓、魏反之，軍敗晉

陽,身死高梁之東,遂卒被分,漆其首以爲溲器,故曰:"禍莫大於不知足。"(《韓非子·喻老》)

趙襄子最怨智伯,漆其頭以爲飲器。(《史記·刺客列傳》)

不過,也有一些把"頭"改用爲"首"的情況,這時多表示與身體分離的"腦袋"。如:

盛吾頭於笥中,奉以托。(《呂氏春秋·士節》)

既已不可奈何,乃遂盛樊於期首函封之。(《史記·刺客列傳》)

從二詞在漢代使用的種種情況看,"頭"已完全具備了和"首"一樣的語法功能、適用對象,同時在搭配能力上,充分顯示了新興者的活躍,遠遠超過了衰老而守舊的"首"[7],比如"頭"可表示無生命的"天"等事物的腦袋。大約到漢末,在表"腦袋"意義時,"頭"已經戰勝了"首",成爲"腦袋"範疇的基本範疇詞。

	論衡		三國志		世說新語		孔雀東南飛	
首	46	38	208	123[8]	11	8	0	0
頭	62	58	107	49	39	25	5	5

東門有人,其頭似堯,其項若皋陶,肩類子產。(《論衡·骨相》)(《史記》作"其顙似堯"。)

天無頭面,眷顧如何?(《論衡·初禀》)

雷公頭不懸於天,足不蹈於地,安能爲雷公?(《論衡·雷虛》)

騄曾以引鹽車矣,垂頭落汗,行不能進。(《論衡·狀留》)

身黑頭赤,則謂武官;頭黑身赤,則謂文官。(《論衡·商蟲》)

湘水去泉陵城七里，水上聚石曰燕室丘，臨水有俠山，其下岩淦，水深不測，二黃龍見，長出十六丈，身大於馬，舉頭顧望，狀如圖中畫龍，燕室丘民皆觀見之。（《論衡·驗符》）

楚相孫叔敖爲兒之時，見兩頭蛇，殺而埋之，歸，對其母泣。（《論衡·福虛》）

河中有此異物，時出浮揚，一身九頭，人畏惡之，未必覆人之舟也，尚父緣河有此異物，因以威衆。（《論衡·是應》）

鶴軒翥不復能飛，乃反顧翅垂頭，視之如有懊喪意。（《世說新語·言語》）

先爲臨沂令，丞相謂曰："明府當爲黑頭公。"（《世說新語·識鑒》）

明旦有客，公頭鬢未理，亦小倦。（《世說新語·賞譽》）

裴令公有俊容儀，脫冠冕，粗服亂頭皆好，時人以爲"玉人"。（《世說新語·容止》）

良久，乃沐頭散髮而出，亦不坐，仍據胡床，在中庭曬頭，神氣傲邁，了無相酬意。（《世說新語·簡傲》）

足下躡絲履，頭上玳瑁光。（《孔雀東南飛》）

轉頭向戶裏，漸見愁煎迫。（《孔雀東南飛》）

仰頭相向鳴，夜夜達五更。（《孔雀東南飛》）

四 訓詁專著及傳統漢語史文獻以外典籍中的驗證

從兩詞在《說文》及傳統文獻以外典籍中的使用也完全可以看出漢代"頭"的絕對優勢地位。

	説文・頁部	素問	靈樞	傷寒論	神農本草
首	4	12/9	9/9	1/0	0/0
頭	33	80/78	70/70	74/71	33/33

《説文・頁部》共收92字，解釋被訓詞時基本都用"頭"而不用"首"。"首"作訓釋詞的祇有四例，"頁，頭也。頭，首也。""頓，下首也。頛，傾首也。顱，首骨也。"除這4例外，其餘"腦袋"義都用"頭"來訓釋，共33字。如"頸，頭莖也。項，頭後也。頵，頭頵頵大也。顅，大頭也。頯，高長頭。頟，頭蔽頟。顆，小頭也。䪼，狹頭䪼也。頒，頭閑習也。𩑔，頭𩑔𩑔，謹貌。頾，頭鬢少髮也。頗，頭不正也。頗，頭偏也。顚，頭不正也。煩，熱頭痛也。顯，頭明飾也。"

醫學典籍出於準確表述、避免歧義的目的，很少使用表義負擔重的"首"，而多用較少引起歧解的"頭"。偶爾一用的"首"乃是爲了避免重複，如"巨陽之厥，則腫首頭重，足不能行，發爲眴僕。(《素問》)"否則就必和"頭"連用以明其義，如"熱病始於頭首者，刺項太陽而汗出止。(《素問》)"同時，"頭"出現了"頭尾（傳統典籍中多作'首尾'）""搖頭""頭項""頭面""頭眩、頭重、頭熱"等新的搭配，也可用於表示藥丸、針石的"頭"。同時，許多藥材、湯藥都用"頭"命名，如"烏頭、白頭公、草頭、雞頭、白頭翁湯"等，顯示了其最爲通俗常用的特性。

> 太陰之復，濕變乃舉，體重中滿，食飲不化，陰氣上厥，胸中不便，飲發於中，咳喘有聲，大雨時行，鱗見於陸，頭頂痛重，而掉瘈尤甚，嘔而密默，唾吐清液，甚則入腎竅，寫無度。(《素問》)

> 嬰兒病，其頭毛皆逆上者，必死。(《靈樞經》)

> 鑱針者，頭大本銳，去瀉陽氣。(《靈樞經》)

> 若數脈見於關上，上下無頭尾，如豆大，厭厭動搖者，

名曰動也。(《傷寒論》)

陽反獨留，形體如煙燻，直視搖頭，此心絕也。(《傷寒論》)

陽明病脈遲，食難用飽，飽則微煩，頭眩，必小便難，此欲作穀疸，雖下之，腹滿如故。(《傷寒論》)

蜜七合一味，內銅器中微火煎之，稍凝似飴狀，攪之勿令焦著，欲可丸，併手撚作挺，令頭銳，大如指，長二寸許，當熱時急作，冷則硬。(《傷寒論》)

石流黃，味酸溫有毒。主治婦人陰蝕，疽痔惡血，堅筋骨，除頭禿，能化金銀銅鐵奇物。(《神農本草經》)

夏枯草，味苦辛寒。主治寒熱瘰癧，鼠瘻頭瘡，破癥，散癭結氣，腳腫濕痺。(《神農本草經》)

綜上所述，在"腦袋"語義範疇中，上古時代以"首"作爲基本範疇詞；"頭"最早見於戰國初期的《左傳》，但使用上處於劣勢；從戰國中晚期開始，"頭"的使用漸趨活躍，而"首"的使用漸趨僵化；兩漢時代的競爭中，"頭"在語法功能、語義涵蓋對象、搭配組合能力等方面都取得了明顯的優勢。結合"以今語釋古語、以通語釋方言"的《說文解字》以及貼近漢代語言實際的中醫典籍來看，應該說最晚到漢末，"頭"已經代替"首"成爲了本語義範疇的基本範疇詞。

基本範疇詞由"首"變爲"頭"的原因主要在於：首先，"首"本身的詞義系統發展迅速，然而引申義的增多引起了表義負擔過重、表義不明晰的缺點。而"頭"的詞義系統發展較慢，故而表義單純明晰。同時，在"腦袋"義上，"首"的涵蓋面逐漸縮小，多用於指稱"被砍殺的腦袋"；而"頭"涵蓋範圍全面，既可指稱被砍殺的對象，又可指稱非砍殺的對象[⑤]。其次，語法上，二者都能作主語、賓語，但"頭"還常作定語，或者和介詞組成介詞結構作狀語、補語，具有更強的語法功能。第三，語用上,"頭"不斷產生新的組合(如頭痛、頭風、搖頭等),還常被用於對地名、物品的命名中,具有更強的語用能力。第四,"首"之所以在指稱"腦袋"義時範圍又凝聚到"斬取的對象",恐怕和商君之法所規定的"斬一首者爵一級"的軍功制度密切相關。

〔注釋〕

①《漢語大詞典》12卷"高臺"條:"(4)頭之別稱。清厲荃《事物異名錄·形貌·頭》:'《黃庭經》:高臺通天臨中野。'原注:'頭爲高臺。'"其實,查王羲之《黃庭經》碑刻,"高臺"原本作"靈台"。所以此義項應爲不辨訛誤而產生的假義項。

②據商務印書館《現代漢語詞典》,2005年版。

③每部書中的前一項爲此詞在該書中的使用總次數,後一項爲"腦袋"義的使用次數;統計結果中人名、地名、專用詞如"稽首"等不算在內。

④"首、頭"在本時期所出現的義項,都依據《漢語大詞典》的首見書証確定。

⑤如《漢語大詞典》所引:"漢袁康《越絕書·外傳記吳王佔夢》:'王乃使力士石番以鐵杖擊聖(公孫聖),中斷之爲兩頭。'"

⑥從出現的絕對數量上看,《史記》中二者情況如此,但"首"約有一半祇出現於"斬首(81次)、首仰足開(38次)"等結構中。如果把這種組合分別祇看作一類的話,那麼"頭"和"首"的使用頻率基本是一致的,爲104:97。

⑦受"頭"的影響,"首"也有所變化,如出現了"首髮"等組合形式,但數量很少。

⑧其中115次都用以表示"主語斬殺、獲取或傳送的對象"。

⑨汪維輝認爲"首"與"手"同音,而且詞性相同,分佈相似,容易道致表意不明晰,是競爭失敗的原因。(見汪維輝《關於基本詞彙的穩固性及其演變原因的幾點思考》,載於浙江大學《漢語史研究中心簡報·漢語歷史詞彙與語義演變學術研討會論文提要》,2008,3,194—205)

〔主要參考文獻〕

[1] 管錫華.《史記》單音詞研究［M］. 成都：巴蜀書社，2000.

[2] 蔣紹愚. 近代漢語研究概況［M］. 北京：北京大學出版社，1994.

[3] 李波等. 十三經新索引. 修訂版［M］. 北京：中國廣播電視出版社，2003.

[4] 李曉光等. 史記索引. 修訂版［M］. 北京：中國廣播電視出版社，2001.

[5] 李宗江. 漢語常用詞演變研究［M］. 上海：漢語大詞典出版社，1999.

[6] 劉殿爵等. 淮南子逐字索引［M］. 臺北：商務印書館，1992.

[7] 汪維輝. 常用詞歷時更替劄記［J］. 語言研究，1998（2）.

[8] 張雙棣等. 呂氏春秋詞典［M］. 濟南：山東教育出版社，1993.

[9] 張永言. 世說新語辭典［M］. 成都：四川人民出版社，1992.

（王彤偉，四川大學文學與新聞學院　郵編：610064）

"生死""存亡"與"死活"

袁 嘉

内容摘要："死""活"最初並不是反義詞。早期"生""死"與"存""亡"在意義系統中各有分工。到漢代"生死"與"存亡"在辭彙意義系統中合流。唐代及其以後的文獻出現"死活"，但與"生死""存亡"有別。元明時代使用"死活"的頻率增加，與"生死""存亡"的競爭性大大增加，而且"死活"已經有主觀化傾向，在清代完成了主觀化。

關鍵詞：生死　存亡　死活　辭彙意義系統

"生""死"、"存""亡"和"死""活"這三對反義詞中，從先秦時期到以後的很長時期祇有"生""死"和"存""亡"分別作爲反義詞對舉使用或連用，並不見"死""活"作爲反義詞使用。

一　"生死"與"存亡"的本義

《説文解字》解釋"死"："人所離也，從歺從人。"清代段玉裁注："形體與魂魄相離，故其字從歺從人。"也就是説古人對人失去生命的理解是魂魄離開了身體。這是"死"的本義。《説文解字》解釋"生"："象草木生出土上"。"生"的本義是草木出土，這是生命的開始，所以它很早就可以和"死"形成反義關係，在句子中對舉或連用，指生命的存在與消失。"生""死"作爲反義詞對舉的例如：

(1) 人之生也柔弱，其死也堅強。草木之生也柔脆，其死也枯槁。故堅強者死之徒，柔弱者生之徒。(《老子》七十六章)

(2) 生，事之以禮；死，葬之以禮，祭之以禮。(《論語·爲政》)

"生""死"作爲反義詞連用時，其詞序與現代漢語不一樣，爲"死生"。例如：

(3) 游乎四海之外，死生無變於己，而況利害之端乎！(《莊子·齊物論》)

(4) 死生驚懼不入乎其胸中(《莊子·達生》)

《説文解字》解釋"存"："恤問也。"又："恤，憂也，收也。"從其詞義引申線索上看，"存"有"恤"之義，而"恤"有"收"之義，"收"有留存之引申義，所以"存"就引申出了存在之義。《説文解字》解釋"亡"："逃也。"人或動物逃走就不存在於視線中了，"亡"就引申出不存在、消失之義，因此"存""亡"可以作爲反義詞對舉或連用。對舉的例如：

(5) 自狀其過以不當亡者眾，不狀其過以不當存者寡。(《莊子·德充符》)

(6) 天行有常，不爲堯存，不爲桀亡。(《荀子·天論》)

連用的例如：

(7) 數十年來存亡、得失、哀樂、好惡，擾擾萬緒起矣。(《列子·周穆王》)

(8) 故先王見始終之變，知存亡之機，是以牧民之道，務在安之而已。(《史記·秦始皇本紀》)

二 "生""死"與"存""亡"的區別

最初,"生""死"與"存""亡"在辭彙意義系統中各有分工:前者指生物生命的存在與消失,後者指非生命現象的存在與消失。例如:

(9) 死而不亡者壽。(《老子》三十三章)

此句是說生命失去了但精神不消失的纔是長久存在的,"死而不亡"的矛盾述說表明"死"和"亡"的概念是不同的。再如:

(10) 上士聞道,勤而行之;中士聞道,若存若亡;下士聞道,大笑之。(《老子》四十一章)

"若存若亡"是對"道"的陳述(中士覺得道若有若無),相當於"若有若無",不指生命現象是否失去。再如:

(11) 李康子問:"弟子孰爲好學?"孔子對曰:"有顏回者好學,不幸短命死矣!今也則亡。"(《論語‧先進》)

"今也則亡"的意思是現在卻沒有(顏回這樣的好學生)了,"亡"表示沒有好學的現象,不是指顏回的死亡。這樣的例子在《雍也》中孔子回答哀公的同樣問題時也出現過。

百姓是生命體,因而"死"可以描述"民";國家不是生命現象,所以"死"不能描述"國"。而"亡"可以描述非生命現象,所以可以描述"國"。例如:

(12) 始也吾以南面而君天下,執民之紀而憂其死,吾自以爲至通矣。今吾聞至人之言,恐吾無其實,輕用吾身而亡吾國。(《莊子‧德充符》)

"憂其死"是憂民之死,與其下文"亡吾國"相應。

"存"與"亡"構成反義關係,常對舉使用或連用,用以描述非生命現象的存在與消失。例如:

（13）無趾曰："吾唯不知務而輕用吾身，吾是以亡足。今吾來也，猶有尊足者存，吾是以務全之也……"（《莊子·德充符》）

（14）故定理有存亡，有死生，有盛衰。夫物之一存一亡，乍死乍生，初盛而後衰者，不可謂常。（《韓非子·解老》）

（15）仲尼曰："死生、存亡、窮達、貧富、賢與不肖、毀譽、飢渴、寒暑，是事之變、命之行也……"（《莊子·德充符》）

例（13）"無趾"與"亡足"意義上相呼應，是近義關係，"無""亡"都描述人的肢體。例（14）"存""亡"描述"理""物"，都是非生命物體。這些用"亡"的地方都不能用"死"。另一方面，例（14）（15）中"死生"與"存亡"等並列，也說明"死生"和"存亡"各有其義。

三 "生死"與"存亡"在辭彙意義系統中的合流

雖然"死生"和"存亡"在早期各有其義，但由於國家的構成是人，國家的存亡也會影響人的生命存在與喪失，所以到漢代"存亡"在特定語境中逐漸和"民"的生存聯繫起來，例如：

（16）故先王見始終之變，知存亡之機，是以牧民之道，務在安之而已。（《史記·秦始皇本紀》）

"存亡之機"是指國家存亡的關鍵，國家是由君與"民"構成的，國家的存亡就與"民"的存亡有關係，所以要講求"牧民之道"。在這種認知下，"存""亡"就引申出人的生死的意義，例如：

（17）置之亡地而後存（《史記·淮陰侯列傳》）

其中的"亡地"就是死地，"存"就是存活。

"生死"與"存亡"的意義在漢代合流,以至於"生死""存亡"連用表示人的生死,例如:

(18) 今遊俠,其行雖不軌於正義,然其言必信,其行必果,已諾必誠,不愛其軀,赴士之厄困。既已存亡死生矣,而不矜其能,羞伐其德,蓋亦有足多者焉。(《史記·遊俠列傳》)

"生死"與"存亡"在辭彙意義系統中合流,是因爲"存亡"獲得了人的生死的意義,但是"生死"並沒有獲得描述非生命現象的存在與消失的意義。也就是説,"存亡"既可以描述非生命現象的存在與消失,又可以描述生命現象的存在與消失。例如:

(19) 此人用兵,豈止萬夫之望而已也!國之存亡,係其生死。(南北朝北齊·顏之推《顏氏家訓·慕賢》)

(20) 然而君子之交絶無惡聲,一旦屈膝而事人,豈以存亡而改慮?(《顏氏家訓·文章》)

(21) 如在兵革之時,構扇反覆,縱横説誘,不識存亡,強相扶戴:此皆陷身滅族之本也。(《顏氏家訓·誡兵》)

"存亡"在(19)描述非生命現象,在(20)和(21)描述人的生命現象。

但"生死"還是衹描述生命現象的存在與消失,不描述非生命現象的存在與消失,所以仍有"形體雖死,精神猶存"(《顏氏家訓·歸心》)的説法。例(19)"其生死"是指上文"此人"的生死,仍與"國之存亡"相對。再如:

(22) 夫修善立名者,亦猶築室樹果,生則獲其利,死則遺其澤。(《顏氏家訓·名實》)

(23) 儒家君子,尚離庖廚,見其生不忍其死,聞其聲不食其肉。(《顏氏家訓·歸心》)

四　"活"與"生"的關係

本文第一部分已分析"死"的本義是人失去生命（魂魄離開了身體）。

《説文解字》對"活"的分析是："流聲也。"即水流的聲音。段玉裁引用《詩經·衛風·碩人》"河水洋洋，北流活活"爲例，認爲"活"的本義是"流貌"，也就是水流的樣子。前人對"死""活"的本義的分析都有充分的依據，我們可以據此確定最初的"死""活"沒有共同的意義領域："死"屬於人的生命現象，"活"是水流的聲音或者流動狀態。可見兩者的本義不構成反義關係。"死"和"活"的本義沒有反義關係，所以它們在漢語史的較早時期並不對舉使用或連用。這是這對反義詞在語用上的特點。

但是從語義範疇的系統性角度來説，衹有反映生命現象的"生"和"死"是不夠的。"生"的本義（草木出土）屬於生命存現範疇的起始項，也就是從無到有的過程；"死"與之對立，屬於生命存現範疇的完結項，是從有到無的過程。"生"的引申意義也大多屬於起始範疇，例如"亂之初生"（《詩經·小雅·巧言》）、"出生入死"（《老子》五十章）等等。特別是《荀子·禮論》論述喪禮：

(24) 禮者，謹於治生死者也。生，人之始；死，人之終也。終始俱善，人道畢矣。故君子敬始而慎終，終始如壹，是君子之道，禮義之文也。

其中多次以"始終"對應於"生死"，因爲兩者都對應於"起始一完結"範疇。

至今商務印書館《現代漢語詞典》所列關於"生"的一些義項如生育（胎生、卵生）、產生（生病、生效）、使燃燒（生火、生爐子)、沒有進一步加工（生石膏、生鐵)、生疏（生字、生人）等都具有起始情態意義。

但是客觀世界中，人們所觀察和經歷的生命存現的大多數情況既不是剛產生也不是結束，而是生命存現的持續狀態，也就是生命存現範疇中還有一個持續項。而在漢語的詞彙系統中，用於表示生命存持續狀態的詞非"活"莫屬——"流聲"或"流貌"的運動狀態是持續的，嘩嘩流水的描寫把客觀世界物質的持續運動最生動形象地展現在人的聽覺和視覺中，在交際心理感受上最能凸顯客觀事物運動的持續情態。"活"在交際中最便於表達而且也最便於理解客觀世界（包括人和動植物）生命的持續情態意義。所以，"活"在春秋戰國時代就產生了相關意義，例如：

（25）播厥百谷，實函斯活。（《詩經·周頌·載芟》）

（26）播厥百谷，實函斯活。（《詩經·周頌·良耜》）

（27）死生契闊，與子成說。執子之手，與子偕老。於嗟闊兮，不我活兮。（《詩經·邶風·擊鼓》）

（28）勇於敢則殺，勇於不敢則活。（《老子》七十三章）

（29）以腸胃爲根本，不食則不能活。（《韓非子·解老》）

在以上實例的語境中都祇能用"活"纔能準確表達持續情態意義，因而它們都不能換用"生"。特別是例（28）的"活"與"殺"相對應，其持續情態意義尤爲明顯。可見"生""活"在意義系統中各有分工。

至今，商務印書館《現代漢語詞典》所列關於"活"的一些義項如：有生命（活人、活到老學到老）、活的狀態下（活捉、活埋）、活動的或靈活的（活水、活頁），生動活潑（活躍、這壹段描寫得很活）、真正（活現、這孩子說話活像個大人）等義項，都具有持續情態意義。

從語用上看，"活"至少在漢以前不能與"死"對舉使用，與"死"對舉的始終是"生"。筆者做了以下統計：

	"生"的用例	"活"的用例
《詩經》305篇	54例	4例
《老子》81章	36例	1例
《論語》20篇	20例	0例
《荀子》20篇	146例	0例

在以上四部文獻中，寥寥5例"活"祇有"河水洋洋，北流活活"（《詩經·衛風·碩人》）1例表本義，其他4例見於例（25）至例（28）。在這四部文獻中全部是用"生"與"死"反義對舉或反義連用。這是因爲，在同一範疇中如果有三個對立項，其中的中間項不與其他兩個項的任何一個項構成反義關係，例如"左"與"右"可以構成反義關係，但"中"既不能與"左"構成反義關係又不能與"右"構成反義關係。"大""中""小"、"黑""灰""白"等等也是如此。

另外，還有一個語用文化的問題，那就是"生""死"具有宗教色彩（見下文），而口語交際中需要表達很多和日常生活有關的內容是需要避開宗教意義的，而"活"來承擔這個任務是最恰當不過的。

五　"死活"的出現

唐代及其以後的文獻出現"死活"，但與"生死""存亡"有別。

在唐代文獻中可以見到"死活"表示生死的用例。例如：

(30) 一切眾生，皆各怕天尊，並綰攝諸眾生死活，管帶綰攝渾神。（唐代景教《序聽迷詩所經》）

筆者統計了五代南唐·靜、筠二禪師所錄的《祖堂集》共二十卷的文字材料,"生死"共出現四十二次,"死活"出現一次。雖然兩者都指生命現象,但有所差別。

有"生死"的例如:

(31) 智者能知罪性空,坦然不懼於生死。(五代南唐《祖堂集》卷一)

(32) 生死尋常,勿以憂慮。斬釘截鐵,莫違佛法。出生入死,莫負如來。(卷八)

(33) 若能一生心如木石相似,不爲陰界五欲八風之所漂溺,則生死因斷,去往自由。(卷十四)

由於《祖堂集》是禪宗典籍,講的是佛教的哲理和人生觀,如怎麼面對在生時塵世的煩惱,怎麼看待自己的死亡等等,所以其中的"生"多指在生的煩惱,"死"指人失去生命。這種"生死"複合詞是由反義語素構成的,其中"生"仍然保留了生存的基本含義。筆者想強調的是,對於(31)"不懼於生死"和(32)"生死尋常,勿以憂慮"這樣的搭配,"偏義複詞"論者可能會認爲其中"生"的意義已經消失,它祇是在雙音節複合結構中做一個音節陪襯而已——人們"懼"和"憂慮"的祇有死亡,怎麼會懼怕和憂慮生存呢?這種"結構主義"的分析單純從語義要素的搭配上解剖,對於"窗戶""國家"這種複合詞的意義結構分析是中肯的,因爲當代漢族人對"戶"的意義的感知已經模糊,對"家"的意義的認知已經轉移。但是漢族人對相對於"死"的"生"的意義的認知,從古到今都沒有模糊或轉移,所以從歷史意義的認知上說,"生死"分析爲偏義複詞是不科學的。再從《祖堂集》的語境意義上看,"生"指在生(的煩惱),也有實在的意義,也可以作爲"懼"和"憂慮"的物件,因而"生死"也不能分析爲偏義複詞。

至於(33)中"生死因斷",這是佛教的專業術語,但"生死"仍然屬於反義複合構詞。《祖堂集》中四十二個"生死"大多用於佛教的專業術語,再如:"用智慧照生死煩惱"(卷二),"輪迴生死"(卷三),"離於生死"(卷三),"生死事大"(卷三,卷四,卷六),"生死不相干"(卷三),"生死海"(卷八,卷十四),"生死河"(卷十四),"生死流"(卷十六),"息念歸真,壞除生死"(卷十二),"生死不淨之心"(卷十四),"生死中無佛,則非生死""生死中有佛,則不迷生死"(卷十五)。"生死"這種具有宗教色彩的語用意義是日常生活交際口語表達中需要加以區分的,"活"本來就專門表達生命現象的持續,在日常生活交際口語中用它來表達不帶宗教色彩的生命存在是最恰當不過的。這是"死活"產生以及它後來與"生死"各司其職的內在動因。

《祖堂集》出現兩次"亡",一個表示人的生命喪失(卷二:父母淪亡,東西盤泊),一個表示非生命體的喪失(卷六:心法雙亡,是非心非法也)。這和此前的"存""亡"意義範圍是一致的。

《祖堂集》祇出現一次"死活":

(34)蟻子在水中,繞轉兩三匝,困了浮在中心,死活不定。(卷三)

從"生死"與"死活"的比例可以説明三個問題:一是此時"死活"的使用頻率比"生死"小得多;二是"死活"不帶"生死"所具有的人生哲理上的意義或者説不帶"生死"那樣的宗教色彩的語用意義;三是"生死"祇用於描述人的生命,而"死活"既可以描述人的生命又可以描述動物的生命。

六 "死活"在元明時代活躍,在清代實現主觀化

元明時代使用"死活"的頻率增加,與"生死"的競爭性大大加強,而且"死活"已經有主觀化傾向。以施耐庵《水滸傳》爲例,此時"生死"仍然具有人生哲理上的意義,這是"死活"

不能代替的。例如以下語境中都不能用"死活"替換"生死":

(35) 吳用,公孫勝勸道:"哥哥且省煩惱。生死人之分定,何故痛傷?且請理會大事。"(第五十九回)

(36) 能算皇極先天神數,知人生死貴賤。(第六十回)

但是由於"死活"不帶"生死"那樣的人生哲理上的意義或者說宗教色彩的語用意義,"死活"在日常交際中更便於運用,因而其使用頻率大大增加,它與"生死"競爭力明顯增強,具體表現有二:一是某些使用"生""死""生死"的地方往往也可以用"死""活"或"死活"。例如:

(37) a. 周通道:"哥哥,我和你同死同生,休恁地計較。"(第四回)

b. 史進道:"……若是死時,我與你們同死,活時同活……"(第二回)

二是以"死""活"構成的格式"…死…活"大大增加,而且大多在後來成了成語。例如:

(38) 顧大嫂道:"既是伯伯不肯,我今日便和伯伯拼個你死我活!"(第四十八回)

(39) 若不得人情時,這一百棒打得個七死八活。(《水滸傳》第八回)

(40) 武松一引引到側首僻靜巷內,驀然翻過臉來道:"你要死卻是要活?"(第二十五回)

值得注意的是,此時的"死活"有了主觀化傾向。例如:

(41) 罵道:"無才小輩,背反狂夫!上負朝廷之恩,下辱祖宗名目,不知死活!引軍到來,有何理說?"(《水滸傳》第六十七回)

這裏的"不知死活!"與"流落東京,不知死活"(《水滸傳》第十九回)不一樣:後者的"不知死活"是說話者(林冲)不知道妻子是否有生命危險,用的是客觀意義;(41)的"不知死活"

是説話者評價"無才小輩""背反狂夫"太狂妄，是説話者對其"上負朝廷之恩，下辱祖宗名目"的行爲與原因的主觀分析，表達的是説話者的主觀態度，這就是所謂的主觀化（subjectivization）[1][2]。這種評價實施行爲者堅决、奮力、不顧一切的"不知死活"或"不顧死活"在描述實施行爲者的具體行爲時並不表示真正的動作，而是描述實施行爲者的抽象心理狀態，所以可以用在描述其具體動作的詞語前邊，構成"不顧死活＋謂詞或謂詞詞組"形式。例如：

(42) 這呆子不顧死活，闖上宫殿，一路鈀，築破門扇，打破桌椅，把些吃酒的家夥之類，盡皆打碎。（明·吴承恩《西遊記》第六十三回）

這種"不顧死活＋謂詞或謂詞詞組"的結構爲"死活"徹底主觀化提供了語境條件。

到了清代，"死活"主觀化完成。以清代曹雪芹《紅樓夢》爲例，表示實施行爲者態度堅决、奮力、不顧一切之類的意義的"死活"可以修飾謂語，作用是描述行爲的情狀，表達説話者對實施行爲者心態的評價。有兩種形式：一是否定式"没死活"，用於評價施動者不顧一切地做某事。例如：

(43) 劉姥姥笑道："你好没見世面，見這園裏的花好，你就没死活戴了一頭。"（第四十一回）

(44) 祇見劉姥姥扎手舞腳的仰臥在床上。襲人這一驚不小，慌忙趕上來將他没死活的推醒。（第四十一回）

這種形式的意義比"不顧死活＋謂詞或謂詞詞組"格式的意義有更强的主觀化性質："不顧死活"是在結構意義上是施動者的行爲，但"没死活"卻不是施動者的行爲，而純粹是説話者的評價。在語法結構上，"不顧死活"後可以停頓，與謂詞的結構較鬆散，狀語特徵不明顯；"没死活"與謂詞的結構很緊密，其後不能停頓，狀語的性質更加明顯。可見"没死活＋謂詞或謂詞詞組"中的"死活"主觀化程度很深。

二是肯定式,用於評價施動者決不放棄或態度堅決。例如:

　　(45)先後都到了怡紅院中,襲人又死活拉了香菱來。(第六十三回)

　　(46)無奈寶玉死活央告,又許他些錢,那婆子方帶了他來。(第七十七回)

　　(47)我是死活打定主意的了。(第八十二回)

這種形式完全脫離了"不顧"和"沒","死活"獨立修飾謂詞或謂詞詞組作狀語,有"不管怎樣""無論如何"的意義,可見已經徹底主觀化爲語用標記。

這種主觀化的内在動因是語用功能的需要。從語言的運用上看,説話人在説出一段話的同時表明自己對這段話的立場、態度和感情,從而在話語中留下"自我"的印記,即主觀性(subjectivity)。這種主觀性在語言中用明確的結構形式加以編碼,或者一個語言形式經過演變而獲得主觀性的表達功能,即主觀化[1][2]。以"他死活要去"爲例,"死活"獲得主觀性表達功能的過程是:(用複句形式表明主觀態度)他堅持己見(不顧後果),一定要去→(用虛擬形式表明主觀態度)他死也要去活也要去→(主觀態度融於反義複合副詞,完成主觀化)他死活要去。"死活"獲得主觀性表達功能的過程包含了説話人表達主觀態度的兩種方式,即明示(explicatory)方式和暗示(隱涵義 implicature)方式。明示方式的例如:

　　(48)襲人顧不得什麼,一面趕著跑,一面嚷道:"上回丢了玉,幾乎沒有把我的命要了!剛剛兒的有了,你拿了去,你也活不成,我也活不成了!你要還他,除非是叫我死了!"説著,趕上一把拉住。寶玉急了道:"你死也要還,你不死也要還!"(《紅樓夢》第一一七回)

寶玉所説的"你死也要還,你不死也要還"中,"死也要還"

是用虛擬的假設表明説話者的態度，"不死（活著）也要還"是用相對的虛擬假設表明説話者的態度，從正反兩方面同時説出來就明白地表達了不管任何狀況都要堅持自己的主張的態度。其中兩個"V1也V2"形式包含了説話人的兩個假設條件的命題，是明示的方式表明態度，主觀化程度較低，在語句中呈現的語言形式單位較多。

暗示的方式是用"死活＋VP"這種形式在特定語境中強調説話人的語用推理（pragmatic inference）[1]。例如：

(49) 無奈寶玉死活央告，又許他些錢，那婆子方帶了他來。（《紅樓夢》第七十七回）

(50)（黛玉）問寶玉道："我是死活打定主意的了。你到底叫我去不去？"（《紅樓夢》第八十二回）

例(49)的"死活"強調了作者的語用推理：寶玉即使到死也要堅持央告，活著自然要堅持央告→寶玉無論情況如何都要堅持央告。例(50)是強調黛玉的語用推理：我是到死都不改變主意的了，活著自然是打定主意的了→我是無論情況如何都打定主意的了。"死活"的這種語用推理在交際中反復運用，最終凝固爲一個詞，就成了表達主觀性的副詞。這種經過徹底主觀化的反義複合副詞就專門作爲一種表達任指意義的話語標記（discourse markers）在交際中使用。"死活"這個標記作爲單個的詞，具有很高的主觀化程度，其形式遠遠比"死也……，不死也……"的複句精煉很多，因而能演變爲一種特殊的功能形式。

總之，"死活"本身具有的非哲理性、非宗教色彩的語義是其主觀化的基本條件，語用體系最終選擇了它實現主觀化，演化爲副詞在句中作狀語，表達"無論如何"的意義。而"生死"和"存亡"都不具備該條件，因而沒有經過主觀化過程，也就沒產生該種用法。

〔主要參考文獻〕

[1] 沈家煊. 語言的"主觀性"和"主觀化"[J]. 外語教學與研究, 2001 (4).

[2] 吳福祥. 近年來語法化研究的進展[J]. 外語教學與研究, 2004 (1).

(袁嘉, 西南民族大學文學與新聞傳播學院　郵編: 610041)

《〈八卷本〈搜神記〉語言的時代〉補證》質疑

汪如東

內容摘要：文章就《〈八卷本〈搜神記〉語言的時代〉補證》一文提出的判斷標準提出質疑，補充了相關材料。

關鍵詞：八卷本《搜神記》　語言時代　質疑

王鍈先生《〈八卷本〈搜神記〉語言的時代〉補證》(《中國語文》2006年第1期，以下簡稱《補正》)，選取了"輟"、"憑"、"卻活"、"如何"、"祇"、"咨(諮)"等六個詞語，指出這些詞語的一些義項或用法不見於隋代以前的文獻，進一步證明八卷本《搜神記》的作者不是晉代的干寶，而是晚唐五代或北宋的作品。然文章所論及的標準有時未免絕對，一些說法不無商榷之處，今補充相關的材料，就此向王先生及學界同仁求教。

輟　《補正》認為"輟"在唐宋之際可表示"分給、分派、讓出、轉買"等義，這樣的用法不見於隋代以前的文獻，而八卷本《搜神記》中出現的一例與《東軒筆錄》卷十二記載的事相仿佛，表示先讓出親生女的嫁妝。作者據此認為八卷本《搜神記》祇能是晚唐五代或北宋的作品。此外，作者認為"輟"的"停止"義很難與"分給、讓出"等義挂鈎，例中的"輟"可能是"餟"。

我們認為，《補正》中例(1)、(2)、(3)中"輟"都可釋為

"讓出",是由"停止"的基本義引申而來。例（4）中的"輟"可釋為"（買）取"、"取得",跟"掇"相通。"輟"還可跟"綴"相通,但不跟"餟"相通,用"輟"作為判定標準欠妥。

例（1）引自唐趙璘《因話錄》卷三:"新野庾倬,貞元初,為河南府兵曹。有寡姊在家。時洛中物價翔貴,難致口腹,庾常於公堂輟已饌以餉其姊。始言所愛小男,以餉之。同官初甚鄙笑,後知之,咸嘉歎。倬生簡休。"根據上下文意,庾倬在公堂"輟已饌"就是自己停止吃飯,"餉其姊"指把飯讓給姐姐吃,釋為"讓出"甚為貼切。例（2）來自杜甫的《送樊二十三侍御赴漢中判官》,《補正》將詩中"幕府輟諫官,朝廷無此例"中"輟"釋為"分派"。據［清］仇兆鰲注、于魯平補注的《杜甫詩注》（2004:182）:"輟,疑作綴"。信應舉《杜詩新補注》（2002:84）:"（"幕府"以下六句）表明樊侍御原為補闕,補闕為諫官,為要調他出去做幕僚,朝廷無此先例,故先把他調為侍禦,再以侍御名義調出充幕僚。""輟,止,引申為讓出或分出,意謂讓出諫官以充幕府,'幕府輟諫官'應視為倒裝省字句,實當為'輟諫官充幕府'"。我們認為《杜詩新補注》的說法比較可取。"輟"通"綴"見於"輟卷",指"展開書卷",南朝宋顏延之《陶徵士誄》:"晨煙暮藹,春煦秋陰,陳書輟卷,置酒絃琴。",《漢語大詞典》:"'輟'一本作'綴'",杜詩中的"輟"顯然不能作此解釋。《補正》釋為"分派"不如釋為"讓出"、"分出"更貼切。"輟"表示"讓出"可以看作是由一般停止義引申而來,正如《補正》例（3）和上文例中所顯示的,自己停止某種行為（置辦嫁妝、吃飯、擔任諫官等）後,自然可以將這種行為"讓出",其引申的軌跡還是比較清晰的。這種演變其實在隋唐以前就已經開始了:

(1) 顧榮在洛陽,嘗應人請。覺行炙人有欲炙之色,因輟已施焉。（《世說新語·德行》二五）

"輟已施焉"即讓出自己的一份,分給行炙人吃。當然這樣的用例不多,大量的使用是在唐宋以後:

(2) 昔愛晉文公分季隗于趙衰,孫伯符輟小喬於公瑾,蓋以色可奉名人。(《北夢瑣言·逸文》卷二)

(3) 自誇以為無一俗筆,後惟允固欲得之,叔明因輟以贈,陳氏寶此圖百年,非賞鑒家不出。(《都公譚纂》卷上)

雖然"輟"表"讓出"在隋唐以前的用例不多,但如作為判斷八卷本《搜神記》的語言標準就要受到質疑,畢竟說有易,說無難。

"輟"還有一義,表示"取",《補正》例(5)引自《春渚紀聞》卷六:

(4) 先生翰墨之妙,既經崇寧、大觀焚毀之餘,人間所藏蓋一二數也。至宣和間,內府複加搜訪,一紙定值萬錢,而梁師成以三百千取吾族人《英州石橋銘》。譚稹以五萬錢輟沈元弼"月林堂"榜名三字,至於幽人、釋子所藏寸紙,皆為利誘,盡歸諸貴近,及大卷軸輸稹天上。

這段文字是說先生翰墨之妙,經大火焚毀,人間所藏甚少,故宣和年間內府以極高的價錢加以搜訪,梁師成、譚稹都是宋代權貴,譚稹以五萬錢買得沈元弼"月林堂"榜名三字。《補正》認為文中例(1)—例(4)各例中的"輟"記錄的可能是另外一個詞"餟",因為兩者都有"陟劣切"一讀,且《方言》卷十二有"餟,饋也"的解釋,從饋贈義引申為分惠於人是順理成章的事。作者進一步認為現代漢語的"給",在元明之際朝鮮人學漢語的會話書《老乞大》、《朴通事》裏就徑寫"餟"。我們認為元明之際朝鮮人的漢語會話書中使用"餟"表示"給",並不能證明唐宋時期是用"餟"來記錄"輟"。那時已經有了"輟贈"一詞:

(5) 我願得此鳥,玩之坐碧山。胡公能輟贈,籠寄野人

還。(李白《贈黃山胡公求白鷳》)

(6) 英英張子公,輟贈意獨厚;使我正衣冠,更以別妍醜。(宋李綱《張子公以圓鑒見寄作詩報之》)

《漢語大詞典》:"謂取物相贈。'輟'通'掇'。"《說文》:"餟,祭酹也。從食,叕聲。"在使用上,一是同"醊",《史記·孝武本紀》:"其下四方地,為餟食群神從者及北斗雲。"司馬貞索隱:"餟,謂連讀而祭之。"一是表示飲、喝,也作"啜",《前漢紀·孝文皇帝紀下》:"吾每餟食,意未嘗不在巨鹿下也。"未見"餟"和"輟"通用的情形。

憑　《補正》引張相《詩詞曲語辭匯釋》卷六"憑"字條:"猶仗也;亦猶煩也;請也。"認為此義的用法最早見於杜甫詩。但附注⑦"承《中國語文》編輯部見告,"憑"表煩請義在南朝文獻有二例可疑:宋謝莊《與大司馬江夏王義恭箋》:'仰憑滑察,願不垂咎。'陳徐陵《與顧記室書》:'緣君深眷,故此敬憑。幹謁非宜,益增悚慨。'"作者退而認為"尚未發現晉以前的類似用例。"我們發現,《中國語文》編輯部所指出的兩例不是孤立的語言現象,"憑"表煩請義在南朝見於更多的語料中:

(7) 諒以齊暉二南,同規往哲。方憑保祐,永翼雍熙。(《南齊書》卷四〇)

(8) 今銘旌紀柩,設重憑神,祭必有尸,神必有廟,皆所以展事孝敬,想像平存。(《魏書》卷一〇八之二)

(9) 自仰稟明公之訓。憑接明公之風。導之以正乘。引之以通戒。(《弘明集》卷第十一)

晉陳壽的《三國志》中也有一條語料:

(10) 臣雖不材,憑奉威靈,以順討逆,破壞在近。(《三國志》卷五八)

這些例中的"憑"都表煩請義,可見《補正》這一條標準不夠嚴格。

卻活 《補正》認為稱死而復生為"卻活"或"卻生",多見於唐以下文獻,"卻活"比"卻生"更常見。干寶《搜神記》中同樣的意義是用"卻蘇"或"複生"等詞表示,無"卻生"、"卻活"字樣,而八卷本中"卻生"、"卻活"曾不止一次地反復出現。按:"生"和"活"在古漢語中很早就存在,常常結合使用。干寶《搜神記》中沒有"卻生"、"卻活",並不能說當時或以前的語言中沒有。我們就發現了"卻活"一例:

(11) 香氣聞數百里,死者在地,聞香氣乃卻活,不復亡也。(漢·東方朔《海內十洲三島記》)

《海內十洲三島記》又作《十洲記》,舊題漢東方朔撰,一般認為是假託之作。《四庫全書總目》認為在六朝時,從書中多涉道教的內容看,成於漢末道教熾盛時的可能性居多。

咨(諮) "咨(諮)"在古代一般表"徵詢"義。《補正》認為在唐宋之際產生了一種新義,即相當於文言的"告、語",白話的"告訴",不再含徵詢義。"咨"在現代漢語的書面語中作為一個構詞語素仍在使用,如"咨詢"、"國情咨文",有"詢問、告訴"義。而"咨(諮)"的"告訴"義則在唐以前就已經出現:

(12) 昔者紂為無道,殺梅伯而醢之,殺鬼侯而脯之,以禮諸侯於廟。文王流涕而咨之。(《呂氏春秋·行論篇》)

(13) 初霍光夫人顯有小女。欲貴。皇后當產疾。顯陰使醫淳于衍行毒藥。後有人上書。告諸醫治疾無狀者。皆收系。顯恐急。具狀咨光。(《前漢孝宣皇帝紀》卷第十七)

(14) 太守張岱疑其不實,以棘、薩各置一處,語棘云:"已為諮詳,聽其相代。"(《宋書》卷九一)

例(12)孫星衍注:"殺梅伯而遺文王,其醢不適也,文王貌受以告諸侯。"例(13)中的"具狀咨光"應理解為"把實際情形告訴霍光"。例(14)的"諮詳"指"告訴清楚"。"咨"的告訴、談論義用於下對上,在隋以前的文獻中就已經出現:

(15) 至今梁益之民，咨述亮者，言猶在耳。（《三國志·蜀志·諸葛亮傳》）

(16) 游夏之徒，常咨稟焉。（陶潛《卿士大夫孝傳贊·孔子》）

雙音詞"咨（諮）白"表"告訴"義也在唐代以前就出現了：

(17) 但恐年與時乖。不盡檀越盛隆之化耳。今故咨白數條。如別疏。（《弘明集》卷第十二）

(18) 君問禮所歸，謹以咨白。臨紙號哽，言不識次。（《梁書》卷三一）

(19) 譙王往以微事見劾，猶自表遜位；況以大過而當嘿然邪。但康之前言有所不盡，故重使胡道諮白所懷。（《宋書》卷二）

因此，"咨（諮）"的告訴義難以看作是唐宋之際產生的一種新義，其作為判斷八卷本《搜神記》語言時代的標準也就難以成立了。

〔主要參考文獻〕

[1]〔清〕仇兆鰲. 杜甫詩注 [M]. 于魯平補注. 西安：三秦出版社，2004.

[2] 江藍生. 八卷本《搜神記》語言的時代 [J]. 中國語文，1987 (4)：295—303.

[3] 汪維輝. 從辭彙史看八卷本《搜神記》語言的時代（上）（下） [J]. 漢語史研究集刊 2000（3）(4)：22—208，56—244.

[4] 王鍈. 八卷本《搜神記》語言的時代補證 [J]. 中國語文，2006 (1)：70—73.

[5] 信應舉. 杜詩新補注 [M]. 河南：中州古籍出版社，2002.

(汪如東，上海財經大學國際文化交流學院　郵編：200083)

《朱子語類》中的白話語料探析*

徐時儀

内容摘要:《朱子語類》文白相間,新舊質素交融,疊置著從歷史上各個時期傳承下來的不同歷史層次的詞語和宋代產生的新詞新義,現存宋刻本《池錄》、朝鮮古寫徽州本、明成化本等各本的異文在某種程度上又反映了宋至明清的語言演變,爲漢語文白演變和近代漢語詞彙史的研究提供了珍貴的語言實錄。

關鍵詞:《朱子語類》 白話語料

研究語言,最主要的是資料的選擇,尤其是研究近代漢語。語料如果不可靠,研究也就失去了基礎。然而由於時代條件的限制,古人無法利用錄音設備錄下自己説的話,時至今日,我們不可能聽到古人的言語,祇能依據古人記錄下來的一些書面文獻來探索漢語的古今演變,這些書面文獻雖是口語的記錄,但已是經過加工的口語。古代漢語有兩個書面語系統,一爲以先秦兩漢的書面語爲模式的文言文系統,一爲在秦漢以後的口語基礎上形成的古白話文系統。文言文從先秦直到明清基本是一個模式,秦漢後模仿先秦兩漢的文獻雖然也出現有一些新詞新義,但主要傾向於接受先秦兩漢已使用過的趨於定型化的語言成分,或通過先秦兩漢舊有的質素組合來表達新詞新義,形成總體上一致的模式。

---

* 國家社會科學基金項目(08BYY044);上海市教委 085 工程項目"宋代文獻整理與研究";上海師範大學重點學科建設項目。

古白話文隨先秦和秦漢以後口語的變化而形成,與秦漢以後的口語相近,承襲了先秦兩漢語言現象,又不斷吸納新生的語言現象,糅合了當時的口語和書面語,正好是上古漢語和現代漢語早期成份的均衡混合,處於先秦的上古漢語和"五四"運動時形成的現代漢語的中間狀態。

傳承至今的書面文獻可謂汗牛充棟,近代漢語一般指唐五代至明清時期的漢語,研究近代漢語可以利用唐五代至明清時期文言文獻中摻合的一些口語,但主要還得利用這一時期的古白話文獻,因為古白話文獻更好地記錄了這一時期漢語的發展和演變。反映近代漢語演變發展的文獻資料主要有兩大類。一類是歷代的字書、韻書等,這是前人研究的成果,又是後人繼續研究的資料。一類就是唐五代至明清接近口語的古白話文獻資料,這是當時實際語言的記錄,也是後人瞭解當時語言的最可靠的依據。

研究語言演變主要依據口語或口語記錄的價值取向在於這些語料能夠全面真實地反映當時語言的實際面貌,因而近代漢語的語料不僅是唐五代至明清時期的文獻,而且應大致具有如下條件:基本保持歷史原貌,年代可考;語體含有較多的口語成分;內容具有廣闊的社會文化生活覆蓋面。也就是說,要從唐五代至明清時期的文獻中選擇研究近代漢語的語料,首先得全面地瞭解近代漢語各個時段的文獻概貌,相容并包不同的文體和內容,選擇一些具有代表性的文獻,建立每一部文獻的專書語料庫。值得指出的是所謂代表性主要看其是否使用或反映了這一時期的口語,因為有書面記載以來的整個漢語史都是口語和文言并存的歷史,祇有記載口語的文獻纔比較真實地反映了斷代所用詞語的面貌。如唐五代有敦煌變文、曲子詞、禪宗語錄、《祖堂集》及李白、杜甫、白居易、寒山、王梵志等的詩作等代表性文獻,宋元有儒家語錄、話本小説、白話碑文、戲曲雜劇及《老乞大》和《樸通事》一類的會話書等代表性文獻。

宋儒語錄的語言可以說是一種文白混雜的半口語化的語言，在這些語錄中既有宋代的口語成分又有文言的成分。清人楊復吉在其所著《夢闌瑣筆》中談到宋儒語錄，對其闡揚理學而采用俚鄙之語深爲不滿，然唯世人皆知之淺顯通俗的語言方能使神奧的道理一點即明。宋儒明於此理，故講學時大量使用了當時人們口中常用的一些通俗習語。朱熹的弟子可學曾問"活潑潑地"是禪語否？朱熹指出這"不是禪語，是俗語"[①]。宋儒語錄中使用的口語詞語爲我們研究近代漢語提供了一份珍貴的語言實錄，其中最具代表性的文獻就是《朱子語類》。下文擬就《朱子語類》中的白話語料略作探析。

一　朱熹門人所記詞語的異同

朱熹是宋代理學的集大成者，《朱子語類》是朱熹與其門人講學問答的實錄，全書140卷，約200多萬字，既有先秦的文言，又有唐宋的古白話和方言口語，文白相間，雅俗共存，新舊質素交融，舊義的延續和新義的誕生共存於同一平面，形成了絕對動態演變、相對靜態聚集，多源而一統、同處而異彩的語言淵藪，相當於一個立體的網路，疊置着從歷史上各個時期傳承下來的不同歷史層次的詞語和宋代產生的新詞新義，客觀上如實反映了中近古漢語詞彙的發展和演變概貌[②]。《朱子語類》由98個來自長江以南不同地區的門生記錄彙編而成[③]。朱熹講學用的是當時文人交際的口語和他自己的方言口語，他的門人弟子寫入筆記時雖然會有所加工，加以書面化，但畢竟是邊聽邊記，不可能完全改爲書面語，往往是直錄朱熹的原話，同時也夾有門人弟子自己慣用的方俗詞語，且朱熹不同時期不同場合的講學內容由來自不同地區不同的門生記錄，同一內容的表述用詞不盡相同，門人弟子所記又各有側重，或詳或略，有同有異。

如李方子錄："康節其初想衹是看得'太極生兩儀，兩儀生四象'。心衹管在那上面轉，久之理透，想得一舉眼便成四片。其法，四之外又有四焉。凡物纔過到二之半時，便煩惱了，蓋已漸趨於衰也。"（100、2546）①例中"煩惱"有"罣慮、操心"義，檢輔廣所錄相似内容的一條爲："康節以四起數，疊疊推去，自《易》以後，無人做得一物如此整齊，包括得盡。想他每見一物，便成四片了。但纔到二分以上便怕，乾卦方終，便知有個姤卦來。"（100、2546）李方子所錄"便煩惱了"與輔廣所錄"便怕"詞義相當。李方子是福建邵武人，輔廣是慶源人，居嘉興。吳語"怕"有"擔憂"義，輔廣似覺得此例中"煩惱"詞義不明確而改用自己的方言記錄。

又如郭友仁錄："要之，聖人衹是直筆據見在而書，豈有許多忉怛！"（83、2155）郭友仁是山陽人寓臨安。例中"忉怛"本指心情憂傷悲痛，宋代南方口語中又有"囉嗦，嘮叨"義。"又檢宋刻本《池錄》卷二十七黄義剛錄："向見眾人說得玄妙，程先生說得忉怛"。此條爲朱熹訓陳淳，例中"忉怛"中華本作"絮"（117、2827），下有黎靖德編寫時所加小字注"黄作'忉怛'"，指出黄義剛所錄作"忉怛"，似是葉賀孫所錄。葉賀孫是括蒼人居永嘉，後居建寧府建陽縣。黄義剛是臨川人。"絮"與"忉怛"義近，可能皆是宋代南方一帶的方言口語詞。

二　《朱子語類》各本詞語的異同

近代漢語文獻語料的選擇和鑒別與版本密切相關，"一般是越古越好"，"應該根據善本的影印"⑤，一方面要考訂所選語料的成書年代，進行辨別真僞和校正字句的整理工作。

如中華本："時舉說文字，見得也定，然終是過高而傷巧。此亦不是些小病痛，須要勇猛精進，以脫此科白，始得。"（45、

1154）科白，徽州本作"科曰"。"科曰"即"寘白"，"白"爲"曰"的形近誤字。

另一方面還要考慮到後代版本演變的因素，比勘異文，強調不同版本的仔細比勘，注意避免"時代的錯誤"，即錯誤地把後一時期的語言現象當作前一時期的語言現象，從而得出錯誤的結論。産生這種錯誤的原因，往往是由於沒有選擇好的版本，而使用了時代較晚的已經過後人改動的本子。如現存唐代禪宗語錄大多是後世編纂的，難免會有後人的改動之處，有的甚至經過多次改訂。如《壇經》有中唐的敦煌本、宋初的惠昕本、北宋的契嵩本、元代的宗寶本和明藏本等不同版本，其間差異頗大，後出的本子對前面的本子有改，有刪，有增。現存最古的敦煌寫本《壇經》已非原來面貌，大約已是五代寫本，後出的本子與敦煌寫本相較而言，改動當然也就更多了。如岑仲勉《隋唐史》據明藏本《六祖壇經·機緣第七》説唐代有"恁麽"、"甚麽"、"什麽"等，然而《壇經》的敦煌本、覆宋本卻都沒有這些詞。

後出本子反映後一時期的語言現象不能誤作前一時期的語言現象，然而卻爲我們研究近代漢語的演變和發展提供了綫索。同一文獻的不同年代的版本異文反映的詞彙變化大致代表了不同時間上的語言狀況，或多或少地反映了前後相近的幾個時間點上相同語言現象變或未變的狀況，提供了時間上的連續性，因而可根據同一文獻不同年代的版本異文來考察語言的演變[⑥]。慶元六年（1200年）朱熹逝世後，先後出現了蜀錄、池錄、饒錄、饒後錄、建別錄、婺錄和蜀類、徽類、徽續類等多種朱熹講學語錄。今通行本爲淳佑年間黎靖德彙集各家語錄所編的校訂本，現有明成化九年江西藩司復刊宋咸淳六年道江黎氏本和中華書局理學叢書本等，而日本九州大學所藏朝鮮古寫徽州本是成書更早的黄士毅所編蜀類的增補重刻本[⑦]，臺北"中央圖書館"所藏宋刻《晦庵先生朱文公語錄》則是現存最早的《池錄》[⑧]，各本的異文在某種程度上又反映了宋至明清的語言演變。

如中華本："存養主一，使之不失去，乃善。"（5、92）例中"失去"，成化本同，宋刻本《池錄》卷三十作"走作"，徽州本亦作"走作"。"走作"是宋代口語，《朱子語類》中共79例。據宋刻本《池錄》、徽州本、成化本和中華本可知，"走作"一詞明清時已不慣用，因而改作"失去"，"失去"是"走作"的通語義。

又如中華本："有一般昏弱之人，都祇是人欲上行，便是不識痛癢底人。"（26、649）例中"識"，徽州本同，成化本作"聞"，康熙本在"聞"字旁用紅筆加注有"知"字，光緒刻本作"關"。據各本異文，可知"識"、"聞"、"知"、"關"義近，"聞"在明代似由感知義引申有觸覺義，此義在清代已消失。

再如中華本："他心本不曾動，祇是忽然吃一跌，氣纔一暴，則其心志便動了。"（52、1238）"纔"，徽州本同，明成化本和清康熙刻本作"打"。"纔"與"打"的異文表明"打"在"打一X"的結構中已逐漸失去實義，虛化爲介詞，與"纔"義近。⑨

三　《朱子語類》中的方言詞語

研究近代漢語，選擇了代表性的文獻，還得善於運用這些材料，充分發揮這些文獻的功效。如在漢語的諸方言中，語言發展變化的情況和速度不可能完全一致。因而，在研究近代漢語時，除了注意時間造成的差異以外，還要考慮地域造成的差異，注意方言與方言之間，方言與通語之間的互相影響。同時，時間和地域的差異往往又是疊加在一起的。《朱子語類》所載也或多或爲我們研究近代漢語中方言與方言之間以及方言與通語之間的關係提供了線索。如：

看文字，須大段著精彩看。聳起精神，樹起筋骨，不要

困,如有刀劍在後一般!就一段中,須要透。(10、165)

如貓兒狗子,饑便待物事吃,困便睡。(29、750)

如貓子狗兒相似,饑便求食,困便思睡。(31、797)

看公多恁地困漫漫地,"則不敬莫大乎是"!(44、1147)

諸例中"困"有"疲乏想睡"義,引申有"睡"義。⑩如:

敬子曰:"僧家言,常常提起此志令堅強,則坐得自直,亦不昏困;纔一縱肆,則嗒然頹放矣。"曰:"固是。道家修養,也怕昏困,常要直身坐,謂之'生腰坐';若昏困倒靠,則是死腰坐矣。"(121、2946)

例中"昏困"即"昏睡"。《朱子語類》中表"睡"義多用"睡",共65例,"眠"有2例,"困"約18例。"困"表"睡"義是方言義,又與"睡"組成複合詞"睏睡",《朱子語類》亦有用例。如:

人昏昧不知有此心,便如人睏睡不知有此身。人雖睏睡,得人喚覺,則此身自在。(12、200)

如做事須用人,纔放下或睏睡,這事便無人做主,都由別人,不由自家。(115、2777)

有侍坐而睏睡者,先生責之。(121、2946)

例中"睏睡"即"睡覺"。《朱子語類》中還有"瞌睡"一詞,共10例。"瞌"有"困倦,欲睡"義,與"睡"組成同義並列複合詞,有"倦極思睡、打盹"義。如:

如人瞌睡,方其睡時,固無所覺。(17、337)

嘗暑月會坐,有秦兵曹者瞌睡,徐厲聲叱之起曰:"某在此說話,公卻瞌睡,豈以某言爲不足聽耶!未論某是公長官。祇論鄉曲,亦是公丈人行,安得如此!"(121、2947)

"困"後因與"睡"並列連文受"睡"的影響而類化增"目"旁爲"睏"。如《老殘遊記》第五回:"我困在大門旁邊南屋裏,你老有事,來招呼我罷。""睏睡"後寫作"睏睡"。如中國近代史資料叢刊《太平天國・太平條規》:"不許在途中鋪戶堆燒睏睡,耽阻行程。"今吴方言等"睡覺"還說"睏覺"[①]。

四　《朱子語類》中的口語詞

《朱子語類》所載朱熹與其門人的講學問答中有不少口語詞,這也爲近代漢語的研究提供了珍貴的語言實錄。如:

　　先生笑曰:"他舊曾去晁以道家作館,晁教他校正辟孟子說,被以道之說入心後,因此與孟子不足。後來所以抵死要與他做頭抵,這亦是拗。"(119、2866)

　　李覯也要駡孟子。不知祇管要與孟子做頭抵做甚?你且揀個小底來罵,也得。(119、2867)

例中"頭抵"是宋時的口語詞,有"對頭,對手"義,如不明其義就會影響文意的理解。如中華本:"且如楚子侵中國,得齊桓公與之做頭抵攔,遏住他,使之不得侵。"(55、1318) 據文意當標點爲"且如楚子侵中國,得齊桓公與之做頭抵,攔遏住他,使之不得侵。"例中"頭抵"也是"對頭;對手"義。

近代漢語文獻中有些詞語因聲近而義通,同一詞往往有不同的寫法,《朱子語類》中也有這種現象。如"頭抵"又作"頭底":

　　先生曰:"人祇了得每日與鬼做頭底,是何如此無心得則鬼神服?若是此心洞然,無些子私累,鬼神如何不服!"(3、54)

　　又如漢高祖爲義帝發喪,那曾出於誠心!祇是因董公說,分明借這些欺天下。看它來意也祇要項羽殺了它,卻一意與項羽做頭底。(23、550)

　　如今工夫,須是一刀兩段,所謂"一棒一條痕!一摑一掌血"!如此做頭底,方可無疑慮。(115、2769)

《漢語大詞典》釋"頭底"一詞未收此義,似可補。又如:

> 看顏子多少大力量,一"克己復禮"便了!(42、1078)

"多少大",宋刻本《池錄》卷三十七作"大小大"。"多少大"和"大小大"義同,"多少"、"大小"修飾"大",有"多麼大"義。如:

> 如《堯典》自"克明俊德,以親九族",至"黎民於變時雍",展開是大小大!(78、1982)

"大小大"是宋時口語詞,宋以後不見用例,未能沿用至現代漢語。

同一詞在《朱子語類》各本中也有不同寫法。

如中華本:"這兩卦各自是一個物,不相秋採。"(73、1851)

例中"秋採"是個口語詞,有"理睬、搭理"義。徽州本同,四庫全書本作"揪採",宋刻本《池錄》卷二十八作"秋採"。"秋採"、"秋採"和"揪採"皆是"瞅睬"的口語俗寫的記音,"瞅睬"是近代漢語中的新產生的詞,《朱子語類》各本異文提供了"瞅睬"一詞的早期成詞線索。考《字彙補》云:"睬,俗言偢睬,填詞家多用此字。"檢文獻中"秋"又作"偢"、"揪"、"瞅"、"瞗"等。如董解元《西廂記諸宮調》卷三:"是他家佯不偢人。"採又作"採"、"保"、"睬"。如董解元《西廂記諸宮調》卷四:"白日渾閑夜難熬,獨自兀誰保。""秋(偢、揪、瞅、瞗)"、"採(採、保、睬)"是後出記音字,用來記口語中的"看"和"答理"義,《說文》未收,宋金時組成近義並列合成詞。如張鎡《眼兒媚·初秋》:"起來沒個人偢採,枕上越思量,眼兒業重,假饒略睡又且何妨?"⑫董解元《西廂記諸宮調》卷一:"騁無賴,傍人勸他又誰偢保!"⑬《新編五代史平話·漢史上》:"那兩個舅舅李洪信、李洪義全不瞅採著知遠。"王百谷《題情》:"吞聲寧耐,欲説誰偢採?"⑭因"看"和"答理"義與眼有關,後多寫作"瞅睬"。如元無名氏《爭報恩》第二折:"我這裏聲冤叫屈誰瞅睬？原來你小處官司利害，衙門從古向南開。"張國賓《合汗衫》第三折："哎喲，正值著這冬寒天色，破瓦窰中又無些米柴。眼見的凍死屍骸，料沒個人瞅睬。"關漢卿《蝴蝶夢》第四折："你便叫殺他怎得他瞅睬，空教我悶轉加，愁無奈，祇落得哭哭啼啼，怨怨哀哀。"又有因押韻而換序作"睬瞅"、"採揪"。如關漢卿《救風塵》第二折："況家鄉隔鄭州，有誰人相睬瞅？"楊慎《洞天玄記》第一折："那廝每不肯休，決將咱不採揪，自是他不識些香臭。""瞅睬"即答理，朱熹所說"不相秋採"，即不相干，沒有關聯。

五 《朱子語類》中的近義詞

《朱子語類》中有一些詞的詞義相近或相關而又各有側重。如：

謝氏曰："視聽言動不可易，易則多非禮。"須時時自省覺，自收斂，稍緩縱則失之矣。（113、2745）

問："祇是如事父母，當勞苦有倦心之際，卻須自省覺說這個是當然。"曰："是如此。"（118、2858）

要須驗之此心，真知得如何是天理，如何是人欲。幾微間極索理會。此心常常要惺覺，莫令須刻悠悠憒憒。（13、226）

此一個心，須每日提撕，令常惺覺。（16、334）

又問："自非物慾昏蔽之極，未有不醒覺者。"曰："便是物慾昏蔽之極，也無時不醒覺。祇是醒覺了，自放過去，不曾存得耳。"（17、377）

今言"操之則存"，又豈在用把捉！亦祇是說欲常常醒覺，莫令放失，便是。（59、1407）

諸例中"省覺"、"惺覺"和"醒覺"詞義相近，"省覺"側

重於覺悟、明白,"惺覺"和"醒覺"側重於醒悟、警覺。又如:

> 作有義事,是省悟心;作無義事,是狂亂心。(126、3029)

例中"省悟",成化本同,宋刻本《池録》卷三十八作"惺悟"。"省覺"與"省悟"義同,"惺悟"與"惺覺"義同。"省"有"檢視而明白義","惺"有"清醒而明白義","省悟"和"惺悟"都有"明白領會"的意思。

《朱子語類》各本異文的詞義往往相同相近。

> 如中華本:"作有義事,是省悟心;作無義事,是狂亂心。"(126、3029)

例中"省悟",宋刻本作"惺悟",兩詞義近,皆爲"醒悟領會"義。

> 又如中華本:"先生問:'尋常看甚文字?'曰:'曾讀大學。'"(120、2895)

例中"尋常",宋刻本作"居常",兩詞義近,皆爲"平時、平常"義。

《朱子語類》各本也有些異文的詞義於大體相近中各有側重。

> 如中華本:"聖人做一部《易》,如何卻將兩個偏底物事放在兀頭?如何不討個混淪底放在那裏?"(69、1730)

例中"混淪",徽州本同,宋刻本《池録》卷二十八作"渾淪"。"混淪"、"渾淪"皆有"渾沌不分的整個兒"義,又作"鶻淪"。

> 如中華本:"前夜所説,祇是不合要先見一個渾淪大底物攤在這裏,方就這裏放出去做那萬事;不是於事都不顧理,一向冥行而已。事親中自有個事親底道理,事長中自有個事長底道理;這事自有這個道理,那事自有那個道理。各理會得透,則萬事各成萬個道理;四面湊合來,便祇是一個渾淪道理。而今祇先去理會那一,不去理會那貫,將尾作

頭,將頭作尾,沒理會了。曾子平日工夫,祇先就貫上事事做去到極處,夫子方喚醒他說,我這道理,祇用一個去貫了,曾子便理會得。不是祇要抱一個渾淪底物事,教他自流出去。"(117、2828)

例中後兩個"渾淪",宋刻本《池錄》卷二十七作"鶻淪"。

"鶻淪"的"渾沌不分的整個兒"義偏重於"混雜而模糊的整個"義,引申又有"含糊、糊塗"義,也作"囫圇"。

如中華本:"道理也是一個有條理底物事,不是囫圇一物,如老莊所謂恍惚者。"(34、863)

例中"囫圇",成化本作"鶻淪"。"鶻淪"又與"鶻突"在表"糊塗"義上同義。

如中華本:"呂子約死,先生曰:'子約竟齋著許多鶻突道理去矣!'"(122、2956)

例中"鶻突",徽州本作"渾突"。又如:

今看文字未熟,所以鶻突,都祇見成一片黑淬淬地。(10、168)

伊川舊日教人先看大學,那時未有解說,想也看得鶻突。而今看注解,覺大段分曉了,祇在子細去看。(14、256)

若不識,又不肯道我不識,便含糊鶻突遮蓋在這裏。(124、2982)

諸例中"鶻突"皆有"模糊、糊塗"義,由《朱子語類》各本所載可探"混淪"、"渾淪"、"鶻淪"等詞與"鶻突"、"渾突"的關聯。"鶻淪"和"鶻圖"又與"儱侗"義近。"儱侗"本義為"渾直不曲",引申有"混雜模糊無分別"義。《朱子語類》中有"儱侗"14例。如:

心統攝性情,非儱侗與性情為一物而不分別也。(5、94)

蓋逐一節自有一節功夫，非是儱侗言知至了意便自誠，意誠了心便自正，身便自修，中間更不著功夫。（16、354）

若祇儱侗說了，盡不見他裏面好處。（18、410）

聖賢說話自有分別，何嘗如此儱侗不分曉！固有儱侗一統說時，然名義各自不同。（18、411）

天地之化，儱侗相續下來，聖人便截作段子。（70、1760）

然這天理本是儱侗一直下來，聖人就其中立個界限，分成段子；其本如此，其末亦如此；其外如此，其裏亦如此，但不可差其界限耳。（87、2253）

諸例皆有"渾直模糊無分別"義。又作"籠統"。《朱子語類》中有如下3例：

器之問："嘗讀孟子'求放心'章，今每覺心中有三病：籠統不專一，看義理每覺有一重似簾幙遮蔽，又多有苦心不舒快之意。"（104、2617）

須是就事物上辨別那個是天理，那個是人欲；不可恁地空說，將大綱來罩卻，籠統無界分。（17、2823）

他不說破，祇是籠統恁地說以謾人。（123、2966）

諸例皆為"混雜模糊無分別"義。《漢語大詞典》釋"籠統"的"含糊；無分別"義引清王夫之《讀四書大全說·論語·公冶長篇一》為首見書証，偏晚。"籠統"也作"籠統"。《朱子語類》中有如下1例：

若祇"道之以德"，而無禮以約之，則籠統無收殺去。（23、548）

《朱子語類》中還有1例作"隴侗"：

若是隴侗說底，纔做得透，便是。如"克己復禮"，便不必說祇是為仁之事，做得透便是。（32、820）

例中"隴侗"有"不加分別的整個兒概括"義。現代漢語用

"籠統"形容"含混不明確",由《朱子語類》所載可探"籠統"與"儱侗"、"籠統"的關聯,還可探討"糊塗"和"籠統"成詞的淵源。

六　結語

語言單位處於獨立或靜止的條件下不受語境的制約,這時的意義是語言意義。語言意義進入交際過程,受到語境的影響和制約,使語言意義發生一定的變化形成言語意義。言語意義的核心部分是語言意義,語言意義指語言體系中所固有的意義。言語意義除了語言意義之外還有附着在核心成分之上的語境義。語境義指的是交際時的一些具體情境,如時代背景、上下文、個人修養、習慣、經驗、知識等因素起作用而產生的臨時意義。語言意義是常體,是言語意義的綜合和概括,有相對凝固、穩定和多義的特點,言語意義是變體,具有靈活、多變、具指和單一的特點,而言語意義的變化又影響語言意義的變化,語言意義吸納言語意義的變化從而形成了語言的古今演變。

《朱子語類》共記有14295條語錄,大多為問答式,既有時代特色,又有地域特色,還具有語體特色,從中可見朱熹和門人弟子講學討論時的具體語境和神情語態,構成語言意義和語境義融合在一起的言語意義,具有比語言意義更為豐富的内涵,活生生地反映了宋代文人的口語。漢語的文獻語料有同時資料和後時資料之分,現傳存的語料大部分是後時資料,後時資料很有可能經過後人的改動[15],學界以往的研究多依據通行的黎靖德本或清人張伯行所輯八卷本《朱子語類輯略》,而宋刻本《池錄》和朝鮮古寫徽州本保留了大量未經黎靖德刪改的文字材料,且更接近當時記錄的原貌。根據《朱子語類》各本的異文,辨析朱熹在不同時期不同場合由來自不同地區不同的門生記錄同一講學内容的用詞異同，探討由言語意義到語言意義的演變，我們就能在更多更實在的宋代語料基礎上建設近代漢語語料庫和研究中近古漢語的發展，釐清宋至明清漢語的演變脈絡。因而《朱子語類》不僅是研究朱熹思想和近代漢語的一塊璞玉，也是研究漢語文白演變和漢語發展史的一座寶庫。

〔注釋〕

① 《朱子語類》卷一二六。本文所據如未特別註明皆爲王星賢點校本，中華書局 1986 年版。

② 詳參拙文《朱子語類的學術價值考論》，《徽州社會科學》1999 年第 1 期；《略論朱子語類在近代漢語研究上的價值》，《上海師範大學學報》2000 年第 4 期。

③ 《朱子語類大全》卷首《朱子語錄姓氏》載 97 人，據《朝鮮古寫徽州本朱子語類》卷首"今增多三十八家"所載還有"盧淳"。

④ 括弧内爲卷和頁，下文同。

⑤ 太田辰夫《中國語歷史文法·跋》，蔣紹愚、徐昌華譯，北京大學出版社 1987 年初版，2003 年修訂版。

⑥ 參拙文《詞彙擴散與文獻傳本異文》，《中國語言學報》第 13 期，商務印書館 2008 年版。

⑦ 《朝鮮古寫徽州本朱子語類》，現藏日本九州大學，日本中文出版社 1982 年影印出版。

⑧ 宋李道傳編《晦庵先生朱文公語錄》，即宋刻本《池錄》，四十三卷，今存卷二十七至三十一，三十七至三十八，計七卷，現藏臺北"中央圖書館"。承何大安先生惠贈影本，謹此致謝。

⑨ 參拙文《介詞"打"的最早使用年代及"虛化説"考探》，日本《俗語言研究》創刊號，1993 年。

⑩ 章炳麟《新方言·釋言》："今直隸、淮西、江南、浙江皆謂寢曰困。"

⑪ 許寶華、宮田一郎《漢語方言大詞典》第二卷，中華書局 1999 年版 2677 頁。

⑫《全宋詞》卷二八一《南湖集》卷十。

⑬洪昇《長生殿·酒樓》:"撐著這醒眼兒誰偢倸?問醉鄉深可容得我?"又《金瓶梅詞話》第三十八回:"那沒時運的人兒,丟在這冷屋裏,隨我自生兒由活的,又來揪採我怎的?"

⑭張楚叔、張旭初編《吳騷合編》卷一。

⑮太田辰夫《中國語歷史文法·跋》説:"中國的資料幾乎大部分是後時資料,它們特別成爲語言研究的障礙。"蔣紹愚、徐昌華譯,北京大學出版社1987年初版,2003年修訂版。

(徐時儀,上海師範大學中國傳統思想研究所暨古籍研究所 郵編:200234)

俗語辭書《談徵》的作者與語言學價值

曾昭聰

内容摘要：清代俗語辭書《談徵》的作者是伊秉綬，該書在語言學的多個研究方面具有參考價值。

關鍵詞：談徵　作者　語言學　價值

《談徵》，清代學者所撰之俗語辭書，共四卷，分爲名（又分上、下）、言、事、物四部分，記錄了一大批俗語詞，且多探求其詞源或最早用例。作者不詳。日本漢學家長澤規矩也輯集、1974年由日本汲古書院影印出版的《明清俗語辭書集成》[1]收録此書。《談徵》一書，學界所知不多。今特對其作者及該書本身的語料價值作一小考。

一　《談徵》作者是伊秉綬

關於《談徵》的作者，向來論及者均僅據書中所載稱爲"西厓先生"，而究爲何人則莫詳之。長澤規矩也在《談徵》一書解題下説：

> 談徵　四卷（部）［清］□□（西厓）清嘉慶二十年（一八一五）柯古堂刊本　五册
>
> 本書仿《釋常談》、《通俗文》之例，係注目於日常用語並作詮釋之書。分爲名（又分上、下）、言、事、物四部分，

各部之首均冠以目錄。有嘉慶二十年外方山人自序，嘉慶十六年王玉樹、嘉慶九年吳烜序，十二年成一夔跋。

此書係昭和二年（一九二七）夏北京廠肆翰文齋高某攜至筆者寓所求售者。當時索價六元。筆者視其多俗語解說，實屬雜考珍本，當即購下。其後未於他處再見此書。

著者在自序末題"外方山人"，其他序跋作"西厓先生"，姓名無考。據成跋，成氏爲性好搜求奇書善本之藏書家，曾仕官於嶺南。嘉慶十二年曾在廣東與著者再次晤面。[1](P1146)

按，《談徵》王（王玉樹）序："昔余著《説文拈字》成，西厓序之；今西厓著《談徵》成，余亦序之。"[1](P1147) 查王玉樹《説文拈字》，書前有伊秉綬序，書後有段長基跋。伊秉綬序謂："歲己未，余守惠州，王君松亭適權通判，觀其進退以禮，循循然君子也，意必有所撰著。久之，出所撰《説文拈字》七卷……嘉慶六年夏五月，汀州伊秉綬拜撰。"[2](玖輯貳冊P90~93) 知其爲伊秉綬。

伊秉綬，清乾隆十九年——嘉慶二十年（1754～1815），福建汀州府寧化人，人稱"伊汀州"。字墨似，號墨卿，亦號南泉，別署秋水，又稱默庵，居室曰留春草堂。以書畫名世。先後官惠州知府、揚州知府等[3](P189)。《清史稿》卷四百七十八《伊秉綬傳》：

伊秉綬，字墨卿，福建寧化人。乾隆五十四年進士，授刑部主事，遷員外郎。嘉慶三年①，出爲廣東惠州知府，問民疾苦，裁汰陋規，行法不避豪右，故練刑名，大吏屢以重獄委之，多所矜恤。……家居八年，嘉慶二十年，入都，道經揚州，卒。

秉綬承其父朝棟學，以宋儒爲宗。在惠州，建豐湖書院，以小學、近思錄課諸生；在揚州，宏獎文學。歿後士民

懷思不衰,以之配食宋歐陽修、蘇軾及清王士禎,稱四賢祠。[4](P13047)

可見其爲清代較有名望之學者。王玉樹序、吳煊序、成一夔跋中所透露出來的信息都與史書一致。如吳序說:"嘉慶甲子春,西厓先生以攝篆任別駕,予以薄游館道南,兩人適同日抵雄州,相遇於縣舍。"[1](P1149)成跋謂:"西厓先生淹博好古,其書滿家,既宦嶺南,風塵勞攘間,遇奇書善本,如得珍珠船,拳拳然不能釋,必勉購之,或假而抄之,而後快。故論詩文,評書畫,靡不原原本本無遺義。"[1](P1151)書中内容也與其經歷一致。如《談徵·言部》"潮汐"條記録:"廣人以潮汐爲水節,或日一潮而一汐,或日兩潮而兩汐,皆謂之節。番禺之都,朝潮未落,暮潮乘之……"(P1256)《談徵·事部》"繞髻粧"條碼:"今粵中女子,日夕買花,穿之,繞髻爲飾。其俗由來已久。……"(P1285)又《事部》"濠畔朱樓"條:"粵東廣州城濠水自東西水關而入,逶迤城南,逕歸德門外。背城昔有平康十里,南臨濠水,朱樓畫樹連屬不斷,皆優伶小唱所居。……"(P1307—1308)皆與伊秉綬經歷或學識一致。

關於伊秉綬的"號"。伊秉綬在《談徵》自序末署"嘉慶二十年冬外方山人自序",而王玉樹序、吳煊序、成一夔跋則稱其爲"西厓先生"。伊秉綬號"西厓先生",其原因當是因爲追慕明代書法家、詩人李東陽。清末楊守敬《學書邇言》云:"桂未谷馥、伊墨卿秉綬、陳曼生鴻壽、黄小松易四家之分書,皆根柢漢人,或變或不變,巧不傷雅,自足超越唐宋。墨卿行書學李西涯,尤爲超妙。"[5](P103)向燊《虹盧畫談》云:"墨卿楷書法《程哲碑》,行書法李西涯,隸書則直入漢人之室。即鄧完白亦遜其醇古,他更無論矣。"[6](P189)李西涯,即李東陽(1447~1516),明朝詩人、書法家、政治家。字賓之,號西涯。伊秉綬行書師法李東陽,故去其號中"涯"字之三點水而號"西厓",殆自以爲不如之自謙。至於其自稱"外方山人",一方面是因爲他是福建寧化人,又曾官廣東惠州,遠離中原地區;另一方面,也是文人追求"心遠地自偏"之境界使然。

總之,伊秉綬雖以書畫名家,但俗語辭書《談徵》亦爲其所作。《中華書學大辭典》[3](P189)、《中國文物大辭典》[7](P521)等均未著録其《談徵》一書,亦不知其號西厓先生、外方山人。

二 《談徵》的語言學價值

《談徵》的語言學價值,可以從以下幾個方面來説。

其一,從詞源研究和詞彙史研究角度來看,《談徵》注重探求詞源和探求詞語的最早用例,這一出發點與我們今天的相關研究是一致的。《談徵》自序謂:

自世人好奇談,喜新論,而一二纔能之士涉筆成趣,撰出種種新奇之書籍以爲消夏,具然非誌怪異,即説冥幻,閲之者稍無卓識,即涉於荒誕,流於淫泆,而不自知。至若吾人日用所常見常聞,及所常行者,多習焉不察,或就事論事,或人云亦云竟至日。名之不知所自起,言之不知所自出,事事物物不知所自來,亦何異日飲食而不知飲食之味也?予性鄙瑣,經書奧義、聖賢格言,不知求解;眼前景、口頭語,祇覺無一事無一字無來歷。每於公餘之暇翻閲群書,凡有合於世俗之習爲常談者,摘而録之,集若干卷,分爲名、言、事、物四部,顔之曰"談徵"。豈敢云劉熙之《釋名》、揚雄之《方言》及《事始》、《物原》諸書,有所發明?但《釋常談》、《通俗文》雖婦童牧樵亦樂聞而得其解,不猶愈夫怪異冥幻等書,使人見之涉於荒誕、流於淫泆也哉!然抄掇舊文重則,不免摭拾瑣語,俗而無倫,幸博雅者勿爲之笑也。嘉慶二十年冬外方山人自序。[1](P1150—1151)

"詞源"有兩個含義，一是指詞的得名之由（詞的理據），二是指詞的最早用例。《談徵》自序說，"至若吾人日用所常見常聞，及所常行者，多習焉不察，或就事論事，或人云亦云竟至日。名之不知所自起，言之不知所自出，事事物物不知所自來，亦何異日飲食而不知飲食之味也？……眼前景、口頭語，祇覺無一事無一字無來歷"。比較一下東漢劉熙《釋名·序》："夫名之於實，各有義類，百姓日稱而不知其所以之意，故撰天地、陰陽、四時、邦國、都鄙、車服、喪紀，下及民庶應用之器，論敘指歸，謂之《釋名》。"可以看出，二者學術目的是一樣的，即都是爲了探求詞源。所不同者，劉熙的《釋名》所探求的詞源是指詞的得名之由即詞的理據，而《談徵》則所探詞源除此之外，還有很多是指俗語詞的最早用例，以證明"眼前景、口頭語，祇覺無一事無一字無來歷"。探求詞的得名之由（理據）和探求詞語的最早用例，都是漢語詞彙史研究的工作。例如：

《談徵·名部上》"陛下"條："蔡邕《獨斷》：'陛，階也，所由昇堂也。謂之陛下者，群臣與天子言，不敢直言天子，故呼在陛下者而告之，因卑達尊之意也。上書亦如之。'"（P1166）按，此條探明了"陛下"一詞的得名之由。

《談徵·名部下》"英雄"條："草之精秀者爲英，獸之特羣者爲雄，故人之文武茂異者取名於此。"（P1197）按，這裏解釋了"英雄"的得名之由。從兩個語素入手解釋雙音詞的意義是《談徵》的一個特點。

《談徵·名部下》"鄉里"條："妻之稱也。沈約《山陰柳家》詩云：'還家問鄉里，詎堪持作夫？'《南史》：張彪呼妻曰：'我不忍令鄉里落他處'。今人言'家裏共，意同至'，以同鄉爲鄉里，猶未得其意。"（P1189）按，這裏將"鄉里"的妻子義的用例上溯到六朝，具有詞彙史的觀點。（後謂"以同鄉爲鄉里"用法不確，則顯不妥。因一詞可有多義，作者未曾意識到這一點。）

《談徵·言部》"跁"條:"今俗謂小兒匍匐曰跁部下切,音罷,行貌。《玉篇》:跁跒,不肯前。李建勳詩:跁跒爲詩跁跒書。《類篇》:跁跒,蹲也。"(P1230)按,這裏引古書以探求最早用例。

當然,凡事要一分爲二來看。一方面,固然有許多俗語詞可以從古籍中找出它們的最早用例,以考察詞語發展的源流;但另一方面,相當一部分俗語詞產生於當時的日常生活,未必能從古籍中考證其出處。《談徵》中就有數條是未考源的。

其二,從詞彙史角度來看,《談徵》記錄了當時的一些俗語詞和俗語,我們可藉以瞭解清代的詞彙面貌。例如:

《談徵·言部》"璧謝"條:"今不受餽遺曰璧謝。本晉文公故事,與完璧歸趙事無干。昔晉公子重耳至曹,僖負羈餽盤飱,置璧焉,公子受飱返璧。"(P1242)按此探源是。《漢語大詞典》[8]亦舉清代二例。

《談徵·事部》"下程"條:"世謂下馬飯也。夫登途曰上路,則停驂當曰下程,必有歸餽以食,故有謂歸餽曰下程也。"(P1288)《漢語大詞典》"下程"條義項二:"接待行人的酒食。"首舉此例。

《談徵》往往以"今人"二字指出其所釋之詞爲當時俗語詞,反映出了清代俗語詞的一個重要來源是承古而來的,其中有不少尚爲現代漢語所承用。例如《談徵·言部》"風流"條:"今人稱輕俊者率曰風流。……"(P1259)"小妮子"條:"今人目小女子曰小妮子,其語亦古矣。……"(P1259)"二百五"條:"今人以纏料不足者爲二百五,其説亦有由……"(P1261)《事部》"鏡聽"條:"即今之響卜也。……"(P1312)《物部》"胡牀"條:"即今之交椅也。"(P1320)等等。也有部分未明示"今人"二字,但實亦爲其時俗語詞。如《物部》"抽替"條(P1325)等等。

其三，從民俗語言學角度來看，《談徵》解釋了一批與民俗相關的俗語詞，我們可以藉以考知當時民俗。例如：

《談徵·事部》"繞髻粧"條："今粵中女子，日夕買花，穿之，繞髻爲飾。其俗由來已久。考陸賈《南中行紀》云：南中百花，惟素馨香特酷烈，彼中女子以綠絲穿花，繞髻爲飾。梁章隱《詠素馨花》詩云：細花穿弱縷，盤向綠雲鬟。用陸語也。"（P1285）

按，從"考陸賈"至"用陸語也"襲自明楊慎《丹鉛總錄》卷二十"陸賈素馨"條。但據《談徵》可知清代粵中仍有此俗。

《談徵·事部》"拋堶"條："宋世寒食有拋堶之戲，兒童飛瓦石之戲也。梅都官《禁煙詩》：'窈窕踏歌相把袂，輕煙賭勝各飛堶七禾切。'即今俗所謂撇老堶也。其戲，兒童以瓦片栽（裁）成圓子，如錢大，或如杯口大；或三四人，五六人不等，各先出一子，垛於適中之地，名謂老堶。一人作堶主，合眾人各藏一子於暗處，藏畢，堶主用手中子轉向老堶拋之，拋中者勝，如不中，許眾人出所藏子跟擊之，擊中者勝，不中者輸。今多不用瓦石，竟以銅線拋之。賭也，非戲也。"（P1294）

按，此民俗此前已見。明陳士元《俚言解》卷一"兒童打堶"條："兒童打子之戲，拋瓦堶以賭勝負。堶音駝。即宋時寒食拋堶之戲也。梅都官《禁煙》詩：'窈窕踏歌相把袂，輕煙賭勝各分（飛）堶。'或云，拋堶之戲起於堯之擊壤。"（P9）所謂"打堶"，即宋時寒食擲磚塊之俗，後世易瓦石爲銅錢，遂變遊戲爲賭博。宋張侃《代吳兒作小至後九九詩八解》："五五三三拋堶忙，柳絲深處映陂塘。"明楊慎《俗言·拋堶》："宋世寒食有拋堶之戲，兒童飛瓦石之戲，若今之打瓦也。"清錢謙益《徐武靜生日賦贈八百字》詩："拔河群作隊，蹀堶巧相當。"自注："拋磚戲也。"各家雖有解釋，然語焉不詳，讀《談徵》則知之矣。

其四，從辭書編纂角度來看，《談徵》所錄詞條及書證對今天語文辭書的編纂具有參考價值。

《談徵》記錄了一大批俗語語，對我們今天從事辭書編纂工作有很大的參考價值。以《漢語大詞典》爲例，該詞典是到目前爲止規模最大的一部語文辭書，其編纂方針是"古今兼收，源流並重"，但從《談徵》所錄詞條及書證來看，《漢語大詞典》還有進一步討論的地方。有少數詞條，《漢語大詞典》已採用，如《漢語大詞典》"社夥"條："即社火。古代節日、迎神賽會所扮演的雜戲、雜耍。清西厓《談徵·言部·社夥》：'今人看街坊雜戲場曰社夥，蓋南宋遺風也。宋之百戲皆以社名……夥者，方言凡物盛而多也。或作"社火"，言如火燃，一烘而過也。'"即直接引用《談徵》例。但這畢竟祇是少數。《談徵》中還有不少詞條和書證可以對《漢語大詞典》作出一定程度的補正。例如：

《談徵》收錄而《漢語大詞典》失收者例如：

《談徵·事部》"翻空梯"條："《鹽鐵論》言：漢代百戲有唐銻追人、奇蟲胡妲。唐梯謂人倒擲，以梯置足掌上，一人上梯，從梯蹬中轉身蜿蜒，即今戲家之所謂翻空梯。"（P1293）

《漢語大詞典》收"唐梯"一詞："見'唐銻'"。"唐銻"："亦作'唐梯'。"義項一："古代百戲之一，即翻空梯、上高竿之類。"舉漢桓寬《鹽鐵論·散不足》、明楊慎《藝林伐山》、方以智《通雅·戲具》例。又收"蹬梯"一詞："雜技節目。一演員仰臥，雙足向上，以長梯豎置演員腳底，使演員一至數人攀梯表演各種動作。清李聲振《百戲竹枝詞·蹬梯》題解：'觧婦類仰臥，翹雙足以承梯，一小兒作反腰，歌唱於梯之上，不傾攲焉。近梯有十三層者。'……"比較即可看出，"唐梯"、"蹬梯"與《談徵·事部》"翻空梯"條意義相同。《漢語大詞典》既收"唐梯"、"蹬梯"，不必厚此薄彼，亦當收"空梯"或"翻空梯"。

《談徵·物部》"水刮"條："今田家有水刮，天旱時引水以溉田。《魏略》：'馬鈞巧宦絕世，居京都，有地可以爲園而無水以灌。乃作翻車,令兒童轉之而灌水自覆,更入更出,巧百倍於常人。'因以水刮之制起自魏馬鈞。漢靈帝使畢嵐作翻車,設機束以引水,灑南北郊路。則翻車自畢嵐已制矣。翻車即今所謂水刮也。"(P1323)

按,《漢語大詞典》收"翻車"條,義項一:"東漢靈帝時始作。原是一種在河邊汲水用的機車,後經馬鈞改良,機件輕便,即後世常用的龍骨水車。"舉《後漢書·宦者傳·張讓》、晉傅玄《馬鈞傳》例。由《談徵》知此物清代俗稱"水刮",《漢語大詞典》未收此詞。

《漢語大詞典》書證過晚者例如:

《談徵·言部》"賊禿"條:"今人罵僧輒雲賊禿,按梁荀濟表云:'朝夕敬妖怪之胡鬼,曲躬供貪淫之賊禿。'則此語六朝已有之矣。"(P1243)②按,這裏已將當時俗語詞"賊禿"上溯到六朝。《漢語大詞典》該條釋義:"詈詞。對和尚的蔑稱。"舉《水滸傳》例,過晚。

《談徵·事部》"燒火盆"條:"吳俗:除夕各家燒松盆,取家計鬆泛之義。石湖范至能歸田,採田家歲暮十事,作樂府,其六曰'燒火盆行爆竹之夕,人家各又於門首燃薪滿盆,無貧富皆爾,謂之相暖熱'。"(P1309)

按,《談徵》所引爲宋范成大《臘月村田樂府十首》之序。"火盆"一詞,宋元以來多見。唐孫思邈撰、宋林億等校正《備急千金要方》卷三十七:"初安氈一重,即安火盆。火盆大熱以漸更加一重,若火更熱不可忍,加至三重。"元《農桑輯要》卷四:"或釘木橛,上安火盆,盆外另夾帷箔,收拾火氣。"明洪楩編《清平山堂話本·錯認屍》:"到晚,周氏叫小二關了大門,去竈上燙一注子酒,切些肉,做一盤,安排火盆,點上了燈,就在房內牀面前。"《漢語大詞典》該條義項二:"盛炭火取暖或烘衣物等的盆子",舉周立波《暴風驟雨》例,過晚。

其五，從辭書編排體例方面來看，《談徵》不僅釋俗語詞，也釋俗語，這種體例與當今大型語文辭書編纂的體例是一致的。

《談徵》對俗語的記錄是自覺的。如《談徵·言部》"諺語"條説到："諺語爲古人詩詞中所引用者甚多。……皆先儒解經，不但詩詞之資而已。詩詢芻蕘，舜察邇言，良有以哉！"（P1254）有些是條目本身就是俗語，如"福無雙至禍不單行"（P1232）、"小兒買瓜祇揀大的拿"等（P1247）等。除條目所示之外，不少詞條的釋義中用語還有一些，如"雲佔"條引俗語："雲往東，一場空；雲往西，馬濺泥；雲往南，水潭潭；雲往北，好曬麥。"（P1226）當代學者中有人認爲應當"語詞分立"，即詞典不收"語"，"語"應單獨進入"語典"。[9]設想是良好的，操作起來也容易，但這樣未必符合人們的使用習慣。首先，從《談徵》來看（當然其他一些古代俗語辭書也如此），"詞""語"兼收是語文辭書編纂的傳統；其次，從認知和運用角度來看，人們似乎並沒有把漢語的"語"和"詞"看成是完全不同的語言單位，比如人們習慣於説的"詞語"，就既包括"詞"，又包括"語"。當然這個問題比較複雜，可以進一步從認知語言學等多個不同的角度進行研究。

作爲明清俗語辭書中的一種，《談徵》具有多方面的研究價值，本文僅以舉例形式對此作了概括。同時，我們也需要注意，《談徵》作爲一部俗語辭書，是以抄撮舊文爲主的。誠如自序所説："每於公餘之暇翻閲群書，凡有合於世俗之習爲常談者，摘而録之"，因此許多引文未註明出處，這是我們引用時需要注意的。例如《談徵·事部》"摸盲盲"條："小兒以巾掩目，暗中摸索，謂之摸盲盲。始於唐明皇、楊妃之戲，號捉迷藏。見《致虚閣雜俎》。……"（P1305）此探此戲之起源，使我們意識到今天所謂"躲貓貓"其實是"躲盲盲"的音轉；或者説，二者是一對同源詞。其價值自不待言。但是，我們要注意的是，此條清顧張思《土風錄》卷二亦收錄，顧書刊刻略早於此書。此條之前又有"雙回門"條（P1305），疑亦襲顧書。又如，《談徵·名部下》"騍馬"條："俗呼牝③馬爲騍馬，出《唐六典》。凡牝四游，而騍羊則當年而騍之。'騍'讀爲'歲課駒犢'。"（P1206）按，此語出宋孔平仲《珩璜新論》。

〔注釋〕

① 此云"嘉慶三年"，據伊秉壽爲王玉樹《説文拈字》所作序"歲己未，餘守惠州"，爲嘉慶四年。當是嘉慶三年末委任，嘉慶四年初到任。
② 胡，唐道宣《廣弘明集》卷七引作"厲"（四庫全書本）。
③ 牝，原誤爲作"牡"，從宋孔平仲《珩璜新論》（四庫全書本）改。

〔主要參考文獻〕

[1] 明清俗語辭書集成 [C]. 影印本第二册. 上海：上海古籍出版社，1987.

[2] 伊秉綬. 王玉樹《説文拈字》序 [A]. 説文拈字七卷補遺一卷（清嘉慶八年芳梫堂刻本） [M]. 四庫未收書輯刊. 北京：北京出版社，2000.

[3] 李光德主編. 中華書學大辭典 [Z]. 北京：團結出版社，2000。

[4] 趙爾巽主編. 清史稿 [M]. 北京：中華書局，1977.

[5] 楊守敬. 學書邇言 [M]. 北京：文物出版社，1982.

[6] 向燊. 虹廬畫談 [M]. 轉引自：中華書學大辭典 [Z]. 北京：團結出版社，2000.

[7] 中國文物學會專家委員會主編，劉煒執行主編. 中國文物大辭典（上）[Z]. 北京：中央編譯出版社，2008.

[8] 羅竹風主編. 漢語大詞典（縮印本）[Z]. 上海：漢語大詞典出版社，1997.

[9] 溫端正. 論語詞分立 [J]. 辭書研究，2002（6）.

（曾昭聰，暨南大學中文系　郵編：510632）

傳教士所編《西蜀方言》及其在四川方言研究中的價值

鄧章應

内容摘要:《西蜀方言》是20世紀初傳教士編纂的一部方言詞典,收集了大量當時口語中的常用詞語,對於研究當時詞彙、語音、語法均有重要作用。同時這部詞典在編纂體例上有很多創新之處,亦有一些疏失。但現在我們對其重要價值還沒有充分認識,對它的研究也亟待展開。

關鍵詞:《西蜀方言》 四川方言 貢獻 疏失

19世紀下半葉至20世紀上半葉來華的基督教傳教士,爲了傳教的方便,往往事先或就地學習當地方言,并且編寫出版大量記錄和研究當地方言的著作。這些文獻記錄、描寫並研究了當時各地漢語方言口語,有重要的史料和研究價值。中國內地會(China Inland Mission)傳教士鍾秀芝(Adam Grainger)所編《西蜀方言》(Western Mandarin)就是其中重要一本。

英國傳教士鍾秀芝,在四川傳教,長期居住在四川成都,對四川方言俗語有深入瞭解,爲幫助傳教士迅速學習當地語言,1890年他開始在華人基督教徒的協助下編寫《西蜀方言》,1900年在上海美國長老會所辦的美華書館付梓。

一 《西蜀方言》體例及內容簡介

《西蜀方言》共分四大部分:前言;索引;正文;附錄。

1. 前言說明了撰寫意圖和體例及所用音標。該書的撰寫意圖是爲了幫助在華西的傳教同工學習當地口語。體例分爲收詞範圍、內容安排、羅馬字説明、釋義説明、翻譯、聲調説明、異體、數量詞、諺語、有音無字詞、省略、勘誤表幾部分，最後是作者的感謝和希望。本節擇要説明其收詞範圍、所用羅馬字符號和聲調，其它的放到文章其它部分介紹。

收詞範圍中説明該書共收單字3674個，112個異體字，191個有音無字詞，用例13484條（包括俗語401條），每條例子來自於口語，不收文言詞語及外來語。

該書的羅馬字符號來自於中國內地會的羅馬字系統，但做了少量改動，主要是 i 或 ü 之前的 k 改寫成 ch，如"江"拼成 chiang，"去"拼成 ch'ü，i 或 ü 之前的 hs 改寫成 sh，如"下"拼成 shia，"玄"拼成 shüen；將 ai、i、ei 和 eh 統一寫成 e，如"這"拼成 che，"雷"拼成 lue，"背"拼成 pe，"白"拼成 pe。

該書的聲調説明一般人們把聲調分爲五個，但跟北方方言不同，跟南方方言也不同，它們調名相同，但調值各異，西蜀方言的第一、二、三、四聲分別與南方方言第三、一、四、二聲相似。第五聲有時難於與第二聲分辯，因爲它不像南方方言第五聲那樣短促，但還是自成一個聲調，不像北方方言已混入另外四個聲調中。另外還説明在重疊式複音詞中，後邊一個字的聲調常常要升起來。

2. 索引有正文前邊的部首索引，正文後邊有音節索引和英語索引。

3. 正文分爲有字詞和無字詞兩部分，前邊爲有字詞部分，按部首排列，同部首再按筆劃順序排列。以字頭爲綱目，後邊用羅馬字註音，字頭下再列出由該字組成的詞或例句，詞和例句後邊用英語釋義。無字詞則按拉丁字母順序排列在正文後半部分，無字詞是作者認爲沒有適當漢字記錄的詞，這類詞用"口旁字"

表示，所謂"口旁字"，就是用一個與之音同或音近的字再加上"口"旁表示。

4. 書末附錄親屬稱謂表，親屬稱謂表也是井然有序，按其所稱呼對象分爲父親家、母親家、女婿家、媳婦家、丈夫家、其它編排。

二 《西蜀方言》的價值

1. 詞典體例的創新

《西蜀方言》在詞語編排方面有所創新。在此之前的四川方言詞典有明代李實《蜀語》[1]和清代張慎儀《蜀方言》[2]，《蜀語》收詞不分類，《蜀方言》按詞的類屬意義編排。《西蜀方言》將方言詞分成有字詞和無字詞兩部分，有字詞按部首排列，以字統詞，同部首字又按筆劃順序。而無字詞則按拉丁字母順序排列。顯得井然有序。

《西蜀方言》有索引，以前《蜀語》和《蜀方言》與以前傳統的工具書一樣，沒有單獨編制索引，查檢極不方便。而《西蜀方言》則編制了三個索引：漢字部首索引、音節索引和英語索引。

《西蜀方言》用羅馬字註音，以前《蜀語》以同音字註音，《蜀方言》以反切註音，對於專記口頭詞語的方言工具書而言均不甚理想。《西蜀方言》則采用内地會普遍采用的羅馬字記音符號註音，使查閱者能拼讀出實際讀音。

《西蜀方言》標示出了異體字，異體字用 same as 標示，如"彷，same as 仿"。有些是俗字，如"灑，same as 洒"。"盜，same as the next 盜"。

對於不單獨成詞的語素，《西蜀方言》用參見的形式，如"儸，For example of use see 傻"。

對於可互相通用的詞,《西蜀方言》用"interchanged with"標示,如"擘 interchanged with 敨"。

對於例中有些有音無字的詞,《西蜀方言》則用註音代替。如"涎 $ta^5 ta^5$ 的,義爲"慢"。

《西蜀方言》區分了同形詞,如將"便易"分成兩個詞,分別以聲調別之:"便^4 易,方便","便^2 易,價格低。"

對於有音無字詞,《西蜀方言》采用口旁字代替,有些字作者認爲沒有本字或本字不通行,而借一個同音字作聲旁再加"口"合成一個口旁字來表示。將有音無字詞與有字詞分開編排是方言詞典編纂的一個創造,比起某些外國傳教士編纂的方言詞典害怕方言字寫不出來而放棄漢字,改用拉丁字母作字頭的做法要好得多。同時對於無字詞也便於采用拼音查檢。

2. 詞典所記錄的語音系統準確反映了一百年前成都的口語語音

鍾秀芝在《西蜀方言》前言中交代,此書專收口語中常用詞語。其目的是爲了傳教士學習,以便於深入群衆傳教,所以該書反映的應該是當時口語語音。并且此書是用羅馬字註音,避免了過去用漢字直音或反切不能反映口語實際語音的缺點。後來甄尚靈先生通過整理《西蜀方言》的羅馬字註音,歸納出19世紀後期的成都口語語音[3]。

3. 詞彙收集規模達到一個新的高度

對於四川方言詞語的收集與研究,早在明代就有著作刊行,明代李實的《蜀語》,收四川方言詞語539條,以單音詞爲主。每條都詳加注釋,並多數舉有文獻例証。清代張慎儀收集方言詞語,輯成《蜀方言》兩卷。收四川方言詞語803條。這兩部書的收詞規模比《西蜀方言》都小,并且《西蜀方言》主要收口語詞,而前邊兩部辭典則書面詞收得不少。

自《西蜀方言》以後,則出現了更大規模的收集四川口語詞語和俗語的《蜀籟》[4]，1930年遂寧人唐樞、林皋編輯，廣收四川方言詞語乃至句子約5000條，近26萬字，收錄活在人們日常生活中的口語以及各行各業用語，內容更加豐富。

4. 保存了大量當時的口語詞，爲後人研究當時方言詞語提供了材料

因爲《西蜀方言》記錄的都是口語中常用詞語，有些詞語現在還繼續流行在四川方言地區，但也有部分已經消失了。這就爲現在研究一百年前的四川方言詞語保存了資料。

(1) 可補詞典未收的詞條

有些詞語，不僅現有四川方言辭書未加著錄，就是古今兼收的大型辭書如《漢語大詞典》也沒有收錄。試舉幾例。

估騙，強騙。《西蜀方言》："估騙人"，意爲"采用欺騙和強迫手段取得。"與本書時代相近的擬話本小說《躋春臺》也有用例，卷一《雙金釧》："有一等忤逆子全無分曉，貪酒色逞財氣滿假矜驕。或箍桶或唆訟包把狀告，或打條或想方白晝持刀；或姦淫或估騙或做強盜，無尊卑無老幼祇耍橫豪。"[5]此詞《漢語大詞典》未收。

丁對，（力量）相當。《西蜀方言》："他兩個的力量丁對。"義爲"他兩人的力量相稱。"民國時期收集四川方言熟語的《蜀籟》亦收有"不釘對"。

其他如"皮老漢、皮兒子"義爲"繼父、繼子"。"嬌客，女婿。""地振板，地板。""眼時，現在，眼時的風俗不同。""客歲，去年。""花宵，今黑了的花宵"，義爲"婚禮的前一晚。""紅崩"，義爲"生小孩時大出血"。"巡風"，義爲袍哥中的探子。"師娘子"，義爲"巫婆"。"居一"，義爲"（身體）舒適，無病痛"，"我人今天不居一"義爲"我今天不舒服"。

(2) 可補辭典義項缺失

交頭，預先交小部分錢作的訂金。例句爲"拿點交頭"，意

爲先給一點錢。《躋春臺》也有用例，卷四《香蓮配》："官問：'討親人出了多少錢？'答：'出了四串交頭過與媒人。'"民國時期記錄四川方言俗語的《蜀籟》卷四收有"退交頭。"《漢語大詞典》："指上交賦稅的數目。"於此義未及。

收漿，《西蜀方言》："收漿"，義爲"偷別人洗好晾曬的衣服"。《躋春臺》卷四《孝還魂》亦有用例："忽見路旁茅房外曬有幾件衣服，四下無人，心想：'我失線子，若把此衣偷回掉幾升米，免得把媽餓壞。'此時情急，那知利害，便去收漿。"同篇："有一日洗衣曬路上，忽有個小兒來收漿。"《四川方言詞典》未及此義[6]。

5. 保存了當時語法

《西蜀方言》不僅在前言中專門提到了數量詞，并且還收錄了當時四川方言中一些特殊的數量詞，如：一眼倉；一眼牛圈；買一穴地（墳地的量詞）；一所墳；買一掛魚；側近有根大樹子；一根樹剝得到幾層皮；一根樹子；一子火麻；八幅的鋪蓋（鋪蓋需要八幅布來拼）；一幅菜園。

《西蜀方言》收的一些例句，保存了當時語法現象。如："你喜不喜悅"，雙音節詞的反復問句在普通話中一般是都要重複，如"你高興不高興"，但四川方言中一般將第一音節重複一次，如"你高不高興"，而《西蜀方言》的記錄説明一百年前的四川話就已經有這種用法了。

還有如"在"用在動詞後表示動作或狀態的持續進行，如《西蜀方言》："我這幾天耍起在。"現在四川部分地區還有此說法，如"他吃起在"，意爲他正在吃。

"很"用在動詞前邊表示動作的強度大或次數多，如《西蜀方言》："把我很跑了幾個邊子。"跑邊子就是跑趟子，跑路。幾個邊子就是跑了好幾次，而前面加一"很"字表次數多。

6.《西蜀方言》記錄的方言字有利於同時代詞語的解釋和文

獻的解讀

方言字對於方言的共時描寫、方言的歷時比較、方言間的比較研究都有重要的價值。《西蜀方言》記錄了一些流行於四川的方言俗字。有的甚至對其它文獻的校勘有很大幫助。

與《西蜀方言》時代相近的方言小説《躋春臺》上有一"惥"字，不管是蔡敦勇先生的校點本，還是後來金臧、常夜笛的校點本都將其改寫作"憂"，[7]如《躋春臺·節孝坊》："誰知此子不肖，芝田死後，遂將家業蕩敗。母亦憂氣而死。"但"憂氣"一詞在四川方言中不習見，更常用的是"慪氣"。後來張一舟先生指出可能應爲"慪"字，[8]但沒有其他證據，而在《西蜀方言》中不僅收了"憂"、"惥"和"慪"字，而且明確指出"慪"同於"惥"。於是説明了張一舟先生當初懷疑的正確。

7. 爲方言研究史提供材料

西洋傳教士的漢語方言研究，在中國近代方言研究史上具有重要的地位。游汝傑先生在《西洋傳教士漢語言方言學著作書目考述》説到："利用這些文獻（引者注：指西洋傳教士翻譯、編寫的各種漢語方言聖經譯本和方言學著作），至少可以十分完整地歸納19世紀至少下述地點方言的語音系統：上海、蘇州、杭州、金華、寧波、台州、溫州、福州、廈門、莆田、汕頭、海口、廣州、嘉應（客話）。"游先生調查了近代外國傳教士所翻譯的600多種方言聖經和撰寫的249種方言著作，所涉及的方言包括吳、閩、粵、客、贛五大類。[9]但可惜的是對於官話中重要一種的西蜀方言卻闕如，而《西蜀方言》就正好可填補這一空缺。

二　詞典的不足

1. 體例

雖然《西蜀方言》在體例上已經有已經創新，但還是有一些可以改進的地方,如單字詞下,有的是詞,有的卻是例句。這樣的長處是使詞典使用者學到詞在語言環境中的實際用法,而不僅僅是知道詞義。但詞和例句混合編排,對於詞語的查檢,詞語的切分都有困難。現在詞典編排通行的做法是單字詞下排雙音節和多音節詞,然後再分別舉例。

2. 有些同音詞沒有分開

有些同音詞,音同甚至形同但其實是兩個不同的詞,詞典編纂時一般將其分作兩個詞,但《西蜀方言》對此有所忽略,如"梗(音 KEN3)"字條下,有"菜子梗"、"那個人梗直"、"頑梗難化"、"梗塞不通"、"一吊梗錢"、"買個梗的"、"做了一天梗的",其實"草本植物的枝莖"和"耿直,剛正"可看作一個詞,但"梗錢"及其後之例句實爲"整",祇是因爲方言讀音與普通話相比稍有音變而已,應分立詞目,不應放在一起。

其他如"橋"字條,下收"一道橋"、"爐橋"、"這個板子是橋起的"、"學算盤要記到橋數"、"事情橋了盤"、"我是橋的"。其中"橋梁"義及其引申義"器物上的橫杆"爲一個詞,例子有"一道橋"、"爐橋(炭爐底部用以擱炭和漏灰通風的鐵制器具)、算盤橋數"。但表示"東西放得高低不平、木料由濕變干而變形、關係不融洽、業務不熟或外行"等義其本字爲"蘮",《考工記·論人》:"輂弊不蘮。"鄭玄注:"蘮,蘮暴。"《新方言·釋言》:"今謂物不妥巾,偏頗暴起爲蘮。"《蘄春語》:"《説文·草部》:蘮,草也。引《周禮》曰:輂弊不蘮。許嬌切。文見《考工記·輪人》,鄭注:蘮,蘮暴。案蘮與喬、蹻、翹聲義均近,謂暴起也。吾鄉稱木器先濕後干而暴起者,曰蘮;凡物之驟起向上者,亦曰蘮;作事欲成而中變者,亦曰蘮;彎曲不伸者,亦曰蘮;小兒始樂而後怒者,亦曰蘮。讀牽遙切,亦讀苦要切。"《昭通方言疏証》:"今昭人言物頗偏暴起爲蘮,音如竅,或如竅平聲,俗以蹻爲之,此專字也。"[10]

3. 有些詞條釋義不確

《西蜀方言》釋義盡取口頭語言，不僅是鍾秀芝本人對西蜀方言理解較深，能對中國南北方言聲調作比較，而且還有中國籍教徒的幫助，所以該書的釋義大多數是準確可靠的，但也有少部分富含社會歷史背景或地方民俗意義的詞解釋得不盡理想。

"壓佃"，義爲"租房時交的押金"，其實此詞當時更多的用來指地租押金。地主在出租土地給佃戶之前，要求佃戶預交押金。其目的在於害怕佃戶不交地租。交的錢叫"押租錢"。因各地區不同，而名稱各異。如江西寧都縣稱"批佃銀"，福建汀州稱"根租"，安徽涇縣稱"頂手稻"，江蘇靖江稱"係腳錢"，湖南善化縣稱"規禮銀"，道州稱"寫田錢"，四川稱"壓佃"。名稱雖異，而實質相同。[11]《乾隆善化縣誌》卷四"風土"條："每五千緡，可壓田一畝；五百千緡，可壓田一百畝"，相當於每畝地價的十分之一。"《躋春臺·香蓮配》："不上幾月，業價輸完，又將自種田土盡行押佃，把妻子衣飾拿去當錢。"

"叫魂"，義爲"把富人的魂招回來"。在我國許多地方的農村，至今還保留着叫魂的風俗，當不懂事的孩子受到意外驚嚇，例如在戶外被狗等其它東西驚嚇了之後，大人一般會在晚上，來到孩子白天受驚嚇的地方，一面喊着孩子的名字，叫他不要怕，並跟着喊："回來吧，回來吧！"有時還燒一些紙錢，以祭天地。此風俗儀式並不一定限於富人，流沙河先生曾做過一篇《爲成都人叫魂》的文章。

4. 口旁字有過濫的情況

有音無字詞用口旁字代替是一個很好的處理方式，但不能因此而放棄對方言本字的考求，或者本有通行字而不用，《西蜀方言》在處理此類口旁字有過濫的情況，如"蘿蔔嘆嘆"表示蘿蔔頭上的莖和葉子，其本字應爲"纓"，不必生造"嘆"字。"一張唎嘴"之"唎"有通行字"利"。"我啷；啷了幾百錢；啷一場病"、"啹"可用通行字"遭"。"㴸水"本爲"溮水"。

有些生造的口旁字如正好跟本有的字重合的話,則會引起混亂,如"嗄,ha¹,嗄喉嚨;臘肉有點嗄口。"表示"食油或含油食物放久了變味",一般寫作"哈",如生造口旁字"嗄",則與本有的字"嗄"(音shà,表示聲音嘶啞的)相混淆。

《西蜀方言》收"唏咙",有例句"唏咙兒跌倒","唏咙兒走不攏",義爲差點兒,其實此兩字本爲"希乎",《聊齋俚曲集·磨難曲》第十九回:"你看他好事的吵來,好世的罵;又把你希乎捆煞,幾乎勒殺!"范志英《小喜接妹》:"一窩子狗妹子汪汪亂叫,希乎把我嚇死了。"《躋春臺》中例更多,卷一《過人瘋》:"渾身皮肉稀槽爛,希乎把命送陰間。"卷二《捉南風》:"忽然一股風來,希乎把堂燈吹滅,門外'哈'的叫了兩聲,兩旁人役紛紛亂竄。"卷三《雙冤報》:"魏有仁歸家,自思當初嫌妻犯淫,慪親騙賑,種了罪愆,以致遭冤蒙垢,希乎傾家斃命。":卷四《錯姻緣》"莫講讀書,提起害怕,先年讀書,希乎把命丟了。"

另外有些詞,本有通行字,但用了生僻字或自造字,如"劄(音cha5)"字條,收"房子的柱料答力實,這個東西答力板,活路劄實,生意劄勁"其實一般通行字作"扎",如梁德曼、黃尚軍《成都方言詞典》收"扎實"、"扎板"、"扎勁兒",義與此同。[12]

其它還有一些因校審不精而導致的刊刻錯誤,如"撥殼殼"之"撥",應爲"剝","花卸了"應爲"花謝了","固意那樣做"之"固意"應爲"故意","買一定墨"之"定"應爲"锭","邀牛"應爲"吆牛"。

三 對《西蜀方言》的研究

《西蜀方言》是研究漢語方言史的重要著作,但很多年一直沒有引起學者的充分注意。祇有甄尚靈先生寫過一篇《〈西蜀方言〉與成都語音》，這是最早將《西蜀方言》的語音系統進行整理，並與後來調查的成都語音進行比較的研究成果。近來，黃靈燕女士發表《再論鍾秀芝〈西蜀方言〉的入聲和基顧同音樂問題》對此問題有所補充[13]。

後來梁德曼、黃尚軍兩位先生在編纂《成都方言詞典》時，引用了其中部分詞語。後來又有郭莉莎作了一篇《〈西蜀方言〉詞彙研究》的碩士學位論文。

總的來說，這些研究都是零星的，并且最重要的是，此書因爲當時印數不多，現在已不容易見到。在開展研究之前，我們要做的基礎工作是對其進行翻譯、校訂、整理。

正如游汝傑先生在《西洋傳教士漢語言方言學著作書目考述》中所說："這些文獻（指傳教士所著漢語方言聖經譯本和方言學著作）在廣度、深度和科學性方面遠遠超過清儒的方言學著作，也是同時代的其他文獻，如地方誌和方言文學作品所望塵莫及的。它們對於研究近代中西學術交流、中國基督教史、漢語方言學和方言學史都有相當高的價值。……但是國內研究學界長期以來對這些寶貴的材料重視不夠，瞭解很少，研究更少。"[8]現在正是亟需改變這一局面的時候。

〔主要參考文獻〕
[1]（明）李實. 蜀語. 黃仁壽等校注. 成都：巴蜀書社，1992.
[2]（清）張慎儀. 續方言新校補、方言別錄、蜀方言. 張永言校. 成都：四川人民出版社，1987.
[3] 甄尚靈.《西蜀方言》與成都語音. 方言，1988（3）.
[4] 唐樞. 蜀籟. 成都：四川人民出版社，1982.
[5]（清）劉省三. 躋春臺. 蔡敦勇整理. 南京：江蘇古籍出版社，1993.
[6] 王文虎等. 四川方言詞典. 成都：四川人民出版社，1987.
[7]（清）劉省三. 躋春臺. 金臧、常夜笛校. 北京：群眾出版社，1999.

[8] 張一舟. 從《躋春臺》的校點看方言古籍整理. 方言, 1995 (2).

[9] 游汝傑. 西洋傳教士漢語言方言學著作書目考述. 哈爾濱：黑龍江教育出版社, 2002.

[10] 蔣宗福. 四川方言詞語考釋. 成都：巴蜀書社, 2001.

[11] 戴逸. 簡明清史（第一册）. 北京：人民出版社, 1980.

[12] 梁德曼，黃尚軍. 成都方言詞典. 南京：江蘇教育出版社, 1998.

[13] 黃靈燕. 再論鍾秀芝《西蜀方言》的入聲和基礎音系問題. 語言科學, 2010 (4).

（鄧章應，西南大學文獻所　郵編：400715）

關於語言系統、音義結合及相關問題的思考*
——讀索緒爾《普通語言學教程》

譚代龍

內容摘要：文章把索緒爾語言學核心思想歸納爲"語言是一種音義結合的符號系統"，並提出用"詞位"（音義結合體）來命名索緒爾的"符號"（能指所指結合體），文章進而討論了詞位的相關問題。文章認爲，如何立足於符號系統本身研究語言系統，是當前研究工作的一個重要內容。

關鍵詞：索緒爾　語言系統　音義結合　詞位　詞彙學

0. 引言

《普通語言學教程》的作者、瑞士語言學家費爾迪南・德・索緒爾（1857—1913）是 20 世紀影響最深遠的語言學家之一，他的學術思想標誌着現代語言學的開端，被譽爲"現代語言學之父"。索緒爾的學說並非天外之物，他的每一個閃光的思想都與時代的學術思潮緊密地聯繫在一起，但是是他第一次把這些思想納入一個完整有機的系統思想中考察，從而開啓了語言學的新時

---

* 本文的 1、2 部分曾以《語言是一種音義結合的符號系統——論索緒爾語言學核心思想》爲題在《外國語文》2009 年第 2 期發表。此次完整發表作了較大改動，如有討論請以本稿爲準。

代。其影響所及,遠遠超出了語言學界。近一個世紀以來,關於索緒爾及其《教程》一書,國內外都有不少深入的研究。由於《教程》一書博大精深而又要言不煩,又是在索緒爾去世之後由學生彙集、整理聽課筆記而成,所以要完整把握索緒爾的核心思想,存在一定的難度。本文嘗試在前人的研究基礎之上,闡述筆者對索緒爾語言學思想的理解。在此基礎上,結合漢語研究、尤其是漢語詞彙研究,對相關問題作出思考。

1. 索緒爾的語言學思想

索緒爾在對語言學作出兩次選擇(語言/言語;歷時態/共時態)之後(141)[①],就進入了共時語言學研究的論述。筆者認爲,索緒爾的核心思想就體現在其對共時語言學的系列論述中,概括爲一句話,就是:語言是一種音義結合的符號系統。這句話包含三層意思:(1)語言是一種系統;(2)語言是一種符號;(3)音義結合而成的符號是系統中最重要的東西。圍繞這個核心思想,索緒爾展開了一系列的相關論述。我們要把握索緒爾的系列思想,也要從這裏入手。下面對這三層意思加以分析討論。

1.1 語言是一種系統

語言是一種系統的思想,已經成爲學術界的共識。這是自索緒爾以來語言學的一個重大進展。呂叔湘(1983)認爲:"近代語言學的更重要的收穫是對於一條根本原則的認識,——語言的系統性。每個語言自成一個獨立的系統,語音、語法、詞彙都是如此。"索緒爾針對19世紀歷史語言學的"原子主義"傾向,明確提出"語言系統"的觀點,他認爲:

> 語言是一種表達觀念的符號系統。(37)語言是一個純粹價值的系統。(118)把一項要素簡單地看作一定聲音和一定概念的結合將是很大的錯覺。這樣規定會使它脫離它所從

屬的系統，仿佛從各項要素著手，把它們加在一起就可以構成系統。(159) 語言是一個系統，它的任何部分都可以而且應該從它們共時的連帶關係方面去加以考慮。(127)

對此，索振羽（1994）認爲："索緒爾的'系統學説'是一種非常重要的學説，它強調語言的整體性，但這種整體性不是'整體等於部分之和'的那種機械論的整體性，而是'整體大於部分之和'的那種整體性。這種整體性思想確切地揭示了語言系統本身的特性。正是這種思想使20世紀語言學跟19世紀語言學涇渭分明地區別開來。所以，我們有充分理由説：索緒爾的語言系統學説使20世紀語言學成爲真正的科學。"這是十分公允的評價。呂叔湘（1983）指出："這（指語言系統性）是研究語言的人一時一刻也不能忘記的原則。"我們更進一步認爲，共時語言的系統屬性研究既是研究的出發點，也是研究的根本目標之一。

1.2 語言是一種符號

語言是一種符號系統，這是索緒爾的一個基本觀點，但似乎語言學界對此重視不夠。事實上，我們現有的絕大多數關於語言的困惑都與對這個原則的理解不夠有關。索緒爾認爲：

語言是一種表達觀念的符號系統。(37) 語言學家的任務是要確定究竟是什麼使得語言在全部符號事實中成爲一個特殊的系統。……如果我們能夠在各門科學中第一次爲語言學指定一個地位，那是因爲我們已把它歸屬於符號學。(38) 爲什麼大家還不承認符號學是一門獨立的科學，像其他任何科學一樣有它自己的研究對象呢？因爲大家老是在一個圈子裏打轉：一方面，語言比任何東西都更適宜於使人瞭解符號學問題的性質，但是要把問題提得適當，又必須研究語言本身；可是直到現在，人們差不多老是把它當作別的東西，從別的觀點去進行研究。……大衆有一種很膚淺的理解，祇把語言看作一種分類命名集，這樣就取消了對它的真正性質作任何探討。(38～39) 語言的問題主要是符號學的問題，我們的全部論証都從這一重要的事實獲得意義。要發現語言的真正本質，首先必須知道它跟其他一切同類的符號系統有什麼共同點。有些語言的因素乍一看來似乎很重要（例如發音器官的作用），但如果祇能用來使語言區別於其他系統，那就祇好放到次要的地位去考慮。(39)

索緒爾關於語言的符號性原則並沒有太多的論述，但態度相當鮮明。這是語言學的一個基本立足點，如果離開了這個立足點，我們就會"從別的觀點去進行研究"語言，或者"把語言看作一種分類命名集"，就會把語言不當語言來研究。我們可以舉一個小說中的例子來看大眾對語言的理解。老舍先生於1936年發表了一篇題爲《新愛彌耳》的短篇小說，其中有一段話反映了主人公的語言觀，文中寫道：

> 自從他一學說話起，我就用盡了力量，教給他最正確的言語，決不許他知道一個字而不完全瞭解它的意義，也決不給他任何足以引起幻想的字。所以，他知道多少話就是知道了多少事，沒有一點折扣，也沒有一點虛無縹緲的地方。比如說吧，教給他說"月"，我就把月的一切都詳細的告訴他：月的大小，月的年齡，它當初怎麼形成的，和將來怎樣碎裂……這都是些事實。與事實相反的都除外：月就是月；"月亮"，還有什麼"月亮爺"，都不準入愛彌耳的耳朵。誰都知道月的光得自日，那麼"月亮"就不通；"月亮爺"就越發胡鬧了。

文中的主人公在對愛彌耳進行語言教學時，有一個認識前提，就是把語言中的詞等同於它所指稱的現實中的事物。在"我"看來，因爲月的光是從太陽而來的，月自己不會發光，因此就不能叫"月亮"，月亮更不會是"爺"，因此"月亮爺"就越發胡鬧了。顯然，這就是把語言看成了一種"分類命名集"。在理論上，我們幾乎都認可索緒爾的這一觀點，但是在具體的研究中，卻往往會背離它，從而離語言學越來越遠。我們在後面將會進一步討論這個原則的重要性。

1.3 音義結合體是語言系統中最重要的東西

那麼，在語言系統中，什麼是最重要的東西呢？或者說，是什麼東西建構成了這個完整的語言系統呢？索緒爾認爲，是音義結合體，即"符號"。他說：

言語活動是異質的，而這樣規定下來的語言卻是同質的：它是一種符號系統；在這系統裏，祇有意義和音響形象的結合是主要的。(36) 構成語言的符號不是抽象的事物，而是現實的客體。語言學研究的就是這些現實的客體和它們的關係；我們可以管它們叫這門科學的具體內容。(146) 要瞭解語言祇能是一個純粹價值的系統，我們考慮兩個在語言的運行中起作用的要素就夠了，那就是觀念和聲音。(157)

索緒爾在論述"共時的現實性"問題時說：

語言學就這樣依靠語法學家所捏造的概念不斷地進行著工作，我們不知道這些概念是否真的相當於語言系統的組成因素。……爲了避免錯覺，我們首先要確信語言的具體實體是不會親自讓我們觀察得到的。我們要設法抓住它們，纔能接觸現實，進而作出語言學所需要的一切分類，把它管轄範圍內的事實安頓好。另一方面，如果分類不以具體實體爲基礎，比方說，認爲詞類之所以是語言的因素，祇是因爲它們與某些邏輯範疇相對立，那就是忘記了任何語言事實都不能脫離被切成表義成分的語音材料而存在。(155)

以上關於系統與音義結合的關係的論述，表明語言的系統性是通過意義和音響形象的結合來體現的。每一種語言都是一種符號系統，而每一個符號都是意義和音響形象結合而成，這種音義結合體就是語言的基本單位。我們要觀察系統的區別特徵，就得從這些"結合"及其關係入手。這是本文要重點論述的問題。

2. 論音義結合

音義結合單位及其相關屬性是語言系統屬性的根基，是語言學首先要正視的對象。索緒爾相當重視對這個問題的探討。下面結合漢語研究的有關情況從五個方面對此作一些討論。

2.1 音義結合體及其命名

語言基本單位的確定問題，歷來就倍受關注。索緒爾認爲：

> 由於不能直接掌握語言的具體實體或單位，我們將以詞爲材料進行研究。詞雖然同語言單位的定義不完全相符，但至少可以給我們一個近似的觀念，并且有一個好處，就是具體。因此，我們將把詞當作與共時系統實際要素相等的標本；由詞引出的原理對於一般實體也是同樣有效的。(159)

這裏的"共時系統實際要素"，就是索緒爾心目中的基本單位。在索緒爾看來，這個單位要能體現"1個能指＋1個所指"的完整的結合，也就是索緒爾的"符號"，從而體現其在語言系統中的獨特價值。詞是印歐語言的一個現成的東西，但還不是索緒爾心目中的基本單位。因爲語言中的一個詞本身具有複雜的音義關係，不是一個單純的、共時平面的音義結合體。人們一直在尋找這樣一個合適的基本單位。我們認爲，在共時語言系統的研究中，索緒爾的"符號"是一個值得重視的基本單位。結合漢語詞彙研究的情況，有以下幾點思考。

第一，"1個能指＋1個所指"的"符號"，是實際語言中碰到的東西。我們說出的話，實際上是由一個一個的"符號"組合成，我們一般叫作"字"或者"詞"。語流中，每一個"符號"都有而且祇有一個語音形式和一個意義內容。所以，"符號"具有真實性，是一種客觀存在的"語言實體"。

第二，以"符號"爲語言系統的基本單位，實際上是平等對待了"詞"的每一個"義項"。以詞爲基本單位，是將單義詞和多義詞放在了一個層面上來觀察，這是不公平的。例如，據張永言先生主編的《世說新語辭典》歸納，在《世說新語》中，"推"共有7個義項：

(1) 推；推闡 (2) 推辭 (3) 推讓；遜讓 (4) 推崇；推許 (5) 推舉；推薦 (6) 推度；推想 (7) 推究。

"投"有4個義項：

(1) 擲；扔 (2) 投放；投入 (3) 投（宿）；往（某處住）(4) 投奔；投靠

"偷"祇有1個義項：偷盜；偷竊。

我們這裏且不討論這些義項的歸併是否完全合理以及這些義項是否屬於同一個共時系統，按照我們的觀點，這裏的每一個義項都是一個"符號"，都是一個語音形式和一個意義內容的結合體。這裏就不是僅僅祇有"推""投""偷"3個詞，而是12個"符號"。也就是說，祇有一個義項的"偷"和有4個義項的"投"、7個義項的"推"在《世說新語》這個語言系統中不具有同等的地位，或者說，"投""推"的每一個義項都和"偷"在系統中的地位相同。以前的研究實際上是掩蓋了這種差異，"符號"纔是語言系統的基本單位。當然，我們也要考慮"符號"之間的關係，我們完全可以用另外一個術語來安頓"一詞多義"現象，而這本身也是研究語言系統的工作之一。

第三，以"符號"爲單位，可以避開一些因素的干擾，便於直接進入系統的研究。比如，上舉"推"的7個義項，是不是都可以算在一個詞的範圍內？即使能算在同一個詞的範圍內，對我們認識系統的整體屬性又有什麼價值？類似的情況在漢語詞彙史的研究中常常碰到。又如一個詞的詞義引申到多遠就不算一個詞，一個詞的名詞用法和動詞用法是一個詞還是兩個詞，諸如此類的問題,可以認爲是一種"人造"的麻煩。如果以"符號"爲觀察對象,就可以在一定程度上避開這類問題的干擾。

第四,以前的關於語言基本單位的定義和把握,大都立足於語音形式之上。語音形式祇是語言單位的外在的存在形式,因此可以形式多端。書寫形式更是第二重的外在形式。如果著眼於語言系統的研究,就必須立足於符號音義結合的完整性來考慮這個問題,偏重於語音形式或者偏重於意義內容都是不妥的。"符號"比較適合而且便於操作。在處理"符號"的"共時同一性"和"歷時同一性"時,祇要注意音義之間的關係有沒有轉移就夠了。

下面討論給"符號"命名的問題。

呂叔湘先生在《漢語語法分析問題》的一條注解中引述了趙元任對語言單位命名的看法:(A)"然而與其說這是一個實質問題,毋寧說這是一個名稱問題……這在一定程度上是一個怎麼方便怎麼辦的問題。"(B)"我們爲什麼要在漢語裏尋找那些存在於別的語言裏的東西呢?進一步研究的更有成效的途徑應該是,決定在那些單音字兒和句子之間有哪些類型的中間單位,而把管這些類型的單位叫什麼這個問題放在次要地位去考慮。"呂叔湘對此的評價是"立論頗爲通達"。張聯榮(2003)認爲,這個"通達"的意思有兩個:"(1)要考慮在漢語中我們'實際上碰到了什麼'。(2)研究起來'怎麼方便怎麼辦'。"張先生還認爲:"使用名稱的原則,是讓語言單位決定名稱,而不是叫名稱決定語言單位的劃分。"這也是十分通達的觀點。

根據"實際上碰到了什麼"和研究起來"怎麼方便怎麼辦"的指道思想,目前,我們想到了"詞位"[②]這一術語來命名索緒爾的"符號"。

我們初步認爲,"詞位"就是索緒爾心目中音義結合體的名稱。它祇有一個意義內容,也祇有一個語音形式。二者都不偏廢,必須在一種和諧的完整的基礎上得以體現。"詞位"的定義立足於完整的音義結合的基礎上,以此爲出發點,可以讓研究的基石更堅實可靠,可以充分吸取原有的關於音義及其結合的一些研究成果。有一些具體的問題,例如如何處理它和"詞""語素"的關係等等,都還需要深入研究。

2.2 詞位的整體性原則

索緒爾認爲:"語言符號聯結的不是事物和名稱,而是概念和音響形象。後者不是物質的聲音,純粹物理的東西,而是這聲音的心理印跡,我們的感覺給我們證明的聲音表象。"(101)

索緒爾把"概念"和"音響形象"分別命名爲"所指"和"能指",這樣,所指和能指也都具有心理屬性。從全書中,我們還可以看到,索緒爾有時又使用了"意義"這一概念,事實上,他認爲,意義就是概念。如:"在這系統裏,祇有意義和音響形象的結合是主要的。"(36)

還有"思想"(158)"觀念"(159),與"意義""概念"和"所指"是等同的術語。

對以上術語有必要作一些分析。"所指"並不是客觀事物,它是屬於心理屬性的東西,是客觀世界在語言社團集體意識中的一種主觀反映。相應的,"意義""概念"等同於此。

"所指"的產生和形成具有民族性,在同樣的客觀世界面前,其結果是大不一樣的。人們把這些認識固定在語言符號裏,因此,我們如果要研究這些東西,就祇有通過分析語言符號。但是,能不能反過來,根據"所指"或者"能指"的情況來研究語言符號的屬性呢?如同我們可以通過分解水分子(H_2O)來研究 H 原子和 O 原子,能不能反過來通過研究 H 原子或者 O 原子來分析水分子(H_2O)的屬性呢?顯然,一旦 H 原子和 O 原子結合成水分子(H_2O)之後,它們就不再是 H 原子和 O 原子了。

同樣的,如果單單是研究這種"所指"("概念""意義"),也還不是語言研究。索緒爾爲此提出了"價值"的觀念:"詞既是系統的一部分，就不僅具有一個意義，而且特别是具有一個價值。"（161）所指和能指一旦結合成功，這種價值就產生了。在符號系統中，音義結合體是系統中最重要的東西，就是因爲有了價值。價值就是語言符號在語言系統中的屬性。索緒爾對此非常重視，他說：

> 語言系統是一系列聲音差别和一系列觀念差别的結合，但是把一定數目的音響符號和同樣多的思想片斷相配合就會產生一個價值系統，在每個符號裹構成聲音要素和心理要素間的有效聯繫的正是這個系統。所指和能指分開來考慮雖然都純粹是表示差别的和消極的，但它們的結合卻是積極的事實；這甚至是語言唯一可能有的一類事實，因爲語言制度的特性正是要維持這兩類差别的平行。（167）

索緒爾明確指出：

> 語言的實體是祇有把能指和所指聯結起來纔能存在的，如果保持這些要素中的一個，這一實體就將化爲烏有。（146）我們每時每刻都會有祇抓住實體的一部分就認爲已經掌握它的整體的危險。（146）

我們把索緒爾的這種思想稱爲"詞位的整體性原則"。在研究語言的基本單位時，音義猶如車之兩輪，合則雙美，離則兩傷。齊佩瑢（1984，59）認爲："語言的構成材料是聲音，但僅有聲音而無表意的作用也不能成爲語言，聲音有形而可以聽見，意義卻是無形的，非依附寄託於聲音而不能存在，所以說：聲音是語言的外形，意義是語言的內容，二者相依爲命，不可須臾離也。"

齊先生的話具有一定的代表性。不管是研究語言符號的意義還是聲音，都得遵循這個基本原則。即如果要在一個系統中，討論有關意義聯繫問題，必須遵循聲音方面的關係；要討論有關聲音聯繫的問題，也要遵循意義方面的關係。

2.3 詞位的形成

在相同的客觀世界面前，不同的民族會產生不同的意識、觀點、認識，這就是概念，也就是人們通常討論的意義。它們介於語言和客觀世界之間，是屬於心理屬性的"概念"世界。但這個世界在和一定的語音形式結合之前，祇是一團沒有定形的、無從劃分界限的渾然之物。這就是索緒爾一再強調的"所指"的心理屬性的原因。我們如何纔能得到以上有關意義的知識呢？祇有通過比較不同語言系統中音義結合的詞位。

語音本身也是一樣的模糊不清的一種可塑性物質。索緒爾認爲："聲音實質並不更爲固定，更爲堅實；它不是一個模型，思想非配合它的形式不可，而是一種可塑的物質，本身又可以分成不同的部分，爲思想提供所需要的能指。"（157）所以索緒爾把能指也看作是心理屬性的東西

不同的語言系統，會遵循自己的屬性，以獨特的方式提取意義來與語音結合。"語言是在這兩個無定形的渾然之物間形成時制定它的單位的。"（158）一個所指和哪一個能指結合，這是受語言系統控制的。不管具體的結合方式怎樣，總之，一個新的詞位出現了。

某一個詞位在語言系統中得以產生，是由於它獲得了一個語音形式。如果不與語音結合，它就沒有機會凸現出來。

音義怎麽結合決定該詞位的存在狀態。賈彥德（1999，35）認爲："語義單位與語音的關係，關係到語義單位如何存在如何交流的問題。"一個意義采用一個新的毫無意義關聯的語音形式，意味著一個"新詞"產生；而一個意義用一個固有的有意義關聯的音義結合體表示，就意味著一個"新義"的產生。事實上二者是平等的，都是新詞位。爲什麽結合或不結合，爲什麽這樣結合或那樣結合，反映的也是語言系統的屬性問題。

索緒爾說："有區別的觀念的總數和表示區別的符號的總數

在原則上是一致的。如果有兩個要素由於語音變化成了混而不分，那麽它們的意義哪怕很不合適，也會有混同的傾向。一個要素會不會起分化呢？差別一經產生，必然會表示意義，盡管不一定成功，也不是一下子就能實現。反之，任何觀念上的差別，衹要被人們感到，就會找到不同的能指表達出來；如果有兩個觀念，人們已感到没有什麽區別，也會在一個能指裏混同起來。"（167～168）

第一句話表明索緒爾認爲"1個能指＋1個所指"的符號是最理想的語言基本單位，"詞位"是符合這個要求的。後面的話分析了新詞位的凸現情況和舊詞位的銷蝕情況。這對我們分析新詞位的產生和舊詞位的消失有指導意義。

2.4 論音義關係

音義關係問題，人們已經有非常多非常深入的討論，但是一直難以取得一致的意見。而且各種意見内部的看法、立足點也不一致，彼此都難以説服對方。這種狀況與《教程》一書非索緒爾本人親手寫定有一定關係，書中確有表述不一致之處。這也可能是索緒爾本人前後的認識有不一致的原因，或者是没有將相關原則貫徹到底而造成的。因此，要討論這個問題還是要回到索緒爾的整體思想上來。

此處的討論主要圍繞以下幾個問題展開：1. 索緒爾爲什麽在共時語言系統研究中如此高度重視符號的任意性原則？2. 任意性原則體現在什麽地方？3. 理據性原則體現在什麽地方？

索緒爾説："能指和所指的聯繫是任意的，或者，因爲我們所説的符號是指能指和所指相聯結所產生的整體，我們可以簡單地説：語言符號是任意的。"（102）"語言間的差別和不同語言的存在就是證明。"（103）索緒爾認識到了不同民族的語言系統的根本差異而提出任意性原則。我們就可以從比較不同系統的語言的角度來理解這個原則：假如這個"聯結"是強制性的，那麽，所有的語言的"聯結"都將遵循這個硬性的規定,這樣,所謂的語言的差別就將不復存在。如果否定音義的任意性關係,世界上就祇有一種語言,而且永遠不會變化,變化也祇是體現在符號的增加和減少上。正如索緒爾所説:"如果詞的任務是在表現預先規定的概念,那麽,不管在哪種語言裏,每個詞都會有完全對等的意義;可是情況並不是這樣。"(162)更進一步説,如果没有任意性原則,那麽,不管在哪種語言裏,都會有相同的詞。這是關於任意性原則的一個基本理解。

我們要準確、充分把握任意性的含義,就得與語言的系統屬性緊密地結合起來考慮。索緒爾説:"符號的任意性原則没有人反對。但是發現真理往往比爲這真理派定一個適當的地位來得容易。"(103)音義結合的任意性屬性的體現是豐富的,表現在不同的語言可以有某個音義的聯結的自由和不聯結的自由,結合的方式,結合點的確定,也是自由的任意性的。這完全是比較不同的語言系統之後得出的看法。祇有有了音義結合的任意性,不同語言的系統性纔有了產生的可能。可見任意性是語言的系統性的根基,所以,語言的任意性決定了語言的系統屬性。這就回答了索緒爾爲什麽會在共時語言學中强調任意性原則的問題。而以前的有關研究大都没有正視這個問題。事實上,如果没有這個原則作保證,19世紀歷史比較語言學的輝煌成就是不可想像的。梅耶(2008,2)認爲:

假如語言所表達的意思和那些用以表示這意思的聲音之間有一種或鬆或緊的自然聯繫,就是説,假如語言符號可以撇開傳統,單用它的音值本身可以使人想到它所表達的概念,那麽,語言學家所能采用的就祇有這種一般的比較方法,任何語言的歷史也就都不會有了。

但是事實上語言的符號是任意規定的:它祇有靠傳統的力量纔能有意義。如果在法語裏,大家用 un, une 來表示

"一"；用 deux 來表示"二"，……那並不是因爲 un, une 和 deux 本身和"一"、"二"等意思有什麽關係，而祇是因爲説法語的人教給學法語的人的習慣是這樣的。

祇是因爲語言符號具有這種完全任意的性質，所以纔能有現在所要研究的這種歷史比較法。

我們認爲，梅耶的這個觀點是正確的。但是人們對任意性原則理解往往有偏差，索緒爾這個原則雖然重要，道理卻很簡單。一個從來没有學過英語的中國人，如果聽到 book 的發音，就能知道它的意義，就可以説明音義任意性的原則是錯誤的，而事實上這是不可能的。

任意性的對立面是强制性，不是理據性。索緒爾説："語言根本無力抵抗那些隨時促使所指和能指的關係發生轉移的因素。這就是符號任意性的後果之一。"（113）"不但語言事實所聯繫的兩個領域是模糊而不定形的，而且選擇什麽音段表示什麽觀念也是完全任意的。不然的話，價值的概念就會失去它的某種特性，因爲它將包含一個從外面强加的要素。"（158）

過去的一些爭論主要是在强制性和理據性的混淆上面大做文章。任意性原則並不反對在一種語言系統內部這種聯結具有某種理據性。

那麽理據性體現在哪些方面呢？音義的理據性不是體現在音義之間的某種天然的聯繫上，這種天然的聯係是不存在的，這是由任意性原則所確定的。但是在某些語言中，可以看到一些特別的音義的"天然聯繫"，如英語中"i"與小的東西，"a"與大的東西，"fl"與流動的東西，還有各種語言中擬聲詞和感歎詞的存在等。事實上，這些也不是什麽天然聯繫。因爲這些具體的結合併没有放之四海而皆準，祇能在特定的語言系統中存在。這種存在的合法性就來源於該語言系統。因此，音義的理據性就體現在這二者爲什麽會結合上，即這個結合爲什麽會産生，爲什麽是這個音來與這個義結合。這是可以論證的，是系統決定的。索緒爾認爲："在每個符號裏構成聲音要素和心理要素間的有效聯繫的正是這個系統。"（167）因此，語言的系統屬性決定了音義的理據性。

我們可以在一個音義結合體中來看這個問題。任何一個單位既具有任意性，又具有理據性。所指和能指之間沒有天然的聯繫，這就是任意性；如果二者不結合，就談不上理據性；這二者爲什麼偏偏要結合在一起、而且能成功地結合在一起，這就是理據性的體現。

而我們要認識系統屬性，就要研究各種各樣的具體的理據性，這是研究語言系統的重要工作內容。音義的任意性和理據性是觀察詞位的屬性的兩個不同的角度。

爲了便於理解上面的認識，我們可以再看一些索緒爾的相關論述。以下按照《教程》頁碼順序列出有關論述，並隨文闡述筆者的理解。

1. 符號的任意性原則沒有人反對。但是發現真理往往比爲這真理派定一個適當地位來得容易。上面所說的這個原則支配着整個語言的語言學，它的後果是不勝枚舉的。誠然，這些後果不是一下子就能看得同樣清楚的；人們經過許多周折纔發現它們，同時也發現了這個原則是頭等重要的。（103）

我們認爲，"這個原則是頭等重要的"，就體現在任意性原則是世界上不同語言系統存在的前提。

2. 事實上，一個社會所接受的任何表達手段，原則上都是以集體習慣，或者同樣可以說，以約定俗成爲基礎的。（103）

這裏的"約定俗成"與"集體習慣"一樣，都是指的理據性。

3. 任意性這個詞還要加上一個注解。它不應該使人想起能指完全取決於説話者的自由選擇。我們的意思是説,它是不可論證的,即對現實中跟它沒有任何自然聯繫的所指來説是任意的。(104)

這段話把任意性和系統內的理據性揉合在一起表述。一方面,音義聯繫不是天然的;另一方面,每一個聯繫都要遵循系統屬性,即理據性。

4. 爲了使人感到語言是一種純粹的制度,輝特尼曾很正確地強調符號有任意性的性質,從而把語言學置於它的真正的軸線上。但是他沒有貫徹到底,沒有看到這種任意性的性質把語言同其它一切制度從根本上分開。關於這點,我們試看看語言怎麽發展就能一目了然。情況是最複雜不過的:一方面,語言處在大眾之中,同時又處在時間之中,誰也不能對它有任何的改變;另一方面,語言符號的任意性在理論上又使人們在聲音材料和觀念之間有建立任何關係的自由。結果是,結合在符號中的這兩個以絕無僅有的程度各自保持著自己的生命,而語言也就在一切可能達到它的聲音或意義的動原的影響下變化着,或者毋寧説,發展着。(113~114)

語言可以發展變化的事實反映了語言符號的任意性原則和理據性原則是協調一致的,共同作用於語言系統。

5. 不但語言事實所聯繫的兩個領域(思想和聲音)是模糊不定形的,而且選擇什麽音段表示什麽觀念也是完全任意的。不然的話,價值的概念就會失去它的某種特徵,因爲它將包含一個從外面強加的要素。但事實上,價值仍然完全是相對而言的,因此,觀念和聲音的聯繫根本是任意的。(158~159)

這一段話表明任意性原則是合乎事實的,而且祇與強制性相對立。

6. 我們深信，凡是跟作爲系統的語言有關的一切，都要求我們從這個很少引起語言學家注意的觀點，即任意性的限制去加以考慮。這是一個最好不過的基礎。事實上，整個語言系統都是以符號任意性的不合理原則爲基礎的。這個原則漫無限制地加以應用，結果將會弄得非常複雜；但是人們的心理給一大堆符號的某些部分帶來一種秩序和規律性的原則，這就是相對論證性的作用。(183～184)

這一段話表明任意性和理據性原則的各自工作領域和效能。

7. 所以詞源學首先是通過一些詞和另外一些詞的關係的探討來對它們進行解釋。所謂解釋，就是找出它們跟一些已知的要素的關係，而在語言學上，解釋某一個詞就是找出這個詞跟另外一些詞的關係，因爲聲音和意義之間沒有必然的關係。(265)

所謂解釋，就是"找出這個詞跟另外一些詞的關係"，也就是尋出這一個詞在系統中的位置、存在理由，即理據性，而不是去尋找音義之間有沒有什麼天然聯繫，或者音是什麼，意義具體是什麼。這種解釋的結果可以揭示詞位在系統中的價值，這個價值就是詞位在系統中存在的意義。

可見音義關係的任意性原則、理據性原則、語言的系統性原則，都是相通而不矛盾的，歸根到底是由語言的系統性決定的，這是理解索緒爾語言學思想的一個大前提。但是，在《教程》中，我們也可以看到一些與上面的認識不完全相符的表述，以至於引道人們從數量和時間層次上來看待任意性原則，從而將之與理據性原則對立起來。同是語言符合，不應該在基本屬性上存在差異。

2.5 詞位的共時和歷時觀察

在什麼地方觀察一個詞位的基本屬性呢？索緒爾説："語言不是許多已經預先劃定、祇需要研究它們的意義和安排的符號，而是一團模模糊糊的渾然之物,祇有依靠注意和習慣纔能找出一個個的要素。"(147)這是講的怎樣發現單位的問題,這與後來的美國描寫語言學的研究思路是相通的。他又說:"這樣規定的價值還表明,把一項要素簡單地看作一定聲音和一定概念的結合將是很大的錯覺。這樣規定會使它脫離它所從屬的系統,仿佛從各項要素著手,把它們加在一起就可以構成系統。實則與此相反,我們必須從有連帶關係的整體出發,把它們加以分析,得出它所包含的要素。"(159)"價值"就是詞位的基本屬性,其出發點還是語言的系統性,我們祇能在系統中來發現、界定和描寫一個詞位。據此可以幫助我們理解和把握詞位,儘可能的完整凸現詞位作爲一個整體的相關屬性和特徵,完整觀察它在系統中的位置,可以幫助我們理解爲什麽會有或無,爲什麽會這樣結合而不是那樣結合。如果不做到這一步,我們對詞位的認識就是片面的。人們在批評傳統的漢語語法研究時認爲,不能用訓詁的方法來研究語法。其實,哪怕僅僅是爲了考察一個詞位的意義,也不能祇用傳統的訓詁方法。如何完整全面準確地把握並描寫一個詞位的意義,應該是一個基本的追求,而要做到這一點,永遠也不能離開語言系統。

一個詞位,並不是直接和整個系統發生聯繫。索緒爾提出從句段關係和聯想關係來考察的思想,這是很重要的兩個概念,體現了索緒爾的結構主義思想。但這種思路還過於寬泛,我們要進一步考慮把一個具體的詞位放在一個最適合的子系統中來觀察,並進而描寫整個語言系統。古今中外的學者都對此作了很多探索,我們在後面將會對此作一些深入討論。

下面看看如何觀察詞位的演變問題。索緒爾說:

> 我們這樣把發音和語言分開,也許有人會提出語音演變,即在言語中發生並對語言本身的命運具有深遠影響的聲音變化來加以反駁。我們果真有權利認爲,語言是不依靠這

些現象而獨立存在的嗎？是的，因爲這些現象祇能影響到詞的物質材料。如果侵蝕到作爲符號系統的語言，那也是通過由此產生的解釋上的變化間接地進行的，可是這種現象絕對不是語音上的。尋求這些變化的原因也許是很有趣味地，而且語音的研究在這一點上會對我們有很大幫助；但這不是主要的：對語言科學來說，祇要看到語音變化並估計到它們的效果也就夠了。(40)

這與後來的美國結構主義語言學家對意義的看法何等相似！有人認爲索緒爾輕視意義，重視語音，其實是一種誤解。事實上，索緒爾既"輕視"語音，也"輕視"意義。在他看來，祇有二者的結合體纔是系統中的東西，纔能體現語言的系統性，纔是最重要的東西。這表明，我們研究語言的變化，還是不能離開音義結合，我們祇能在結合上大做文章，纔能把握什麼是變，什麼不是變。下面的論述進一步表達了這種思想，他說：

我們不要誤解這裏所說的變化這個詞的意義。它可能使人認爲，那是特別指能指所受到的語音變化，或者所指的概念在意義上的變化。這種看法是不充分的。不管變化的因素是什麼，孤立的還是結合的，結果都會導致所指和能指關係的轉移。(112) 我們無需把這現象的兩個部分區別開來，祇從總的方面看到觀念和符號的聯繫已經鬆懈，它們的關係已經有了轉移也就夠了。(112)

索緒爾以上的討論，主要還是就單個的詞位來看的。這相對於歷史語言學已經是一個十分重要的進步了，因爲他注意到了要從音義結合的整體性來觀察詞位的演變問題。一直到今天，對研究漢語詞彙史仍然具有重要的指導意義，什麼是"新詞"，什麼是"新義"，我們還不是把握得很好。王力（1982，44）舉過的一個例子可以幫助我們理解索緒爾的這個觀點。下面引出：

腳踢的"踢"不見於古代的字典，祇見於《正字通》，它是近代纔出現的一個詞。《水滸傳》第二十九回:"蔣門神見説,吃了一驚,踢翻了交椅。"宋代以前,没有腳踢的"踢",但是古代有個"踶"字,音大計切。《莊子·馬蹄》:"喜則交頸相靡,怒則分背相踶。"踶就是踢。"踶"的本義是用馬蹄踢。"蹄、踶"古音同屬支部,"蹄"是名詞,"踶"是動詞。"踶"與"踢"是支錫對轉。毫無疑問,"踢"是"踶"的音變。

"踢"就是"踶",二字雖然字形不一樣,古今讀音不一樣,但是音義結合的關係一直沒有轉移或者鬆散,因此仍然是同一個"詞"。可見,"踢"並不是一個"新詞"。

索緒爾在此基礎上進一步討論了系統的演變問題,他説:"系統從來不是直接改變的,它本身不變,改變的祇是某些要素,不管它們跟整體的連帶關係怎樣。"(124)"變動的不是整體,也不是一個系統產生了另一個系統,而是頭一個系統的一個要素改變了,而這就足以產生出另一個系統。"(124)

事實上,語言系統的演變不是詞位單個單個地發生。一個新的詞位產生了,舊的詞位消失或改變了,與之相應的是語言系統的局部關係發生了變化。我們至少要在這個局部系統中來觀察這個事件。否則,我們的認識是很片面的。

語言的演變,往往采用的是一種更替的方式進行的。新成員逐漸受到歡迎,逐漸排擠舊成員,一直到最終完全替換掉。不是先除舊再佈新,而是先佈新再除舊,以一種"蠶食"的方式,新關係逐漸完善。這是我們通常的認識。但是,嚴格説來,這些事件並不是在同一個系統中發生的。索緒爾説:"系統永遠祇是暫時的,會從一種狀態變為另一種狀態。"(128)我們從表面上看來,是一個新成員替換調一個舊成員,但一個成員體現的是一個完整的系統屬性,因此,在這種意義上我們可以説,是一個新系統覆蓋了一個舊系統。

那麼，改變的原因是什麼呢？還是在於人們的心理作用。人們在交流中，感覺某一個詞位的凸現度可以減弱和加強，增加和消失，而導致轉移。有的直接被轉移，有的間接受到系統內其它因素的影響。人們的這種心理作用，與語言系統是相輔相成的。所以，索緒爾説："共時語言學研究同一個集體意識感覺到的各項同時存在並構成系統的要素間的邏輯關係和心理關係。"（143）

3. 關於語言系統的研究

在索緒爾看來，語言學的核心工作是共時語言系統的研究。前面我們論述了"語言是一種音義結合的符號系統"的觀念，下面我們就要進一步討論如何從詞位入手來探索一種語言符號系統的系統屬性。一個系統中的所有詞位並不是處於一種散亂自由的狀態，詞位之間的關係並不是等同的，有遠近親疏之別。因此每一個詞位都是位於一個相對較小的子系統之中，然後通過子系統對語言系統產生影響力。我們無論是要準確理解這個詞位，還是要描寫整個的語言系統，這個子系統都是至關重要的。索緒爾提出了句段關係和聯想關係的研究思路，這是至關重要的兩條研究思路，在後來的語言研究中得到了具體的應用和發展。

在古漢語詞彙研究中，蔣紹愚從詞彙系統的研究角度對此有很深入的論述。蔣先生在 1989 年出版的《古漢語詞彙綱要》第十章"漢語的詞彙系統及其發展變化"中討論了這個問題，文中寫道："每個人都可以直觀地感覺到：漢語的詞彙系統和其他民族語言（如英語、日語）的詞彙系統是不同的；漢語的各個不同歷史階段（如古代漢語和現代漢語）的詞彙系統也是不同的。但不同究竟表現在哪裏？"（271）蔣先生主要從三個方面分析了這個問題：義位的有無和結合關係，詞在語義場中的關係，詞的親屬關係。我們認爲，蔣先生的分析十分全面，但是三個方面並不是同一層面上的關係。義位的有無和結合與系統是相輔相成的關係,隱蔽性很強。詞在語義場中的關係和詞的親屬關係則可以認爲是系統屬性的外在表現。語義場理論是現代語義學的一個重要思想,詞的親屬關係則與中國傳統語言學的研究有密切的關係。下面結合有關研究,圍繞這三個方面作一些討論。

3.1 義位的有無和結合關係

蔣紹愚(1989)在"義位的結合關係"一節中結合古漢語的語言事實,認爲:

"在漢語發展的不同歷史階段,哪些義位有,哪些義位沒有,是有所不同的。"(275)"在漢語發展的不同歷史階段,哪些義位結合成詞,也是有所不同的。"(275)"義位的有無和義位的結合是相聯繫的。在某個歷史時期,新產生的義位可以單獨成詞,……這就是新詞的產生;但也可以不單獨成詞,而祇是在原有的詞上增加新義位,這就是舊詞增加新義。"(275~276)"詞是詞義系統的'分子',義位是詞義系統的'原子'。研究詞義,應以義位爲基本單位。……在研究某一時期詞彙系統的面貌或某個歷史時期中詞彙系統的變化時,很重要的一點,是要考察這些'原子'(義位)以什麼方式結合成'分子'(詞)。這種'分子結構'的不同,正是兩個詞彙系統差異的一個重要方面。"(277)

相隔十年,蔣紹愚(1999)再次對這個問題作了深入的思考,認爲:

怎樣認識一種語言的詞彙系統?一種語言的詞彙系統和另一種語言的詞彙系統的不同表現在什麼地方?同一種語言的詞彙系統的歷史發展表現在什麼地方?這是研究詞彙和詞彙史必須要解決的一個大問題。

對此,蔣先生提出"兩次分類"的理論:

"在不同的語言中以及同一種語言在不同的歷史時期中,

把哪些事物、動作、形狀概括爲一個義位,也有所不同。這是我們所説的'第一次分類'。""義位是詞義結構的第一層,在這一層上,各種語言的詞彙結構有所不同。""義位是必須通過詞來顯現的。單義詞一個詞就是一個義位,多義詞一個詞有幾個義位。也就是説,在多數情况下,總是幾個義位結合在一起,組成一個詞。哪些義位結合在一起組成一個詞,這又是一次分類。這是我們所説的'第二次分類'。這種分類,也是各種語言(或各個不同時期的語言)有所不同的。""詞是詞義結構的第二層。在這一層上,各種語言的詞彙結構也有所不同。"

蔣先生的論述,在漢語詞彙系統理論研究中是一個突破。索緒爾告訴了我們語言是一個系統,音義結合體是系統中最重要的東西,并且提出了"句段關係"和"聯想關係"的研究思路,但没有告訴我們,如何從根本上把握這個音義結合體,並如何由此入手研究語言的系統屬性和面貌。蔣先生的研究則對此作了積極的探索。

蔣先生的認識對我們是一個極大的啓發,我們將循着這種思路作一些新的思考。由於我們關於意義和"義位"的理解以及觀察問題的立足點與蔣先生不一致,下文將提出一些新的看法。

蔣先生的"兩次分類",在我們看來,不是一個層面上的事實。"第一次分類",實際上是意義(概念)的形成過程,"第二次分類"纔是音義結合的問題。我們討論語言系統的問題,應該從"第二次分類"的結果開始,也就是説,祇有當一個意義與一個語音結合之後,它纔能進入語言系統。系統的差異性應該主要體現在詞位的有無問題上,在此基礎上纔可以考慮結合的問題。即有無是第一位的問題,結合是第二位的問題,歸根結底是有無的問題。

義位的有無既是系統造成的,又反作用於系統,導致新系統的形成。因此,這是觀察系統及其演變的一個好視窗,體現了系統的一些根本屬性。可以幫助我們理解系統之間的差異,進而解釋一些具體的語言現象。但是隱蔽性很強,對於描寫一個系統的面貌和屬性,就顯得可操作性不強,不容易把握。總之,這是一個很重要的認識,如何在具體的工作中貫徹下去,還有待於更多的研究和思考。

3.2 關於現代語義學的思考

現代語義學內部又分爲結構語義學、解釋語義學、生成語義學以及邏輯－數理語義學等。我國目前大都接受的是結構語義學,我們以下的有關思考也基於此。

蔣紹愚(1989,前言)認爲:"現代語義學在詞義研究方面比傳統詞彙學有較大的突破,在宏觀方面,把詞義作爲一個系統來研究,在微觀方面,對詞義再進行深入的分析。"

賈彥德(1999,16)評價現代語義學認爲:"它注意研究句子意義、它使用的義素分析法和它提出的語義場理論,無疑是對傳統語義學的重大的突破,在語言學界引起了一定的重視和反響。"

張志毅、張慶雲(2001,2～4)也是從分析傳統語義學的不足來看現代語義學的優點的。他們歸納了傳統語義學的四點不足:第一、它研究的單位是一元的,祇局限於詞義。第二、它的研究方向是單向的,祇是靜態地研究語言中詞義縱向的聚合。第三、它的研究思想,從宏觀上説沒有把詞義視爲一個整體系統。第四、它的研究方法,沒有充分運用分析法。並認爲:"(現代語義學)在理論上、方法上,都是對傳統語義學的重大突破。它使得傳統語義學面對的開放性的、分散性的詞彙語義單位變成了封閉性的、系統性的詞彙語義板塊。"

現代語義學在視野上比傳統語義學開闊,希望在宏觀和微觀、橫向和縱向幾方面對語義研究有所拓展,加深了人們對一些语言现象的认识。相对於"原子主义"而言，注意到了聯繫的觀點。傳統訓詁學重在考證疑難詞語，這是受其研究目的決定的，就我們的研究目的來說，對於認識語言系統祇具有輔助的、前期的作用。現代語義學希望把詞義放在一個更宏大的背景中來觀察，這是一個重要的進步。

但是，毋庸諱言，現代語義學在幾個方面存在難以克服的問題。例如在語義場的歸納工作中主觀性、隨意性太强。一個義位在同一個人手裏可以根據不同的目的歸入不同的語義場。而且語義場的歸納不完備，殘缺不全，就不能將義位放進適當的語義場，就不可能全面考察該義位的屬性，就不可能對義位作出準確的描寫。由於對語義場和義位本身認識不充分，急於從事義素分析，必然難以得出準確的認識。事實上，義素分析中的主觀性、隨意性一點也不比語義場的歸納遜色。這些都是目前在實際工作中碰到的難題。

事實上，國內外語義學界一致認爲成功的描寫也就祇在於爲數不多的一些很特別的語義場研究上。賈彥德（1999，17）也認爲："現代語義學目前最大的不足，就是對具體的語言材料分析得少，這當然要影響到理論上的探索。"而已有的分析都遠遠說不上完滿，恐怕這都不是由於某種偶然的因素。

那麼，問題出在哪裏？

每一本關於語義學的著作都要討論關於"意義"的各種觀點，但是一落實到具體的語言事實的分析，就把意義和概念、所指等同起來了。前面我們分析過，索緒爾就是把意義和概念等同起來的，但是，在他的系統裏，沒有意義的位置，也沒有語音的位置，祇有音義結合體的位置。每一個詞位都是有意義内容的，這是語言符號系統的根本功能。但是，我們不能通過研究功能來研究語言符號在系統中的價值。研究語言系統，就是要研究詞位之間的各種關係，就要立足於詞位的音義結合單位的整體性原則,將之放在其本身的系統中來研究它的位置,它與其他詞位的各種關係,也就是詞位的自身價值。而要達到這樣的認識目的,僅僅立足於意義是不行的。詞位之間的聯繫,至少要保証音義的整體聯繫。

綜合前面的有關論述,我們對現代語義學提出以下幾個方面的看法。

第一,如果我們的研究目標是認識語言系統,那麼就必須遵循音義結合的原則。現代語義學脫離了語音觀察語義,可以給我們增加有關意義方面的知識,但不能直接幫助我們認識語言系統。

第二,語義場的"義位"就是"概念"、"所指",由於沒有語音形式作為明確的分界,相互之間存在各式各樣的聯繫。人們就可以隨意的作方向不同、遠近關係不同的聯想,必然道致語義場劃分中的各種難以逾越的困難。

第三,意義(概念)是客觀世界在人的主觀世界中的反映,二者存在非常直接的聯繫。我們在劃分語義場的時候,往往是憑直感工作。比如,"月亮",人們會毫不猶豫的和"太陽""星星"之類聯繫在一起,因為它們的具體所指稱的事物都是天體;"丈夫"毫不猶豫要和"妻子"聯繫在一起;"跑"自然和"跳""走"等聯繫在一起;"吃"自然和"喝""飲"等聯繫在一起。很顯然,這些都不是從語言符號系統的角度來做的聯繫,而是客觀事物之間的聯繫。如果納入語言符號系統來考察,我們不會得出這一類聯繫。

第四,義素分析法是對意義(概念)的進一步解剖,分析的結果是連概念的整體性也沒有了。現代語義學有一個重要的認識,就是把意義(概念、所指)和具體的事物區別開來,而已有的一些義素分析則可能是直接在分析客觀事物的屬性。

下面舉兩個例子來分析這類問題。

英國學者傑弗里·N·利奇（1987，127）對英語中 man、woman、boy、girl 四個詞的義素作了分析，這個分析廣爲稱引，現列舉如下：

  man：+HUMAN+ADULT+MALE
  woman：+HUMAN+ADULT−MALE
  girl：+HUMAN−ADULT−MALE
  boy：+HUMAN−ADULT+MALE

翻譯成漢語就是：

  男人：+人+成年+男性 女人：+人+成年−男性
  女孩：+人−成年−男性 男孩：+人−成年+男性

  首先，把這四個義位歸入一個語義場的根據完全是它們在概念上的聯繫，據此我們可以認爲還有"老人""嬰兒"等等也可以歸進來，義素分析的結果可能就不一樣了。其次，爲什麼能用漢語作出相應對稱的翻譯呢？原因祇有一個，就是全世界的男人、女人、男孩、女孩都具有這些特徵。這些分析結果反映的是人的生物屬性，而不是在語言系統的平面來分析"男人""女人""男孩""女孩"作爲符號的特徵。我們認爲，這樣的分析不是語言學的分析。

  賈彥德（1999，74〜75）認爲現代漢語中的"陸軍、海軍、空軍"可以組成一個最小語義場。《現代漢語詞典》對它們的解釋是：

  【陸軍】陸地作戰的軍隊。現代陸軍通常由步兵、砲兵、裝甲兵、工程兵、鐵道兵和各專業部隊組成。

  【海軍】在海上作戰的軍隊，通常由水面艦艇、潛艇、海軍航空兵、海軍陸戰隊等兵種及各專業部隊組成。

  【空軍】在空中作戰的軍隊，通常由各種航空兵部隊和空軍地面部隊組成。

賈先生據此得出的義素分析結果是：

陸軍：(軍隊)[(在陸地)(作戰的)] f [(通常由……組成)(步兵)(砲兵)(裝甲兵)(工程兵)(鐵道兵)各(專業部隊)]

海軍：(軍隊)[(在海上)(作戰的)] f [(通常由……組成)(水面艦艇)(潛艇)(海軍航空兵)(海軍陸戰隊)各(專業部隊)]

空軍：(軍隊)[(在空中)(作戰的)] f [(通常由……組成)各(航空兵部隊)(空軍地面部隊)]

当前的大多數語文工具書做的主要還是一種名物訓詁工作，可以看作就是一種"名物對照集"。因此我們在這個分析中看到的祇是現實中有關陸軍、海軍和空軍的知識，而沒有得到語言符號系統的相關認識。作爲語言符號，"陸軍""海軍""空軍"之間在語言系統中的關係不應體現在這些方面。類似的分析我們在有關語義學的著作中都能見到。在這些分析中，我們都沒有看到語言學的影子。這些都是沒有考慮到語言的符號性原則。趙元任（1980，50）認爲：

我們平常講詞是有意義的，所以往往有一個很通行的詞的定義啊，就是說語言當中，能夠獨立有意義的就叫一個"詞"。不過一用意義當語言裏頭分析的因數啊，就發生許多困難。因爲你講到意義，就是全宇宙所有的事物都在內了。你要是不把所有的科學、哲學、所有的人生的各種問題、語言所及所用得上的，都有了一定的系統啊，那麼往往起頭討論語言的問題，不知不覺的就會引起了一大堆非語言的問題，常常會走到邏輯、哲學的問題，而不是語言問題的本身了。所以利用意義啊，在語言上，至少一直到現在，在語言學家工作的經驗上，祇有在很有限的條件之下可以用。其中比較最有辦法的用意義的法子，就是祇管意義的異同，不管什麼意義。他們有一個名詞叫"differential meaning"。你看這個詞素跟那個詞素是不是相同？如果不是同一個詞素，就是意義有差別，所以詞素的同不同，可以問這個意義的同與不同。可是一問到什麼樣的意義，怎麼樣的分類，那就是事物的分類，不是語言的分類了。

美國語言學家霍凱特也認為：

> 語言的語言學系統不包括語義學。系統是抽象的。那是一種信號系統。我們一旦研究語義學就不再是研究語言，而是研究與語言聯合的語義學系統。③

這種觀點受到現代語義學家的猛烈抨擊。看來怎樣將現代語義學的有關思想與語言系統的研究結合起來，還是一個需要深思的問題。有意思的是，現代語義學，尤其是語義場的思想，源於索緒爾的結構主義語言學思想（聯想關係），其發展的思路卻拋棄了索緒爾的音義結合和語言的符號性原則。當然，我們無意否定現代語義學的研究成果，祇是認為它所反映的關係不是語言系統中的符號之間的關係。如果我們要從事語言系統的研究，就一時一刻也不能脫離語言符號音義結合的整體性原則。

3.3 詞位的親屬關係

在討論從詞位的親屬關係描寫語言系統的面貌和屬性之前，我們結合索緒爾的語言學思想，首先討論兩個問題：（1）在漢語研究中，為什麼詞彙學的研究顯得相對落後？（2）什麼是中國傳統語言學的精髓？

先看第一個問題。在漢語史的研究中，呂叔湘（1992）認為，和漢語語法史、漢語語音史的研究相比，"漢語史研究中最薄弱的部分應該說是詞彙研究。"人們一般把原因歸於詞彙的量大，詞彙系統是一個開放的系統等等因素。結合上面的分析，我們認為，關鍵問題還是在於語音語法的研究始終堅持在語言系統之內，因為它們的研究對象一直是"關係"。而詞彙的研究脫離了語言系統，因為詞彙的研究的重點在於意義。不是立足於詞位之間的關係的研究，而是在叩問一個個的詞位是什麼的問題。然而誘使該項研究偏離系統的因素實在太多，誠如索緒爾所說："一方面，語言比任何東西都更適宜於使人瞭解符號學問題的性質，但是要把問題提得適當，又必須研究語言本身；可是直到現在，人們差不多老是把它當作別的東西，從別的觀點去進行研究。"（38）長期這樣下去，自然不能得到對於系統的有關認識成果。

再看第二個問題。從索緒爾的語言學思想出發審視中國的傳統語言學，我們不由得要向漢代學者劉熙及其《釋名》投去敬佩的目光。顯然，他的具體研究成果有不少問題，但他一以貫之的從語音關係探求意義關係的準則，即通過詞與詞之間的關係來認識一個詞的意義，表明他對這個問題思考之深入。劉熙的問題出在沒有系統的觀點，也就難免隨意聯繫（當然這是苛求古人了）。許慎《説文解字》問世以後，漢語的研究一直偏重於立足於文字的以形索義，然而依然在語義研究上取得了巨大的成果。這實際上反映了更深層次的問題。文字就其最本質的特點來說，其功能還是在於記錄語音，由於音義不分家，有音自然有義。而漢字的特別之處就在於文字本身就很好地體現了音義結合的原則，尤其是形聲字。我們認爲，這是漢字世代相傳的根本原因所在。要解釋漢字本身的一些發展演變現象，還離不開對這一層因素的考慮。到了宋代的"右文説"時期，人們已經注意到了立足於一組音義結合體來觀察音義關係，顯然是一個很大的進步。清儒時代，對這些問題就有了更加明確的認識，提出了一些重要的準則。如"訓詁音聲相爲表裏。"（戴震《六書音均表序》）"學者之考字，因形以得其音，因音以得其義；治經莫重於得義，得義莫切於得音。"（段玉裁《廣雅疏証序》）"就古音以求古義，觸類引申，不限形體。"（王念孫《廣雅疏証自序》）朱駿聲根據聲音聯繫離析《説文解字》，著成《説文通訓定聲》，等等。他們在訓詁工作中所取得的輝煌成果，無疑是得益於這些認識。而這些認識衹不過是吻合了音義結合的整體性原則。由此可以理解爲什麼中國傳統語言學中，語法學沒有得到發展。我們認爲，是因爲古代學者們已經抓住了音義結合體這個語言系統中最重要的東西。這就是中國傳統語言學的精髓。

下面看從詞位的親屬關係來研究語言系統的問題。

西方語言學對中國傳統語言學的一個最大的、最明確的裨益就是輸入了語言系統性的觀念。自章太炎《文始》以降，在傳統音義結合的研究思路基礎之上，學者們明確提出了同源詞、同族詞等研究思想，這是一個很大的進步。王力（1982，43）認爲："從前，我們以爲，在語言的三大要素中，語音、語法都有很強的系統性，惟有詞彙是一盤散沙。現在，通過同源字的研究，我們知道，有許多詞都是互相聯繫着的。由此，我們對漢語詞彙形成的歷史，就有了認識。"

但是以前的研究大都立足於上古，關注焦點主要還是單音詞，幾乎還是一種歷時的研究，其主要目的還是在於訓詁。

蔣紹愚提出了"詞的親屬關係"的研究，除了同源詞外，還有"由原有的詞加上詞尾而構成新詞"和"由原有的詞作爲語素而構成新詞"兩種情況。蔣紹愚（1989，289）認爲：

> 無論是哪一類，原有的詞和由此產生的新詞之間的關係，都稱之爲"親屬關係"。這種關係也是構成詞彙系統的一個重要方面。不同的詞彙系統中，詞的親屬關係是不相同的，研究漢語詞彙系統的發展變化，也需要研究各個時期詞的親屬關係的變化。

在上古時期，詞的親屬關係還主要體現在同源詞上。到了中古，漢語的情況就發生了變化。蔣紹愚（1989，292）認爲："總的看來，由詞的引申、轉化、音變而產生新詞，在上古是一種非常能產的構詞方式，但到中古以後，就逐漸讓位給合成這種方式了。這也是漢語詞彙系統在歷史發展中的一大變化。在近代和現代漢語中，如果要從詞的親屬關係方面來考慮詞彙系統，那麼，光從同源詞的角度考慮就不夠了，而必須注意到合成詞的問題。"

如何在一個共時系統中，以音義結合爲準則，探求詞位之間的親屬關係，是當前漢語詞彙研究中的一個重要任務。我們還應該考慮上古以降，各個時代親屬關係的發展演變情況。這是共時和歷時結合研究的思路。由此可以觀察語言系統的演變大勢。在此基礎上，我們纔能對語言的演變和發展中的有關語言現象作出深刻的解釋。我們認爲，蔣先生提出的三種親屬關係，都遵循了語言符號音義之間的雙向聯繫。同源詞之間的音義聯繫是最明顯的。具有親屬關係的合成詞之間總是有一個核心成分，在音義兩方面聯繫著，因此也符合詞位的整體性原則。日本學者志村良志（1995，303）也認爲："漢語上古語裏有所謂詞族的研究方法，那是一種詞彙以及語義的綜合研究，我認爲在詞彙史研究方面，這也應作爲有力的基本的方法。……詞語按照某種關聯，一個接一個地被類推、衍生出來，並以某種意義爲紐帶，構成一個成系統的詞群。就是說，選擇詞語之間聯繫緊密的詞群，加以分析綜合，把握其内部表現出來的規律性，是可以做到的。"志村良志所謂的"詞群"反映的也是一種親屬關係。

這樣的思考，由於立足於音義結合的整體關聯，可以保證我們的研究不脫離語言符號系統，不至於從別的觀點去研究語言，並減少科學研究中的隨意性。在具體的操作上，我們可以選取成組的同源詞，分別調查每一個成員從古到今的使用情況，從語言事實入手觀察親屬關係的共時面貌和歷時演變情況，相信可以得出一些新的認識。

齊衝天（1997，10）說："語言就是音義。"不管是中國傳統語言學的實踐，還是索緒爾對語言和語言學的深刻理解，都證明了這個樸素認識的正確性。更進一層說，如何立足於音義結合的符號性特點,如何發掘更多的思路和視角,去研究語言系統的面貌、屬性以及演變發展的軌跡和規律,這是當前語言研究,尤其是詞彙研究中的重要工作①。

4. 結語

索緒爾《普通語言學教程》出版以來的將近一個世紀裏,現代語言學的各個領域都有了很大的發展變化。在索緒爾以後,結構主義語言學、生成語法、功能主義語言學以及近二十年來興起的認知語言學等學派的辛勤探索和卓越實績,從不同的角度深化了人類對語言的認識,在人類語言學史上均具有里程碑式的性質。那麼,我們是否已經完全超越了索緒爾了呢?目前看來,我們還遠遠沒有走出索緒爾的視野。"然而,在我們的日常生活中顯得如此重要的科學理論不太可能被證明是終極的。"(托馬斯·庫恩2003,3)同樣,索緒爾的思想也會在將來被超越,因為,未來正在讓過去和現在變得膚淺。如何在完整準確把握一代學術大師的核心思想並充分吸取其智慧的基礎之上,去探索、去發現新的空白地帶,從而站得更高,看得更遠,增加人類的知識,是新世紀語言學家的職責。本文力圖對此作一些初步的思考,並提出一些問題。由於個人的能力和視野極其有限,文中不成熟乃至錯謬之處一定不少,但仍然不揣固陋,綴以成文。"嚶其鳴矣,求其友聲",望大方之家及同好教正之!

〔注釋〕

① 括弧內為中譯本頁碼,下同。

② 據筆者所見,朱星先生較早提出了"詞位"這一術語,參見朱星(1985)。我們用"詞位"來命名索緒爾的"符號",一方面要和"詞"區別,另一方面要和"義位"相區別。

③ 轉引自（英）S. 烏爾曼《語義學的最近發展》，載岑麒祥《國外語言學論文選譯》196 頁。

④ 最近幾年來，蔣紹愚（2006）、蔣紹愚（2007）、譚代龍（2008）等倡導的"概念場"研究思路值得關注。

〔主要參考文獻〕

（法）梅耶. 歷史語言學中的比較方法. 岑麒祥譯，北京：世界圖書出版公司，2008.

（美）托馬斯·庫恩. 哥白尼革命——西方思想發展中的行星天文學. 吳國盛等譯. 北京：北京大學出版社，2003.

（日）志村良志. 中國中世語法史研究. 江藍生，白維國譯. 北京：中華書局，1995.

（瑞士）費爾迪南·德·索緒爾. 普通語言學教程. 高名凱譯. 北京：商務印書館，1980.

（英）傑弗里·N·利奇. 語義學. 李瑞華等譯. 上海：上海外語教育出版社，1987.

岑麒祥. 國外語言學論文選譯. 北京：語文出版社，1992.

符淮青. 詞義的分析和描寫，北京：語文出版社，1996.

賈彥德. 漢語語義學，北京：北京大學出版社，1999.

蔣紹愚. 古漢語詞彙綱要，北京：北京大學出版社，1989.

蔣紹愚. 關於漢語詞彙系統及其發展變化的幾點想法，中國語文，1989（1）.

蔣紹愚. 兩次分類——再談詞彙系統及其變化. 中國語文，1999（5）.

蔣紹愚. 漢語詞義和詞彙系統的歷史演變. 北京大學學報，2006（4）.

蔣紹愚. 打擊義動詞的詞義分析. 中國語文，2007（5）.

呂叔湘. 語言和語言學. //呂叔湘語文論集. 北京：商務印書館，1983.

呂叔湘. 漢語語法論文集. 北京：商務印書館，1984.

呂叔湘. 漢語研究工作者的當前任務. //呂叔湘文集. 第 4 卷. 北京：商務印書館. 1992.

齊衝天. 漢語史簡論. 鄭州：大象出版社，1997.

齊佩瑢. 訓詁學概論. 北京：中華書局，1984.
索振羽. 索緒爾的語言共時描寫理論. 語文研究，1994（1）.
索振羽. 索緒爾的語言符號任意性原則是正確的. 語言文字應用，1995（2）.
譚代龍. 義淨譯經身體運動概念場詞彙系統及其演變研究，北京：語文出版社，2008.
王　力. 同源字典. 北京：商務印書館，1982.
張聯榮. 古漢語詞彙研究中有關語義單位的幾個問題. 未刊. 2003.
張永言. 世說新語辭典，成都：四川人民出版社，1992.
張志毅，張慶雲. 詞彙語義學. 北京：商務印書館，2001.
趙元任. 語言問題. 北京：商務印書館，1980.
朱　星. 漢語詞義簡析. 武漢：湖北教育出版社，1985.

（譚代龍，四川外語學院中文系　郵編：400031）

論元結構變化與詞彙化的發生
——以"了得"、"了不得"的詞彙化為例

王麗玲

內容摘要：本文由現代漢語中形容詞"了得"與"了不得"的語義關聯入手，通過對其詞彙化過程的考察，解釋二者共同具有的義項"了不起"的來歷，揭示論元結構變化誘發二者詞彙化的過程。在此基礎上，本文列舉了漢語史上更多相關的詞彙化實例，提出論元結構變化是誘發漢語詞彙化的句法與語義動因之一。

關鍵詞："了得"　"了不得"　詞彙化　論元結構變化

一　現代漢語"了得"與"了不得"的語義

"V得/不得"是現代漢語中一種常見的能性結構，其中有一部分已經詞彙化，"了得"、"了不得"即屬此類（趙元任 1982，劉月華 1980）。

"了得"在現代漢語中祇有一個義項，即"了不起"[①]，一般祇用於形容人，如："這個人武藝十分了得。"

"了不得"有三個義項：1）情勢嚴重。如："您這麼大歲數，摔了可了不得。"2）程度深。如："雖然是五月初，天氣可已經熱得了不得了。"3）了不起，用於形容人或事均可。如："他能說好幾種方言，懂七、八種外語，真了不得！" / "用肉眼發現了一顆新星，這可是一件了不得的事情。"

"了得"與"了不得"的內部形式一為肯定一為否定,卻發展出了相同的義項"了不起",這是一個很有意思的語言現象。下文將考察這兩個詞的詞彙化過程,分析其詞彙化的機制,並在此基礎上探討誘發漢語詞彙化的動因之一——論元結構的變化。

二 "了得"的詞彙化

2.1 "了得"的詞彙化過程

"了得"最早見於晚唐五代,是動詞"了"和補語"得"構成的動補結構[②]。依據"了"的意義可將該結構分為兩類,一類記作"了得$_a$","了"為"明了、領會"義,如:

(1) 禪何不坐?坐何不禪?了得如是,始號"坐禪"。(全唐文 922,9611)

另一類記作"了得$_b$","了"為"了卻、了結"義,如:

(2) 了得平生志,還歸築釣臺。(全唐詩·宿江叟島居 639,7330)

宋代"了得$_a$"和"了得$_b$"繼續使用:

(3) 且莫說聖賢,祇如漢高祖光武唐憲宗武宗,他更自了得。(朱子語類 55,1307)

(4) 某舊見陳魏公湯進之為相時,那時猶無甚人相見……今則不勝其多,為宰相者每日祇了得應接,更無心理會國事。(朱子語類 72,1819)

至元代,"了得"發展出義為"了不起"的形容詞用法(記作"了得$_c$"),不過用例並不多見,在我們的調查範圍中僅發現 6 例,如:

(5)(卜兒致使正旦與其戀人分離)(正旦唱:)咍!則是你了得!呸!都是你吸人髓虐婆直攛到底!(新校元刊雜劇三十種·諸宮調風月紫雲亭 2,339)

從語義上看,"了得｡"與作為動補結構的"了得"已沒有明確的關係。"了得｡"的出現,說明"了得"的詞彙化已經完成,即由動補結構凝固為一個雙音詞。

到了明代,"了得｡"用例明顯增多,僅《水滸傳》中便有45例;用法也較成熟,可以自由地作謂語和定語。如:

(6) 花知寨十分英勇了得,誰敢去近前當他弓箭!(水滸傳33,449)

(7) 莊上自有一二千了得的莊客。(同上47,656)

清代"了得｡"的用法開始萎縮,我們調查了大量的清代白話小說,僅在《綠野仙蹤》、《兒女英雄傳》、《老殘遊記》等幾部作品中各發現1例。

2.2 "了得"的詞彙化機制

形容詞"了得c"由"了得a"結構詞彙化而來,經歷了這樣一個過程:

1) 出現於格式Ⅰ"A+了得$_a$+P"(A代表施事類論元,P代表受事類論元,後同)。該式是描述一個及物事件的及物小句,包含A和P兩個論元,表達"A能明了P"之義,如:

(8) 爾若明得心,爾若了得事,更無毫髮分外底,更無毫髮欠少底。(宏智禪師廣錄5,640)

2) 出現於格式Ⅱ"P+A+了得$_a$"/"A+了得$_a$",即P發生前置或缺省。前置是一種話題化的語用操作,P充當主話題,主謂謂語"A+了得"構成對話題的陳述,如:

(9) 自家性命事,自家了得,自家性命便宜。(全唐五代詞·促拍滿路花8,1020)③

缺省則往往是由於P的信息未知或不重要造成的,這類非照應性的賓語缺省結構也稱作賓語省略式(Givón 2001:136;Payne 2006:255-256),如上舉例(3)。

從格式Ⅰ到格式Ⅱ,小句的句法、語義及所代表的事件語義類型都發生了變化。句法上形成"A＋了得$_a$"的綫性序列；語義上提升了施事 A 的顯著性；事件語義類型也相應地發生變化，由描述一個及物事件轉向一個"動作"："及物事件"涉及施事類參與者、受事類參與者以及前者對後者施加的一定程度的影響；"動作"則祇關注一個動作發起者（即施事類參與者）的行為，而不一定包含受影響的參與者（Givón2001：106、109；Payne 2006：113）。格式Ⅱ關注施事，因此，基於主體行為與主體能力之間的"依存關係"（參沈家煊 1998），容易引發如下語用推理："A 能明了→A 具備某種能力（即'了不起'）"。該語用義逐漸凝固，最終"了得"獲得了"了不起"的詞彙義。

為什麼說"了得$_c$"來源於"了得$_a$"結構而非"了得$_b$"呢？表面上看，"了得$_b$"似乎也具備詞彙化的句法基礎，即出現在與上述格式Ⅰ、格式Ⅱ相當的格式Ⅰ′"A＋了得$_b$＋P"和格式Ⅱ′"A＋了得$_b$"。Ⅰ′式如上舉例（4），Ⅱ′式如：

(10) 若決定豎起脊梁骨，要做世出世間沒量漢，須是個生鐵鑄就底方了得。（大慧普覺禪師語錄 26，430）

但Ⅰ′、Ⅱ′二式的實際用例極少，並且絕大多數分布在反詰句中，在陳述句中基本限於條件式，否定式等特殊句式。如《朱子語類》8 例"了得$_b$"中有 7 例為反詰句，《三朝北盟會編》中 3 例全部為反詰句。反詰式、否定式等句式中經常有其他成分將"A＋了得$_b$"隔開④，並且反詰式、否定式的語義值與肯定式中的"了得$_b$"相反，也不利於詞彙化的發生。因此，我們認為"了得$_c$"來源於"了得$_b$"的可能性不大。

三 "了不得"的詞彙化

"了不得"最早見於宋代，是一個動補結構，其中"得"在我們所調查的宋代語料中均為可能補語。同"了得"一樣，"了不得"依據動詞"了"的意義也可分為兩類，一類記作"了不得ₐ"，"了"為"明了、領會"義，如：

(11) 今時參禪者，不問了得生死了不得生死。（大慧普覺禪師語錄 14，374）

(12) 如此，祇理會得門內事，門外事便了不得。（朱子語類 117，2831）

另一類記作"了不得ᵦ"，"了"為"了卻、了結"義，如：

(13) 今來欲教吏部與二三郎官盡識得天下官之賢否，定是了不得這事！（朱子語類 109，2692）

"了不得ₐ"與"了不得ᵦ"在出現頻率上大致相當。

3.1 "情勢嚴重"義的形成

"了不得ᵦ"逐漸詞彙化，成為一個表"情勢嚴重"義（以下一般簡稱"嚴重"義）的形容詞（記作"了不得ᴄ"）。其過程如下：

1）出現於格式Ⅰ"A＋了不得ᵦ＋P"。該式是描述一個及物事件的及物小句，包含 A 和 P 兩個論元，表達"A 不能了結 P"之義。如上舉例（13），小句中 A 為"吏部與二三郎官"，承前省略。

2）出現於格式Ⅱ"P＋了不得ᵦ"，即 P 話題化，表達"P 不能（被）了結"之義，例：

(14) 靖康之禍，縱元城了翁諸人在，亦了不得。（朱子語類 130，3135）

格式Ⅱ是受事主語句。漢語的受事主語句被認為是一種意念被動式，即所謂的"靜態被動句"，其特點是其中的動詞"動性大減，而明顯增加了形容詞性"（劉丹青 2008：436）。因此從Ⅰ式到Ⅱ式，句式語義發生變化，從描述一個及物事件轉向一個"變化過程"（process）："及物事件"包含一個意志性的施事類參與者、一個受影響的受事類參與者；而"變化過程"祇是強調受事經歷的某種變化,這種變化不一定由某個明確的施事的意志性活動所致(Givón 2001:106、109;Payne 2006:112)。Ⅱ式關注受事,因此,基於事情實現的可能性與事情的難易程度之間的依存關係,容易引發如下語用推理:"P不能了結→P棘手(即'情勢嚴重')"。該意義一旦凝固到"了不得"上,其詞彙化即告完成。但Ⅱ式的用例在宋元時期不多見,該義項的可靠用例在明代《三遂平妖傳》、《朴通事諺解》等文獻中纔出現,如:

(15) 若是前面又撞見他,卻了不得,我自不如回東京去休!(三遂平妖傳6,41)

此時"了不得$_c$"的句法功能也進一步成熟,可以自由地充當謂語和定語,也可獨立成句。如:

(16) 媽媽切不可造次,這件事了不得。(二刻拍案驚奇10,213)

(17) 這又是了不得的事了。怎麼收場?(同上16,332)

(18) 沙僧道:"怎的說?"呆子哼道:"了不得!了不得!——疼!疼!疼!"(西遊記55,675)

為什麼說"了不得$_c$"來源於"了不得$_b$"而非"了不得$_a$"?表面上看,"了不得$_a$"似乎也具備詞彙化的句法和語義基礎:句法上,它出現在與"了不得$_b$"的上述Ⅰ、Ⅱ二式相當的格式——格式Ⅰ′"A+了不得$_a$+P"和格式Ⅱ′"P+了不得$_a$",如上舉例(11)(該句中"了不得"的施事論元A為"今時參禪者")、例(12);語義上,"知"為"行"的前提,故"P了不得$_a$"(P不能被領會)也是該事物"棘手"的一種表現,因而"P不能領會→P棘手"這一語用推理(記作"語用推理A")理論上也成立。但我們注意到,"語用推理A"與"P了不得$_b$(P不能了結)→P棘手"這一語用推理(記作"語用推理B")相比,後者更符合一般的認知規律。因為"了不得$_a$"指向"知",

屬認識領域，"了不得ᵦ"指向"行"，屬現實領域，而"了不得ᵧ"也屬現實領域，"了不得ᵦ"與"了不得ᵧ"認知距離更近，關聯更強，語用推理相對容易發生。此外，據我們初步調查，漢語史上基於"語用推理 A"的詞彙化實例較少見，而基於"語用推理 B"的詞彙化實例更為常見⑤，這也從一個方面證明"了不得ᵧ"來源於"了不得ᵦ"的可能性更大。

3.2 "了不起"義的形成

清代，"了不得ᵧ"的適用對象由事態擴展到人，引申出"品性險惡"義。例：

> （19）今年正月裏，上天有眼，叫這惡人死了，我們一社人無不慶幸。不意他死後更了不得，到黃昏後屢屢現形，在這社裏社外作祟。（綠野仙蹤 10，90）

> （20）我不過看著太太的面上，你又有年紀，叫你一聲媽媽，你就狗仗人勢，天天作耗，專管生事。如今越性了不得了。（紅樓夢 74，1031）

此期還出現少量用例，從人物"品性險惡"義變為"能力突出"即"了不起"義（記作"了不得ᵨ"），這是語義色彩由消極到積極的轉變。例：

> （21）這位王道尊卻是了不得，而今朝廷捕獲得他甚緊。（儒林外史 10，66）

> （22）讀了兩年書的孩子，發出這種議論，有這種見解，就了不得！（二十年目睹之怪現狀 39，247）

清代中葉，"險惡"義用例逐減，"了不起"義用例漸增，到清末的《二十年目睹之怪現狀》中，形容人物的 7 例"了不得"均為"了不起"義。此外，清末"了不得ᵨ"也用於形容事物，如：

> （23）你們讀書人的記性真了不得，怎麼把古人的姓名、來歷、朝代，都記得清清楚楚的？（二十年目睹之怪現狀

36,223)

综上，从"了不得。"到"了不得$_d$","了不得"一词的适用对象扩大，语义色彩改变，是一个典型的语义扩展过程。

3.3 "了得"与"了不得"的词汇化对比

1) 形容词"了得$_c$"和"了不得$_{c/d}$"在词汇化的源形式及句法环境上有所不同：

a. "了得$_c$"由短语"了得$_a$"（"能够领会"义）词汇化而来。在此过程中，"了得$_a$"的句法环境从一般及物句"A+了得$_a$+P"转换为话题前置式或宾语省略式"（P+）A+了得$_a$"，淡化或削减了论元P，从而提升了A的语用地位；相应地，语义上从对"事件"的客观描述转向关注施事的"动作"，为有关主体能力的"了不起"义的形成提供基础。

b. "了不得$_{c/d}$"由短语"了不得$_b$"（"不能了结"义）词汇化而来。在此过程中，"了不得$_b$"的句法环境从一般及物句"A+了不得$_b$+P"转换为受事主语句"P+了不得$_b$"，削减了论元A，从而提升了P的语用地位；相应地，语义上从对"事件"的客观描述转向关注受事的"变化过程"，为有关客体性状的"情势严重"义的形成提供基础。

2) "了得$_c$"之所以有"了不起"的形容词义，是从表示施事性主语A具备能力的动补结构"了得"直接词汇化而来；"了不得$_d$"之所以有"了不起"的形容词义，其过程分两步，首先是从表示受事性主语P棘手的动补结构"了不得"词汇化，发展成为"情势严重"义的形容词"了不得$_c$"，再从"情势严重"义扩展出"了不起"义。因此"了得$_c$"和"了不得$_d$"这对字面上看意义相反的词，虽然都具有"了不起"这一义项，但其来历是很不相同的，从来源上看后者并非前者的否定式。

3) "了得"和"了不得"词汇化的共同机制是，小句论元结构的变化为动词结构的词汇化创造了句法环境，并由此形成合适的語義條件。但二者經歷的論元結構變化完全不同："了得"的詞彙化過程中抑制/淡化論元 P 而凸顯 A 的顯著性，因而其"了不起"義用法僅限於形容人；"了不得"的詞彙化過程中抑制/淡化論元 A 而凸顯 P 的顯著性，因而其"嚴重"義用法一般用於形容事物，之後發展出的"了不起"義形容人或事物皆可。

4) 在上述詞彙化過程中，語用推理起了重要作用。"主體行為－主體能力"之間的依存關係、"事情實現的可能性－事情的難易程度"之間的依存關係，分別是"（P＋）A＋了得$_a$"和"P＋了不得$_b$"結構藉以推導出"了不起"義和"事情棘手"義的"常規關係"。⑥

四　論元結構變化誘發的詞彙化

從以上"了得"、"了不得"的詞彙化過程可以看出，論元結構的變化直接誘發了這兩個動補短語的詞彙化。本節調查漢語史上的同類詞彙化實例，進一步提出並論證論元結構變化是誘發漢語詞彙化的重要動因之一。

4.1 論元結構變化誘發詞彙化的更多實例

根據論元結構變化的具體情形，可以將漢語史上的詞彙化實例大致分為以下三類：

4.1.1 論元的減少誘發詞彙化

賓語省略式和受事主語句即為常見的減少論元的結構式。以前者為例，漢語史上有一批及物動詞結構即在賓語省略式中詞彙化為形容詞，如"固執"、"保守"、"輕易"等（參董秀芳 2002：66、143）。以"固執"為例，它原為狀中短語，其中"固"為"堅定、頑固"義副詞，"執"為"堅持"義及物動詞，該結構一般用於"經事＋固執＋當事"格式，如：

（24）誠之者，擇善而固執之者也。（禮記正義・中庸

53,1446)

在漢代出現了當事賓語缺省的用法,如:

(25) ……無使素餐之吏久尸厚祿,以次貫行,固執無違。(漢書・谷永傳85,3464)

該例中"固執"的賓語(即上文所陳眾條諸事)隱含。在這類用例中,小句由表述"某人堅持某事"轉為強調"某人堅持",從而逐漸形成"堅持己見,不肯變通"義。該短語至六朝即出現了形容詞用法,如:

(26) 帝以宿嫌,欲枉法誅治書執法鮑勳,而柔固執不從詔命。(三國志24,685)

當然,該詞彙化過程中,隱喻也是語義演變的作用因素之一:從短語義到形容詞義的發展,代表了從行域到知域的投射。

4.1.2 論元的增加誘發詞彙化

使役式是常見的增加論元的結構式,它為動詞添加使役者論元。漢語史上有一批不及物動詞結構即在使役式中詞彙化為及物動詞,如"鼓舞"、"改善"、"打破"等(參董秀芳2002:55、82)。以"鼓舞"為例,它本為並列式動詞短語,義為"擊鼓跳舞",如:

(27) 孔某盛容修飾以蠱世,弦歌鼓舞以聚徒。(墨子・非儒9,75)

有時"鼓"的意思較虛,表示"手足舞動",形容歡欣貌,如:

(28) 天將大雨,商羊鼓舞。(孔子家語・辨政3,38)

上述兩種用法中,"鼓舞"不帶賓語,但在漢代出現了帶賓語的使役用法,如:

(29) 鼓舞萬物者,雷風乎!鼓舞萬民者,號令乎!(法言・先知9,302)

"鼓舞萬物者"是對"雷風鼓舞萬物"提取施事而得到的名

詞化小句。在"雷風鼓舞萬物"句中,"鼓舞"增加了使役者論元"雷風",原先的論元"萬物"充當受使役者,動詞也由"手足舞動,觀頋"的不及物義變為"使……手足舞動,使……歡欣"的使役義。由這一使役義很容易推理出"激發、激勵"義。隨著這類用例在唐宋時期的明顯增多,該意義也逐漸凝固為詞彙義。和上述"固執"個案一樣,"鼓舞"的詞彙化過程中,隱喻也起了一定的作用。

4.1.3 論元的調整誘發詞彙化

"論元的調整"是指某一動詞結構在詞彙化前後的論元數量不變,但論元結構的格局有所調整。一個典型的例子是非典型動賓短語的詞彙化:依據及物性理論(參 Hopper & Thompson 1980),動賓短語"V+O"中,V 帶内論元 O。如果該動詞結構的及物性程度較低,則 V 往往被編碼為不及物的,在形態發達的語言中這類賓語有可能被合並進動詞詞幹(Hopper & Thompson 1980:254、257),而在漢語這種形態不發達的語言中,這類結構往往由動賓短語演變為動賓關係的動詞,如"關心"、"責備"、"標榜"、"從事"、"得罪"、"注意"、"設計"等(參董秀芳 2002:165—196、179)。在這類詞彙化過程中,一方面,V 自身的内論元 O 消失,另一方面,"V+O"結構作為一個整體出現於"A+VO+P"格式,並帶上新的内論元 P,由此詞彙化為及物動詞。以"關心"為例,它本為表"關涉於心"義的動賓短語,一般見於"當事+關+心"格式[⑦],如:

(30) 色既不關心,境從何處發?(五燈會元 2,60)

動詞"關"的動作性不強,賓語"心"不僅是個抽象名詞,還是一個方所論元(屬於非核心論元),因此該動詞結構的及物性程度低,賓語易與動詞發生融合;同時,"關+心"結構出現於新的結構式"經事+關心+當事",帶上當事賓語,表達"某人對/將……關涉於心"意義,如:

(31)這正是大帥關心民瘼,纔能想得如此周到。(官場現形記53,855)

由此詞彙化為表"重視和愛護"義的及物動詞。

4.2 論元結構變化是誘發詞彙化的句法與語義動因之一

論元結構變化之所以誘發詞彙化,是由於它直接關係到小句的句法層面和語義層面。

一方面,論元結構與配價、及物性等概念密切相關,論元結構變化與配價變化(valency-changing)、及物性變化等密切關聯。以減價結構的賓語省略式和受事主語句為例,與對應的一般及物句相比,從論元結構變化的角度說,二者分別削減了受事和施事論元;從變價的角度說,分別減少了一個配價(Payne 2006:240,劉丹青 2008:436-437);從及物性變化的角度說,分別發生了去及物化,表達"動作"和"變化過程"的不及物情狀。又如增價結構的使役式,與對應的一般及物句相比,增加了使役者論元,相應地增加了一個配價,並發生了及物化。因此可以認為,論元結構的變化代表或反映了小句在論元結構、配價和及物性等各層面的變化[⑧]。

另一方面,論元結構、配價和及物性都兼為句法和語義的概念(Payne 2006:106、237;Givón 2001:109-110),因此上述三個層面的變化同時對小句的句法與語義層面造成影響。仍以動詞短語"了得$_a$"、"了不得$_b$"的詞彙化為例:在句法層,"了得$_a$"從"A+了得$_a$+P"式到"A+了得$_a$"式,原先的跨層結構"A+了得$_a$"被重新分析為同一層次,而"了不得$_b$"從"A+了不得$_b$+P"式到"P+了不得$_b$"式,受事P轉而充當主語,"了不得$_b$"獨立充當謂語;在語義層,"了得$_a$"、"了不得$_b$"從"事件"分別轉向"動作"和"變化過程"情狀。再以動詞短語"鼓舞"的詞彙化為例:該短語從不及物式"S+鼓舞"到及物式"A 鼓舞 P",增加了使役者角色A,原來的深層論元S在新結構式中充當 P；語義上也由"狀態"轉變為"事件"情狀。因此，從這個意義上說，論元結構變化是誘發詞彙化的句法和語義動因之一，並且往往是詞彙化過程中重新分析、語用推理等相關變化過程發生的直接誘因。

〔注釋〕

①《現代漢語詞典》等工具書認為"了得"還有"情勢嚴重"義，如"哎呀！這還了得！"。本文認為，現代漢語中有兩個"了得"：一是形容詞"了得"；二是短語"了得"（由表"了結"義的動詞"了"與可能補語"得"構成），如"七毛錢了得什麼急事！"。所謂的"情勢嚴重"義是由短語"了得"構成的反詰結構"還了得？"的結構義，而非"了得"本身的詞彙義。另，本文引現代漢語例主要來自《現代漢語詞典》和《現代漢語八百詞》，不再一一注明；引古代文獻例標注卷數/回數和頁碼，如例（1）的"全唐文 922，9611"表示《全唐文》卷 922，第 9611 頁。

② 在我們所調查的晚唐五代語料中，補語"得"的用法包括兩類：一是動相補語，如"了得身心本性空，斯人與佛何殊別？"（祖堂集 1，4）；二是能性補語，如下文例（1）。但據我們考察，形容詞"了得"來源於後者，即"得"作為能性補語的動補結構"了得"，而與前者即"得"作動相補語表實現的"了得"無關，因此這裏的討論限於能性結構"了得"。

③《全唐五代詞》將這首詞收在呂巖名下，指出從詞的風格及所用詞牌來看，呂巖詞多是後人偽作，大概是宋元時人的作品。

④ 如上舉例（10）的副詞"方"，又如下例中的疑問詞"如何"：
所以做官難，非通四方之風俗情偽，如何了得！（朱子語類 111，2718）

⑤ 以"費 X"結構的詞為例，基於"語用推理 A"的詞彙化僅有"費解"，它由"事情耗費理解"義的動賓短語演變為"難懂，不易理解"義的形容詞；而基於"語用推理 B"的詞彙化實例則有"費事、費手、費周折、費神、難纏"等多個，如"費手"由"耗費精力"義的動賓短語演變為"事情難辦，不好對付"義的形容詞。

⑥ 基於"主體行為—主體能力"語用推理的同類詞彙化實例有"明

白、了悟、能事、了事"等。如"明白",由"瞭解"義的並列動詞短語演變為"聰明、懂道理"義的形容詞。又如"了事",由"了結事情"或"明了事情"義的動賓短語演變為"精明能幹"或"明白事理"義的形容詞。基於"事情實現的可能性—事情的難易程度"語用推理的同類詞彙化實例詳注釋⑤。

⑦"當事+關+心"結構是一個升賓式(applicative),即由作為非核心論元的方所論元充當直接賓語(參 Payne2006:264)。

⑧ 關於論元結構變化、變價和及物性變化三者之間的因果或先後關係,向來存在爭議。如 Dixon(2000)認為論元結構變化是根本,變價是其伴生性後果;功能語法學者則認為三者都是話語驅動造成的,彼此難分孰因孰果。我們認為不妨將三者看作同一現象的不同觀察視角。但不論持何種觀點,可以確定的是,論元結構的變化代表或反映了小句在上述三個層面的變化。

〔主要參考文獻〕

[1] 董秀芳. 詞彙化:漢語雙音詞的衍生與發展. 成都:四川民族出版社,2002.

[2] 劉丹青. 語法調查研究手冊. 上海:上海教育出版社,2008.

[3] 劉月華. 可能補語用法的研究. 中國語文,1980(4).

[4] 呂叔湘主編. 現代漢語八百詞(增訂本). 北京:商務印書館,1999.

[5] 沈家煊. 語用法的語法化. 福建外語,1998(2).

[6] 趙元任. 中國話的文法. (1982).//趙元任全集. 第1卷. 丁邦新譯. 北京:商務印書館,2002.

[7] Dixon, R. Introduction. In: Dixon, R. & Aikhenvald, A. (eds.) Changing Valency: Case Studies in Transititity. Cambridge: Cambridge University Press, 2000.

[8] Givón, T. Syntax: An introduction. Vol (Ⅰ). Amsterdam & Philadelphia: John Benjamins, 2001.

[9] Hopper, P. & Thompson, S. Transitivity in grammar and discourse. Language 1980 (56).

[10] Payne, T. E. Exploring Language Structure. Cambridge：Cambridge University Press，2006.

〔引書目錄〕

[1] 墨子. //諸子百家叢書. 上海：上海古籍出版社，1989.

[2] 禮記正義. ［漢］鄭玄注. ［唐］孔穎達疏. 北京：北京大學出版社，1999.

[3] 孔子家語. ［魏］王肅注. 上海：上海古籍出版社，1990.

[4] 汪榮寶. 法言義疏. 陳仲夫點校. 北京：中華書局，1987.

[5] ［漢］班固. 漢書. 中華書局，1962.

[6] ［晉］陳壽. 三國志. 陳乃乾校點. 北京：中華書局，1959.

[7] ［清］董誥等編. 全唐文. 北京：中華書局，1983.

[8] ［清］曹寅等編. 全唐詩. 北京：中華書局，1960.

[9] 張璋、黃畬編. 全唐五代詞. 上海：上海古籍出版社，1986.

[10] ［南唐］靜，筠法師. 祖堂集. 全國圖書館文獻縮微複製中心.

[11] ［宋］普濟. 五燈會元. 蘇淵雷點校. 北京：中華書局，1984.

[12] ［宋］黎靖德編. 朱子語類. 王星賢點校. 北京：中華書局，1985.

[13] ［宋］蘊聞編. 大慧普覺禪師語錄. //禪宗語錄輯要. 上海：上海古籍出版社，1992.

[14] ［宋］集成等編. 宏智禪師廣錄. //禪宗語錄輯要. 上海：上海古籍出版社，1992.

[15] 新校元刊雜劇三十種. 徐沁君校點. 北京：中華書局，1980.

[16] ［明］羅貫中著. 三遂平妖傳. 張榮起整理. 北京：北京大學出版社，1983.

[17] ［明］施耐庵，羅貫中. 水滸傳. 北京：人民文學出版社，1975.

[18] ［明］洪楩編. 清平山堂話本. 王一工標校. 上海：上海古籍出版社，1992.

[19] ［明］吳承恩. 西遊記. 黃肅秋注釋. 北京：人民文學出版社，1980.

[20] ［明］凌濛初. 二刻拍案驚奇. 章培恒整理. 王古魯注釋. 上海：

上海古籍出版社，1983.

　　[21]　[清]吴敬梓. 儒林外史. 宏遠點校. 杭州：浙江文藝出版社，2004.

　　[22][清]曹雪芹，高鶚. 紅樓夢. 北京：人民文學出版社，1996.

　　[23][清]李寶嘉. 官場現形記. 北京：人民文學出版社，2000.

　　[24][清]吳趼人. 二十年目睹之怪現狀. 宋世嘉校點. 上海：上海古籍出版社，2001.

　　　　　　　（王麗玲，首都師範大學文學院　郵編：100048）

從方言詞的底層成分看贛語與吳語的相互關係
——以贛語詞彙中的古吳語成分爲例*

肖九根

內容摘要：研究表明，贛語詞彙的歷史沉積中存有不少古吳語底層成分，其語核成分集中地體現在名詞、動詞、形容詞等方面。這種語言現象的出現，與其所產生的地理歷史條件有着密切的關係。從其關係看，我們認爲贛語和吳語之間不僅存有語言接觸中相互影響的借用關係，同時還具有語言發生學上的共源關係。

關鍵詞：贛語詞彙　底層成分　吳語　借用關係　共源關係

贛語是一種由多語源相互滲透、相互融合的產物。它不僅有苗蠻語和百越語的根基，中原雅言的巨大影響，還受到過古吳語的浸潤[1](p366-374)。

贛語中存有不少古吳語的底層成分，這無疑與其產生的地理歷史條件有着密切的關係。

那麼，贛語中吳語底層成分產生的地理歷史條件怎樣？其吳語底層成分又表現在哪些方面？贛語與吳語之間存在着怎樣的關係？我們試圖就這些問題作些探討。

---

* 本文爲江西省社會科學規劃基金項目（編號：08WX28）。

一　贛語中古吳語底層成分產生的地理歷史條件

贛省地處長江中下游相交的南岸，爲華東地區的腹地，又東毗江浙。這種地理形勢，決定了贛鄱地域的社會風俗和語言文化同古吳越有着密切的關係。

古吳越就其地理位置而言，又稱江東或江右。春秋時期，滬蘇浙以及皖南贛東北之域裂分爲吳、越兩國。盡管吳、越分屬爲不同的諸侯國，但其習俗和語言却是共同的。《吳越春秋》記載："吳與越同音共律。"《呂氏春秋》亦云，吳越"習俗同，言語通"。揚雄《方言》亦常以"吳越"指稱古吳越語。

由於贛鄱與江浙地域上毗連一塊，這使古吳越的文化習俗給贛域打下了深深的烙印，如贛鄱地區盛行的干欄建築、懸棺崖葬、斷髮紋身、善駕舟船等，顯然是受古吳越遺風的影響而漸染成俗的。在地名中，贛域也如古吳越那樣，其"港"的聚落名多以河流命名，這在歷代史地方誌中如《元史》、《明史》、《太平寰宇記》、《大明一統誌》等都有所記載；贛域還有許多如古吳越一樣的以"餘"爲頭的地名，其中有名的如餘干（古名餘汗）、餘江等。另據考古發現，贛省發掘的遺址和墓葬如貴溪仙水岩崖墓群，其陶瓷器與江蘇春秋時代土墩墓中的遺物有密切關係；高安太陽墟春秋墓與江（蘇）、浙（江）的吳式墓也是同一風格。

誠然，不僅僅其地域毗接，更重要的是贛鄱與吳越有着深層次的歷史關係。根據《爾雅・釋地》九州島之說，西周之前的贛鄱地區在行政區劃上就屬揚州所轄，並由干越族或曰揚越族主宰着。其他文獻也有這方面的記載，"據《尚書・禹貢》和《史記・夏本紀》，'淮海惟揚州'，孔安國注云：'北據淮，南距海'，說明它的領域北至淮河，東南至海，揚州西與荆州爲鄰，以鄱陽湖爲界，包括今江蘇、安徽南部、江西東部、浙江、福建及嶺南地區。"[2](p328)而且《尚書·禹貢》在"淮海惟揚州"中特別指明"彭蠡"之稱,亦即鄱陽湖。這種行政隸屬關係直至春秋戰國乃至秦漢以後都未曾發生變化,如贛中安福地區的安平縣秦漢時還是隸屬揚州管轄。

春秋戰國時期,是中國歷史上的一個大變革、大改組、大融合的時代。其時,贛域也經歷了一個劇烈震盪的時期,吳、越、楚在同一地域與不同時間激烈角逐,交替登場,並把贛域納入自己的主體疆域版圖,這便是贛域史稱"吳頭楚尾"(《方輿勝覽》)之由來。例如,贛域干越族或揚越族的中心贛東北餘干一帶,其地青銅文化和鑄造工藝其時達到了很高的水平,且盛產各類刀劍,正如《新序·雜事》所云:"劍產於干越。"那時,餘干等地先後成爲吳、越等國的屬地。吳吞併干越後,干越鑄劍名匠干將就爲吳王鑄劍。越滅吳後,越國又以贛東北餘干爲基地,製造各類兵器,而且還爲趙王州句鑄造出著名的"複合劍(雙色劍)"[3](p67-68),故贛鄱民間至今還有"吳王金戈越王劍"之説。此外,餘干還大量出產糧食、木材,其造船技術又高,所以"越人欲爲變,必先田餘干界中,積食糧,乃入伐材治船"(《漢書·嚴助傳》)。

實際上,在贛省的發展史上,一些市縣行政區劃隸屬關係除因戰爭變更之外,還有因地緣關係而變更的,如玉山、鉛山在漢代歸屬會稽郡,樂平宋元兩代隸屬江浙,信州、饒州、鉛山元代還是歸江浙所轄。今天贛省上饒、玉山、廣豐一帶的吳語,恐怕與其歷史上的行政所轄是密不可分的。

經濟優勢,也是引起語言接觸、甚至融合相通的一個重要因素。如上述的上饒、玉山、廣豐等市縣,自古就與江浙交往甚密,并且有着説吳語的悠久歷史,曾長居上饒一帶的南宋著名詞人辛棄疾也留下了"醉裏吳音相媚好"的詞句。之所以如此,這不單是這些地區曾有行政區劃上的隸屬關係,地毗壤接的有利條件，更重要的還是能够憑藉江浙强勁的經濟文化優勢來發展自己，這是吸引這些地區與之保持密切聯繫的關鍵所在。

總之，地域上的毗鄰，吳越贛地的爭鋒，行政區劃上的歸屬以及經濟優勢的影響等因素，使得彼此雙方長期交往。如此一來，贛域與吳越的社會習俗、語言文化的相互影響就不可避免了，這也是贛語中存有吳語底層成分的真正原因。

二　贛語中的古吳語底層成分例釋

這裏主要從贛語的歷史沉積現象中來探賾⋯⋯⋯⋯⋯⋯⋯成分。文中列舉的語料，都是古籍中已經指明其⋯⋯⋯⋯⋯⋯⋯贛語中依然使用的意義相同或相關的詞語。

從詞彙沉積的語核成分看，贛語中的吳語⋯⋯⋯⋯⋯⋯在名詞、動詞、形容詞等方面，而其中尤以⋯⋯⋯⋯⋯⋯於篇幅所限，每類僅舉數例，以資説明，隨⋯⋯⋯⋯⋯⋯的注解。

1. 表示人的稱謂、事物、時間或處⋯⋯⋯⋯⋯⋯

渠　他/她。《集韻·魚韻》："吳人呼⋯⋯⋯⋯⋯⋯強調，則以"渠儂"表達。清·翟灝《通⋯⋯⋯⋯⋯⋯稱我儂，指他人亦曰渠儂。"胡三省資治⋯⋯⋯⋯⋯⋯爲渠儂。"今境内贛語各地，第三人稱單數、複數⋯⋯⋯⋯或"渠儂"。

儂　人稱代詞。《玉篇》："儂，我也，吳語。"今贛語稱人亦稱"儂"，彭澤、湖口、都昌等地所説的人稱詞"儂"，如"我儂"、"爾儂"、"渠儂"、"夷儂"等，皆爲人稱代詞的複數形式，這顯然是吳語的底層成分。

老倫　老頭，含貶義。清·章炳麟《新方言·釋言》云："今自鎮江而下，浙閩沿海之地，無賴相呼曰老倫。""老倫"之稱，今存於贛東北部鷹弋萬年等地，它無疑是古吳語的遺迹。

門龍 門楣，即門户上横梁。清·郝懿行爾雅疏云："今登萊謂之門梁，江浙謂之門龍。""門楣"稱之爲"門龍"，緣起於那架在門户上木刻之横梁形似游龍，俗寓以之驅邪惡於門外，納吉祥於户内。贛語區吉茶片各地，鄉間均有龍狀門楣之雕飾，工藝煞是精良，頗具藝術特色，當地人皆謂之"門龍"。

鑊 鍋。《方言》卷五："鍑，或謂之鑊。"《洪武正韻》："鑊，釜屬，鍋也。"胡三省資治通鑑注："鑊，吴人謂之鍋。"贛語區用"鑊"爲"鍋"義的，有撫廣黎川、樂安，昌都南昌、永修、修水，吉茶泰和、永豐、永新、萬安、蓮花等市縣。例如，撫廣黎川等地説"鑊頸置於鍋下之鐵圈"，萬安謂"鑊頭指鍋"，蓮花亦似上海稱"鑊灰鍋底灰"。

晝 (1) 白天。《説文解字》："晝，日之出入，與夜爲界。"《吴越春秋》："禹行……啓生不見父，晝夕呱呱啼泣。"(2) 中午時分。《玉篇》："晝，日正中。"清·茹敦和《越言釋》曰："越人以午爲晝，午前爲上晝，午後爲下晝。"無疑，古吴人亦然。今吴語區還把"午飯"謂之"晝飯"，如上海、無錫、寧波等地。贛語各片亦有"晝"、"上晝"、"下晝"、"晝夜"之稱謂。顯然，這無疑是吴越語的底層成分。

港 地名，即指與江河湖海相通的河流。據李小凡、陳寶賢研究，"港（河流）"可能是一個源於古吴語的地名通名，而且"港"的分布地域也大體相當於古吴語、古楚語和吴楚之間被稱爲吴頭楚尾的過渡地帶。"港"用於水名先秦時就已在吴地出現。據考察，"港"的聚落名，江浙滬多以河流命名[4](p201-216)。贛鄱是吴頭楚尾的過渡區，"港"的地名亦以河命名的居多，這在歷代史地方誌中已有記載。據統計，贛省"港"的聚落名 62 個，大多是以河命名的。

此外，還有如"索繩子"、"桊穿牛鼻的環"、"明朝明天"、"膶手指羅紋"、"田塍田埂"等,均是贛語中的古吳語成分。

2. 表示行爲動作或發展變化

摗 以手抓物。《集韻》:"吳人謂挽曰摗。"又《類篇·手部》"吳俗謂手爬物曰摗。"贛語各地均用,如"摗食鷄喫吃"、"摗幾摗米煮"等,既可作動詞,亦能爲量詞。

囥 藏物。《滬諺》卷下:"藏物曰囥。"上海崇明清乾隆二五年《崇明縣誌》:"囥,俗謂藏物也。"又,清乾隆十二年《蘇州府志》亦云:"藏物曰囥。"此語今吳語區還廣爲使用。贛語區贛東以及東北部如撫廣黎川、樂安、崇仁、廣昌,鷹弋鷹潭、餘江、弋陽、鄱陽等地,亦習用是語。

蒔 插秧。清·段玉裁説文注:"今江蘇人移秧插田中曰蒔秧。"江蘇太倉1919年《太倉州志》云:"插秧曰蒔。"上海,江蘇蘇州、無錫、常州等地,亦有"蒔秧"之説。贛語如吉茶吉水、峽江、蓮花等地,則稱"插秧"爲"蒔"或"蒔田"。

隁 斜靠、倚靠。清·章炳麟《新方言·釋言》云:"浙西謂負墻立曰隁,仰胡床而坐亦曰隁。"揚雄《方言》釋"隁"爲"﨑也",今上海、江浙許多地方還用之。贛語區吉茶吉安、吉水、永豐、峽江等地,亦常用此義,如吉水話"渠他隁到哩墻,把衣裳隁壞哩臟了"。

析 剖開或分解。清·茹敦和《越言釋》云:"《詩》言'析薪如之何',又曰:'斧以斯之。'斯者,析音之轉,所謂北音無入是也。"吳語浙江紹興一帶,今仍用其古義。

贛語吉茶泰和以及贛西北昌都修水等地,日常口語亦多用此義,如"析木板"、"析南瓜";還作量詞,相當於"瓣",意指析後小片狀單位,如"一析木板"、"三析南瓜"等。

勴 器物磨損。清·朱駿聲《説文通訓定聲》云:"今蘇俗語謂物消磨曰勴。"贛語區撫廣樂安,吉茶永豐以及昌都南昌、修水等市縣,今還用"器物磨損"一義,如"螺絲勴了。""菜刀勋刮吖,要去磨快。"

贛語裏的這類吳語成分非常豐富,多姿多彩,如"挓强與人物"、"毁用棒狀物敲擊"、"徛站"、"拗折斷"等,就不一一而詳了。

3. 表示性質、狀態

騃/悫 騃傻,呆。《方言》卷十:"痴,騃也。"周祖謨方言校箋引鄭玄注:"《周禮》云:'春愚,痴騃也。'"

表示"愚蠢"、"呆傻"義的,吳語區如杭州、寧波以及蘇州等地,有"騃大"、"騃子"等説法。應鐘《甬言稽詁·釋流品》:"《蒼頡篇》:'騃,無知之貌。'……俗稱愚鈍不敏者曰騃,其人曰騃。"又,錢大昕《恒言録》云:"《七修類稿》:蘇杭呼痴人爲'憃子',又或'呆'、'騃'二字。考《玉篇》衆書,無'憃'、'呆'二字,獨'騃'字在。"悫,《説文解字》云:"愚也。""悫"與"騃"同義。

此語贛北昌都片少數地方,今仍用之。"騃"既能單用,又能以"悫騃"雙音形式出現,如贛語修水話"騃物","咯這個人真悫騃"。

贛語裏這類常用的吳語成分還有一些,如"壯肥,胖"、"闊寬"、"狹窄"、"相因價錢低廉"等。

還有一些其他類別的詞,如副詞、助詞類等,祇是數量較少而已。從上例舉的幾類詞語,我們可以看到吳語或者説吳越語給贛語的影響是很大的。

三 贛語與吳語之間的相互關係

如上所述,由於贛吳兩域相接,吳越贛地爭雄,加之政區隸屬等關係,使得雙方長期相互交往。有了人員交往,就必然會有語言接觸。而語言接觸是一種普遍而複雜的社會現象,這種社會現象既可以發生在不同民族的不同語言之間,也可以發生在同一民族的不同方言之間。就贛鄱和吳域的情況而言,這是族際之間的語言互動和語言接觸,而且是一種直接的互動和接觸。

那麼,不同族群或群體之間的語言接觸最終會產生什麼結果呢?有學者認爲,"不同群體之間的語言接觸會出現三種後果:1. 在接觸中某個群體的語言使用功能逐漸萎縮,最後爲另一個群體的語言所替換。2. 相接觸的不同群體,其語言在結構上互相滲透、擴散,在相互影響下各自豐富、發展。3. 相接觸的不同語言在結構上發生混合或融合,最後由於滲透的深入而產生一種質變的語言。"[5]贛鄱和吳域是鄰界不同族際之間的互動和接觸,其語言的滲透、擴散與影響是相互的,雙向的。這種相互滲透、相互影響,在雙方語言的語音、詞彙、語法幾個層面上均有所表現,不同的僅是弱勢的贛語沒有強勢的吳語滲透力那麼深、影響力那麼大。

贛語受吳語的影響頗深,所及各個層面,對此有學者已經做過研究,無需在此一一贅述;而贛語對吳語也同樣產生了一定的影響。例如,宜州吳語影母洪音讀 [ŋ],泥來二母洪音不分,"虹"讀如"杠",這些現象均是贛語影響所致;宜州吳語"仔"尾,如涇縣的"餅仔"、"扣子仔",太平的"鳥仔鳥兒"、"竈馬兒仔",顯然也是贛語影響的結果,因爲"仔"尾贛語裏廣爲使用,而江浙吳語裏却不存在;宜州吳語"箱環、門環"之"環"説成 [khuæ̃⁵],今浙南吳語如溫州還是説濁音 [gwa⁶],而古全濁聲母今讀送氣清音正是贛語的特點。例如,贛語區宿鬆、望江、東至、彭澤等地的匣母字"蝦~蟆、葫~蘆、鐶門~",其白讀音都讀送氣清音 [kh—]。吳語區的石陵小片,把"站着吃"説成"站到吃"之類,這無疑也是贛語的影響[3](p333)。另外,還有不少説法是贛語和吳語裏常用的,如"話説話"、"落雨下雨"、

"烊/煬溶化"、"蠻好很好"、"鬧熱熱鬧"、"笋乾乾笋"、"牛牯公牛"、"猪牯公猪"、"排木筏"等等,究竟是贛語影響吳語,或者吳語影響贛語,還是贛、吳承繼了同源語,因其關係複雜,還難以作出判斷。

贛語和吳語的關係如此密切,除上述原因以外,也許還與另外一點有一定的關聯。據考古發現,大約距今7000年左右的新石器時代,我國境内已經形成三大原始語區:太古青蓮崗語區、太古仰韶語區以及太古北方細石器語區,或曰太古夷越—苗蠻語區、太古氐羌語區和太古胡狄語區。贛鄱與吳越自古就同屬太古青蓮崗語區或曰太古夷越語區[6](p104-109)。由此看來,贛語和吳語之間不僅有相互接觸、相互影響的借用關係,同時還應有語言發生學上的共源關係,祇是前者那種雙向互動、交互影響起主要作用而已。

社會語言學告訴我們,語言是一個民族的重要標誌。毫不誇大地說,一部語言史實際上就是一部民族史。語言這一特殊的社會現象,它總會忠實地記錄一個民族的自然因素和人們實踐活動的全部内容,真實地再現一個民族特定歷史時期所形成的語言特徵,而這一語言特徵又是以人們的口頭語言和通讀文字得以傳承下來。因此,我們認爲,今天贛語歷史沉積下的底層"化石"中存有大量的古吳語成分,與此有着密切聯繫,這是符合語言發展一般規律的。

〔主要參考文獻〕

[1] 余悦,吴麗躍. 江西民俗文化叙論 [M]. 北京:光明日報出版社, 1995.

[2] 田繼周. 秦漢民族史 [M]. 成都:四川民族出版社, 1996.

[3] 董楚平,金永平. 吳越文化志 [M]. 上海:上海人民出版社, 1998.

[4] 李小凡,陳寶賢. 從"港"的詞義演變和地域分布看古吳語的北界 [J]. 方言, 2002 (3).

[5] 羅美珍. 論族群互動中的語言接觸 [J]. 語言研究, 2000 (3).

[6] 李葆嘉. 漢語起源與演化模式研究 [M]. 哈爾濱:黑龍江教育出版社, 2001.

(肖九根,江西師範大學文學院　郵編:330022)

思界話與廈門話鼻化韻、
鼻尾韻的對應關係及古音痕迹

李 玉

内容摘要：本文歸納分析了思界閩南話與廈門話在鼻化韻、鼻尾韻的對應關係。通過研究這些對應關係，我們可以看到思界話的語音在發展變化。廈門話當是包括思界話在内的閩南話的祖語。本文還揭示了思界話聲、韻、調的一些古音痕迹。

關鍵詞：音韻　方言　對應關係

思界是廣西平南縣的一個鄉，人口二萬多，離平南縣縣城14公里。平南縣城位于北緯 23°31′，東經 110°23′。思界鄉的居民均講"思界話"。思界話是閩南話方言島（周邊方言是平南粤方言），故思界話受平南粤方言的影響比較深。思界居民其先祖于明末清初從離廈門很近的福建漳州遷到平南思界。三百多年來，思界話發生了許多變化，也保留了一些古音痕迹，屬漢語珍稀、瀕危方言，有深入研究價值。發音合作人吴耀家先生，男，63歲，思界鄉横木村人，高中文化。

壹　語音系統

一、聲母19個（包括零聲母∅）：
p ph mb m ɸ t th n l tʃ tʃh ŋ ʃk kh h ŋ

(ŋg) hŋ

二、韻母 65 個（包括自成音節的ɱ和ŋ̍）：

i u a ia ua o io ɛ ai iai

oi uoi ɐi uei ao iɛu ou uou iu

ā iā uā ĩ iõ

am iɛm ām im an uan iɛn an in un

aŋ iaŋ uaŋ oŋɐŋ iŋ uiŋ uŋ iuŋ

ap iɛp ɐp ip ɱ̍ ŋ̍)

at uat iɐt ɐt it ut

aˀ iaˀ uaˀ oˀ ioˀ ieˀ aˀ iuˀ uiˀ uˀ

三、聲調 10 個

〔1〕陰平 45 〔2〕陽平 23 〔3〕陰上 54 〔4〕陽上 32 〔5〕陰去 21 〔6〕陽去 33 〔7〕上陰入 54 〔8〕下陰入 4 〔9〕上陽入 23 〔10〕下陽入 1

貳 對應關係[①]

本文把思界話中鼻化韻、鼻尾韻各韻與廈門話中鼻化韻、鼻尾韻各韻作歷史比較和內部構擬，理清思界話和廈門話中鼻化、鼻尾各韻的對應關係[②]，得出廈門話發展爲思界話的音變軌迹。關於廈門話的音系和收字讀音，本文以羅常培《廈門音系》爲主要依據，以袁家驊的《漢語方言概要》、周長輯的《廈門方言詞典》等著作作些修改。

一般來說，在語音對應關係中（如 ɔŋ＞uŋ 中），廈門話的形式（ɔŋ）可能具有更多的古音痕迹。當然，在鼻化韻與鼻尾韻的對應關係中，（如"ā＜am"中），鼻尾韻保留了更古老的形式。在本文的對應關係中，"＜"和"＞"號之前的音標是廈門音，有可能是更古老的形式。"＜""＞"號之後是思界音。現將思界話与厦門話鼻化韻、鼻尾韻各韻的對應關係一一列舉如下：

一、鼻化韻

1. ā（厦門）＜am（思界）擔坩監三衫③今藍攬敢餡 ā＜ɔŋ 當龍 ā（厦門）＞a（思界）麻他那打 ā＞au 酵

2. ĩ ā＜iŋ 京驚聽廳兄正精聲平坪餅名程領丙呈請 ĩ ā＜aŋ 行惶向 ĩ ā＜ian 件健鍵

3. ũ ā＜uan 般搬潘盤單彈攤灘團攔肝官棺寬杆乾歡殘案散按岸綫旱換汗綰汗爛段贊安鞍山 ũ ā＜ian 煎 ũ ā＜uaŋ 橫闖 ũ ā＞a 麻寡艾 ũ ā＜un 灌 ũ ā＞o 模 憚火耦蒿

4. ɔ̃（＞ao 毛 摩冒好貨 ɔ̃＞u 奴努午 ɔ̃＞o 我午五

5. ē＜ɐŋ 骾猛嬰嚶

6. ĩ＜iŋ 更 庚耕經蜓精晶青英爭平坪抨明冥井晴程柄病鄭淀徑靜 ĩ＜ien 鮮天篇偏邊天甜添拈淺面瓣 ĩ＞ĩ 甜纏領綫 ĩ＜in 棉纏變片燕箭硯院連年粘錢弦進 ĩ＜ɐm 鉗 ĩ＜yn 員圓丸 ĩ＞ei 泥謎 ĩ＞i 尼豉彌你耳爾莉鼻肄异 ĩ＜ɐm 染 ĩ＜ieŋ 性姓

7. ĩũ＞uei 梅枚每妹昧

8. ũĩ＞ĩ ō 張姜香章菖傷娘蔣掌墙廠羊洋楊醬賞尚匠障搶常想相漿唱向上 ũĩ＜iaŋ 良凉兩帳漲場娘張荊强羊養丈量量 ũĩ＞au 舀酵

9. āĩ＞ai 買賣宰采乃懶賴奈 耐 āĩ＜ɐn 襯

10. ũ āĩ＜ɔn 杆 秆慣拐 ũ āĩ＜uan 關 ũ āĩ＜yn 縣 ũ āĩ＞ai 快

11. āũ＞au 矛螯鐃撓惱咬殽肴貌好藕 āũ＜iɛn 懸

12. ĩ āũ＞iu 猫鳥爪 ĩ āũ＞a 抓

二、鼻尾韻

13. am＞am 耽擔湛貪探監堪龕嵌巉讒杉衫鹹含函喊銜淡檻濫監頷濫艦男南喃斬摻慘懺 am＞ɐm 甘柑疳泔蚶酣庵淋林感坎敢

橄闞暗暗撼憾 am＞in 尖 am＞ɐm 嵌

14. iam＞im 佔佔枯添簾兼欠減謙緘嚴淹炎嫌詹尖潛殲纖點歛儉驗斂殮臉險檢劍店墊恬拈焰瞻漸

iam＞ɐm 沈臨琛飲金今欽襟陰歆深針砧 iam＞am 減喊站簪

15. im＞am 禁噤音參心 im＞ɐm 甚浸沁滲 im＞ɐm 朕鳩刃任賃

16. an＞an 班斑彎饅壇彈奸艱間蘭難顏殘山丹單灘刪板坦柬眼產訕盼旦蛋憚誕但爛難 炭嘆 幹澗諫攤珊閑按案晏散傘侃俺傘辯瓣扮慢萬雁限棧訕疝腺綻楥 an＞iɐm 便 an＞im 牽 an＞on 寒韓趕幹乾刊頇餐罕侃看岸安按案晏漢翰旱 an＞iŋ 瓶閩零 an＞ɐn 陳趁鱗 an＞ɐŋ 層等肯 an＞ou 瘦

17. ian＞in 鞭便偏編愍軒掀煎遷仙鮮棉眠天顛癲纏瓍田填連聯蓮年聯堅肩虔乾言烟延誕賢弦前錢涎扁褊免勉淺展典碘腆殄輦碾健遣犬研貶變偏騙片下見建燕宴戰箭薦扇綫先善鱔辮辯面麵電田棟練健鍵件衍現硯歉賤孿攣戀 ian＞ɐn 饅丹但誕填蘭攔艱幹簡翰頑蒜趁襯 ian＞iɐn 淵姻椽沿鉛然拈院縣旋 ian＞iŋ 凝 ian＞im 閹臉瑱 ian＞an 棧 ian＞ɐn 信

18. uan＞uan 畔袢伴叛亂船搬潘藩端湍官觀關寬副酸盤瞞蹣團傳巒戀鰥捐權元寰圈頑原冤款丸完員圓援袁專川穿全泉宣船旋斷卵暖管館卷捲綰貫罐慣幻轉遠段緞患篡遠撰羨 uan＞un 選喘蒜算玩阮碗腕換喚鑽喘竄串纂絹券倦瑗綏 uan＞an 煩凡礬繁阪阪半坢判伴滿晚飯挽梵範犯

19. in＞in 賓繽殯珍津真因姻親身紳新莘先民眠珉緊引寅隱勤芹趁謹印應釁靳面 in＜ɐn 塵陳鱗憐緊彬辛莘奔軫診眩秦辰神人仁稟殯震進信 慎盡腎孕 in＞iŋ 輕屏瓶憑繩拯認 in＞an 饅敏閔 in＜ɐm 今

20. un＞un 分奔噴敦吞君軍跟昆坤存損筍寸遜巽舜郡瘟昏混韻分芬棼塡尊遵村春盆門群困均 un＞ɐn 伸噴文聞旻豚唇論侖

倫輪巾斤筋垠殷雲墳船純巡荀殉蚊吻盾忍衮滚窘菌懇銀勻穩殞允粉憤很准瞬舛糞頓遁順困艮君隱慍混竣閏艮本潤運韻份量 un＞ien 卷嫩 un＞uei 褪

21. aŋ＞aŋ 忙芒尨昂杭行降放棒 aŋ＞uŋ 蜂捧東冬同桐蟲聾農空翁紅叢棕鬃棕聰松董桶籠孔絳總凍洞動弄共送蒙 aŋ＞ɤŋ 馮縫崩夢甕 aŋ＞oŋ 房綁網檔郎 朗講港炕曠壙望 aŋ＞en 蚊人

22. iaŋ＞iaŋ 香漳槍凉亮腔響掌獎將唱上

23. uaŋ＞uaŋ 光鈁鬪

24. ɔŋ＞ɤŋ 剛罡旁芒狂航床榜莽蟒網狂党昂黃柱往放況壯＞uŋ 東冬通公光汪豐風蜂棕贓莊倉艙窗桑喪糖紅宏送郎朗行贓妨防盲當 ɔŋ＞aŋ 當湯扛肛戇磅康 ɔŋ＞ua 管 ɔŋ＞u 墓

25. ioŋ＞iaŋ 章昌唱傷腔央殃鴦鄉將相箱良娘兩墻祥詳樣漾強繈 ioŋ＞uŋ 重蟲龍隆窮恭鞏容庸雄熊鍾舂從松商戎絨中寵冢櫳拱供種腫衆銃聳悚仲共用頌誦擁 ioŋ＞ɤŋ 長腸仗梁仰養享掌償敞暢仗帳漲讓鞅映向障瘴匠象

26. iŋ＞iŋ 兵丁聽京敬經扃卿輕傾冰英聲亭冥程鈴寧棱綾嶝瓊榮盈營形刑情成刑繩丙秉星皿警景憬永整餅屏茗頂鼎艇到敬競慶頃穎井棍閩醒柄并聘徑應證勝秤 稱病命定鄧令佞涇脛勁頸迎咏靜盛 iŋ＜ɤŋ 烹娉綳鐺更耕莖征偵崩登燈征膯繒增升棚彭澎層滕藤能耿憬等冷肯孟杏贈幸乖 iŋ＜uŋ 兄共渾弓宮胸甍鍾舂朋鵬盟盲重龍窮雄松腫種中銃虹用 iŋ＞ien 間肩前簡裯研罄 iŋ＜aŋ 橫 行 猛 省 硬 iŋ＞uan 還反穿 iŋ＜uaŋ 筐 iŋ＞u 互

叁　歷史音變和"古音痕迹"

一．思界話與廈門話的"對應關係"的符號"＜"、"＞"前後的讀音（韻腹）有不少相同（相近）之處，留下了一些歷史音變，例如：

（一）鼻化韻④

1. ā＜am 擔監……ā＜ɔŋ 當龍 2. ĩā＜iŋ 京聽……ĩā＜iam 件健鍵 3. ũā＜ian 煎ũā＜uan 橫闊 uɐŋ＜un 灌 5. ē＜ɐŋ 猛嬰……6. ĩ＜iŋ 耕經……? 的變化較複雜，有 10 種變化，例見"對應關係 6."9. āĩ＜ɐn 襯（"a"、"ɐ"音近，可對轉）。10. ũāĩ＜uan 關 ũāĩ＜yn 縣……

（二）鼻尾韻

13. am＞am 耽擔……am＞ɐm 甘淋……am＞in 尖 16. an＞an 丹單……an＞ɐn 趁陳 an＞ɐŋ 層等……"an"韻變化較多，共 8 種。例見"對應關係 16."17. ian＞iɐn 淵沿…… ian＞an 棧 18. uan＞an 煩凡……19. ian＞iŋ 輕承……20. un＞ɐn 伸文…… 21. an＞ɐŋ 馮崩……25. iɔŋ＞ŋɔ 長腸……26. iŋ＜ɐŋ 烹娉…… "ŋ"的對應關係較多，詳見"對應關係 26."

（三）鼻化韻和鼻尾韻的關係也相當密切，也保留了一些古音痕迹，例如：

2. ĩā＜iŋ 廳兄……ĩā＜ian 件健 3. ũĩ＜ian 煎ũĩ＜un 灌 5. ũāĩ＜ɐŋ 猛嬰……6. ĩ＜iŋ 耕經……8. ĩũ＜ɐm 閒ĩũ＜iaŋ 涼兩 10. ũāĩ＜uan 關ũāĩ＜iɐn 縣懸……從上述例子來看，鼻尾韻很可能先於鼻化韻產生，然後再變爲陰聲韻。

二．聲母保留下來的"古音痕迹"

（一）廈門話裏，m－、n－、ŋ－是音位變體，而思界話的 m－、n－、ŋ－還有ȵ－聲母，是獨立存在的鼻音聲母，是比廈門話更古老的形式和結構。

（二）思界話保留了原始漢語的複輔音聲母：mb－，例如：
mbiai[45] 買 mbiai[33] 賣 mbɛ[32] 麥 mbu[33] 廟 mban[33] 萬 mbuŋ[23] 亡……

鼻冠音 mb－聲母主要來源于"明、微"兩母，極少數來源于"幫、非、奉、曉、影"等紐。在《方言調查字表》裏，"明、微"兩母共有 177 字，思界話聲母是 mb－的字有 73 個，佔

41%。從內部構擬法來看,思界話 mb- 的歷史音變當如下圖所示:

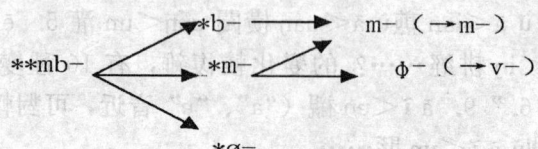

(三) ts-、tsh-、s- 的消亡與 ʧ-、ʧh-、ʃ- 的產生

廈門話有 ts-、tsh-、s-,沒有 ʧ-、ʧh-、ʃ-;思界話有 ʧ-、ʧh-、ʃ- 但沒有 ts-、tsh-、s-。思界話的 ʧ-、ʧh-、ʃ- 不太可能是繼承廈門話而來。思界話的周邊方言是平南粵方言,平南粵方言既有 ts-、tsh-、s- 也有 ʧ-、ʧh-、ʃ-。因此,思界話新產生的 ʧ-、ʧh-、ʃ- 當是受平南粵方言的影响而產生。例如:

ʧɛ⁴⁵ 渣 ʃɛ³² 生 ʧɛ⁴⁵ 青 ʧhɛ²¹ 脆 ʃɛ³² 雪 ʃo⁴⁵ 梭唆 ʧio⁴⁵ 招椒 ʃio⁵⁴ 少 sio⁴⁵ 餿……

(四)《切韻》中的重紐在思界話有所區別,保留了中古音的痕迹,例如:

pi⁵⁴ 卑—pi⁴⁵ 碑 phi²³ 皮—phoi²³ 脾 phi²³ 鄙—phiai²³ 秕 mbat¹ 密—mbit¹ 蜜 puei⁴⁵ 被—phi⁴⁵ 婢……

(五) 思界話有 ɸ- 聲母,這是廈門話等閩南話所沒有的,當是繼承古音的結果,是思界話的一大特點,例如:

ɸuou²³ 胡湖壺狐 ɸun⁴⁵ 分烟芬雲 ɸuat⁴ 法發 ɸu⁴⁵ 呼 ɸou³³ 效校

三. 韻母保留下來的"古音痕迹"

(一)"陰陽對轉",就是說是思界話中"鼻化韻"、"鼻尾韻"部分字的鼻音成分消失,變爲"陰聲韻",發生"陰陽"可以對轉的歷史音變,例如:

1. ã>au 酵 ɔ̃>au 毛好冒貨 ɔ̃>u 奴努午 ɔ̃>o 我五午 ĩ>i 尼妮你彌耳爾莉鼻异 ũĩ>uei 枚梅每……ũ ã>o 模火耦蒿 ĩũ>au 酵

舀 āĩ＞ai 買賣宰采乃……ĩ āũ＞iu 猫鳥爪 āũ＞au 矛咬肴ɔŋ＞uei 褪 ɔŋ＞ua 管……又如：

2. pe² 平坪坪 tɛ³³ 鄭 tɛ⁵⁴ 點短 tʃhɛ⁴⁵ 爭箏青 thɛ⁴⁵ 撐 ʃɛ²¹ 姓性 ʃɛ⁵⁴ 醒 kɛ²¹ 更……

（二）"陰入對轉"，漢語語音的陰、陽、入三種韻尾可以互相轉化⑤，這種轉化是一種內部構擬法，這種對轉在現代漢語方言已是瀕危狀態，例如：

1. iɛt＞iau 糶 ioʔ＞ie 借 iauʔ＞iu 撟 iauʔ＞ou 嗷磽 ap＞a 押答 it＞i 憋 ok＞o 數……

2. a³² 壓 po³² 薄雹 thai³² 殺 kɛ⁵⁴ 格革 pua³² 鉢博 ʃia³² 錫 kuoi³² 郭括 khi³² 側……

3. 發生－k＞－ʔ 的歷史音變

早期思界話（明末清初）裏，存在－k 和－ʔ 這兩個塞韻尾，一共有－p、－t、－k、－ʔ 四個塞韻尾，現代廈門話就是如此。上文已述，廈門話是思界話的祖語，通過歷史比較法和內部構擬法，廈門話入聲塞韻尾－p、－t、－k、－ʔ 的入聲結構當是早期思界話的形式。思界話現有－p、－t、－ʔ 三個塞韻尾，其中的－ʔ 塞韻尾包含廈門話的－k、－ʔ 兩個塞韻尾，早期思界話發生了 $\genfrac{}{}{0pt}{}{-k \searrow}{-t \nearrow}$ －ʔ 的歷史音變。值得一提的是，周邊平南粵方言的入聲韻有三個塞韻尾：－p、－t、－k。以類型學來看，平南話與思界話當無小方言那樣的親緣關係，－k 變－ʔ 易，－ʔ 變－k 難。思界話－k 變－ʔ，是符合音變通則的。例如：

ieʔ 色的 uiʔ 疫 uʔ 菊 aʔ 室特 iuʔ 促局 iaʔ 劈却 iuʔ 竹軸 oʔ 覺曲木……

4. 發生－k＞o 的歷史音變

在早期思界話的早期，（大約是明末清初），在思界話－k＞－ʔ 音變推動下，思界話，－k 自身又發生－k＞o 的歷史音變，例如：

uoi 郭襪劃揭 o 哿鑠數作昨學索……io 沃若虐約綽著 i 則測側惻臆刺 a 白百帛拍怕格額畫澤擇宅窄

5. 思界話開口三四等韻完整地保留—i—介音。思界話假開二麻韻、蟹開二佳母等韻都沒有介音—i—，因爲它們的韻母開口度大（"ɛ"、"ai"），其他一二等韻亦然。而蟹攝三等各韻（蟹開三祭廢齊）韻母爲 ia，有—i—介音。而效開一豪韻、效開二肴韻是洪音，故無介音。而效開三宵韻，效開四蕭韻都有介音—i—。有—i—介音的例子又如：流開三尤、幽韻韻母爲 iu，咸開三鹽、葉、嚴、業、帖韻母爲 iɛm/iɛp；宕開三陽、藥讀 iaŋ、ioŋ/iaʔ；通合一東、屋冬、沃爲 aŋ、uŋ/uʔ；無介音。三等韻鍾燭爲 iuŋ/iuʔ，均有介音。

6. 思界話蟹攝合口二、三等與四等有別：二等韻皆、佳、夬，三等祭韻韻母均爲 ai，而蟹合四齊韻爲 uei。有的攝能區分一等二等。如山攝一等寒曷爲 ũ ã/ua，二等刪轄是 an/at。

7. 思界話上古音魚部字讀低元音的例子：

a²³ 蜈 ka⁵⁴ thai²³ 屠 kia³³ 懼 thia²³ 拄 siai⁴⁵ 梳疏 tʃhiai⁴⁵ 初 tʃhua⁵⁴ 取娶 a²³ 喉 pha²¹ 破 kai²¹ 個 kia³³ 竪……

8. 思界話"元音低化"的例子：paŋ⁴⁵ 崩 taŋ³³ 鄧 paŋ²³ 馮 thaŋ²³ 同銅 thaŋ⁵⁴ 桶 laŋ²³ 人仁 tʃaŋ⁴⁵ 鋥 th ĩ ã²¹ 聽 t ĩ ã³³ 定 ŋaŋ²³ 硬 k ĩ ã⁴⁵ 京……

四. 聲調保留下來的"古音痕迹"

（一）思界話有 10 個聲調，比廈門話多 3 個，與平南粵方言相同。思界話的第 4 調（陽上、32）是後起的（清中葉），第 4 調的字是由塞尾韻已脫落的中古入聲字組成。早期思界話產生出第 4 調，與平南話 10 個聲調的格局的影響不無關係。思界話的聲調系統在漢語方言是很有特色的，聲調共 10 個，這在海內外漢語方言是少見的，在閩南話也是最多的。入聲有 4 個之多，也是罕見的，這4個入聲調是：①上陰入54，②下陰入4，③上陽入23，④下陽入1。這種格局當可追溯到中古。

（二）"濁上歸陽去"。上文已述，思界話的"第4調（陽上）"在早期思界話是由中古入聲字脫落塞韻尾組成。思界話中古上聲濁聲母字則整個地、無一例外與陽去合并爲"第6調（陽去，33）"。從漢語語音史來看，"濁上變去"這一音變發生于唐代，思界話這一音變亦當是唐代就産生了，例如：

tuŋ³³動 tʃhi³³市 maŋ³³妄網 po³³抱 man³³晚滿 ʃien³³善 hiai³³蟹 mbaŋ³³莽……

〔注釋〕

①在"對應關係"這一節中，本文衹涉及韻母。

②整理"對應關係"的意義主要有兩個方面：一是平面的對照作用；二是就歷時的音變而言，幫助理清早期思界話到現代思界話的思界方音史。其中的"對應關係"大多是歷史音變。

③底下有一橫綫的字是白話音。

④下文的數字（如"1."）是上文"对应关系"的音變序號。

⑤思界話"陰陽對轉"和"陰入對轉"顯示出漢語語音的系統性。

〔主要參考文獻〕

羅常培．廈門音系［M］．北京：科學出版社，1956．

李　玉．廣西思介閩南話記略［J］．//漢語史研究集刊．第一輯．成都：巴蜀書社，1998．

袁家驊．漢語方言概要［M］．北京：文字改革出版社，1983．

周長楫．廈門方言詞典［M］．南京：江蘇教育出版社，1993．

(李玉，中國社會科學院語言研究所　郵編：100732)

禪語脞說*

雷漢卿

內容摘要：本文就禪籍習見的"打羅"、"斷送"、"擎目"、"皮草"、"秦時𨨏落鑽"、"收過"、"信彩"幾則詞語進行考釋，在解說詞義的同時通過方言求義和文化求義等方法儘量揭示其詞語意義產生的理據。

關鍵詞：打羅 擎目 皮草 收過

禪籍中不少俗語詞的含義現有辭書沒有收錄和解釋，或雖有收錄但義項往往有所缺漏，給解讀禪籍近而準確把握禪宗思想造成了障礙。本文試對幾則字面普通而意義費解得詞語進行攷釋，在解說詞義的同時通過方言求義和文化求義等方法儘量揭示其詞語意義產生的理據，以就正于學界同道高仁。

【打羅】用籮篩篩面。《雲門匡真禪師廣錄》卷下："問磨頭：'人打羅羅打人？'無對。'代云：'近來吃麩多。'""磨頭"指水磨坊的主人，禪師問磨頭"人打羅羅打人"，"羅"是磨房中用具無疑。禪籍中"打羅"一詞都可以作此解，《五燈會元》卷五《神山僧密禪師》："師在南泉打羅次，泉問：'作甚麼？'師曰：'打羅。'曰：'手打腳打？'"[①]《天聖廣燈錄》卷二五《桂府善義禪師》："問：'如何是佛法大意？'師云：'樓上打鼓，水上打

---

* 本研究得到2009年度四川省社科規劃項目"禪籍俗語彙釋"（SC09B025）經費資助。

羅。'"元曲中有用例,元劉廷信《寨兒令·戒嫖蕩》:"着你打羅的腳趔趄,推磨的不寧貼,生壓的風月擔兒折。"水磨先是將糧食磨成粗粉,接着需要將麩子和麵粉隔離開來,其工具就是"羅"(籮)。"羅"可以手動又可以腳踏,因為可以腳踏所以叫"腳打羅"。《聊齋俚曲集·磨難曲》二三回:"(老笑)坐着丈人家的席上,那舊板凳做了腳打羅,到這裏纔成了踢面。(少哭)坐在轎裏好似軟杠子舉重,一行哭着呼搧。"這裏用了一個歇後語,後一例"踢面"實際上是"體面"的諧音。《聊齋俚曲集》附錄《土語注解》:"腳打羅——制麵粉的用具。"失之籠統,實乃分離出精麵粉的用具。這種用具在 20 世紀 80 年代的水磨坊仍在使用,後來隨着改革開放,電動磨代替了水磨,這種與我們生活密切相關的用具纔逐漸不為人所知。打籮篩面是禪宗僧徒日常作務之一,所以常用來作為機鋒問答的話語。

【斷送】幫助,接引學人。《祖堂集》卷九《九峰和尚》:"問:'中下者即假斷送?'師云:'是落在曲勸。'僧云:'祇如上上者,還假斷送也無?'師云:'家夫不吃嚼飯。'"《從容庵錄》九八則《洞山常切》:"不入世,未循緣。腦後見腮,莫與往來。劫壺空處有家傳。洞山恁麼唱,曹山恁麼和,雪峰恁麼斷送,三台須是大家催。"按:"斷送"指師家通過言語和行為對學人進行薦拔。上引《祖堂集》公案中學人問禪師:中下根器者是不是需要點撥薦拔纔可以開悟?禪師回答說:如果這樣的話就落入婉轉勸說的俗套,即禪宗所謂"窠窟"、"窠臼"。學人又問:那麼上上根器者還需要依靠老師循循誘導加以接引嗎?老師回答說:"主人不吃別人嚼過的飯。"禪宗主張以心傳心,不立文字,依賴言語之接引猶如吃別人嚼過的飯食,毫無滋味。上上根器者當然是不需要的,祇有中下根器之人纔需要老師的言語啟示。根器不同,悟性便有差異,所謂"上根之人,言下明道。中下根器,波波浪走"(《五燈會元》卷五《夾山善會禪師》)。又認為:"祖宗門下，上根利智一聞千悟，得大總持。若是根微智劣，若不安禪靜慮，到這裏總須茫然。"(《聯燈會要》卷八《袁州仰山慧寂禪師》)"得大總持"即謂持善不失，持惡不生，具備眾德。

需要進一步追問的是"斷送"為何有幫助、接引義。按：近代漢語中"斷"有驅逐、追趕義，如蒲松齡《聊齋俚曲集·富貴神仙》："主人貪，不似前邊店人賢。獨自一個人，佔著店一間，三日頭就要往外斷，死氣白賴不肯搬……這個店家甚可惡，見官人病了，心心念念的，祇待往外攆。"先說"往外斷"，後說"往外攆"，足見"斷"意思是驅逐，猶"攆"。《醒世姻緣傳》六八回："偏生的又撞見員外，又沒叫俺進去，給了俺四五十個錢，立斷出來了。""立斷出來了"就是當下被趕出來了。《儒林外史》一三回："差人要帶着宦成回官，少不得打一頓板子，把丫頭斷了回來，一回兩回詐他的銀子。"這是奴才宦成拐走了丫鬟雙紅，公孫報了官，將雙紅追了回來。另有"打斷"一詞，《金瓶梅詞話》九三回："經濟一見，便拉他一處坐，問道：'姐姐，你一向在那裏來？不見你。'這馮金寶收淚道：'自從縣中打斷出來，我媽不久着了驚唬，得病死了，把我賣在鄭五媽兒家做粉頭。這兩日子弟稀少，不免又來在臨清馬頭上趕趁酒客。'""打斷"的意思是被懲罰後趕出來或攆出來。《金瓶梅詞典》和人民文學出版社陶慕寧校注本《金瓶梅詞話》皆釋為"判決"，恐不妥。

唐五代時"斷送"所具有的度過時光②、贈送錢財打發③、發付④等意義，應當都是從"追趕"義引申而來。宋王庭珪《感皇恩》詞："無情江水，斷送扁舟何處。"《漢語大詞典》釋為"送，推送"，"推送"亦是"追趕"義之引申。

【擊目】仔細審視。《祖堂集》卷三《一宿覺和尚》"六祖曰：'何不體取無生，達本無速乎？'對曰：'體本無生，達即無速。'祖曰：'子甚得無生之意。'對曰：'無生豈有意耶？'祖曰：'無意誰能分別？'對曰：'分別亦非意。'祖曰：'如是如是。'于時大眾千有餘人，皆大愕然。師卻去東廊下掛錫，具威儀，便上禮謝。默然擊目而出，便去僧堂參眾。卻上來辭。祖曰：'大德從何方來？返太速乎？'對曰：'本自非動，豈有速也？'祖曰：'誰知非動？'對曰：'仁者自生分別。'祖師一跳下來，撫背曰：'善哉，善哉！有手執干戈。'"同上卷九落浦和尚："問：'西天一人傳一人，彼此不垂委曲，誰是知音者？'師曰：'野老門前，不話朝堂之事。'進曰：'不話朝堂之事，合談何事？'師曰：'未逢別者，終不開拳。'進曰：'有一人不從朝堂門下來，合談何事？'師曰：'量外之機，徒勞擊目。'"同上卷一二《禾山和尚》："問：'尊者撥眉擊目，示育王時如何？'師云：'即今也與摩。'僧云：'學人如何領會？'師云：'莫非摩利支山？'"⑤按：經初步調查來看，"擊目"一詞最早見於《祖堂集》，屬於禪宗"身勢"語的一種。在禪籍中或稱"擊目"，或稱"撥眉"，完整的說法應該是"撥眉擊目"。祇說"撥眉"者如《從容庵錄·地藏親切》："且道：'賓頭盧尊者兩手撥眉意旨如何？'師撥眉云：'貓。'"

因為是"身勢"語，所以也稱"撥眉勢"，如《景德傳燈錄》卷一七《欽山文邃禪師》："一日，師入浴院，見僧踢水輪。僧見師乃下，不審。師曰：'幸自碌碌地轉，何須卻恁麼？'僧云：'不恁麼又爭得？'師曰：'若恁麼，欽山眼堪作什麼也？'僧云：'作麼生是師眼？'師乃以手作撥眉勢。"所謂"尊者撥眉擊目"就是《從容庵錄》所說的"賓頭盧尊者兩手撥眉"，這是佛經中的著名故事，《雜阿含經》卷三云：

> 尊者賓頭盧將無量阿羅漢，次第相隨。譬如雁王乘虛而來，在於上座處坐。諸比丘僧各修禮敬，次第而坐。時王見尊者賓頭盧頭髮皓白，辟支佛體，頭面禮足，長跪合掌，睹尊者顏貌而說偈言："我今之王位，統領閻浮提。不以為歡喜，今得見尊者。我今見尊者，便是見生佛。心懷大踴躍，勝見於王位。"復白尊者曰："尊者見世尊耶？三界所尊仰。"

時尊者賓頭盧以手舉眉毛視王而言："我見於如來，於世無譬類，身作黃金色，三十二相好。面如淨滿月，梵音聲柔軟。伏諸煩惱諍。常處於寂滅。"王復問曰："尊者何處見佛？"尊者曰："如來將五百阿羅漢，俱初在王舍城安居，我爾時亦復在中。"

梁沙門僧旻寶唱等集《經律異相》卷二四轉輪聖王諸國王部也有"兩手舉眉"的記載："時王聞已，生大歡喜。即說偈贊，合掌仰看空中，目不暫舍。時賓頭盧與無數阿羅漢隨從圍繞，從空中下，坐第一座。闔眾皆起，見賓頭盧頭鬢皓白，額皮眉毛，悉合覆面如緣覺身，五體投地禮賓頭盧。舌其足，啼泣說偈讚歎。賓頭盧以兩手舉眉毛歎阿育曰：'我數見如來，因歎佛德。'阿育復問：'何處見佛？'答曰：'佛與五百阿羅漢，俱詣于王舍城安居，我時在眾中。'"

另外《氏迦氏譜序》也有"手舉眉毛說法"的記載："即以月十五日月蝕時，同時立八萬四千塔，人眾咸慶。阿育王既立塔，已往雞雀寺。優波崛多將眷屬，從摩偷羅國飛來王所。次遍示佛遊行處，皆立表塔。大弟子塔亦同供養。返上正殿燒香大請，即有三十萬比丘來集。又感賓頭盧手舉眉毛為王說法。"從中可見"手舉眉毛視（王）"就是"撥眉擊目"，"擊目"就是"目擊"，是仔細注視的意思。佛經中還有"舉目斜目"的說法，如唐南印度三藏金剛智譯《金剛頂瑜伽中略出念誦經》卷一："若欲降伏者，應面向西結賢座而坐，即以明目而降伏之，以此眼視者皆得降伏……或以嗢俱吒坐，作嗔怒眼舉眉斜目，以此瞻視者，諸惡鬼神皆為摧滅。""舉眉斜目"能夠摧滅惡鬼神，是兇狠的目光，"撥眉擊目"則是認真仔細地看，不是一般的"目睹"⑥。

【皮草】皮類、皮貨。有人撰文認為現在流行的"皮草"一詞是從香港傳進大陸的，這個說法很快就被否認⑦。對於這個詞的含義及得名之由到某前也已有五種說法⑧,其中周志鋒(1997)通過考察吳方言材料認為,"皮草"的"草"是方言中對某類東西的稱謂,"皮草"相當於皮類、皮貨,很有見地。至於"皮草"一詞的始見時代,周志鋒(1997)和崔山佳(2002)都提供了清末黃世仲的《廿載繁華夢》(第二十六回)和清同治年間邵彬儒的《俗話傾談》(卷一)中的例子。前者最初連載於1905年9月創刊于廣州的《時事畫報》,約於1907年由時事畫報社出版單行本。後者初刻于同治九年(1870年)⑨。於是認為今西南官話如雲南騰沖、粵語如廣州、香港等方言稱皮衣為"皮草"是"沿用晚清舊詞"⑩。事實上我們發現宋代禪宗語錄中就有關於"皮草"的用例,對理解"皮草"的含義和明確其產生時代提供了文獻證據。如宋惟蓋竺等編《明覺禪師語錄》卷一:"久雨不晴,衲僧向甚處曬晾皮草?"宋道謙編《大慧普覺禪師語錄》卷一:"今朝又是四月一,那事全然沒消息,衲僧皮草久不乾。"宋妙源等編《虛堂和尚語錄》卷二:"僧云:'久雨忽晴時如何?'師云:'處處可以曬晾皮草。'"《雲門匡真禪師廣錄》卷上:"問:'四面森森,如何是靈樹?'師云:'風鳴雨息。'進云:'如何是靈樹枝條?'師云:'曬晾皮草。'"以上的"皮草"在《石溪心月禪師語錄》中作"皮革",如卷上:"上堂:'佛法世法拈向一邊,祖意教意靠在一壁,祇如久雨不晴,畢竟衲僧皮革向甚處曬晾?'以拂子指云:'嗚那裏。'"《字彙·日部》:"晾,曬晾。""曬晾"即晾曬。可見"皮草"一詞確實指的是皮類或毛皮製品,其中"草"是漢語方言中對某類東西的稱謂,其作用和吳方言"種草"(物種、人種、品種)、"魚草"(魚類)等詞語中的"草"的作用相同⑪。如此則見於明清小說中的"布草"一詞⑫,其構成方式也當與"皮草"相同,指布料、布類。同時也說明以前有人將"皮草"的得名之由釋為"毛柔順如草"、"皮上生毛似草"、"草代指絨毛,革上生毛,猶如地面長草"等都不足為信。

因為"皮草"是皮革之類,可以晾曬,所以當僧問"如何是靈樹枝條"時,禪師回答說"曬哏皮草"。"靈樹"是神異之樹,但在禪師看來和平常樹木一樣,可以在上面晾曬皮草。

由此可以肯定地說,至今還在西南官話、粵語中使用的"皮草"一詞至少在宋代文獻中就出現了,它的意思是皮類、皮貨。現在的"皮草行"就是專門經營皮貨的商行,並非如傳統所說的冬天賣皮貨,夏天賣草席的商行(參《漢語大詞典》"皮草行"條)。

【秦時鐸落鑽】陀螺鑽。木工打孔用的工具。又作"輾轢鑽"、"鐸鑠鑽"。《祖堂集》卷一八《仰山和尚》:"仰山諮溈山云:'初禮辭和尚時,和尚豈不有語處分?'溈山云:'有語。'云:'雖是機理,不無含其事。'溈山云:'汝也是秦時鐸落鑽。'仰山云:'此行李處,自謾不得。'"《法演禪師語錄》卷上:"昨宵年暮夜,今朝是歲旦。都大尋常日,世人生異見。不解逐根元,祇管尋枝蔓。新舊祇如今,子細分明看。若也更商量,秦時鐸鑠鑽。"《碧岩錄》卷一【六】:"雲門初參睦州,州旋機電轉,直是難湊泊。尋常接人,纔跨門便搊住云:'道!道!'擬議不來,便推出云:'秦時輾轢鑽。'"又作"秦州鐸鑠鑽",《大休錄》:"睦州喚僧,僧回首。州云:'擔板漢。'頌曰:'直饒呼喚不回頭,也是秦州鐸鑠鑽。'"《禪宗詞典》本條:"秦代的錐鑽,因年代久遠鑽頭腐蝕無刃,喻指機鋒遲鈍。"解釋了比喻義,即"秦時鐸落鑽"喻指機鋒遲鈍,但未能指出其為陀螺鑽,這種工具在使用時左右旋轉如陀螺狀,故名。這是禪宗用平常事、方俗語比喻抽象的義理。

【收過】主動承認錯誤,請求原諒。"收過"一詞在《祖堂集》出現4次:

(1)于時大眾千有餘人,皆大愕然。師卻去東廊下掛錫,具威儀,便上禮謝,默然擎目而出,便去僧堂參眾,卻上來辭。祖曰:"大德從何方來?返太速乎?"對曰:"本自非動,豈有速也?"祖曰:"誰知非動?"對曰:"仁者自生分別。"祖師一跳下來,撫背曰:"善哉,善哉!有手執干戈。"小留一宿。來朝辭祖師,禪師領眾送其僧,其僧行十步來,振錫三下曰:"自從一見曹溪後,了知生死不相干。"其僧歸來,名號先播於眾人耳,直道不可思議人也。收過者無數,供養者不一。(卷三《一宿覺和尚》)

(2) 思和尚見師異于常人,便安排于西俠。日夕祇在和尚身邊。其師形貌端正,足人是非,直得到和尚耳裏。和尚得消息,向師曰:"汝正時是。"師便應喏。第二日,粥鼓鳴了,在西俠裏坐,伸手取粥。廚下僧見其缽盂,尋來。元來其師取和尚粥,眾人知是其人安排。凡夫不識聖人,謗和尚,又毀師。闔院一齊上來,于和尚前收過。思和尚向師曰:"從今已後,第一不得行此事。你若行此事,是你正眼埋卻也不難。"(卷四《石頭和尚》)

(3) 僧云:"忽然片雲來時如何?"師云:"莫視。"僧云:"與摩則空然也。"師云:"何必!"同安問:"重玄不到處如何?"師云:"向上事作摩生?"安云:"則非重玄。"師云:"不得。"同安不肯。在後收過,改前語云:"誰言到不到?"(卷八《雲居和尚》)

(4) 先師教主事鎖卻僧堂門,處分後來燒茶閣裏向某說:"這箇一隊子去也,然轉來。"果然是轉,惣啼哭。先師不開僧堂門,大眾向主事說:"某等實是凡夫,謬會和尚意旨,錯不肯,一切在和尚,某等欲就和尚面前收過。"主事便去房丈,和尚閉卻門面壁,不開房丈門。(卷八《青林和尚》)

據我們初步調查,"收過"一詞祇見於《祖堂集》。考其來源當是"收過恩"、"收過眷"等說法的縮略。宋劉摯《忠肅集》卷二《再辭免御史中丞劄子》:"然則臣雖以能言而進,其弊猶且若斯，況臣所論之無功，乃是當黜而反陟。且官為御史，本在繩愆，苟身冒過恩，何以自信。"《宋書・鄭鮮之傳》："鮮之猥承人乏，謬蒙過眷。"《新唐書・裴垍傳》："帝器垍方直，以為任，公卿薄其過眷。""過恩"即過分恩寵，"過眷"即過分眷顧。當臣下覺得皇帝"過蒙拔擢"，而自己受之有愧的時候，便會主動提出要求在上者收回"過恩"、"過眷"，《魏書》："敹辭曰：'尚書務殷，公爵至重，非臣年少愚近所宜荷任，請收過恩！'世祖問其欲，敹曰：'中秘二省多諸文士，若恩矜不已，請參其次。'"梁僧祐《弘明集》卷一一齊釋僧巖《辭劉刺史舉秀才書》："今輒奉還板命，願收過恩，無令曹公重歎，王舟再慚。輔秀之召，非所克堪。"同上釋僧巖《與劉刺史書》："今日過賞，德粹兩賢。正恨年邁，崦嵫命急。蒙氾吞炭，倒戈永輿。願隔臨紙，惻愴罔識所陳。幸收過眷，不復翻覆。"宋劉摯《忠肅集》卷一《辭免右僕射表》："伏望皇帝陛下慎名與器，以尊朝廷紹德選勞，以勸臣下俯徇富平之懇，曲成考父之名，收還過恩，庶允清議。"實際上這祇是一種表示謙虛的客氣說法，並非真要收回。但對在下者來說這是一種在接受了過分恩寵之後的主動表態，儼然有罪，所以"收過"便引申有承認錯誤，請求原諒的意思。

我們再來看《祖堂集》原文，卷三記載一宿覺和尚一開始在在溫州開元寺的時候，孝順親母，侍奉自己的姐姐，這一舉動引起全寺僧人的誹謗。後來母親去世，他不但披麻戴孝，而且戀戀不捨，不願拋下姐姐去修行，更引起了非議。終於有一天他在姐姐的幫助下得以和神策禪師相見，神策見他"氣色異于常人"，便勸他說："孝順之事，自是一路，雖明佛理，未得師印。過去諸佛，聖聖相傳，佛佛印可。釋迦如來，燃燈授記，若不然者，即墮自然矣。南方有大聖，號曰慧能禪師，可往禮足為師。"聽了這番開導後，他纔將姐姐託付給寺主照管，毅然出發去見六祖慧能。慧能見他出言奇特，拍着他的脊背對他說："善哉，善哉！

有手執干戈。"他告別時對送行的僧眾說:"自從一見曹溪後,了知生死不相干。"拜見六祖時的奇特言行轟動了禪林,當他再次返回開元寺以後,大眾覺得他是一個"不可思議人",於是一改從前對他的態度——"收過者無數,供養者不一"。"收過"就是大眾請求一宿覺原諒他們以前對他的不恭敬(誹謗)。卷四那段文字中大眾先對石頭和尚說"凡夫不識聖人,謗和尚,又毀師",所以"闔院一齊上來,于和尚前收過",意思更加顯豁。卷八的"在後收過"意思即改正自己以前的錯誤。

【信彩】本指在博戲中任意擲骰子,引申指隨意、任意。

(1)大夫又因拈起擲投,問南泉:"與摩又不得,不與摩又不得。正與摩信彩去時如何?"(《祖堂集》卷一八《陸亙大夫》)

(2)雙六盤中信彩贏,風行草偃月彎晴。(《宏智禪師廣錄》卷八)

(3)馬大師一箭射一群,信彩射得,有甚用處?不如他石鞏一箭射一箇,卻是好手。(《明覺禪師語錄》卷二)

(4)信彩直鉤頭,也有錦鱗食。(《圓悟佛果禪師語錄》卷二〇)

"信彩"本是博戲即雙陸術語,明謝肇淛《五雜俎·人部二》:"雙陸,一名握槊……曰雙陸者,子隨骰行,若得雙陸,則無不勝也。又名'長行',又名'波羅塞戲'。其法以先歸宮為勝,亦有任人打子,布滿他宮,使之無所歸者,謂之'無梁',不成則反負矣。其勝負全在骰子,而行止之間,貴善用之。其制有北雙陸、廣州雙陸、南番、東夷之異。《事始》以為陳思王製,不知何據。"無著道忠曰:"'彩'是骰子所點數目也,'賽'即骰子也。"[⑬]賭博時博具呈現的花色即為"彩"。"信"即"信馬由繮"之"信",指任意、聽任。《荀子·哀公》:"故明主任計不信怒,闇主信怒不任計。"例(1)陸亙大夫拈起骰子對南泉說,這樣擲不行，那樣擲也不好，假如任意擲出去不知會怎麼樣？例(2)指在打雙陸時任意擲出花色點數來贏得勝利。(3)(4)之"信彩"其引申義很顯豁。"一箭射一群"的公案最早見於《祖堂集》，如卷一四《石鞏和尚》：

> 未出家時，趁鹿從馬大師庵前過，問和尚："還見我鹿過摩？"馬大師云："汝是什摩人？"對云："我是獵人。"馬師云："汝解射不？"對云："解射。"馬師云："一箭射幾箇？"對曰："一箭射一箇。"馬師云："汝渾不解射。"進曰："和尚莫是解射不？"馬師云："我解射。"進曰："一箭射幾箇？"師云："一箭射一群。"師云："彼此生命，何得射他？"師云："汝既知如此，何不自射？"師曰："若教某甲自射，無下手處。"

這則公案是說"一箭射一群"即任性隨意而為，反不如石鞏和尚一箭射一個。"直鉤"源於姜子牙在渭水垂釣的故事，《武王伐紂平話》："姜尚因命守時，立鉤釣渭水之魚，不用香餌之食，離水面三尺，尚自言曰：'負命者上鉤來！'""立鉤"即直鉤。直鉤垂釣實乃願者上鉤之意。

禪籍有文語、俗語和禪語，追尋由文語、俗語到禪語的演變軌跡需要訓詁學、詞彙學和禪學聯手纔能獲得滿意的答案。

〔注釋〕

① 《洞山悟本禪師語錄》："南泉問神山：'作什麼？'對云：'打羅。'泉曰：'手打腳打？'神山云：'請和尚道。'泉曰：'分明記取，舉似作家。'師別曰：'無腳手者始解打羅。'"

② 唐韓愈《遣興》詩："斷送一生惟有酒，尋思百計不如閒。"

③ 《敦煌變文集·不知名變文》："傾剋中間，燒錢斷送。若是浮災橫疾，漸次減除；儻或大限到來，如何免脫。"《宗門武庫》："無德翌日上堂云：'許多閒神野鬼，祇消一盤酒肉兩陌紙錢斷送去了也。'"

④ 唐白居易《同夢得和思黯見贈》："留連燈下明猶飲，斷送樽前倒

即休。"

⑤《景德傳燈錄》卷一七《禾山無殷禪師》："問：'尊者撥眉擊目視育王時如何？'師曰：'即今也恁麼。'曰：'學人如何領會？'師曰：'莫非摩利支山。'"

⑥《漢語大詞典》"擊目"條逕釋為"目擊；目睹"。

⑦參周志鋒《"皮草"試釋》，咬文嚼字1997年3期，23頁。

⑧五種說法包括：❶專指毛皮，❷毛皮製品其毛柔順如草，或皮上生毛似草。❸革上生毛有如地面長草，故名皮草。❹"草"為"革"字之訛。❺"草"是漢語方言中對某類東西的稱謂，"皮草"指皮類。

⑨如清邵彬儒《俗話傾談》一："落渡後，逢人便問：'省城至大綢緞鋪是那一間？買皮草要去那一條街方有？'"參崔山佳《"皮草"並非港語》，《語言文字周報》2002年6月26日。又見《近代漢語詞彙論稿》，巴蜀書社2005年，386頁。

⑩分別參周志鋒《俗字俗語研究》第二章《俗語詞研究·"皮草"補說》，中國社會科學出版社2006年，130、128頁。

⑪同上注⑤

⑫《金瓶梅詞話》五六回："自家也對身買了一件鵝黃綾襖子，一件丁香色綢直身，又買幾件布草衣服。"《儒林外史》二一回："你我愛親做親，我不爭你的財禮，你也不爭我的妝奩，衹要做幾件布草衣服。"

⑬見《葛藤語箋》"兩彩一賽"條注。日本花園大學禪文化研究所1991年，181頁。

〔主要參考文獻〕

[1] 上海古籍出版社. 禪宗語錄輯要. 影印本. 上海：上海古籍出版社，1992.

[2] 雷漢卿. 近代方俗詞叢考. 成都：巴蜀書社，2006.

[3] 雷漢卿. 禪籍方俗詞研究. 成都：巴蜀書社，2010.

[4] 無著道忠. 葛藤語箋. 日本花園大學禪文化研究所，1991.

[5] 許寶華，宮田一郎. 漢語方言大詞典. 北京：中華書局，1999.

[6] 袁賓. 禪宗詞典. 武漢：湖北人民出版社，1994.

（雷漢卿，四川大學文學與新聞學院　郵編：610064）

《蜀語》名物續考

蔣宗福

內容摘要：《蜀語》是我國現存的第一部"斷域爲書"的方言辭彙著作，在漢語方言辭彙史和語音史、辭書研究、中國方志史、移民史與民俗文化研究方面，均具有非常重要的學術價值，堪比揚雄《方言》，非後起同類或仿效之作能望其項背。但有些條目不爲人所知，或有誤解，現擇數條考辨於次，探賾索隱，考鏡源流，俾其由晦而顯，以供參考。

關鍵詞：蜀語 名物 考辨

明末清初四川遂寧李實所著《蜀語》，是我國現存第一部"斷域爲書"的方言辭彙著作，開同類著述風氣之先，共著錄詞語563條（但有少量非蜀語），並廣徵博引，對語詞溯源及音韻流變和本字等多有考辨。因此，《蜀語》具有很高的學術價值，即便今天，其著錄及考辨方法仍有許多啟示作用。但有些條目不爲人所知，或有誤解，現擇數條考辨於次，探賾索隱，考鏡源流，俾其由晦而顯，以供參考。

一、護種○凡芒種種黃豆時，霜降種胡豆時，家藏豆皆索然無味，如食木渣，以生氣發動，故名曰護種。（第18條，以下僅出數字）

護種：指蜀地豆類到播種時節的物候變化現象。另外，也指蠶種孵化時小心呵護的情景。明史鑑《繼母朱孺人行狀》："繼母業善蠶，其初收也，以衣衾覆之，晝夜程其寒煖之節，不使有過，過則傷，是爲護種。"《四庫全書總目》卷一百八十五《別集類存目十二》："蠶桑樂府一卷：國朝沈炳震撰……此乃其《增默齋詩集》之一種，自護種至賽神凡二十首，皆七言長句，蓋欲以當蠶異報賽之曲也。"上兩例指護蠶種。喻遂生《〈蜀語〉今蹤——南江方言中所見之〈蜀語〉詞語》"護種"條云："今南江仍有此說法。不獨豆類，其他糧食作物亦然。又洋芋、紅苕第二年生苗時食之無味，稱爲'護苗'。"①《漢語大詞典》（以下簡稱"大詞典"）"護種"謂"把蠶種放在貼身處，使其得到體溫而孵化出蠶來"，引清顧祿《清嘉錄》一例。

黃豆：淡黃色的大豆。唐義淨譯《根本說一切有部毘奈耶雜事》卷二十四："昔有長者，時屆秋天，擔黃豆子詣田欲種，置於樹下，向迴轉處。樹上獼猴下來偷種，把得一掬還上樹顛，緣樹上時遂遺一粒，便放滿掬，尋樹而下覓一黃豆。長者見之，即以杖打，因此命終。"劉恂《嶺表錄異》卷上："（海鏡）腹中有小蟹子，其小如黃豆，而螯足具備。"段成式《酉陽雜俎》卷十三《尸穸》："南陽縣民蘇調女死三年，自開棺還家，言冥將吏畏赤小豆、黃豆，死有持此二豆一石者，無復作苦。"宋葉夢得《避暑錄話》卷上："中歲，常置黃黑二豆于几案間，自旦數之，每興一善念，爲一善事，則投一黃豆于別器，暮發視之，初黑豆多于黃豆，漸久反之。"元王禎《農書》卷七："其大豆之黑者，食而充飢，可備凶年，豐年可供牛馬料食；黃豆可作豆腐，可作醬料。"清道光二十一年《遵義府志》卷十七《物產·五穀》："大豆，俗呼黃豆，清明後種，八月收。"《大詞典》"黃豆"首引宋楊萬里詩。最近有關安陽曹操墓真僞之辯難解難分，就出土石碑上所刻"黃豆二升"，北京師範大學歷史學魏晉史博士張安國《顛覆曹操墓》說"在反復檢索《四庫全書》、《四部叢刊》及各種金石墓誌和簡帛牘策資料，並查看中國農業史的相關著作後認爲，'黃豆'一詞最先在唐代《開元占經》、《酉陽雜俎》等書出現"。黃征博文《觀天下書未遍，不得妄下雌黃——查找"黃豆"一詞的早期例證》說："有網友找出了《張叔敬瓦缶丹書》：'熹平二年十二月乙巳朔十六日庚申，天帝使者告張氏之家、三丘五墓、墓左墓右、中央墓主、塚丞塚令、主塚司令、魂門亭長、塚中游徼等：敢告移丘丞墓柄、地下二千石、東塚侯、西塚伯、地下擊植卿、耗里伍長等：今日吉良，非用他故，但以死人張叔敬薄命蚤死，當來下歸丘墓。黃神生五嶽，主死人錄，召魂召魄，主死人籍。生人築高臺，死人歸，深自埋。眉須以落，下爲土灰。今故上復除之藥，欲令後世無有死者。上黨人參九枚，欲持代生人，鉛人持代死人。黃豆瓜子，死人持給地下賦。立制牡厲，辟除土咎，欲令禍殃不行。傳到，約束地吏，勿復煩擾張氏之家。急急如律令。'這是一件'買地券'，是與墓誌性質相似的東西，1935 年同蒲路開工時在山西出土，熹平爲漢靈帝年號，熹平二年即公元 173 年，早於曹操墓的建造時間。該買地券釋文見於郭沫若《由王謝墓誌的出土論到蘭亭序的真偽》一文，載於《文物》1965 年第 6 期；又見於郭沫若《申述一下關於殷代人殉的問題》一文，見於《奴隸制時代》，北京：人民出版社，1954 年，第 94 頁。買地券中'黃豆瓜子'一句，應該可以拆分出'黃豆'和'瓜子'二詞，'黃豆'作爲一個獨立的詞語是毫無疑問的了。"按《奴隸制時代》引"游徼"作"游擊"，"墓柄"作"欃柏"，"擊植"作"擊殖"，"埋"作"貍"。但黃先生沒有注意到張文所舉《開元占經》見卷六十一《牽牛占二》："牽牛主大豆，始出色黃，豆賤也；赤，豆蟲也；色青，豆貴。"張氏理解有誤而弄錯句讀，故網友驚鶴聞風《曹操墓與"黃豆二升"》指出："《開元占經》上雖然'黃''豆'二字相連，卻不組成'黃豆'一詞。張專家只是'反復檢索'，沒有分析文義，於是斷句錯誤。做學問如此粗疏，令人哭笑不得。"又有網友作《西北大學某文人發表的"張叔敬陶瓶丹書"考》，認同張說，而不贊成黃說，並謂"當年西北大學某文人發表的'漢張叔敬朱書陶瓶與張角黃巾教的關係'一文，看看這個只有219個字的只見文字不見陶瓶的說法，能不能作爲文獻來使用"，"關係"短文提到"原物現藏西大文物陳列室"②，並說"馬鏡清著有'漢張叔敬墓避央瓦盆文'附考釋一卷，此書外間流傳不多，照錄原文原行于後，并節抄馬氏考釋以資參考"。兩"張氏之家"作"張氏之眾"，"墓柄"作"槾柏"，"擊植"作"擊埴"，"今故"作"念故進"，"辟除土咎"作"辟塗各"，"殃"作"央"，"傳"作"申"，"約敕"作"約令"。上述各家引文恐實際均出自馬鏡清文而各有出入，倘原物仍藏西北大學，冀有學者就器物與丹書文字再詳加考究，如準確無誤，則"黃豆"一詞的出現，可追溯到東漢後期。

胡豆：即蠶豆。拙文《近代漢語俚俗詞語考辨》有詳考③，可參看。

木渣：又謂"木渣滓"，木屑。"渣"或本作"札"。《說文·木部》："札，牒也。"段玉裁注："長大者曰槧，薄小者曰札。"廢棄之木屑亦可謂"札"。如唐玄應《一切經音義》卷十八："木柹，敷廢反，《蒼頡篇》：'柹，札也。'《說文》：'削木朴也。'江南名柹，中國曰札，山東名朴。"又卷十："檀札，莊黠反，《三蒼》：'柹，札也。'今江南謂斫削木片爲柹，關中謂之札，或曰柹札。"明于慎行《穀山筆麈》卷十四："柹，斫木札也。"④故木屑謂"木札"。唐慧琳《一切經音義》卷五十八《僧祇律》第十七卷："木札，側黠反，木皮也。律文有作柹，敷廢反，《說文》'削朴也'，'朴，札也'，謂削木柹也，二形通用。又作檟，非也。"⑤宋周紫芝《書徐師川詩後》："今人飯客飲食中，最美者無如饅頭夾子，連日食之，如嚼木札耳。"《朱子語類》卷八十四《禮一》："橫渠教人學禮，呂與叔言如嚼木札。"賾藏主《古尊宿語錄》卷二十四："若是前來兩轉語，有可咬嚼，東看西看。若是神鼎者語，如喫木札瓦片相似，實無滋味。"清鍾秀芝《西蜀方言》（頁 308）："木渣兒。"謂"chips of wood"；又（頁 262）："木渣滓。"即"chips"。徐時儀先生說"今北京有的木工叫鋸木屑爲木札子，蓋承唐時關中音"⑥，蜀語之"木渣"或亦如之。《大詞典》未收"木渣"、"木渣滓"；"木札"❶謂"木片"，非"木屑"義。《漢語大字典》（以下簡稱"大字典"）、《大詞典》"札"均未收"木屑"義。

又，明陸容《菽園雜記》卷二："吳中民家，計一歲食米若干石，至冬月，舂白以蓄之，名冬舂米。嘗疑開春農務將興，不暇爲此，及冬預爲之。聞之老農云：'不特爲此。春氣動則米芽浮起，米粒亦不堅，此時舂者多碎而爲粞，折耗頗多。冬月米堅，折耗少，故及冬舂之。'"想此亦爲生氣發動以致物候變化，與蜀中所謂"護種"同理也。

二、土高起曰埨○埨，倫上聲。(19)

埨：土壟。《玉篇·土部》："埨，壟土也。"《集韻·準韻》："埨，壟土。或从田。"《康熙字典·土部》："埨，《集韻》纜尹切，淪上聲，壟土也。"清沈公練《廣蠶桑說·培養桑樹法》："（桑秧）移栽之法，鋤地分埨，使無積水，於埨背分行栽之。"原注："埨，土之加高處也。"⑦道光二十一年《遵義府志》卷二十《風俗》、民國三十七年《貴州通志·風土志·方言》："土高起曰埨。埨上聲。"民國十五年《南川縣志》卷六《土語》："土高起曰埨。方體器物之邊曰棱，船邊曰舷，土語通謂器物之邊曰舷。"或作"稜"。唐杜甫《秋日夔府詠懷》詩："塹抵公畦稜，村依野廟壖。"原注："京師農人指田遠近，多云幾稜。稜音去聲。"此以土壟計數。《古今通韻·證韻》："宋韻無稜字，至毛晃始增入，要是方語。今越人亦有稱一稜兩稜者。"按《集韻·諄韻》"倫"音龍春切，與"塎"、"淪"僅聲調之別，今蜀方言並音 [nən²¹]。《現代漢語詞典》（以下簡稱"現漢"）"塎"謂"〈方〉田地中的土壟"。今蜀中栽紅苕（薯）等即先壘土作塎子，一如《廣桑蠶說》之栽桑⑥。《大詞典》"塎"謂"田中土壟"，引《集韻》，無其他書證。

三、菜、肉、豆脯、米粉作羹，多加薑屑，曰韃辣湯○韃，呼麥切，音劃。(21)

豆脯：即"豆腐"。參見下條。

韃辣湯：猶辛辣湯。《廣韻·麥韻》："韃，辛韃韃。"《集韻·麥韻》："韃，味辛也。"《康熙字典·辛部》："韃，《廣韻》呼麥切，《集韻》忽麥切，並音劃，辣韃也。"據鄉先輩所述，"韃辣湯"仿佛金元即有之酸辣湯、今西安及河南等地之胡辣湯的製作情形。《大詞典》"酸辣湯"謂"用豆腐、雞血、團粉、辣椒、醋等調製的羹湯"，首引《水滸傳》。但已見金張從正《儒門事親》卷四："夫冒風時氣溫病傷寒，三日以裏，頭痛身熱惡寒，可用通聖散、益元散……更用蔥醋酸辣湯投之，衣被蓋覆，汗出則愈矣。"

四、豆脯○漢淮南王造。俗作腐，非；腐，爛也。當作脯，象其似肉脯也。(57)

豆脯：通作"豆腐"⑦。清唐訓方《里語徵實》卷中上："豆脯，漢淮南王造。稗史：劉安作豆脯。俗作腐，非。腐，爛也。當作脯，象其似肉脯也。"《大詞典》"豆脯"謂"豆腐"，引《里語徵實》一例，但唐氏多有注明抄撮《蜀語》者，此或其一。宋李心傳《建炎以來繫年要錄》卷一百九紹興七年二月："甲辰，輔臣奏事，上曰：'朕常日不甚御肉，多食蔬菜，近日頗雜以豆腐爲羹，亦可食也。水陸之珍並陳於前，不過一飽，何所復求？

過殺生命，誠爲不仁，朕實不忍。'"陸游《鄰曲》詩："拭盤堆連展，洗釜煮黎祁。""黎祁"下自注："蜀人以名豆腐。"元劉壎《隱居通議》卷十《豆腐詩》："宋咸淳間，吉州龍泉縣有賣豆腐王老者，年八十有六，平生樸素，不識字，忽呼其子告以欲歸，令代書豆腐詩曰：'朝朝只與磨爲親，推轉無邊大法輪。碾出一團真白玉，將歸回向未來人。'言訖坐化，詩意亦有味也。"陶宗儀《說郛》卷七十四上《東坡豆腐》："豆腐葱油炒，用酒研小榧子一二十枚，和醬料同煮。"明王世貞《弇州四部稿》卷一百六十二《宛委餘編》七："今人於豕肉、豆腐及它巾服之類，皆加以東坡名，謂爲眉山所製也。"不僅有"東坡肉"、"東坡肘子"，還有"東坡豆腐"，鄉先賢東坡公，可謂美食家也。今成都名小吃"麻婆豆腐"，其來有自也。亦作"荳腐"。宋張杲《醫說》卷六《中荳腐毒》："人有好食荳腐，因中其毒，醫治不效。偶更醫，醫至中途，適見做豆腐人家夫婦相爭，因問之，云：'今早做豆腐，妻誤將蘿蔔湯置腐鍋中，今豆腐更就不成，蓋腐畏蘿蔔也。'醫得其説，至病家，凡用湯液，率以蘿蔔煎湯，或調或嚥，病者遂愈。"明陸容《菽園雜記》卷十四："陳某者，常熟塗松人。……乃僦屋以居，手藝蔬，妻辟纑自給。隣翁憐其勞苦，持白酒一壺，荳腐一盂饋之，一嚼而病泄累日。"俞汝楫《禮部志稿》卷三十九《殿試酒飯》："禮部晚宴并早粥用鹿一隻，猪二口，羊三隻，鵞十三隻，燒猪肉八十勋，粳米三斗，火燻三腿，雞蛋一百個，荳腐五十連羹粥。"《大詞典》"豆腐"首引陸游《老學庵筆記》，"荳腐"一形則未收。

又，宋朱熹《豆腐》詩："種豆豆苗稀，力竭心已腐。早知淮王術，安坐獲泉布。"題注："世傳豆腐本乃淮南王術。""豆腐"是否爲淮南王劉安所發明，難以指實，或僅爲傳說耳。明李時珍《本草綱目》卷二十五《穀之四·豆腐》："豆腐之法，始於漢淮南王劉安，凡黑豆、黃豆及白豆、泥豆、豌豆、綠豆之類，皆可爲之。"葉子奇《草木子》卷三《雜制篇》："豆腐始於漢淮南王劉安之術也。"李詡《戒庵老人漫筆》卷七《豆腐詩》："豆腐起於漢淮南王劉安之術。……蘇雪溪平詩曰：'傳得淮南術最佳，皮膚褪盡見精華。一輪磨上流瓊液，百沸湯中滾雪花。瓦缶浸來蟾有影，金刀剖破玉無瑕。箇中滋味誰知得，多在僧家與道家。'余邑先達孫司業大雅先生嫌豆腐之名不雅，改名菽乳，賦詩云：'淮南信佳士，思僊築高臺。入老變童顏，鴻寶枕中開。異方營齊（去聲）味，數度真琦瑰。作羹傳世人，令我憶蓬萊。茹葷厭蔥韭，此物乃呈才。戎菽來南山，清漪浣浮埃。轉身一旋磨，流膏入盆罍。大釜氣浮浮，小眼湯洄洄。頃待晴浪翻，坐見雪華皚。青鹽化液瀹，絳蠟竄煙煤。霍霍磨昆吾，白玉大片裁。烹煎適吾口，不畏老齒摧。蒸豚亦何爲，人乳聖所哀。萬錢同一飽，斯言匪俳詼。'"清梁章鉅《歸田瑣記》卷七《豆腐》："豆腐，古謂之菽乳，相傳爲淮南王劉安所造，亦莫得其詳。又相傳朱子不食豆腐，以謂初造豆腐時，用豆若干，水若干，雜料若干，合秤之，共重若干，及造成，往往溢於原秤之數，格其理而不得，故不食。今四海九州，至邊外絕域，無不有此。凡遠客之不服水土者，服此即安。家常日用，至與菽粟等，故虞道園有豆腐三德讚之製。惟其烹調之法，則精拙懸殊，有不可以層次計者。"姜宸英《湛園札記》卷二："孫作字大雅，以字行，一字次知。《豆腐詩序》：'菽乳本漢淮南王所作，其名不雅，余爲改今名，因賦是詩。'陸放翁詩：'拭盤堆連展，洗釜煮黎祁。'自註：'連展，淮人以名麥餅。黎祁，蜀名豆腐。'"

肉脯：肉乾。《南史·張融傳》："（融）浮海至交州，於海中遇風，終無懼色。方詠曰：'乾魚自可還其本鄉，肉脯復何爲者哉。'""豆脯"不僅"象其似肉脯"，還兼素食上味。宋陶穀《清異錄》卷上《小宰羊》："時戢爲青陽丞，潔己勤民，肉味不給，日市豆腐數箇。邑人呼豆腐爲小宰羊。"今青城山道家菜品有

"五香牛肉",即豆腐乾所做。

五、疥瘡曰乾瘑瘊○瘑瘊音杲老,土音作格澇。(137)

乾瘑瘊:疥瘡,一種皮膚病。因不化膿,故稱"乾瘑瘊"。《集韻·晧韻》:"瘑,瘑瘊,疥病。"《康熙字典·疒部》:"瘑,《集韻》古老切,音杲,瘑瘊,疥病。"又:"瘊,《集韻》魯皓切,音老。瘑瘊,疥瘡。"清翟灝《通俗編》卷十六《身體·瘑瘊》:"《集韻》:'瘑瘊,疥瘡也。'音若杲老。"道光二十一年《遵義府志》卷二十《風俗》、民國三十七年《貴州通志·風土志·方言》:"疥瘡曰乾瘑瘊。土音格澇。"⑩均採《蜀語》。鍾秀芝《西蜀方言》(頁350):"乾瘑瘊。"即"itch"。張慎儀《蜀方言》卷上(頁294):"疥瘡曰乾疙瘊。《集韻》:瘑瘊,疥瘡也。讀若杲老。今轉爲疙老。疙即瘑之入聲。"范寅《越諺》卷中《疾病》:"瘊(割)瘊瘡。疥也。出《集韻》。"亦作"疥癆"。宋戴侗《六書故》卷三十三《疑》:"疥癆:疥,古拜切;癆,郎到切。《周禮》曰:夏時有痒疥疾癆之細者,徧肌膚搔痒,今謂之疥癆也。"亦作"乾隔澇"。《水滸傳》第二回:"高俅無計奈何,只得來淮西臨淮州投奔一個開賭坊的閒漢柳大郎,名喚柳世全。他平生專好惜客養閒人,招納四方乾隔澇漢子。"李靈年等校注:"乾隔澇漢子:不尷不尬的人。隔澇:疥瘡的別稱。"⑪胡竹安《水滸詞典》"乾隔澇"謂"醃臢","河北邯鄲等地區稱疥瘡爲'乾癆兒';杭州稱生疥瘡和類似皮膚病爲'格癆兒'"。釋"乾隔澇"爲"醃臢",則嫌隔礙。龍潛庵《宋元語言詞典》"乾隔澇漢子",謂"不乾不淨,不三不四的人。……按:隔澇,亦作瘑瘊、疥癆、疥癩,即疥瘡。因爲這種瘡不化膿,故稱乾疥癆"。以上數說,"乾隔澇"謂疥瘡則是,唯釋"乾隔澇漢子"似覺未達一間。而許政揚等《〈水滸傳〉簡註》引《蜀語》,謂"人或據此以爲'干隔澇'正即'乾格澇'。按:今驗之蜀地方言,此不誣,唯濕疥即謂之'疥'或'膿泡瘡',無他稱。'乾格澇'亦名'乾瘡'(即乾疥只結痂不流膿水者)。然'乾瘡漢'則實無此語。曾說與當地人聽,認爲沒聽說過,只覺好笑。此種譬喻殆亦不可想象:蓋招閒漢者正取其遊手好閒,工脩飾,能技藝,相從宴樂粉飾場面爲事,安有專取生瘡漢骯髒人之理?且原文'惜客'、'閒人'、'干格澇漢子',三名連舉,前二者即明係一種,足證第三者亦即閒漢之一名,三者即一,亦不應'惜客'、'閒人'之外忽又別入一新類型曰'乾瘡漢子'也"⑫,於義爲長。民國21年《萬源縣志》卷五《禮俗·方言》:"疥瘡曰乾疙鬧。"民國37年稿本《興義縣志》第十一章《社會》第一節《語言·漢語方言》:"疥瘡曰乾疙癆。"姜亮夫《昭通方言疏證》(1482條):"疥,瘡也,昭人曰乾疥澇。今杭州、開封皆有此言。"各地方音略有差異也。今川北綿陽、梓潼等地有兒歌謎語:"大哥大肚皮,二哥兩頭齊,三哥戴鐵帽,四哥筋筋弔,五哥愛生乾疙韃。"謎底爲五種蔬菜,即南瓜、冬瓜、茄子、豇豆、苦瓜。以爲得了乾疙癆的人皮膚就像苦瓜一樣⑬。

　　今蜀語"疥瘡"仍謂"乾疙癆",音同"格澇"。紀國泰《〈蜀方言〉疏證補》(頁169)謂"近現代蜀語,謂疥瘡曰'乾瘡子',不曰'乾疙疬'",則囿於見聞而妄下斷語。如《四川方言詞典》(頁112)"乾疙癆"謂同"乾瘡","又叫乾瘡子";《四川方言詞語彙編》(頁129)"乾疙癆"謂"疥瘡";《四川方言詞語匯釋》(頁78)"乾瘡"謂"又名'乾疙疬'";趙振鐸先生《讀李實〈蜀語〉》:"通常以爲李實所記錄的蜀語爲當時四川遂寧及其附近的方言。今天遂寧人來讀他的書,倍覺親切。筆者生在成都,細繹此書,發現有相當一部分詞在今天的成都話裏面也有。"凡舉11條,此即其一⑭;喻遂生《〈蜀語〉今蹤——南江方言中所見之〈蜀語〉詞語》:"南江話稱疥疱(瘡)作[kan⁵⁵ kɛ³¹nau²¹⁴],或寫作'乾疙癆'。當地俗諺:'論(寧可)跟癩子同房，不跟乾疙瘩同床'。'癞子'即麻風病人，據說麻風病不到晚期不易傳染，而疥瘡易傳染，故有此說。"⑮百度百科"南坝鎮"（屬四川省宣漢縣）之"方言志"："乾疙瘩（疥瘡）"。《大詞典》"乾隔潦漢子"謂"患乾疥瘡的人。比喻不乾不淨的人"，其他詞形則未見收錄。

六、豕項間肉曰臑頭○臑音曹。豕項肉不美，有草氣。(239)

臑頭：豬項肉。《說文·肉部》："臑，臂羊矢也。"此謂牲畜的前肢（羊矢穴），似與豬項肉無涉。清道光二十一年《遵義府志》卷二十《風俗》、民國37年《貴州通志·風土志·方言》："豕項間肉曰臑（音曹）頭。"張慎儀《蜀方言》卷上（頁311）："豬項肉曰臑頭。《集韻》：臑，奴刀切。今讀如曹。"民國15年《南川縣志》卷六《土語》："豬項肉曰臑（音曹）頭。"民國21年《萬源縣志》卷五《禮俗·方言》："豬項肉曰臑頭。音曹。"黃仁壽等《蜀語校注》（頁73）："項間肉位于臂及羊矢穴之首端，故云'臑頭'也。"《四川方言詞典》（頁32）"臑頭（臑，音曹）"。甄尚靈、張一舟先生《〈蜀語〉詞語的記錄方式與〈蜀語〉音注所反映的音類》："《說文·肉部》：'臑，臂。羊豕曰臑。从肉需聲，讀若儒。'《集韻·去·号》：'臑，乃到切。''臑'字另有的音切，如《廣韻·平·虞》：'人朱切'，《集韻·平·之》'人之切'，《集韻·去·恩》'奴困切'，均與'豕間項肉'義無關，即是以'臑'字的形義並無'曹'的音讀。李氏乃注以他習聞的方音'臑音曹。'"又云今遂寧方言"謂豕項間肉爲'曹頭肉'，如'曹頭肉難得煮炝。'"⑯亦作"槽頭"。明李時珍《本草綱目》卷五十上《獸之一·豕》："項肉，俗名槽頭，肉肥脆，能動風。"清汪紱《參讀禮志疑》卷上"脆不升吉祭之俎"注："脆者，正脊之前頸間也，亦謂之胆。此肉今人亦賤之，謂之槽頭。"

《四川方言詞語匯釋》（頁22）"槽頭"，謂"豬因吃飼料時其頸項的下面常挨着豬槽，故此處的肉稱爲'槽頭'或'槽頭肉'"。《成都話方言詞典》（頁22）作"膗頭"，謂"豬頸部的肉，即血脖"。《重慶方言詞解》（頁33）作"槽頭"，謂"今也有寫作'膗頭'者。溯詞名之源，當作'槽頭'。豬吃食時頸項下部常靠近豬槽，故名其頸項肉爲'槽頭'"。均可備一說①。

據上引清汪紱《參讀禮志疑》謂時人亦賤"槽頭"，然風水輪流傳，豬項肉質鬆而肥，同樣重量而顯多，20世紀六七十年代物資匱乏時，過春節生產隊人均可分半斤或一斤豬肉，多以分得豬項肉爲幸。此後漸次失寵，人亦賤之矣。《大詞典》未收"膗頭"，"槽頭"②謂"指豬頸部的肉"，引《本草綱目》一例。

七、牽船篾曰火掌○用大竹劈爲寸闊篾，以麻紮續之，用以牽船。緣江岸皆石，稜厲如錯，非繩索所能勝也。(314)

火掌：以闊篾做成的牽船繩。以其結實耐久，亦作他用。明曹學佺《蜀中廣記》卷六十六《方物記第八·井法》："（鹽井口）傍樹兩木，橫一木，於上有小木滾子，以火掌繩鈐，末附於橫木滾子上，離井六七步爲一木樁，糾火掌篾而耦舂之，滾竹運鈐，自上下相乘矣。"又："鈐帶火掌篾而墮者，以攪鐮鈎出。"亦作"火仗"。明王士性《廣志繹》卷五："蜀舟甚輕薄，不輕又難爲旋轉，諺云：'紙船鐵艄工。'蜀江篙師，其點篙之妙，真百步穿楊不足以喻，舟船順流，其速如飛，將近崖石處，若篙點去稍失尺寸，則遲速之頃轉手爲難，舟遂立碎，故百人之命懸於一人。上者猶可牽船，篾纜名曰火仗，長者至百丈，人立船頭，望山上牽纜人不見，止以鑼聲相呼應而已。猶幸寡崖無樹木句冑，上者但畏行遲，不懼觸石，所謂'三朝三暮，黃牛如故'也，若火仗一斷，則倒流碎石，與下無異。"

又，宋孫奕《示兒編》卷十二《百丈》："杜子美《祠南夕望》曰：'百丈牽江色。'注云：'《海賦》揭百丈，所以牽船也，連竹爲之。'又《秋風》云：'吳檣楚柁牽百丈。'注云：'檣柁、百丈，皆船上器用也。'薛云：'今湖湘間行舟，以竹相續爲索，以引上水舟，謂之百丈。'以謂其長可百丈，今川峽猶多用之。又《十二月一日》詩云：'百丈誰家上瀬船。'東坡云：'古離別曲：百丈牽船上水遲，郎去瞿塘幾日歸。鍾會呼挽船索爲百丈，今舟子皆呼之。'趙云：'百丈者，牽船篾。'内地謂之笪（音彈）。余親見海商以竹劈爲大瓣，相續可長百丈，每相續處必用漆固其絲紵，使耐水。即非以篾爲三股四股索之類，如索則今之所謂纜是也。鍾會呼挽船索爲百丈，與薛氏相續爲索之說，則亦牽船之纜，非此百丈也。"程大昌《演繁露》卷十五《百丈》："杜詩舟行多用百丈，問之蜀人，云水峻岸石又多廉稜，若用索牽，即遇石輒斷不耐，故劈竹爲大瓣，以麻索連貫其際，以爲牽具，是名百丈。百丈，以長言也。《南史·朱超石傳》：宋武北伐，超石董舟師入河陽，人緣河南岸牽百丈。則知有百丈矣。"按超石事見《宋書·朱齡石傳附弟超石》，則劉宋時已言"百丈"矣。《大詞典》未收"火掌"及"火仗"。

八、織具曰箆○箆音寇，以竹作，如筐，貫經逼緯使密者。（350）

箆：織布機上的主要織具。《廣韻·候韻》："箆，織具。"宋戴侗《六書故·植物三》："箆，織所以貫經而前郤之者也。"《康熙字典·竹部》："箆，《廣韻》苦候切，《集韻》丘候切，並音寇，織具。"宋吳仁傑《兩漢刊誤補遺》卷九《升》："今織具曰箆者，每箆用六成、七成，多至十五成以上，以成之多少爲布之精麄。"明佚名《教兒經》："打油紡線三更睡，楠機梭箆要辦清。"清道光二十一年《遵義府志》卷二十《風俗》、民國37年《貴州通志·風土志·方言》："織具曰箆。音寇。"鍾秀芝《西蜀方言》（頁393）"筬"音"K'EO⁴"，"絲絲入筬"意即"every thread goes through the reed（met., regular order）"。亦作"笸"。《康熙字典·竹部》："笸，《字彙補》邱邁切，音叩，布笸也。"明陳士元《論語類考》卷十七《麻冕》："程子謂周尺當今尺五寸五分弱，則今尺之一寸，計縷幾二百，是一寸當爲百笸，此所以細密難成，不如用絲之省約。"唐樞《蜀籟》卷二："如絲過笸。"又卷四："絲絲入笸。"《大詞典》"絲絲入扣"，謂"織布時每條經線都有條不紊地從笸中通過。比喻一一合度，絲毫沒有差錯。扣，同'笸'，織布機上的機件"，首引清趙翼《甌北詩話·韓昌黎詩》："近時朱竹垞、查初白有《水碓》及《觀造竹紙》聯句，層次清澈，而體物之工，抒詞之雅，絲絲入扣，幾無一字虛設。""扣"爲"笸"音借，"笸"見《字彙補》，較"筬"晚出，同字異形，故"絲絲入扣"當作"絲絲入筬"。清黃宗羲《明儒學案》卷十六："人倫庶物日與吾相接，無一刻離得，故庸德之行，庸言之謹，兢業不肯放過，如織絲者絲絲入筬，無一絲可斷，乃是經綸大經。"王子接《絳雪園古方選註》卷七"涼膈散"："下膈屬大腸，以大黃芒硝從胃與大腸下而涼之，上則散之，中則苦之，下則行之，絲絲入筬，周遍諸經，庶幾燎原之場，頃刻爲清虛之府。"又，《大字典》收"筬"無"笸"，《大詞典》收"筬"無"笸"，均未涉及與"笸"之關係，倒是《現漢》作"笸（筬）"，是矣。今通語"絲絲入扣"，《現漢》謂"織綢、布等時，經線都要從扣（笸）齒間穿過，比喻做得十分細膩準確（多指文章、藝術表演等）"。又，清沈彤《儀禮小疏》卷四："必去朝服之半者，筬門有定數。"梁同書《直語補證·筬》："織具曰筬。今俗云筬門闊狹，即此。"今蜀方言亦謂布帛幅寬窄爲"筬門"。《大詞典》未收"筬門"。

又，舊時筬以竹作，似籠，其功用爲貫經並扣緯使密。《現漢》謂其爲"織布機上的主要機件之一，形狀像梳子，用來確定經紗的密度,保持經紗的位置,並把緯紗打緊。也叫'杼'"。《大詞典》"筘"、"篦"釋義相同,謂"織布機上的主要機件之一。由薄長的鋼片(篦齒)按一定的密度排列後予以固定,形狀像梳子。經線從篦縫中依次穿過。緯線通過經線後,篦即將緯線並緊(也稱"打緯")而成織品。篦的長度即是織品橫幅的寬度"。其實,不管是舊時以竹作之"篦"或晚近"薄長的鋼片(篦齒)",形狀更像笓子。上引宋吳仁傑《兩漢刊誤補遺》卷九《升》下文云:"大率四十齒爲一成,而兩縷共一齒,正合康成之說。"明宋應星《天工開物·乃服·穿經》:"凡絲穿綜度經,必至四人列坐,過篦之人手執篦耙,先插以待絲至,絲過篦則兩指執定,足五七十篦,則繼結之。"

九、軍中赤金小釜曰鑼鍋○鑼音羅,俗作鑼。(421)

鑼鍋:軍中煮飯的一種鍋。《說文·金部》:"鑼,銼鑼也。从金,羸聲。"唐玄應《一切經音義》卷十六:"銼鑼,《聲類》:'小釜也。亦土釜也。'"《篇海類編·珍寶類·金部》:"鑼,銼鑼,小釜。一曰溫器。"《康熙字典·金部》:"鑼,《唐韻》魯戈切,《集韻》、《韻會》盧戈切,並音羸。……《集韻》或作羸、鑼。《字彙》譌作鑼。"又:"羸,《字彙》力戈切,音羅。銼鑼,小釜。"又:"鑼,《字彙》魯戈切,音羅,小釜。一曰溫器。按即鑼字之譌。"清桂馥《札樸》卷九《鄉里舊聞·器具》:"小釜曰鑼鍋。"又卷十《滇游續筆·鑼鍋》:"行者腰繫銅器,就水采薪煮飯,謂之鑼鍋。案《通典》:'獠俗,鑄銅爲器,大口寬腹,名曰銅爨,既薄且輕,易於熟食'是也。"張慎儀《蜀方言》卷下(頁325):"軍中小釜曰羸鍋。《字彙》:羸,力戈切,音羅。銼羸,小釜。鑼同。今作鑼,非。""羸"同"鑼"。據以上文獻,"鑼鍋"爲小釜。亦作"鑼鍋"。元楊允孚《灤京雜詠》詩:"皮囊乳酒鑼鍋肉,奴視山陰對角羊。"明代朝鮮會話書《原本老乞大》:"再買些椀子什物:鍋兒、鑼鍋、荷葉鍋、六耳鍋。"又《老乞大》:"那的之後,鑼鍋安了著,疾忙茶飯做著。"《三國演義》第五十回:"馬上有帶得鑼鍋的,也有村中掠得糧米的,便就山邊揀乾處埋鍋造飯。"軍中所用,諒非小釜。今川北等地仍謂一種平底深沿的大鍋爲"鑼鍋"。紀國泰《〈蜀方言〉疏證補》(頁289):"筆者幼時即聞有'鑼鍋'一語,但據說是指軍中的行軍鍋,即軍隊臨時支起鍋竈煮飯所用的大鍋。"謂聞"鑼鍋"指"軍中的行軍鍋"、"大鍋",是矣;但謂"其形狀與'籮筐'相似。疑此軍中大鍋爲'籮鍋',以其形似籮筐而得名",則臆說耳。《正字通・金部》:"鑼,築銅爲之,形如盂,大者聲揚,小者聲殺。"疑軍中當用大者。宋趙彦衛《雲麓漫鈔》卷九:"軍中以鑼爲洗,正如秦漢用刁斗可以警夜,又可以炊飯,取其便耳。"明顧起元《客座贅語》卷一《辨訛》:"刁斗,以銅爲之,軍中用,晝炊,擊以行夜。"《大詞典》"鑼鍋"謂"軍中用具。鍋、鑼兩用:白天燒飯,晚間報更",引《三國演義》等兩例。後世"鑼鍋"之用,即秦漢之"刁斗"也。《大詞典》未收"鑼"字,自然不及"鑼鍋"。

十、山頂霧曰山戴帽○諺曰:**霧溝晴,霧山雨。凡霧在山顚必有雨。**(443)

山戴帽:山頂有霧。宋龔鼎臣《東原錄》:"海州朐山俗言:'朐山戴帽即雨。'蓋謂雲出覆冒其上爲雨候。"劉才邵《暮春苦雨》詩:"鳴鳩逐婦蟻移窠,衆山戴帽垂雲幕。雨從中夜猛如傾,春晚東風真作惡。"李石《周公帽》詩序:"周公山山頂雲合則必雨,土人云周公帽。"詩云:"山頭戴帽周公雨,巖下生衣傅說霖。"元鄭玉《覆船山雲心菴記》:"每天欲雨時,雲出其上如戴帽笠,居人率以此占陰晴之候,無不驗者。"清道光二十一年《遵義府志》卷二十《風俗》、民國37年《貴州通志・風土志・

方言》："山帶霧曰山帶（戴）帽。"何承桂《〈蜀語〉散論》謂至今見用者，列舉8條，此爲其一[⑮]。

占候俗諺，古來各地有之，或大同小異。宋范成大《吴船錄》卷下："（廬山）雲繞山腹則雨，雲翳山頂則晴，俗云：'廬山戴帽，平地安竈；廬山繫腰，平地安橋。'"清乾隆間修《盤山志》卷十六："盤山四處居人，每望山頂起雲，便知有雨。諺云：'盤山戴帽。'又蔣福山龍潭起雲，縹緲不散，東行數十里，至黑龍潭沒山後，居人僉曰：'白龍過潭，不日有雨。'"

"山戴帽"爲有雨之兆，是"凡霧在山巔必有雨"矣。明謝肇淛《五雜組》卷一《天部一》："《廬山記》：'天將雨則有白雲，或冠峰巖，或亙中嶺，謂之山帶，不出三日必雨。'然不獨廬山爲然，大凡山極高而有洞穴者，皆能吐雲作雨。孔子曰：'膚寸之雲，不崇朝而雨天下者，其惟泰山乎？'安定郡有峴陽峰，將雨則雲起其上，若張蓋然。里諺曰：'峴山張蓋雨滂沱。'閩中鼓山大頂峰，高臨海表，城中家家望見之，雲罩其頂，來日必雨，故亦有'鼓山戴帽'之謠。然它山不皆爾，以鼓山有洞穴故也。《海錄碎事》云：'大雨由天，小雨由山。'想不誣耳。"清光緒十二年《灌縣志》："隋嘉州太守趙昱與兄冕隱此，故名之曰趙公山。每當月夜，半頂上常有絲竹、鐘鼓之聲；黎明望之，可卜晴雨。諺云：'天將晴，山頂露；天將雨，山頂霧。'"

百度搜索"山戴帽"，亦顯示許多地方均有此占候諺語，如"有雨山戴帽，無雨雲攔腰"、"有雨山戴帽，快晴帽抬高"、"有雨山戴帽，無雨山沒腰"、"山戴帽，大雨到"、"燕子低飛蛇過道，螞蟻搬家山戴帽"，河南林州東姚鎮"白雲山戴帽，小漢們睡覺"、駐馬店民諺"白雲山戴帽，下雨的徵兆"，山西寧武"蘆芽山戴帽，長工們睡覺"，遼寧丹東鳳城"鳳山戴帽，大雨就到"等。

十一、稻苗秀出曰放穮〇穮音標。(522)

放穮：稻抽穗。《集韻·宵韻》："穮，稻苗秀出者。"《康熙字典·禾部》："穮，《集韻》卑遥切，音標。"宋范處義《詩補傳》卷二十六："視其苗則麃足而不瘠，視其庨則緜緜而相續，古字多相通。'庨'疑'穮'字，據字書：穮，稻秀出者。今田家言禾穗始出必曰放穮，蓋本諸此。"其說是矣。明李實《蜀語》："稻苗秀出曰放穮〇穮音標。"清道光二十一年《遵義府志》卷二十《風俗》、民國 37 年《貴州通志·風土志·方言》："稻秀出曰放穮。音標。"亦作"放麃"。明張次仲《待軒詩記》卷八："苗初華曰麃，吳中稱放華曰放麃。"姚舜牧《重訂詩經疑問》卷十一："苗初放華曰麃，今吳楚人皆稱放麃。"又作"放藨"。明朱朝瑛《讀詩畧記》卷六："麃，通作藨。《爾雅》云：'猋、藨、芀。'疏云：'華秀名也。'姚承庵曰：'今吳楚之人，以苗初放華爲放藨。'據上文之序推之，良是；若耘之事，則前已言之矣。"按《集韻·宵韻》悲嬌切，"麃"、"藨"、"穮"同一小韻，例得通假。《詩·周頌·載芟》："厭厭其苗，緜緜其麃。"毛傳："麃，耘也。"鄭玄箋："厭厭，其苗衆齊等也。"陸德明釋文："麃，表嬌反，芸也。《說文》作穮，音同，云：'穮，耨鉏田也。'《字林》云：'穮，耕禾間也。'"孔穎達疏："厭厭然而長大者，其齊等之苗也，於是農人則緜緜然用其力麃芸之，以此至於大熟則穫刈之。"毛傳以下解釋恐均不確。"緜緜其麃"與"厭厭其苗"對舉，"麃"亦當謂禾苗之類，方與"苗"對，正如朱朝瑛所謂"若耘之事，則前已言之矣"，此不當歧出而致語意邏輯混亂。因此，"麃"確當如張次仲所說"苗初華曰麃"。"緜緜"謂連續不斷的樣子，"緜緜其麃"即連緜成片的稻苗均抽穗揚花了。今蜀語仍有類似說法。《四川方言詞語匯釋》（頁 15）"穮"謂"禾苗長得很快"。《大詞典》未收"放穮"、"放麃"、"放藨"。

〔注釋〕

① 參見《李實學術研討會文集》，語文出版社，1996年7月第1版，第116頁。

② 見《西北大學學報（哲學社會科學版）》1957年第1期。

③《漢語史研究集刊》第十二輯，巴蜀書社，2009年6月第1版，第218—220頁。

④《龍龕手鏡·木部》："柿，斫木斥零柿也。"

⑤ 木柿，亦作"木櫛"，砍削之碎木片。《晉書·王濬傳》："武帝謀伐吳，詔濬修舟艦……濬造船於蜀，其木柿蔽江而下。"《篇海類編·花木類·木部》："櫛，木櫛，碎木皮也。"成都中華老字號名小吃"夫妻肺片"，根本沒"肺"，一般多以爲原料大都是不食動物內臟的回民所丟棄的，當時稱"廢片"，恐爲臆說。張紹誠《巴蜀方言淺說》（頁73）："其實小吃肺片以牛的肚片、心片、頭皮片和牛肉片爲材料，唯獨沒有牛肺的片。根據《康熙字典》引《前漢書》注：肺謂削木之肺札也。《晉書》：伐吳造船木柿（右非五劃之'市'）蔽江而下。肺片就是切得很薄、類似肺札（刨花）的牛雜和牛肉片。"此說是。據朱駿聲《說文通訓定聲·泰部》："肺，叚借爲柿。"《漢書·田蚡傳》："上初即位，富於春秋，蚡以肺附爲相，非痛折節以禮屈之，天下不肅。"顏師古注："一說，肺，斫木札也，喻其輕薄附著大材也。""肺片"即薄片（薄爲其特點之一），有人不知其得名之由而望文生訓，或以同音之"廢"字爲解，實則竹頭木屑、牛溲馬勃，均爲可用之物也。

⑥《佛經音義與漢語詞彙研究》，商務印書館，2005年12月第1版，第300頁。

⑦ 徐德庵《蜀語札記》："案嶺旁轉爲塎，塎亦嶺也。此二類音，江南多混，四川亦然。"《古代漢語論文集》，巴蜀書社，1991年1月第1版，第378頁。錄以備考。

⑧ 紀國泰《〈蜀語〉簡論》謂"土高起曰'塎'（倫上聲）"，"在今天的語言中完全消失了"（《成都師專學報》，1992年第1期），恐見聞未廣。

⑨ 黃金貴《飲食園圃中的國色天香——豆腐》有詳細介紹，可參看。

原載《文史知識》1991年第2期，《中國烹飪》1991年第6期轉載，後收入《古代文化詞語考論》，浙江大學出版社，2001年6月第1版，第67—72頁。

⑩ 又："疥瘡曰瘑疥。"

⑪ 江蘇古籍出版社，1994年6月第1版，第14頁。

⑫《許政揚文存》，中華書局，1984年11月第1版，第111頁。

⑬ 參見《四川方言詞語考釋》，巴蜀書社，2002年9月第1版，第203頁"乾隔澇"條。

⑭ 參見《李實學術研討會文集》第3頁。

⑮同上第118頁。綿陽等地則謂"寧跟癩子同床，不跟乾疙瘩同房"。喻氏又謂"疥瘡重慶話叫'乾瘡兒'，此'乾'或即'疥'之訛讀。誠如是，則'乾瘑疥'即'疥瘡疥'"，此說恐不可信。"瘑"、"疙"、"格"、"隔"當爲"疥"音變，如《六書故》作"疥瘩"、《宋元語言詞典》記作"乾疥瘩"，《昭通方言疏證》謂"昭人曰乾疥澇"。"乾疙瘩"又叫"乾瘡"、"乾瘡兒"、"乾瘡子"，是因其不化膿而得名。

⑯ 參見《李實學術研討會文集》第42、43頁。

⑰ 參見《四川方言詞語考釋》第65頁。

⑱ 參見《四川方言詞語考釋》第476頁"鑼鍋"條。

⑲ 參見《李實學術研討會文集》第144頁。

〔主要參考文獻〕

Adam Grainger（鍾秀芝）. 西蜀方言. Shanghai：American Presbyterian Mission Press. 1900

清·張慎儀. 蜀方言.（與《續方言新校補》、《方言別錄》合一冊）. 成都：四川人民出版社，1987.

唐樞. 蜀籟. 成都：四川人民出版社，1982.

王文虎等. 四川方言詞典. 成都：四川人民出版社，1987.

羅韻希等. 成都話方言詞典. 成都：四川省社會科學院出版社，1987.

繆樹晟. 四川方言詞語匯釋. 重慶：重慶出版社，1989.

張少成等. 四川方言詞語匯編. 成都市群衆藝術館，1987.

黄仁壽等. 蜀語校注, 成都：巴蜀書社，1990.
李實學術研討會文集. 北京：語文出版社，1996.
曾曉渝等. 重慶方言詞解. 重慶：西南師範大學出版社，1996.
蔣宗福. 四川方言詞語考釋. 成都：巴蜀書社，2002.
紀國泰.《蜀方言》疏證補. 成都：巴蜀書社，2007.

（蔣宗福　四川大學中國俗文化研究所，郵編：610064）

敦煌、吐魯番文獻詞語方言考補遺*

黑維強

内容摘要：本文通過陝北方言等活的口語材料對敦煌、吐魯番中的"來者"等條詞語進行詞義考釋、古今印證。

關鍵詞：敦煌　吐魯番文獻　陝北方言　考釋

　　古代文獻方言詞語考釋有兩個方面的内容：一是確定古代文獻中的某詞語屬於古代某地方言。考釋的主要根據是古代文獻有明確記載，即古代文獻有明確的文字記錄說明是某地方言，如《方言》、《說文解字》、《廣韻》等文獻中所說的某方言詞；古代文獻沒有說明是某地方言，而需要通過考證說明是當時某地方言，如某地出土文獻，用當時當地的方言寫成，或者大量使用某地方言詞語，這些詞語為同一時代的其他傳世文獻所無，即僅此地方性特徵顯著的文獻使用，如敦煌、吐魯番文獻、徽州契約文書，這些詞語有的被該地區的現代方言所保存，古今一脈相承。二是利用現代方言資料考釋古代某些文獻詞語的詞義，所考詞語，有的在古代是通語所用詞語，這些詞語在通語發展進程中消失了，卻在某些現代方言中殘存下來了；有的在古代就是某方言詞語，這些詞語有的被這個地方的方言一直保存下來了。這一角

---

* 本文為教育部重大攻關項目《百年敦煌學研究史》（07JZD0038）和陝西師範大學人文社會科學研究基金項目《中國古代契約文書詞彙研究》成果之一。

度的考釋，實際上是一種訓詁方法，早在漢魏時期的訓詁實踐中就開始運用了。古今方言之間還有另外兩種情況需要注意：第一，某些詞語在古代某一時期是某地方言，後來進入通語，或者在非常大的區域內使用，使用了一定時期之後，隨著時代的發展演變，通語和該詞語原來所屬方言的口語中不再使用它們了，但是在另外一地的方言中被保存下來了，一直沿用到今，歷經的途徑是："方（古，甲地）——通（古，各地）——方（今，乙地）"。就古今兩頭看，彼此之間似乎是方言的一個遷徙，其實不是。第二，移民造成方言遷徙問題。某些詞語在古代某一時期是某地方言，該地因為戰亂、自然災害、屯田、戍邊等原因引發大規模的向外移民，使得該地的方言隨著移民而到達另外一個地區，其中一些詞語一直保留到現今，但在原來移民遷出地的故土口語中，隨著時代發展消失了，最為典型的莫過於客家方言，它曾經是北方地區的方言，今天故土的北方地區口語中消失，而仍然在異地的客家人的口語裏保存下來了。這兩種情況的方言現象，說今方言來自古代語言（包括通語、方言）易，言今方言就是古代某地方言難，以現代方言考訂某書作者的籍貫則更難；順流而下說容易，逆流而上推困難。難也好，易也罷，利用現代方言資料考釋古代文獻詞語還是有效的訓釋手段之一。在訓釋詞語實踐中以一般的常用訓詁手段為主，方言考證法為輔，最好是二者的相互結合，互為補充，互為發明。

　　敦煌、吐魯番文獻中的方言詞語大致有兩種情況：一是有些詞語衹出現在敦煌、吐魯番文獻中，同時期的內地傳世文獻不見，理論上說，這些詞可能就是唐五代西北地方獨有的詞語；二是有些詞語在敦煌文獻以外的其他傳世文獻也可以見到，使用地區較廣，為當時比較通行的詞語，並非為唐五代西北方言所專有。對於第一類，在今天西北地方保存是自然的事情，因為如果當初的唐五代西北方言沒有這些詞語，那麼，今天的西北方言中就不可能有這些詞語的保存。第二類詞語，它們本來就不是西北方言詞，在今西北方言及其他方言里保存在乎情理之中，現代方言中存古的詞語絕大多數屬於這類情況，是最為普遍的現象，也是一些人在現代方言溯源認識上出現的等同古今地域錯誤所在。在此需要一提的是，唐五代西北方言的地域要比現代的西北方言區域要寬廣，陝北和山西省的大多數地域也在該區域之內（喬全生2004），受地理環境等因素的影響，敦煌、吐魯番文獻中的一些詞語在陝北方言中保存下來。

我們曾對敦煌、吐魯番文書中的一些詞語利用陝北方言等材料作過一些考釋、印證，後來又收集了這方面的材料，本文作一補遺。文中所舉陝北方言例子，以綏德方言為代表。

【來者、來】猶"的話"，助詞，表示假設。上圖174（6）《丁丑年（917?）赤心鄉百姓郭安定僱驢契》："若身不平善來者，仰口承妻立驢。"（契約304）P.3649V《後周顯德四年（957）燉煌鄉百姓吳盈順賣地契（習字）》："自賣已後，永世琛家子孫男女稱為主記。為唯有吳家兄弟及別人侵射此地來者，一仰地主面上並畔覓好地充替。"（契約30）北生25V《宋開寶九年（976）莫高鄉百姓鄭醜撻賣宅舍契（習字）》："自賣如後，一任丑撻男女收餘居主（住），世代為主。若右（有）親因（姻）論治此舍來者，一仰丑撻竝（並）鄰覓上好舍充替一院。"（契約33）S.1398《宋太平興國七年（982）赤心鄉百姓呂住盈呂阿鸞兄弟賣舍契（習字）》："自賣已後，若中閑（間）有兄弟及別人諍論此舍來者，一仰口承二人面上取並鄰舍充替。"（契約37）P.3186《宋雍熙二年（985）牒（稿）》："若也有甚高下死生，或欠他人債負，恐來論說，今對官面前明敕文憑，祇後更不許厶兄弟邊論說活計。若也論說來者，切望大王處分。"（釋錄2/306）S.1946《宋淳化二年（991）押衙韓願定賣妮子契》："中間有親情眷表識認此人來者，一仰韓願定及妻七娘子面上覓好人充替。"（契約79）P.4017《賣地契樣文》："（前缺）□□鄉□□時□□當房兄弟及別人擾說論來者，一仰殘兒竝伴覓上好地充替。"（契約51）S.5700《賣舍契樣文》："後若房從兄弟及親因（姻）論謹（理）來者，為鄰看上好舍充贊（替）。"（契約54）以上諸多例子，或為契約文書，或為牒文，"來者"出現的環境都是用在表示假設意思的句子中，放在動詞或動詞短語（多為動賓短語）後邊。也就是說，這裏的"來"不可能是動詞"來"，"來"在此沒有表示移動之義。此其一。其二，"來者"經常與表示假設意義的連詞"若"配合使用，猶如今之"的話"與"如果"搭配使用一樣，說明它是一個表示假設語氣的助詞。在敦煌文獻中，有時也單獨用"來"表達。例如，S.1398《宋太平興國七年（982）赤心鄉百姓呂住盈呂阿鸞兄弟賣地契（習字）》："住盈阿鸞二人能辯修（收）濆（贖）此地來，便容許兄弟及別人修（收）濆（贖）此地來者，便不容許修（收）濆（贖）。"（契約35）此例中"來"與"來者"同時出現，而所表達的語氣一致，因此，它們的意思當為相同。試再比較如下幾例。P.3394《唐大中六年（852）僧張月光博地契》："立契，或有人忓悋菌林舍宅田地等，稱為主託者，一仰僧張月光子父知當。"（契約5）P.3573p1《後梁貞明九年（923）索留住賣奴僕契》："中間若□別飾（識）認稱為主記者，仰留住覓於年歲人充替買了，世世代代永為段家奴僕。"（契約77）S.3877V《天復九年己巳（909）洪潤鄉百姓安力子賣地契（習字）》："中間若親姻兄弟及別人諍論上件地者，一仰口承人男木葛兄弟祗當，不忓買人之事。"（契約18）P.3331《後周顯德三年（956）兵馬使張骨子買舍契》："中間或有兄弟房從及至姻親忓悋，稱為主記者，一仰舍主宋欺忠及妻男鄰近穩便買舍充替，更不許異語東西。"（契約26）《金剛般若波羅蜜經講經文》："佛言：須菩提，若以三十二［相］觀如來者，轉輪聖王即是如來。"（校注64）這裏用"者"

的句意與上引用"來者"、"來"的句意相同,"者"是表假設語氣的助詞,故此可說明它們的用法相同,意思一致。查閱傳世文獻,難見有此用例,如唐代典雅語言寫作的文獻《全唐文》就無一例,因此疑此用法為唐五代西北地方方言現象。陝北方言存此義。"你就這麼個做來者,以後人家誰還信你咧。""你就這麼個喫來者,誰能供起你咧。"

【拗頭庆跨】頭歪胯扭,故意扭捏作態。王梵志《出門拗頭庆跨》:"出門拗頭庆跨,自道行步趨蹌。"(王梵志372)項楚先生(2010:373)注曰:"形容扭捏作態貌。跨:通'胯',腿股。……庆:讀為'捩'。"陝北方言有"拗頭捩胯"、"拗腰捩胯"等詞語。例如:"你咂(語氣詞)好好做,何那麼個(為什麼那樣)~是(語氣詞)?"

【少多】一些,少許。《唐人寫療眼方》:"一銖,白石蜜一銖,甲傷少多,已上三色研。"(吐10/257)"甲傷少多"就是甲傷少許。《翟疆辭為共治葡萄園事二》:"去春為出責棵 糞十車□秋當 望殘少多,用俟結要。"(吐1/105)《翟疆辭為共治葡萄園事》:"秋當與□ □殘少多,用了外責(債)。"(吐1/103)"殘少多"即剩餘一些。江藍生先生(1985)就敦煌變文的"少多"用例作過攷釋,已發其義:"表示一個不定的量,相當於今天的'一些'。('少多'不表示少量,表少量在當時用'少'、'些'、'些子'、'些些子'等)""'少多'表示不定的量卻極少見,我們僅在五代禪宗語錄集《祖堂集》中檢得一例。"仔細琢磨,吐魯番文書的用例與敦煌變文的用例有一定的區別,詞義更實,就"甲傷少多"來看,理解為少許似乎更為合適。另外,敦煌文獻中用例實際上還有很多。例如,P.3391V《丁酉年(937?)捉梁捉磑契》:"斷油梁磑課少多,限至年滿,並須填納。"(契約346)P.3613《申年(804)正月令狐子餘牒及判詞》:"子餘比日已來,唯憑此地與人分佃,得少多糧用,養活性命。"(釋錄

2/281) P.3257《後晉開運二年（945）十二月河西歸義軍左馬步押衙王文通牒及有關文書》："所有少多屋舍，先向出買（賣）與人，祇殘宜秋口分地貳拾畝已來，恐男義成一朝卻得上州之日，母及男要其濟命。"（釋錄2/295）P.3105V《年代未詳衙內漢唐衍雞狀（稿）》："伏乞令公阿郎鴻慈溥照，念見衍雞弱奴，債負繁多，特賜恩澤少多，允充債主。"（釋錄2/315）P.2837V《辰年支剛剛等施入疏》："把豆三顆，龍骨少多，並諸雜藥，施入修造。"（釋錄3/61）S.1267V1《年代不明［九世纪］四月卅日上座因佛事配物谘》："十八人，人各麵二斗伍升、米一升、麦一斗、柴一束、油一升、生菜蘿蔔菜各一斗、椒薑各少多。"（釋錄3/248）"椒薑各少多"就是各少許。"少多"在唐代以前就出現了。例如，《晉書》卷五十六《江統傳》："且關中之人百余萬口，率其少多，戎狄居半，處之與遷，必須口實。"《宋書》卷六一《王義恭傳》："唯脫應大餉致，而當時遇有所乏，汝自可少多供奉耳。"《全上古三代秦漢三國六朝文》卷一六七引闕名《尊婆須蜜菩薩所集論序》："餘與法和對校，修飾武威，少多潤色。"《全唐文》卷二九四褚無量《太廟屋壞請修德疏》："伏請後宮之中，非所幸者，親享之後，簡出少多，以應其變，則上答先祖，必災異自消。"陝北方言有"少多"一詞，意思為少量、不多，與敦煌文獻在詞義上有所區別，但是二者顯然是有聯繫的，不多、少許的意思進一步引申就是一些。例如："你去哩要去，少多嚁。""喫藥用點兒，少多嚁，祇情（祇管）拿。"

【身馬】身體。《唐總章元年（668）海瑝與阿郎阿婆家書》："三仃（個）阿兄身馬得平安已不？次，阿女更千萬再□□男君，女受薑、小男小君等進（近）得平安。"（吐5/161）此例是出門在外的兒子海瑝給家中父母寫信，信中問及三個兄弟身體如何，三個兄弟都在家中生活，沒有外出行旅，所以不可能說人和馬匹如何，而僅僅指人的，是身體之義。陝北方言今存"身馬"一詞，綏德話的"身馬"正是指人身體的。例如："人家那些人好身馬。"意思是人家那人好身體。綏德話還有"身高馬大"，指身軀高大；"馬仗"指個頭，靠山。

【眼】量詞，用於房屋等。P.2803V《唐天寶九載（750）八月——九月燉煌郡倉納穀牒十六件》："肆日，納百姓宋希盛等和糴粟壹阡柒拾陸碩，入東行從南第一眼，空。"（釋錄1/447）又："已上都計粟壹阡柒拾陸碩，並和糴，入東行從南第壹眼。"（釋錄1/450）"伍日，納百姓翟英俊和糴貳拾肆碩捌豆斗肆勝，……入北行從東第五眼。"（釋錄1/451）"六日，納燉煌縣百姓天九二分稅小麥貳伯捌碩，入北行從東第玖眼。"（釋錄1/452）"壹伯陸拾陸碩，入北從東第五眼。"（釋錄1/461）陝北方言計量窯洞的單位為"眼"。例如"人家剛買裏兩眼窯"、"那家（他們）家窮，一滿就兩眼土窯"。與敦煌文獻比較，陝北方言的"眼"縮小了使用範圍。

【早是】已是，本來是。《伍子胥變文》："子胥曰：'臣是小人，虛沾大造。蒙王收錄，早是分外垂恩；更蒙舉立為臣，死罪終當不敢！'"（校注10）王梵志《罵妻早是惡》："罵妻早是惡，打婦更無知。"（王梵志438）項楚先生（2010：439）注曰："已是。"唐宋詩詞中多見。唐·盧肇《嘲小兒》："昨日見來騎竹馬，今朝早是有年人。"李咸用《謝所知》："早是亂離輕歲月，誰能愁悴過朝昏。"李中《春夕偶作》："早是春愁觸目生，那堪春夕酒初醒。"無名氏《雜詩》："早是有家歸未得，杜鵑休向耳邊啼。"宋·柳永《大石調·傾杯》："早是多情多病。那堪細把，舊約前歡重省。"程垓《一落索》："春陰早是做人愁，更何況、花飛後。"石孝友《夜行船》："愁人早是不成眠，奈無端、月窺窗罅。"韓嘉彥《玉漏遲》："早是賦得多情，更遇酒臨花，鎮幸歡笑。""早是"陝北方言存此詞。例如："早是人家哭起嚟，你還逗吪。""早是不想去嚟，你又說些乜七乜八的話，誰願意去叻?"

【折麻】剝麻的皮。因為是一截一截地折斷剝,故而稱為折麻。P.3578《癸酉年(913)正月沙州梁戶史氾三沿寺諸處使用油曆》:"寺內折麻油壹升,付與張法律女。"(釋錄3/182)S.6981V《年代不明諸色斛斗破曆》:"麥貳豆斗,酒壹角,折麻□徒眾喫用。"(釋錄3/144)P.2032V《後晉時代淨土寺諸色入破曆祈會稿》:"麵貳豆斗,兩日折麻及交庫眾僧食用。"(釋錄3/502)又:"麵四斗,交庫兩日眾僧折麻喫用。"(釋錄3/501)以上諸例,是說麥、麵、酒是給折麻的人喫的,即因"折麻"之事等而食。第一例的意思為在寺院內剝麻時候用油一升,交給了張法律。第二例的殘字"□"根據這件文書行文體例來看,當為動詞"看(招待)"、"付"之類的動詞,這裏可能是"看"。這例是說麥、酒折麻招待徒眾喫用。第三、四例是兩天剝麻和交庫時眾僧喫用的。"折麻"世文獻中也偶見用例。例如,唐·常建《漁浦》:"沤纻为緼袍,折麻为长缨。"這個例子極為典型,"緼紵"與"折麻"對舉,"折麻"的剝麻之義顯見。按,常建是唐代長安人,開元進士。我們推測,常建詩中所用"折麻"一詞當為唐五代西北方言詞。《漁浦》例是我們在傳世文獻中見到的剝麻意思的唯一用例。"折麻"在南北朝時期就出現了,後世相沿。例如,南朝梁·聞人倩《春日詩》:"人行今不返,何勞空折麻。"清·陳維崧《早發望亭》:"餐霞趣未慰,折麻務堪踐。"此二例與上引《漁浦》例比勘,意思截然不同,是指離別思念之情,由《楚辭·九歌·大司命》"折疏麻兮瑤華,將以遺兮離居"而來。"折麻"的剝麻義今陝北方言中還保留。陝北地區在剝麻時,是將麻稈從根部開始往下剝,折斷一節露出麻頭(就像豆角抽筋一樣),剝不到麻時再折一節剝,依次直至剝完。其動作主要是折斷麻稈而剝,故稱"折麻"、"折麻柴"。

【質泥】淤積泥土。P.2507《唐開元二十五年(737)水部式殘卷》:"諸水碾磑,若擁水質泥塞渠,不自疏導,致令水溢渠壞,於公私有妨者,碾磑即令毀破。"(釋錄2/579)意思是如果讓水中的泥沙淤積堵塞管道。"質泥塞渠"是動賓聯合短語,"質"與"塞"詞性相同而對舉,皆為動詞。"塞"是堵塞,"質"是淤積。如果"質泥"了,水渠自然就會被"塞"。今陝北方言謂泥土淤積為"質"。例如:"下哩場大雨把水壕也質平嚓。""新打的壩兩三年就質起來嚓。"據我學生相告,山東泗水、臨沂、煙台方言中也有"質泥"一詞。

〔主要參考文獻〕

[1] 高啟安. 唐五代敦煌飲食文化研究 [M]. 北京:民族出版社, 2004.

[2] 國家文物局古文獻研究室等. 吐魯番出土文書 (1—10冊) [M]. 北京:文物出版社, 1981—1991. 簡稱"吐"。

[3] 黄征, 張涌泉. 敦煌變文校註 [M]. 北京:中華書局, 1997.

[4] 江藍生. 敦煌變文詞語瑣記 [J]. 語言研究, 1985 (1).

[5] 廖名春. 吐魯番出土文書新興量詞考 [J]. 敦煌研究, 1990 (2).

[6] 喬全生. 現代晉方言與唐五代西北方言的親緣關係 [J]. 中國語文, 2004 (3).

[7] 沙知. 敦煌契約文書輯校 [M]. 南京:江蘇古籍出版社, 1998. 简称"契約"。

[8] 唐耕耦, 陆宏基. 敦煌社会经济文献真迹释录 (1—5辑) [M]. 北京:书目文献出版社, 全国图书馆文献缩微复制中心, 1986—1990. 简称"释录"。

[9] 項楚. 王梵志詩校注(增訂本) [M]. 上海:上海古籍出版社, 2010. 簡稱"王梵志"。

[10] 張金泉. 敦煌曲子詞用韻考 [M]. 杭州大學學報, 1981 (3).

(黑維強,陝西師範大學文學院 郵編:710062)

《朱子語類》詞語考釋八則

程碧英

内容摘要：《朱子語類》文本中口語語料豐富，本文對字典辭書均未收錄的"揷生"、"敷繹"、"流峙"、"慢忽"、"謾然"、"謾試"、"拈歸"、"粘泥"等詞進行考釋，以進一步探其源流，明其詞義。

關鍵詞：《朱子語類》　口語詞

《朱子語類》雖爲講學語錄彙編，但體大思精，行文簡潔而不避俚俗，句式靈活而用語多變，可謂誨人講學皆備其中。姚振武先生指出："《朱子語類》綜合了九十七家所記載的朱熹語錄，卷帙浩繁，其中口語語彙極爲豐富，是研究宋代漢語詞彙的寶貴資料。"[1]本文就字典辭書均未收錄的"揷生"、"敷繹"、"流峙"、"慢忽"、"謾然"、"謾試"、"拈歸"、"粘泥"等詞進行考釋，以進一步探其源流，明其詞義，懇請方家指教。本文採用的是中華書局版《朱子語類》，所收詞條按音序排列。

揷生　生疏的，不熟悉的。《朱子語類》卷一八："然知至衹是到脱然貫通處，雖未能事事知得，然理會得已極多。萬一有揷生一件差異底事來，也都識得他破。衹是貫通，便不知底亦通將去。"[2]按：從上下文語境看，"揷生"是説在理會事理的過程中，會遇到一些讓人覺得生疏的、不熟悉的事情，而對於達到"知至"境界的人，亦能貫通理會。除《朱子語類》外，"揷生"一詞偶見於宋詩文中，如劉攽《彭城集》卷一八《遊環溪》詩：

"漾漾溪流碧照天，荇絲荷葉小如錢。容易白魚時掛網，插生幽鷺肯回船。"[3]詩中"插生"一詞爲形容詞，與上句"容易"一詞相對。"容易白魚時掛網"，是說疏忽的白魚時常被掛在漁網上；"插生幽鷺肯回船"，是說與人生疏的、認生的幽鷺不斷地叼魚回船。說"幽鷺"與人生疏，是它的生活習性使然，唐詩中多有描寫，如鄭谷《水》詩："竹院松廊分數派，不空清泚亦逶迤。落花相逐去何處，幽鷺獨來無限時。"[4]李中《賦得江邊草》詩："向暮江蘺雨，初晴杜若煙。靜宜幽鷺立，遠稱碧波連。"[5]又，"插生"一詞今還保留在四川方言中，如成都、南充、達州等地，例不贅。

敷繹 陳述，敍述。《朱子語類》卷六六："《易》乃是卜筮之書，古者則藏于太史、太卜，以占吉凶，亦未有許多說話。及孔子始取而敷繹爲《文言》《雜卦》《彖》《象》之類，乃說出道理來。"[6]又卷六七："及孔子始取而敷繹爲《十翼》《彖》《象》《系辭》《文言》《雜卦》之類，方說出道理來。"[7]按："敷繹"乃同義複合，皆有"陳述"義。"敷"，《書·舜典》："敷奏以言，明試以功，車服以庸。"僞孔傳："敷，陳；奏，進也。"孔穎達疏："敷者，布散之言，與陳設義同，故爲陳也。"[8]又，《爾雅·釋詁上》："繹，陳也。"[9]《禮記·射義》："射之爲言者，繹也。或曰，舍也。繹者，各繹己之志也。"孔穎達疏："繹，陳也，言陳己之志。"[10]《朱子語類》文例中"敷繹爲《文言》《雜卦》《彖》《象》之類"，是說孔子將《易》分而說解其中的義理，陳述爲《文言》、《雜卦》、《彖辭》、《象辭》等篇章，也就是"十翼"之說。此詞此義屢見於宋文獻，如劉攽《彭城集》卷二〇《吏部尚書蘇頌等可並兼侍讀制》："誠得直亮正固匪躬之士，敷繹誦說，日陳於前，其爲益者，豈小補哉？"[11]黃裳《演山集》卷二八《謝賜貢舉勅令表》："爰下增修之詔，參稽載籍，敷繹舊章，條目纖微，慮無遺策。"[12]綦崇禮《北海集》卷五《朝散郎楊萬里轉朝請郎制》:"若經若史,敷繹發揮,必期有補於聞見,固不徒仿古具文而已。"[13]宋後一直沿用,例不贅。

流峙 本指水的流動,山的聳立。亦謂事物通過自然的力量形成。《朱子語類》卷四:"萬物盈乎兩間,生生不窮,日往則月來,寒往則暑來,風雷之所以鼓動,山川之所以流峙,皆蒼蒼者實有以主其造化之權邪;抑衹是太極爲萬化樞紐,故萬物自然如此?"[14]按:"流峙"一語源於"山峙川流"之說,載見於晉葛洪《抱朴子·內篇》卷一八《地真》:"金沈羽浮,山峙川流,視之不見,聽之不聞,存之則在,忽之則亡。"[15]其中,"流峙"指的是一種自然現象,即水的流動,山的聳立。另如唐李陽冰《上李大夫論古篆書》:"於天地山川得方圓流峙之形,于日月星辰得經緯昭回之度。"[16]正因如此,古人通過仰觀俯察,在山川流峙中感悟自然之力量,"流峙"一詞詞義亦逐漸擴大,凡事物通過自然的力量形成皆曰"流峙"。《朱子語類》文例中"風雷之所以鼓動,山川之所以流峙",皆是由實而虛的義理表達,故言"皆蒼蒼者實有以主其造化之權邪;抑衹是太極爲萬化樞紐"。此詞此義宋文獻中多見,如衛湜《禮記集說》卷一二七:"而況日月星辰之運動,山川草木之流峙乎?大含元氣而天下莫能載,小入無間而天下莫能破,察之之功如此,君子于謹獨之學其可忽邪?"[17]羅公升《浙江觀潮賦》:"名山大川清泉怪石之流峙,奇花異卉嘉禾美竹之夭喬,皆忠臣孝子賢士大夫精神之所寓,而況於潮乎?"[18]另明陸樹聲《清暑筆談》:"有天地斯有山川,自一氣初分而言則曰融結。氣之成形則曰流峙,形區性別則曰動靜。"[19]

慢忽 輕慢,怠慢。泛言態度不恭敬。《朱子語類》卷二一:"人須是事事敬,方會信。纔信,便當定如此,若恁地慢忽,便沒有成。"[20]又同卷:"若口裏說莊敬,肚裏自慢忽,口裏說誠實,肚裏自狡偽,則所接事物還似無一般。須是實見得是,實見得非,截定而不可易,方有這物。"[21] 按:"慢忽"乃同義複合,皆有"怠慢,輕慢"義。"慢",《說文·心部》:"慢,惰也。"[22]《玉篇·心部》:"慢,輕侮也,不畏也。"[23]《廣韻·諫韻》:"慢,怠也,倨也。"[24] 如《三國志》卷三五《蜀書·諸葛亮傳》:"(若無興德之言,則)責攸之、禕、允等之慢,以彰其咎。"[25] 又,《玉篇·心部》:"忽,輕也,忘也。"[26]《漢書》卷三六《楚元王傳》:"先王之所以禮吾三人者,爲道之存故也;今而忽之,是忘道也。"顏師古注:"忽,怠也。"[27] "慢忽"此義宋文獻中多見,如錢時《融堂書解》卷一二《康誥》:"敬、明二字即謹罰之要,不敬則慢忽,不明則蔽。"[28] 徐夢莘《三朝北盟會編》卷五四《靖康中帙》:"稽使指有後時之慢忽,邊防無先事之圖謀,皆不臧咎,將誰執有?"[29] 曹勛《松隱集》卷二五《論畏天》:"一言一爲,立政立事,如天在傍,不敢慢忽,是以天心克相,和平安定,三代以來未有如此之盛且久者。"[30] 宋後沿用此義,例不贅。

謾然 徒然,白白地。《朱子語類》卷三四:"聖人學《易》,於天地萬物之理,吉凶悔吝,進退存亡,皆見得盡,自然無差失。聖人說此數句,非是謾然且恁地說。聖人必是見得是如此,方如此說。"[31] 按:"謾"同"漫",義即"徒然,白白地"。張相《詩詞曲語辭匯釋》卷二:"漫,本爲漫不經心之漫,爲聊且義或胡亂義;轉變而爲徒義或空義。字亦作謾,又作慢。"[32] 唐杜審言《戲贈趙使君美人》詩:"羅敷獨向東方去,謾學他家作使君。"[33] 其中,"謾學"即徒學、白白地學。"謾然"此義主要見於宋詩文,如林希逸《竹溪鬳齋十一藁續集》卷三《遣興》詩:"此事謾然成諍論,且看古月照今人。"[34] 葉適《五經論·總論》:"後世待經以爲治,而其治未能出於經,其事宏大廣遠,非一人之故,一日之力。而儒者欲以簡易言之,此所以謾然而莫得其統也。"[35] 戴復古《木蘭花慢》詞:"念著破春衫,當時送別,燈下裁縫。相思謾然自苦,算雲煙、過眼總成空。"[36]

謾試 隨意試試。《朱子語類》卷一三一:"是時雖稍勝,然高宗終畏之,欲和。因其使來,喜甚,遂遣使報之,欲和。兀朮大喜,遂得還。是兀朮不敢望和,自以爲必死。其遣使也,蓋亦謾試此間耳。"[37]按:"謾"與"漫"字相通,有"隨性,隨意"義。《朱子語類》文例中"謾試此間",是說金兀朮自以爲必死無疑,不敢奢望議和,祇不過派遣使者到宋營去不經意地試探實情罷了。"謾試"此義屢見於宋文獻,如吳潛《祝英台近》詞:"蕭裴曹郭今何在,空有舊聞千紙。君謾試,數青史榮名,到底三無二。"[38]徐伸《轉調二郎神》詞:"悶來彈雀,又攪破、一簾花影。謾試著春衫,還思纖手,薰徹金爐燼冷。"[39]李劉《四六標準》卷一《代上丞相》:"初無進取之狂,粗識簡書之畏,昧我自愛桐鄉之句,謾試弓刀。"[40]

拈歸 掉放,放置。《朱子語類》卷一一八:"先生問壽昌:'子見疏山,有何所得?'對曰:'那箇且拈歸一壁去。'曰:'是會了拈歸一壁?是不會了拈歸一壁?'壽昌欲對云:'總在裏許。'然當時不曾敢應。"[41]按:參《朱子語類》卷四二:"問'子路無宿諾'。曰:'子路許了人,便與人去做這事。不似今人許了人,卻掉放一壁不管。'"又卷一二一:"思量一件道理不透,便揚掉放一壁,不能管得,三日五日不知拈起,每日祇是悠悠度日,說閒話逐物而已。"可見,通過典型語境中的文義比對,卷一一八文例中"拈歸一壁",也就是掉放一壁,放置一邊不管。除《朱子語類》外,"拈歸"一詞亦見於宋詩文中,如劉克莊《後村集》卷二《哭方主簿伋》詩:"柴車巾出身猶健,槐簡拈歸病已侵。"[42]其中"槐簡拈歸病已侵",是說如今疾病纏身,往日與友拜謁時所持的槐木手版也祇好掉放一邊了。查考文獻,該詞宋後基本未見。

黏泥 拘泥,拘謹,不靈活。《朱子語類》卷三八:"云:

'大夫有賜，拜而受之，禮也；未達不敢嘗，所以慎疾；必告之，直也。直而有禮，故其直不絞。'龜山爲人黏泥，故說之較密。"[43]按：文例中言"龜山爲人黏泥"，是說龜山爲人放不開，拘謹不靈活。參《朱子語類》文本中有關龜山爲人問學的相關記述，亦可明曉"黏泥"之義。如卷六二楊方錄："龜山門人自言龜山《中庸》枯燥，不如與叔浹洽。"又卷八〇必大錄："如龜山說《關雎》處意亦好，然終是說死了，如此便詩眼不活。"除《朱子語類》外，此詞此義宋後有見，如明馬明衡《尚書疑義》卷四："愚意配屬雖有此理，然亦看得活落，不要黏泥，聖人相授受之意不專在此。"[44]蔡清《四書蒙引》卷一〇："須觀其意之所主，蓋既露出聖人之於民亦類也，則不必復黏泥著麟鳳山海矣，彼皆客辭客意也。"[45]

〔主要參考文獻〕

[1] 姚振武．《朱子語類》語詞劄記［J］．古漢語研究，1992(2)：28.

[2][6][7][14][20][21][31][37][41][43] 宋·黎靖德編．朱子語類［M］．王星賢點校．北京：中華書局，1986：396，1626，1658，63，496，496，884，3142，2860，1006.

[3][11] 宋·劉攽．彭城集［M］．//王雲五輯．四庫全書珍本別輯：20：1.

[4][5] 全唐詩（七）［M］．長沙：嶽麓書社，1998：209，747.

[8][9][10] 阮元校刻．十三經注疏［M］．北京：中華書局，1980：127－128，2570：1688.

[12] 宋·黃裳．演山集［M］．臺北：商務印書館，文淵閣四庫全書第1120冊：192.

[13] 宋·綦崇禮．北海集［M］．臺北：商務印書館，文淵閣四庫全書第1134冊：557.

[15] 王明．抱樸子内篇校釋［M］．北京：中華書局，1985：323.

［16］宋・祝穆．新編古今事文類聚［M］．臺北：中文出版社，1989：1647．

［17］宋・衛湜．禮記集說（影印本）［M］．北京：北京圖書館，2003：11．

［18］沈雲龍．西湖志纂［M］．臺北：文海出版社，1975：18．

［19］明・陸樹聲．清暑筆談（石印本）［M］．上海：文明書局，民國11年（1922）：1．

［22］東漢・許慎．說文解字［M］．北京：中國書店，1989：7．

［23］［26］宋本玉篇［M］．北京：中國書店，1985：76，81．

［24］宋本廣韻［M］．北京：中國書店，1982：34．

［25］晉・陳壽．三國志［M］．陳乃乾校點．北京：中華書局，1959：920．

［27］漢・班固．漢書［M］．唐・顏師古注．北京：中華書局，1962：1923－1924．

［28］宋・錢時．融堂書解［M］．王雲五輯．四庫全書珍本別輯：12．

［29］宋・徐夢莘．三朝北盟會編［M］．上海：上海古籍出版社，1987：405．

［30］宋・曹勳．松隱集［M］．臺北：商務印書館，文淵閣四庫全書第1129冊：478．

［32］張相．詩詞曲語辭匯釋［M］．北京：中華書局，1977：234．

［33］全唐詩（一）［M］．長沙：嶽麓書社，1998：565．

［34］宋・林希逸．竹溪鬳齋十一藁續集［M］．臺北：商務印書館，文淵閣四庫全書第1185冊：577．

［35］十先生奧論注（後集）［M］．臺北：商務印書館，文淵閣四庫全書第1362冊：221

［36］［38］［39］唐圭璋．全宋詞［M］．北京：中華書局，1965：2305－2306，2734，814．

［40］宋・李劉．梅亭先生四六標準．（影印本）［M］．北京：北京圖書館出版社，2004．

［42］宋・劉克莊．後村集［M］．臺北：商務印書館，文淵閣四庫全書第1180冊：23．

[44] 明·馬明衡．尚書疑義［M］．臺北：商務印書館，文淵閣四庫全書第 64 册：173.

[45] 明·蔡清．四書蒙引［M］．王雲五輯．四庫全書珍本三集：51.

(程碧英，四川大學中國俗文化研究所／四川文理學院　郵編：610064)

《觀世音應驗記三種》校釋四則[*]

陶 智

內容摘要：《觀世音應驗記三種》是南朝人所撰有關觀世音感應的小說集，該書早亡佚，孫昌武在日本訪得影印件，加以點校。董志翹先生又精校而成《〈觀世音應驗記三種〉譯注》（江蘇古籍出版社 2002 年），為難得的精審之作，但亦有可商之處。本文擬就孫校本和董校本中的幾處校注問題進行討論。

關鍵詞：《觀世音應驗記三種》 校勘 考釋

《觀世音應驗記三種》為六朝時期的一部反映觀世音感應的故事集。此書國內早已亡佚，1943 年在日本被意外發現。後孫昌武先生在日本訪學期間，訪得該書的影印件，並帶回國內，整理而成《觀世音應驗記（三種）》（中華書局 1994 年，以下簡稱為"孫本"）[1]。該書由《光世音應驗記》（傅亮）（以下簡稱《光》）、《續觀世音應驗記》（張演）（以下簡稱《續》）、《系觀世音應驗記》（陸杲）（以下簡稱《系》）三部分所組成，外加《補遺》二則，共計感應故事八十八則。該書出版後，引起學界重視，方一新先生[2]等相繼發表了相關論文，探討該書中出現的語言問題。董志翹先生又對該書加以精心校理，而成《〈觀世音應驗記三種譯注〉》（江蘇古籍出版社 2002 年）（以下簡稱為"董

---

[*] 本文的寫作得到了安徽大學中文系教授闞緒良師、楊軍師的悉心指導，方一新先生、曹小雲先生也提出過寶貴的修改建議，謹此特表謝忱。

本")[3]。董本對孫本多有補訂匡正，是一部難得的精審之作。近范崇高先生發表《〈觀世音應驗記三種〉疑難詞句試釋》[4]，又解決了書中的數個難題。但本書仍有某些可疑之處，今陳愚見，望得方家指正。

1. 揭沙（揭涉）

《續》10："尋見水中有白物如龍形，流靜風恬，俄而至岸，水裁至膝，遂揭沙而濟。"董本注曰："揭：提起衣裳。《爾雅·釋水》：'淺則揭，繇膝以上爲涉。'《詩經·邶風·匏有苦葉》：'深則厲，淺則揭。'毛《傳》：'揭，褰衣也。'"[3]55、56

范崇高先生認為"揭沙"可疑，當為"揭河"之誤，[4][p87、88]"揭沙"並不成詞，范先生言其可疑，當為灼見。但謂為"揭河"之誤，僅列司馬相如《上林賦》"涉冰揭河"，證據似為不足。其實"沙"應為"涉"之誤訛，"沙"、"涉"二字形近，"涉"草書時與"沙"極易相混，清王念孫《讀書雜誌·漢書第六》："魏郡沙，《續漢書·郡國志》同，……念孫案，……趙氏（東潛）以兩漢《志》皆作沙，遂謂涉縣本名沙縣，今考王子侯表雲，離石侯綰，後更為涉侯，則涉縣乃西漢時舊名，而今本兩漢《志》作沙，皆傳寫之誤明矣。"[5]257 同書《史記第二》："然而兵殆於垂涉。許慎曰：垂涉，地名也。念孫案，涉當依《荀子·議兵篇》作垂沙，字之誤也。"[5]86 本書亦有"沙"、"涉"相訛者。如《系》23："唯王周旋惠簡道人素有膽識，獨就居之，以二間施置經像，自住一間。既涉七日，因夜坐，忽見一人，黑衣無目，從壁中出，便來噴簡上。"董本出校曰："'涉'寫本作'沙'，據《法華傳記》。"[3]110-111 "揭涉"是為一詞，《漢語大詞典》已收，指提起衣裳過河。該詞當由《爾雅·釋水》"淺則揭，繇膝以上爲涉"一句割裂而來，後世沿用。如《李太白全集》卷二十四《瑩禪師房觀山海圖》詩："如登赤城裏，揭涉滄洲畔。即事能娛人，從茲得蕭散。"《全唐文》第三九五卷閻伯《河橋賦》："竹笮其維,不虞於奔濤孽赫;金鎖斯纜,何懼於層冰皚峨?川有梁兮,闃聞於揭涉;王在鎬兮,有格於來訛。"《舊唐書‧吐蕃傳下》:"是時元鼎往來,渡黃河上流,在洪濟橋西南二千餘裏,其水極為淺狹,春可揭涉,秋夏則以船渡。""揭涉"與"船渡"對舉,可證其義為揭舉衣裳涉水。宋郭彖《睽車志》卷四:"行入一大林,有溪限其前,水石清淺。眾皆揭涉,得一徑,入大山谷間。"宋陳景元編《道德真經藏室纂微篇》卷三:"然而舉事退藏,輒加重慎,雖履坦途,常憂沒溺,有如寒沍之月,揭涉長川,其心豫然而疑難,恐沈於不測之淵也。"明徐霞客《徐霞客遊記‧粵西遊日記三》:"已有一小水自東南峽中出,北瀠岩前,上覆藤蔓,下踔江泥,揭涉甚艱。""揭涉而濟"是指提著衣服淌水而過。

2. 感激(感徹)

《系》16:"隨諸明共攻沈,在其軍中,親睹司馬氏事,乃知聖神去人,極自不遠。匹婦送心,明見感激。"董本出校曰"'激'寫本作'檄',據文意改。"[3]93

《系》62:"因此日夜不得數此遍,其唯自誓,以感激為期。"[3]190

《系》63:"慮其叛亡,遂遠送北土界。及到軍複還,而嫗子不反,唯歸心燈像,猶欲一望感激。"董本出校曰:"'激'寫本作'檄',據文意改。"[3]195,196 孫本亦同。[1]60

"感激",董本注為"感應"義[3]192,197,但是據筆者管見,"感激"一詞似乎無有感應義者。"激"寫本兩作"檄",其實"檄"當為"徹"字之訛,兩字字形相近,典籍中常互訛。而《系》62《法華傳記》卷七作"因此日夜不複數其遍數,唯自誓以感徹為期。"其中"徹"又本作"檄",可見"感激"當正作"感徹"。(另《系》62"不得數此遍"當據《法華傳記》改為"不復數此遍","得"乃"復"字之訛。)"感徹"一詞,中古典籍習見，義即為感應。如《後漢書·皇后紀上·和熹鄧皇后紀》："自謂感徹天地，當蒙福祚。"同上《袁紹傳》："臣出身為國，破家立事，至乃懷忠獲釁，抱信見疑，晝夜長吟，剖肝泣血，曾無崩城隕霜之應，故鄒衍、杞婦何能感徹。"晉干寶《搜神記》卷十一："今郡太守内省責己，自曝中庭，使輔謝罪，為民祈福，精誠懇到，未有感徹。"《魏書·禮志三》："王者之尊，躬行一日，固可以感徹上靈，貫被幽顯。"《宋書·范曄傳附孔熙先傳》："凡在過釁，竟有何征，而刑罰所加，同之元惡，傷和枉理，感徹天地。"梁慧皎《高僧傳》卷六："茫茫荒宇，靡勸靡獎。淡虛寫容，拂空傳像。相具體微，沖姿自朗。白毫吐曜，昏夜中爽。感徹乃應，扣誠發響。"元魏吉迦夜共曇曜譯《雜寶藏經》卷九："便將其母，至曠野中，縛結手足，將欲加害。罪逆之甚，感徹上天，雲霧四合，為下霹靂。霹殺其兒，母即還家。"（4/493/b，《大正藏》本，下同）劉宋慧簡譯《請賓頭盧法》："還閉房戶，慎勿輕慢窺看，皆各至心信其必來，精誠感徹，無不至也。來則褥上現有臥處，浴室亦現用湯水處。受大會請時，或在上坐，或在中坐，或在下坐，現作隨處僧形。"（32/784/c）隋智顗述、灌頂記《觀音義疏》卷上："爾時思惟如此怖畏何由得脫，著于正路，須一心稱觀世音。三業至到機成感徹，則能裂生死券度恩愛河。"（34/926/c）《法苑珠林》卷十五出《冥祥記》："遠常向含悔懺宿業，恐有緣終無感徹。"（53/400/b）"感徹"皆為感應、感通之義。

3. 投繩懸住（捉繩懸住）

《系》59："爾夜崖下大暗，純是刺棘，不得下腳。欲更還上，恐虞覺之。投繩懸住，勢不得久。"[3]180

"投繩懸住"，孫本[1]56與董本皆同，董本將其譯為"拽住繩子吊在半空。"[3]184但古漢語中"投"似未有拽、持義，作"投繩懸住"語意似未安。今以為"投"當作"捉"。唐釋道宣《續高僧傳》卷二十五作:"崖底純棘無安足處。欲上岸頭複恐軍覺。投計悙違,捉繩懸住,勢非支久,共相謂曰:'今厄至矣,惟念觀世音耳。'便以頭扣石,一心專注。"《法苑珠林》卷五十一作:"欲上崖頭複恐軍覺,投計悙惶,捉繩懸住,勢非及久。共相謂曰:'今厄頓至,唯念觀音。'以頭扣石一心專注。"是為"投繩"作"捉繩"之明證。"投"、"捉"二字字形相似,極易相訛。《敦煌變文集·漢將王陵變文》:"取鐘離末一言,頭取陵母。"《敦煌變文集校議》:"今謂'頭'是'投'之音借。'投'俗作'',與'捉'字的手書''極易相混,因此'頭取'應校作'捉取'。……至於'投'、'捉'相混之例,不勝枚舉。如《捉季布傳文》'察貌勘名擒捉得'(58頁),'捉'字己、庚二卷皆作'投'。又如《伍子胥變文》:'越王見兵被殺,遂共範蠡捉西會稽山避難。'(26頁)'捉西'即'投西'之形誤和省旁也。"[6]54 清王念孫《讀書雜誌·淮南內篇第十四》:"善博者平心定意,捉得其齊,行由其理。高注曰:,齊,得其適也。念孫案,捉當為投,投得其齊,謂投箸也。"[5]895《應驗記三種》中"捉"字多見,常為持、握之義。如《系》5:"俄頃,忽見有兩人著黑衣,捉烏信幡,在水上倚而挾其船邊。"董本注:"捉:持,握,拿著。"[3]70 "捉繩懸住"義為抓住繩子在半空中懸著。

4. 吾我

《系》59:"今遇此虎,必是聖人示吾我也。"[3]181

"吾我"[1]56 孫、董二本同。董本出校曰:"寫本作'示吾我','吾我'兩字中疑有一衍,《續高僧傳》作'示路',可參。"今案,漢譯佛典中"吾我"一詞多見,常將"吾"看作神識,即精神,而將"我"視為軀體,苻秦曇摩難提譯《增壹阿含經》卷七:"阿那律曰:"吾者是神識也。我者是形體之具也。於中起識生吾我者。是名為憍慢結也。"(2/581/a)"吾我"一詞當源於《莊子·齊物論》:"今者吾喪我,女知之乎?""吾喪我"即忘了自己,"吾""我"相對用,"我"即指我之軀體。漢譯佛經中有許多概念源自於道家文獻[7]100,"吾我"即是其一。佛經中"吾我"為"以吾為我所有"之義,是和"無我"相對的一個哲學名詞,相當於"有我"。[8]56後秦佛陀耶舍共竺佛念譯《佛說長阿含經》卷第六:"我婆羅門種出自梵天,從梵口生。現得清淨,後亦清淨。婆悉吒,今我無上正真道中不須種姓,不恃吾我憍慢之心。"(1/36/c)元魏吉迦夜共曇曜譯《雜寶藏經》卷四:"夫人,先施兩錢之時,善心極勝。後施珍寶,吾我貢高,是以我今不與呪願。年少道人,亦莫慊我,汝當深解出家之心。"(4/468/a)

因為"吾我"可以用來表示人的精神和肉體的結合體,故該詞又可以理解為自己,用如反身代詞,以指代自己。如西晉無羅叉譯《放光般若經》卷三:"世尊報言:'吾我及眾生不可得見,以內外空故。五陰、十八性、十二衰,不可得、不可見,本淨故。十二因緣不可見,常淨故。'"(8/16/c)西晉竺法護譯《慧上菩薩問大善權經》卷上:"又,族姓子!善權閑士,敢所生處,其所住處不計吾我,未曾自輕;如令諷讀四句之頌,觀察其義心不怯羸,宣顯備具,不想利養。"(12/156/b)東晉法顯譯《大般泥洹經》卷四:"見佛所說因緣相貌,亦複能知一切眾生有如來性,不壞吾我壽命之相,心存中道言我身中皆有佛性我當得佛。"(12/882/a)北涼曇無讖譯《大般涅盤經》卷二:"是故如來於佛法中唱是無我,為調眾生故,為知時故說是無我,有因緣故亦說有我。如彼良醫善知于乳是藥非藥,非如凡夫所計吾我。凡夫愚人所計我者,或言大如拇指,或如芥子,或如微塵。"(12/378/c)"所計吾我"與"所計我者"相對應,可證"吾我"即"我"也。宋道原撰《景德傳燈錄》卷第二十九:"法性本無青黃,眾生謾造文章,吾我說他止觀。"(51/451/a)這和中古時期常見的反身代詞"身"的引申途徑相似,"身"本義為身體,但可引申用為第一人稱代詞和反身代詞。《爾雅·釋詁》:"身,我也。"郭璞注:"今人亦自呼為身。"《宋書·孔覬傳》:"覬曰:'江東處分,莫不由身,委罪求活,便是君輩行意耳。'"因此,"吾我"可以指稱自身。此處的"吾我"並不存在"一衍"的問題。

〔主要參考文獻〕

[1] 孫昌武. 觀世音應驗記(三種). 北京:中華書局, 1994.

[2] 方一新. 南朝人撰三種《觀世音應驗記》詞義瑣記六則. 中國語文, 2001 (2).

[3] 董志翹.《觀世音應驗記三種》譯注. 南京:江蘇古籍出版社, 2002.

[4] 范崇高.《觀世音應驗記三種》疑難詞句試釋. 古漢語研究, 2009 (1).

[5] 清·王念孫. 讀書雜誌. 南京:江蘇古籍出版社, 2000.

[6] 郭在貽,湧泉,黃征. 敦煌變文集校議. 長沙:嶽麓書社, 1990.

[7] 楊同軍. 灌注了佛教詞義的道家詞語試釋. 宗教學研究, 2007 (3).

[8] 梁曉虹.《佛學大辭典》罅漏例舉 [J]. 中國語文, 1996 (4).

(陶智,安徽大學中文系　郵編:230039)

《西藏紀遊》點校注釋札記

王寶紅

內容摘要：《西藏紀遊》是清代較早記述藏區社會生活的一部遊記之作，具有重要的歷史認識價值。張江華、季垣垣點校本是該書新近出版的通行本，其校勘、標點仍然存在一些問題。文章以《西藏紀遊》現存的三個版本互相對照，對點校本加以校核，分爲"標點"、"字形"、"注釋"三部分展開討論，提出校點意見凡三十餘則。

關鍵詞：《西藏紀遊》 校點 注釋

清人周靄聯所撰《西藏紀遊》，是清代較早記述藏區社會生活的一部遊記，記載的是作者於乾隆五十六年到五十八年間在藏區的所見所聞，該書涉及面極廣，內容無所不包，可以說是當時西藏社會風情的一一展示，具有十分重要的歷史認識價值。此書成書於嘉慶九年，有石印本傳世，但爲數甚少，訪求不易。另有民國二年（1913）江安傅氏活字本《竺國紀遊》（"竺國"原爲印度別稱，本書誤指西藏。下文簡稱《竺》本）[1]。20世紀80年代，西藏社會科學院西藏學漢文文獻編輯室據綠墨堂四卷本影印出版一函兩冊綫裝本，收入《西藏學漢文文獻彙刻》叢書（下文簡稱彙刻本）[2]，今人張江華、季垣垣兩先生在此基礎上，對文本重新整理，加以點校注釋出版（下文簡稱張校本）[3]，方便學人，厥功至偉。筆者以三個版本互相校核，並參以其他文獻，感覺張校本仍然存在一些問題。以下分"標點"、"字形"、"注釋"

三部分討論其中存在的問題，以期淘洗出文本的純正面貌。（以下括號內數字爲引文在《西藏紀遊》中的卷數及頁碼）

一　標點

1. 人多饒於貲珠貝錯，陳列肆間。（一，5）

按：此句當爲："人多饒於貲，珠貝錯陳列肆間。""錯陳"即錯雜陳列。這句是說：（纏頭回回）人大多富有資財，珍珠寶貝錯雜陳列於店鋪裏。標點者因不明"錯陳"實爲一詞而導致了誤點。

2. 予思此像當作橢形，否則稱縱而爲，橫亦須寬一二里。（一，16）

按："否則稱縱而爲"句義不明，標點有誤。當爲："否則稱縱而爲橫，亦須寬一二里。"意思是：否則把（佛像的）長稱作寬，也必須有一二裏的寬度。

3. 寺相傳建自唐時，西向周圍崇樓峻閣，殿瓦飾以黃金。（一，20）

按，"西向周圍崇樓峻閣"句義不通，"西向"後應點斷，這句是說寺的建築方位爲西向，即面向西而建，周圍是高峻的樓閣。

4. 番人設望，堆以碎石，砌如鄂博，高五六丈者百餘處。如雪滿，人馬須尋此望堆而行。（一，26）

按：參照下文，"望堆"實爲一詞，不當點斷。此句當爲："番人設望堆，以碎石砌如鄂博，高五六丈者百餘處。""望堆"一詞被點斷，大概是受了"望子"一詞的影響。"望"有"望子"義，是店鋪前懸掛的招簾，一般多指酒旗。此處的"望堆"是用碎石堆砌的高高的路標。《最新民國地志總論》引《竺》本此句，斷句爲："番人設望堆。以碎石砌如鄂博。高五六丈者百餘处。"[4]102 標點不誤。

5. 藏地野獸虎則甚少。他如金錢豹……猞猁、猻、元狼、青狼……（一，34）又出黄連、猞猁、猻狐皮、鹿茸等物，皆以茶易換。（二，58）

按："猞猁猻"爲一詞，不當點斷。"猞猁猻"是一種似猫而大、尾短的小獸，皮可製作名貴的皮襖。是詞清代用例甚繁，如《聽雨叢談》卷二"皮裘"："文三品、武三品，準服貂鼠、猞猁猻……其往口外寒冷地方出差之滿洲、蒙古、漢軍官員，均準照常穿用貂鼠、猞猁猻，不拘品級也。"[5]46

6. 明人集云：'崇禎辛巳，同薑如須過後湖，入一庵後殿，封鑰具施乃開。（二，37—38）

按：標點有誤。其中"入一庵後殿，封鑰具施乃開"當標點爲："入一庵，後殿封鎖，具施乃開。""封鑰"指後殿封閉上鎖；"具施乃開"言遊客以錢財布施與和尚，方肯開鎖，以便觀覽。這段材料引自《物理小識》卷一二"异像"條。[6]121

7. 其字亦有真、草二種，若察木多以外及金川諸番，字形雖同藏中，亦多不識所云，康巴字蓋另一體也。（二，43）

按："所云"應屬下句，當標點爲："字形雖同藏中，亦多不識。所云康巴字，蓋另一體也。"其中"所云康巴字，蓋另一體也"句，意思是說，所說的康巴字，大概是另一種文字體式。

8. 糌粑屑，青稞、蕎麥爲面，番民資爲日食之需。（二，56）

按："屑"字當屬下句，應標點爲："糌粑，屑青稞、蕎麥爲面。""屑"是動詞，把（青稞、蕎麥）研成碎末。清孫士毅《糌粑》詩題下注："屑青稞如面，團捻如拳，和酥茶食之。"[7]233《雪橋詩話》續集卷七："蕃民屑青稞爲面，手捏而食之，名曰糌粑。"[8]484其中的"屑"，皆用如動詞。

9. 此鼠夏日老者即變爲小鳥頭，仍鼠毛，仍居舊穴，與雛鼠出入一穴。始悟鳥鼠同穴，實有其事。其實鳥即鼠也。（二，74）

按："此鼠夏日老者即變爲小鳥頭，仍鼠毛"句義不明，參照下文"鳥鼠同穴"的描述，"頭"字應屬下句。當標點爲："此鼠夏日老者即變爲小鳥，頭仍鼠毛。"意思是説這種鼠到夏天就變成小鳥，頭部仍然是鼠毛。這種記述當然祇是一種傳聞而已。

10. 王司農鴻緒《明史藁》：烏斯藏在雲南西徼外，其地多僧。無城郭，群居大土臺上。不食肉，娶妻，無刑罰，亦無兵革，鮮疾病。佛書甚多，《楞伽經》至萬卷云云。（三，91）

按："不食肉，娶妻"句，標點有誤。此句引自《明史稿》，原文後面還有一句"其土臺外，僧有食肉娶妻者。"以此爲參照，可知上句當標點爲："不食肉娶妻"。意思是，居住在大土臺上的僧人不吃肉，不娶妻。

11. 夫人至聖人而極矣，然亦有時而没不聞，轉生後復爲聖人也。使轉生之後將襲前生之所爲歟？則一見再見，涉於繁複；將補前生之未備歟？則莫殫莫究何所窮期。（三，96）

按："然亦有時而没不聞，轉生後復爲聖人也"句義不通，"不聞"當屬下句，此句當標點爲："夫人至聖人而極矣，然亦有時而没，不聞轉生後復爲聖人也。""不聞"即没有聽説，這句大意是：人做到聖人已經到達極點了，然而也有死的時候，没有聽説死後又轉生爲聖人的。

12. 自是迄正統末，入貢者八巳。法王卒，久不奉貢。（三，98）正德五年，遣其徒綽吉我些兒等從河州衛入貢巳。綽吉我些兒有寵於帝，亦封"大德法王"。（三，98—99）

按：這兩段材料中"巳"字應獨立成句。"巳"表示時間靠後的,相當於"已而"、"隨後"。上述第一段材料張廷玉等撰《明史·列傳》第二百十九標點爲:"自是,迄正統末,入貢者八。已,法王卒,久不奉貢。"[9]5745標點不誤。

13.《爾雅·釋蟲》:蚻,蟥蛃,注甲蟲也。大如虎豆,綠色,今江東呼爲蟥蛃。又《釋魚》:蛭蟣,注今江東呼水中蛭蟲入人肉者爲蟣。(三,105)

按:兩"注"字後應加冒號,注前用句號,當爲:"蚻,蟥蛃。注:甲蟲也。……蛭蟣。注:今江東呼水中蛭蟲入人肉者爲蟣。"注文引用的是《爾雅》晋郭璞的注。

14. 演時牛頭山支黑帳,中貯羊一祇,不欲命中云,是年若中羊隻,則大不利也。(四,118)

按:"不欲命中云"句,"云"字當屬下句,當標點爲:"中貯羊一祇,不欲命中,云是年若中羊隻,則大不利也。"此處"云"字義爲"説"、"據説",爲動詞。"云"用於句末,爲助詞。清王引之《經傳釋詞》卷三:"云,語已詞也。"《西藏的文明》一書亦引此句,標點爲:"演時,牛山支黑帳,貯羊一祇不欲命中,云是年若中羊隻,則大不利也。"[10]253標點不誤。

二　字形

1. 墳起突在胸,此中儲糗餐。(一,3)

按:"糗餐"當爲"糗餈"。"餐""餈"係形近而誤。"糗"是炒熟的米麥,泛指乾糧。"餈"同"糍",是用糯米粉、黍米粉制成的糕餅,"糗餈"在上述詩句中指糌粑粉。《竺》本、彙刻本及《百一山房赴藏詩集》[14]233寫作"糗饗","糗饗"不成詞,"饗"與"餈"亦係形近而誤。

2. 搏飯以手不用箸。(一,5)今之易碎者,多攙用黃土搏成,以應酬贈人之用耳。(一,39)

按：兩句中"搏"字當爲"摶"，係形近而誤。"摶"音 tuán，簡化形體爲"抟"。義指捏聚成團。"摶飯以手"義爲用手捏飯成團，"多攙用黃土摶成"是説（佛像）大多爲攙加黃土捏造而成。

3. 番人每用長桶貯酒，呼群至野外或水邊踞地坐卧，牛飲盡歡，嗚嗚笈歌。（一，6）

按："笈"字誤，"笈"是用以裝書或它物便於揹負携帶的小箱子，此處當爲"笑"字，係形近而誤。《竺》本作"笑"，《中國酒文化》引此句，亦作"嗚嗚笑歌"。[12]61

4. 孫文靖公《客廢甲木蛊吞詩》……牛牛爾何辜？亦復被枷杻。（一，33）

按："牛牛"當爲"牛乎"，彙刻本亦誤作"牛牛"，《川藏遊踪匯編》本作"牛乎"。[7]236

5. 嗎密旗以白綢或白布爲之，長或數丈，朱樹番字其上，卓竿數仞，立蠻寨碉房之巔。（二，36）

按："樹"字誤，當作"書"。《竺》本、彙刻本皆作"書"。"朱書番字其上"，意思是用紅色的顏料在白綢布上面寫上藏文。

6. 書畢則簪其管於发間。（二，43）

按："发"字彙刻本作"髩"，"髩"同"鬢"，指臉旁靠近耳朵的頭髮。"发"字繁體爲"髮"，"髩"與"髮"字形近似，張校本誤以"髩"爲"髮"，又簡化爲"发"。後文有"書畢或尚有思索，則簪筆於鬢，始悟古人簪筆之義"句亦可証，上句"发"字誤，當爲"髩"。

7. 亦有睍視沉思似臨摹而未窺其妙者。（二，43）

按："睍視"不成詞，當爲"睨視"。"睨視"指斜視；旁觀。"昳"指日過午偏斜。"睍"、"睨"形似而誤。

8. 項午晴雲即簷卜花。然簷卜係梔子花，此紅色，恐非。（二，45）

按："簷"字誤，"簷"同"檐"，此處當爲"薝"字。《竺》本、彙刻本皆作"薝"。張本釋簷卜（yánbó）爲："植物名。産於西域，花香濃郁。"釋義可補。"薝卜"音 zhān bo，是梵語 Campaka 的音譯，義譯爲鬱金花。

9. 遙峰兢如雲，奔泉紛塞路。（二，47）

按："如"字誤，當爲"入"。彙刻本、《竺》本"如"字皆作"入"字。

10. 哪知鬼面邪义國，還就僧雛玉不如。（二，48）

按："邪义國"不詞，"邪义"當爲"夜叉"。"夜叉"是梵語 yaksa 的譯音，佛教中傳說的一種吃人的惡鬼；"夜叉國"是傳說中的國名，其國人皆爲夜叉。"夜叉"之"夜"《竺》本、彙刻本皆作"邪（音 yé）"。"邪"是"夜"的同音替代形式；"义"是"叉"的俗體。

11. 吾聞嘉種貽來年，稼檣用成先百谷。（二，56—57）

按："檣"當爲"穡"，係形近而誤。《竺》本、彙刻本不誤。"稼穡"代指農業生產。

12. 番丁笑廬胡，辛歲一褚巴。（二，64）

按："廬"當爲"盧"。彙刻本、《竺》本均作"盧"（今簡化爲"卢"）。"笑盧胡"謂笑聲發於喉間。

13. 但男、婦無不詬面蓬首。（二，73）按："詬"當作"垢"。《竺》本、彙刻本作"垢"，不誤。

14. 其俗薙发蓄小辮，以金珠鑲花緞兩耳以布纏頭，賤者用白，貴者用紅。（三，89）

按："以金珠鑲花緞兩耳以布纏頭"句義不明，源於"緞"字訛誤，當爲"綴"。《竺》本、彙刻本亦誤作"緞"。《西藏紀聞·巴勒布番民番婦》亦引此句："用金珠鑲花綴兩耳以布纏頭。"[13]575 參此，上句當標點爲："以金珠鑲花綴兩耳，以布纏頭。"

15. 達賴喇嘛若受之，則以尘尾拂其首或手摩其頂者三。（四，117）

按："尘尾"當爲"麈尾"。"尘"字繁體爲"塵"，與"麈"形似。"麈尾"爲古人閒談時執以驅蟲、揮塵的一種工具。

三 注釋

1. 氆氌、大綿、細毯，皆以羊毛爲之。注釋⑤細毯（xiǎn）：細牛羊絨毛織物，輕似鳥羽。（一，3）

按：張校本"毯"字註音有誤。又下文："嘩咘子在藏地售氆氌、細（迭）[毯]等物。"校本將原文的"迭"字改爲"毯"。"迭"是個記音字，不誤，本字作"毯"。又，下文載"細毯似嘩嘰，而理較粗，幅甚窄。紫色、紅色者多，可爲薜。按：細毯即致氎，天竺貴布也。見《涅槃經》（字書無毯字，土人呼如鐵音。）"（一，23）依據原注，此處"毯""鐵"同音，"細毯"之"毯"不讀 xiǎn，應讀 tiě，爲梵語音譯詞。"細毯"又寫作"錫鐵"。《西藏志·物產》："服物則氆子、氆魯、毛毯、錫鐵（非製造器皿之錫鐵，乃一種毛毯別名）、栽絨。"[14]19 又寫作"細氎"。清文干《壬午赴藏紀程詩·初十日曉行》詩下注："班禪處借用穹廬，周圍上下及床幾鋪陳，皆飾細氎五色錦，北地所未覯也。"[7]256

2. 其人多健壯、赤足，犢鼻禪，佩刀，動講爭鬥。注釋②犢鼻禪（dān）：一種圍裙式反穿單衣。犢鼻，即圍裙，形如犢鼻故名。禪，單衣。（一，4）

按："禪"字誤，當爲"裈"。係形近而誤。《竺》本作"裈"，字形簡化爲"裤"，指滿襠褲，短褲。《中國歷代文學作品選》注："犢鼻裤，長不過膝的圍裙。"[15]496 《漢語大詞典》"犢鼻裤"條釋義中"短褲"和"圍裙"兩説并存。據《西藏紀遊》

卷二："有全家携帳房於水邊男女同浴者，或着一犢鼻短絝入水。""短絝"即"短褲"，此處"犢鼻短絝"可証前文"犢鼻襌"當爲"犢鼻褌"，指短褲。校本依據的字形有誤，導致釋義不確。

3. 長林處處絕罠蹄，風色温暾日色低。輸與墻陰粗衲子，華胥國裏夢斯齊。注釋③衲子：僧人。（一，9）

吴白華師藏棗詩……佉離兩已背，混沌一爻畫。注釋①佉（kuā）：斜，不正。（一，11）

孫文靖公《客麼甲木蛩吞詩》……蹇衛與駿足，負重薆薆走。注釋②蹇：行動不便利，特指跛劣的驢馬。（一—33）

雖云經磨礱，入口輒齟齬。注釋④礱（lóng）：脱去稻穀的農具。亦作"礱"。（二，57）

結屋數椽，僅蔽風雨，池無甃石，沙礫軋趾，拍浮恐其滅頂。注釋①甃，修砌。（三，86）

著革鞮，佩短刀，狀如牛角。注釋①鞮（di）：皮鞋的古稱。（三，89）

按：這幾個詞的釋義存在的問題是一致的，即祇解釋了合成詞中的一個語素的意義，因此放在一起討論。第一句"衲"指僧衣，"粗衲子"爲一詞，指穿粗劣僧衣的僧人。次句"蹇衛"爲一詞，指駑鈍的驢子，"蹇衛"與下句"駿足"（指良馬）相對仗。次句"佉離"爲一詞，歪斜貌；"磨礱"指磨石；"甃石"即砌石，壘石爲壁；"革鞮"指皮鞋。對於合成詞來説，大多數詞義都不是與語素義之和相等的，而且很多是相去甚遠的，解釋了語素義並不能完全説明詞義，語素義是通過增加意義、减少意義或改變意義而與詞義建立聯繫的。因此，注釋應以詞爲單位，而不應割裂詞語進行釋義。

4. 南客使船如使馬，坳堂一勺噃盧胡。張本釋："噃（pō），竹籠取魚具。（一，9）

按："噃"字誤，當爲"笑"。依據的字形有誤，導致了誤釋。"盧胡"同"胡盧",笑聲。"笑盧胡"謂笑聲發於喉間。這是作者與友人在遊覽蘿卜嶺岡時寫的詩句,蘿卜嶺岡建有温泉池(爲達賴、班禪沐浴之所)。詩句中"坳堂"一詞源於《莊子·逍遥遊》,原指堂前的窪地,此處並非實指,而泛指池塘。詩句上文説温泉池中係有一舟,作者在遊覽此地時可能與友人在池中泛舟而行。"南客使船如使馬,坳堂一勺噱盧胡"描繪的是駕舟嬉水的情形,大意是説南人(作者爲南方人)駕舟與北人騎馬一樣技藝嫻熟,駕舟時舀起一勺水(嬉戲),胡盧而笑。

5. 又有浪子蝦,如内地之刑官。番人不法者交令懲治,其刑甚酷……時見浪子蝦憧憧出入,似案牘亦甚繁冗。(一,28)注釋②浪子蝦:即朗孜厦。原西藏地方政府時,維持舊拉薩環路以内市區治安和行使法律的機關。

按:"浪子蝦"不是政府機關名稱,而是官職名稱,亦稱"朗仔轄",五品。掌管理街道,治理拉薩藏民,其性質與内地警察相同。《榆巢雜識》下卷"西藏設官":"其管理刑法頭人,番語呼爲'朗仔轄'。"[16]217《欽定理藩部則例》卷六十二:"管理拉撒番民朗仔轄二人、管理刑名協爾幫二人。"[17]450

6. 男婦老少同川而浴,解衣入水,拍浮甚樂。彌望不絶,觀者如渚,略不羞澀。注釋④渚(zhǔ):水停聚處。(二,52)

按:"渚"字當爲"堵"。彙刻本作"渚",《竺》本作"堵"。依據錯誤的字形,從而導致釋義錯誤。上句又見於《萬曆野獲編》卷二十四"同川浴":"見老少男婦,俱解衣入水,拍浮甚樂,彌望不絶,觀者如堵,略不羞澀。"[18]624

〔注釋〕

[1] 清·周靄聯. 竺國紀遊 [M]. //近代中國史料叢刊續輯458,臺北:文海出版社,1974.

[2] 清·周靄聯. 西藏紀遊 [M]. 鄭州：中州古籍出版社，1986.
[3] 清·周靄聯. 西藏紀遊 [M]. 張江華，季垣垣點校. 中國藏學出版社，2006.
[4] 盧龍、白眉初. 最新民國地志總論 [M]. 世界書局，1926.
[5] 清·福格. 聽雨叢談 [M]. 北京：中華書局，1997.
[6] 牟潤孫. 注史齋叢稿 [M]. 北京：中華書局，1987.
[7] 吳豐培. 川藏遊踪匯編 [M]. 成都：四川民族出版社，1985.
[8] 楊鍾羲. 雪橋詩話續集 [M]. 劉承干校. 北京：北京古籍出版社，1991.
[9] 清·張廷玉等. 明史 [M]. 北京：中華書局，2000.
[10] 法·石安泰. 西藏的文明 [M]. 耿昇譯. 北京：中國藏學出版社，1999.
[11] 吳豐培. 川藏遊踪匯編 [M]. 成都：四川民族出版社，1985.
[12] 傅允生，徐吉軍. 中國酒文化 [M]. 北京：中國廣播電視出版社，1992.
[13] 清·玉山房居士. 西藏紀聞 [M]. //近代中國史料叢刊續編511. 臺北：文海出版社，1974.
[14] 清·佚名. 西藏志 [M]. 拉薩：西藏人民出版社，1982.
[15] 朱東潤. 中國歷代文學作品選（上編第二冊）[M]. 上海：上海古籍出版社，2002.
[16] 清·趙慎畛. 榆巢雜識 [M]. 北京：中華書局，2001.
[17] 張榮錚等. 欽定理藩部則例 [M]. 天津：天津古籍出版社，1998.
[18] 明·沈德符. 萬曆野獲編 [M]. 北京：中華書局，1959.

（王寶紅，西藏民族學院文學院　郵編：712082）

《湧幢小品》俗語詞札記

黃宜鳳

内容摘要：本文選釋了《湧幢小品》中的"宣薛、投獻、母姨夫、老子、闌干、白打、販苦惱子、羌桃、上山、灶丁、邊幅"等幾個俗語詞，以爲《漢語大詞典》等辭書的補充修訂提供參考。

關鍵詞：《湧幢小品》 俗語詞 考釋

我國大型語文辭書《漢語大詞典》（以下簡稱《大詞典》），是一部詞源性工具書，在收詞、釋義上取得了很大的成就。但因當時條件所限，又成於眾手，收詞、釋義、溯源、書證等方面，還有待進一步豐富和完善。隨著研究條件的改善和研究手段的更新，我們在閱讀史料筆記時，又注意到不少材料，可以補充《大詞典》未收的一些詞語或義項，提供某些詞條的較早書證。如明朱國禎所撰《湧幢小品》（《明代筆記小說大觀》本，上海古籍出版社，2005）"雜記見聞，亦間有考證，其是非不甚失真，在明季說部之中，猶爲質實。而貪多務得，使蕪穢汩沒其菁華，轉有沙中金屑之憾。"（《四庫全書總目》）本文選釋該書中的幾個俗語詞，以爲《大詞典》等大型辭書的補充修訂提供一些參考。

澤葵　重錢　宣薛　姤草

---

* 本文爲教育部人文社科研究西部項目"明代筆記小說俗語詞研究"（10XJC740003）的階段性成果之一。

苔的別名。卷二十七《雜品》："苔爲澤葵，又名重錢，亦呼爲宣蘚，南人呼爲妬草。"此出自南朝梁任昉《述異記》卷下："苔謂之澤葵，又名重錢，亦呼爲宣蘚，南人呼爲妬草。""重錢"亦作"重錢草"、"重泉"。《說文·泉部》："泉，水原也。象水流出成川形。"徐灝注箋："借爲貨泉之名，取其流布也。"《廣韻·仙韻》："泉，錢別名。"明王志堅《表異錄·蔬穀》引《述異記》："苔名重泉，亦呼宣蘚，亦名妬草。""宣蘚"亦作"宣癬"。《太平御覽》卷一千引《述異記》："苔錢亦謂之澤葵，又名重錢草，亦呼爲宣癬，南人呼爲垢草。"《太平廣記》卷四百十三《叙苔》引同，唯"重"作"董"，恐非是。"蘚"、"癬"《廣韻·獮韻》同一小韻，例得通假；若著眼於二者有相似之處，亦通。

頗有可議者，"妬草"亦見作"垢草"、"姤草"、"妒草"。《四庫全書》本《述異記》，《佩文韻府》卷四十九之五、《康熙字典·艸部》"苔"、《駢字類編》卷五十三"澤葵"、《子史精華》卷一百四十二"重錢宣蘚"引《述異記》作"姤草"。《太平御覽》卷一千、《太平廣記》卷四百十三《叙苔》、宋楊伯嵒《六帖補》卷十、明陳耀文《天中記》卷五十三《苔》、董斯張《廣博物志》卷四十二、清陳元龍《格致鏡原》卷六十八《苔》、《淵鑑類函》卷四百十《苔一》、《佩文齋廣羣芳譜》卷九十一《苔》等，或明引或暗據《述異記》，均作"垢草"。"姤"與"垢"音形並相近，可通。但宋葉廷珪《海錄碎事》卷二十二下《澤葵》："苔錢亦謂之澤葵，又謂之重錢草，亦呼宣蘚，南人呼妬草。"明王志堅《表異錄·蔬穀》、《中文大辭典》（以下簡稱"大辭典"）及《大詞典》"重錢"引《述異記》亦作"妬草"，《佩文韻府》卷十六之六"重錢"引《述異記》則作"妒草"。"妒"見於《說文》，《玉篇·女部》謂"妬"同"妒"。疑"妬"爲"姤"形近而譌，再由"妬"異寫作"妒"矣。

《大辭典》"姤草"謂"苔也"，引《述異記》一例。《大詞典》收"澤葵"和"重錢",未收"重錢草"、"宣蘚"、"宣癬"、"蛎草"或"垢草"①。

投獻

進呈詩文。卷二十二《無庵讚頌》:"(孟無庵珙)每日見客,雖數十百人,一一接談,凡有投獻,併入袖中,客退,以所受文書令館客逐一朗讀而諦聽之。"亦見於其他文獻。明皇甫錄《皇明紀略》:"弘治癸丑以前,凡選庶吉士,必先期呈所爲文於内閣,謂之投獻,殆亦制科之意,後諱其名廢不用。"焦竑《玉堂叢語》卷三《寵遇》:"洪武八年秋八月甲午,上覽川流之不息,陋尹程《秋水賦》言不契道,乃親更爲之。賦成,召禁林群臣觀之,且曰:'卿等亦各撰賦以進。'宋濂率同列研精覃思,鋪敍成章,詣東閣,次第投獻。"此詞唐代已見。薛逢有詩題《伏聞令公疾愈對見延英,因有賀詩遠封投獻》。孟棨《本事詩·情感》:"怨嘆不能已,爲詩兩篇投獻。"五代王定保《唐摭言》卷十二:"光業弟兄共有一巨皮箱,凡同人投獻之詞,有可嗤者,即投其中,號曰苦海。"宋吳處厚《青箱雜記》卷一:"郎中曹琰亦滑稽辯捷,嘗有僧以詩卷投獻,琰閱其首篇《登潤州甘露閣》云:'下觀揚子小。'琰曰:'何不道卑吠狗兒肥?'次又閱一篇《送僧》云:'猿啼旅思淒。'琰曰:'何不道犬吠張三嫂?'座中無不大笑。"《大詞典》"投獻"❶謂"進獻禮物或進呈詩文","進獻禮物"義引元佚名《小尉遲》例,"進呈詩文"義無書證。

母姨夫

姨媽的丈夫。卷五《宗人攘奪》:"武昌衛軍餘劉貴,初倚楚府聲勢,騙財害人致富。及楚王薨,懼怨家來索,延其母姨夫永安王府中尉顯椐於家守之。"亦見於其他文獻。劉基《覆瓿集·王文明墓誌銘》:"王麟,字文明,山陰人王千戶振鵬,麟之母姨夫,以畫名於朝。麟嘗從之遊,故遂工繪畫。"《女仙外史》第四回:"是濟寧州林參政的三公子,與甥女同年同月同日同時建生,今現在他母姨夫柏青庵家内。"

老子

戎人稱知州。卷六《大范志銘》："大范老子忠獻公雍，壓於小范老子文正公仲淹。然大范亦何可易及，臨歿，索志銘于小范，稱曰：'發身如班定遠，籌邊如馬伏波。'又曰：'維侯之德，柔文剛武；攘俾戎寇，禦俾災害。'蓋忠獻能文，而以武職起家，故云。戎人稱知州爲'老子'。"此宋已見。朱熹纂集《宋名臣言行錄》前集卷七引《名臣傳》："公（范仲淹）領延安，閱兵選將，日夕訓練。又請戒諸路養兵蓄銳，毋得輕動。夏人聞之，相戒曰：'無以延州為意。今小范老子腹中自有數萬甲兵，不比大范老子可欺也。'戎人呼知州為老子。大范謂雍也。"曾慥《類說》卷二《范仲淹》："寶元中，元昊叛，上知其纔兼文武，起帥延安，日夕訓練精兵，賊聞之曰：'無以延州為意。今小范老子腹中自有數萬兵甲，不比大范老子可欺也。'戎人呼知州為老子。大范謂雍也。"明陳耀文《正楊》卷四《大范小范》："張唐英《范公傳》：元昊叛，公兼領延安軍，賊聞之，第戒曰：'無以延州為念。今小范老子腹中自有數萬兵甲，不比大范老子可欺。'戎人呼知州為老子。大范謂范雍也。"《大詞典》"老子"未及此義。

闌干

少數民族建築樣式之一，通常依樹傍水以居。卷三十《西南夷》："闌干之名，起於北魏。南蠻中，依樹積水以居，名曰闌干，大小隨其家口之數。往往推一長者爲王。入唐，此二字成雅語矣。"明周祈《名義考》卷十二《闌干》："階際木勾欄曰欄干，亦作闌干，眼眶亦曰闌干，蓋闌干以橫斜爲義，勾欄木縱橫爲之，故曰闌干；以木爲之，故字从木。"或爲"干闌"之倒說。《大詞典》"干蘭"謂亦作"干闌"、"干欄"，"我國古代流行於長江流域及其以南地區的一種原始形式的住宅，即用豎立的木樁構成底架,建成高出地面的一種房屋。今西南某些地區還繼續使用",引《魏書·獠傳》:"依樹積木,以居其上,名曰干蘭,干蘭大小,隨其家口之數。"《小品》實據此爲說。又《大詞典》謂《北史·獠傳》作"干闌",《舊唐書·西南蠻傳·南平獠》、《新唐書·南蠻傳下·南平獠》均作"干欄"。《大詞典》"闌干"列六義項,未及此義。

節錢

明代凡遇聖節、正旦、冬至,朝中賜給未能參加宴飲的官卑祿薄者的錢鈔。卷一《出閣》:"至先朝銀幣、筆墨、節錢之賜絕響,端午節不見一扇。"其他如余繼登《皇明典故紀聞》卷十四:"祖宗以來,凡遇聖節、正旦、冬至,皆賜群臣宴。官卑祿薄者免宴,賜以鈔,謂之節錢。俾均惠其家屬。"祝允明《前聞紀·公宴節錢》:"凡遇正旦、冬至、聖節筵宴節錢,就於彼處官錢內支給。"《明會典》卷七十一《禮部三十·大宴儀二》:"宣德、正統後,朝官不與宴者,給賜節錢鈔錠。各處進表官亦令與宴,免宴則通賜節錢。"《明史·禮志七》:"大宴儀:……宣德、正統間,朝官不與者,給賜節錢。"賞賜諸生者亦曰"節錢"。《明史·選舉志》:"初改應天府學爲國子學,後改建於雞鳴山下,既而改學爲監……學旁以宿諸生,謂之號房,厚給廩餼,歲時賜布帛文綺襲衣巾韡,正旦元宵諸令節俱賞節錢。"後亦指節日例錢。《型世言》第八回:"他卻不像如今的教官,祇是收拜見、索節錢,全不理論正事的,日逐拘這些生員在齋房裏,與他講解,似村學究訓蒙一般。"《風月夢》第九回:"他節下總拿我的節錢,去歲年節是送灶那日就拿去了,二月裏傳簽,我也酬應過了。"

白打

徒手搏鬥之戲,即拳術。被列爲"十八般武藝"之一。又叫"打拳"、"打手"。卷十二《兵器》:"白打即手搏之戲,唐莊宗用之賭郡,張敬幾仗以立功,俗謂之打拳。蘇州人曰打手,能拉人骨至死。死之速遲，全在手法，可以日月計。"謝肇淛《五雜組》卷五《人部一》："武藝十八般，而白打居一焉。"《三寶太監西洋記通俗演義》第三十三回："適逢國王辭酒，元帥道軍中無以爲樂，叫舞劍，左右的成雙作對舞劍；叫舞刀，左右的成雙作對舞刀……叫滾叉，左右的成雙作對滾叉；叫白打，左右的成雙作對白打。"此詞已見於唐。宋陸游《老學庵續筆記》："余在蜀，見東坡先生手書一軸曰：'黃幡綽告明皇，求作白打使，此官亦快人意哉！'味東坡語，似以白打爲搏擊之意。然王建《宮詞》云：'寒食內人長白打，庫中先散與金錢。'則白打似是博戲耳，不知公意果何如耳？"亦叫"短打"、"白戰"、"徒搏"。明蔣一葵《堯山堂外紀》卷八十七《國朝》："李西涯在翰林時，諸翰林齋居閉戶作詩，有僮僕窺之，見面目皆作青色，彭敷五以青字韻嘲之，幾致反目，西涯爲解之，有曰：'擬向麻池爭白戰，瘦來雞肋豈勝拳。'"徐應秋《玉芝堂談薈》初卷引《白打錢》："按白打，徒搏也。武藝共十八般，……十八白打。"清周亮工《閩小記》卷一《白打》："予邵武寒食詩，有'幕府健兒猶白打'之句，按王建詩'寒食內人常白打，庫中先散與金錢'，韋莊詩'內官初賜清明火，上相閒分白打錢'。楊用修曰：'白打錢，戲名。'未明指爲何事。焦弱侯云：'按《齊雲論》：白打，蹴踘戲也。兩人對踢爲白打，三人角踢爲官場。'予謂白打，即今之手搏，名短打者是也。昔人目手不持寸鐵爲白戰，似即其意。武藝十八，終以白打。以白打爲終，明乎其不持寸鐵也，以爲蹴踘者非。"《大詞典》"白打"引《小品》及《五雜組》例；"白戰"❷謂"泛指互相搏鬥"，引郭孝成《江蘇光復紀事》，書證過晚；"打拳"首引宋羅大經《鶴林玉露》；"短打"❷謂"戲曲中武戲表演演員著短裝開打。與'長靠'對稱"，無書證；"打手"未及此義。

販苦惱子

詐術之一。奸人誘騙乞丐與富商巨家發生毆罵，當夜殺死乞丐，移屍仇家以詐取錢財。卷三十二《丐販》："弘治中，山陜人孫騰霄等三十人，三五爲群，道遇丐者，以衣食誘之爲儕，隨其所至，令守舍，給炊爨。騰霄等遊行市間，視有富商巨家，輒持貨與之貿易，論直高卑，則以言激其怒，相毆罵，隨號咷而去。夜則殺丐者，舁至其門，群哭之，揚言欲訟於官。其人懼，出財物求解，乃復舁去，焚之。名曰販苦惱子。"

羌桃

核桃。本名胡桃。晉永嘉後五胡亂華，石勒諱胡改爲核桃，江南叫"羌桃"，因其原出胡羌而得名。卷二十七《雜品》："晉永嘉後，五胡亂中原，石勒僭號於襄國，諱胡尤峻，因改（胡瓜）爲黄瓜。胡荽爲元荽。胡麻爲芝麻。胡桃爲核桃，江南曰羌桃。"李時珍《本草綱目》卷三十《果之二·胡桃》："釋名：羌桃（名物志），核桃。（蘇）頌曰：此果本出羌胡，漢時張騫使西域，始得種還，植之秦中，漸及東土，故名之。時珍曰：此果外有青皮肉包之，其形如桃，胡桃乃其核也。羌音呼核如胡，名或以此。"清雍正勅修《畿輔通志》卷五十六："羌桃，俗名核桃。"據《篇海類編·獸類·羊部》："羌，俗作羗。"乾隆勅修《盤山志》卷十五："羌桃，北方多種之，以殼薄仁肥爲佳，俗名核桃。"《佩文齋廣羣芳譜》卷五十九《果譜·核桃》："核桃，一名胡桃，一名羌桃。（《博物志》云：'張騫使西域還，得胡桃種，故以胡羌爲名。'）"陳寅恪《柳如是別傳》第四章第三期："俗名潘園李，大如羌桃。"

上山

指蠶上簇結繭。山，指用柴草紮成的蠶簇。卷二《續傳》："湖地宜蠶，……白戰作繭用柴帚，以禾草爲之，長尺有咫，大可一握。散佈，登蠶其上，有至二三重者，名曰上山。"又卷十八《字義之起》："山之取義，不獨高峻而已。今人稱蠶作繭曰'上山'。……蓋多而叢聚，亦謂之山也。"《大詞典》首引茅盾

《春蠶》，書證過晚。今河北、山西、安徽、四川、上海、江蘇、浙江等地方言仍稱蠶上簇爲上山②。

灶丁

承擔煮鹽之役的丁壯，即煮鹽工。卷二十七《水旱》："洪武二十三年七月，揚州海潮泛溢，溺死灶丁三萬餘人，松江、海鹽亦各二萬餘人。"亦見於其他文獻。元陶宗儀《南村輟耕錄》卷二十八《刑賞失宜》："至二十六日，浙西廉訪使自紹興率鹽場灶丁過江，同羅木營官軍克復城池，賊遂潰散。"明陳全之《蓬窗日錄》卷三《海運論》："今欲免放洋之害，宜預遣習知海道者，起自蘇州劉家港，訪問傍海居民、捕魚漁戶、煎鹽灶丁，逐一次第踏視海涯。"談遷《談氏筆乘·逸典·食鹽》："當時法嚴鈔貴，灶丁得利。後鈔法不行，灶得鈔無所用，煎鹽窮苦，因利納銀，告攀水鄉灶戶。"《大詞典》"灶丁"❶謂"舊稱煮鹽工"，首引清紀昀《閱微草堂筆記》，書證晚。

邊幅

指詩文内容反映社會的廣度。卷十八《韓文》："韓昌黎之文，本之於經，而得法於《孟子》。昌黎授之皇甫持正，持正授之來無擇，無擇授之孫可之，可之沒，其法中絕。後王臨川得之獨深，而邊幅稍狹。"此詞已見於唐。劉肅《大唐新語》卷八《文章第十八》："張九齡之文，有如輕縑素練，雖濟時適用，而窘于邊幅。王翰之文，有如瓊林玉斝，雖爛然可珍，而多有玷缺。若能箴其所闕，濟其所長，亦一時之秀也。"此雖以布帛幅寬作譬，但實指張文境界格局狹隘。《大詞典》"邊幅"❷"指織物的幅面、寬度"，首引《舊唐書·文苑傳上·楊炯》："張九齡之文，如輕縑素練，實濟時用，而微窘邊幅。"似欠當。宋費袞《梁溪漫志》卷七《詩作豪語》："郭功甫作《金山行》，前輩多稱之，雖極力造語，而終窘邊幅，信乎不可強也。"《大詞典》"邊幅"❹首引清沈德潛《說詩晬語》，書證較晚。

〔注釋〕

①苔蘚自古常並稱。閩南方言將"苔蘚"稱爲"青錢"。漢劉安《淮南子·泰族》:"水之性,淖以清,窮谷之汙生以青苔,不治其性也。""青錢"正是"青苔"的轉音。晉崔豹《古今注》卷下云:"空室無人行,則生苔蘚,或紫或青,名曰圓蘚,又曰綠蘚,亦曰綠錢。"綠錢是青苔的別稱,而民間一般又青、綠不分,一律稱"青"。所以"綠錢"變成"青錢"。詩人在詩中往往以綠錢作爲青苔來吟詠。如岑參"綠錢侵履跡,紅粉濕啼痕",蘇軾"南池綠錢在,北嶺紫筍長"。方言中的"錢"發音 zi,後訛爲 ti。(見李竹深《苔蘚》,《閩南日報》,2008 年 7 月 11 日。)

②許寶華、宮田一郎《漢語方言大詞典》,中華書局,1999 年,第 320 頁。

(黃宜鳳,成都信息工程學院文化藝術學院　郵編:610225)

《金瓶梅詞話》注釋商榷

崔山佳

內容摘要：本文對《金瓶梅詞話》注釋中的三則詞語提出了商榷意見。
關鍵詞：《金瓶梅詞話》 詞語 注釋 商榷

由陶慕甯先生校注、甯宗一先生審定的《金瓶梅詞話》中有不少注釋，其中有一些注釋，筆者有不同看法。茲就三則詞語提出商榷意見，以求教於同行專家。

一 成色銀子

（1）於是向頭上拔下一根鬧銀耳幹兒來，重一錢；謝希大一對鍍金綱巾圈，秤了秤，祇九分半；祝日念袖中掏出一方舊汗巾兒，算二百文長錢；孫寡嘴腰間解下一條白布男裙，當兩壺半壇酒；常時節無以為敬，問西門慶借了一錢<u>成色銀子</u>；都遞與桂卿置辦東道，請西門慶和桂姐。（《金瓶梅詞話》第十二回）

成色銀子：不是足色的銀子，（上冊第136頁）

（2）西門慶道："應二爹如此說，便與他罷。"自己走進去，收拾了二百三十兩銀子，又與玉簫討昨日收徐家二百五十兩頭，一總彈准四百八十兩。走出來對應伯爵道："銀子祇湊四百八十兩，還少二十兩'有些段匹作數，可使得麼？"

伯爵道："這個卻難。他就要現銀去幹香的事。你好的段匹，也都沒放；你剩這些粉段，他又幹不得事。不如湊現物與他，省了小人腳步。"西門慶道："也罷，也罷。"又走進來，稱了二十兩成色銀子，叫玳安通共撮出來。(《金瓶梅詞話》第五十三回)

　　成色銀子：不足色的銀子。(上冊第715頁)

《現代漢語詞典》(第5版)"成色"的義項有二，全作名詞解：❶金幣、銀幣或器物中所含純金純銀的量：這對鐲子的～好。❷泛指質量：茶的～好，味也清香。

《漢語大詞典》收"成色"，義項有三：❶金屬貨幣或器物中所含的金屬純度。如：

　　(3) 凡收受諸色課程變賣貨物，起解金銀，須要足色。如處勾不足分數，提調查官吏人匠，各笞四十。(《大明律·附例七》)

　　(4) 時價雖有漲落，成色毫無添補。(鄭觀應《盛世危言·鑄銀》)

❷泛指質量。如：

　　(5) 因思跟賈政出門，便不肯拿出十分出色的新鮮衣服來，祇揀那三等成色的來。(《紅樓夢》第七十七回)

　　(6) 荔枝蜜的特點是成色純，養分大。(楊朔《荔枝蜜》)

❸猶體統。如：

　　(7) 說也有，笑也有，狂的統沒有成色。(《金瓶梅詞話》第五十五回)

我們認為，單是看"成色"二字是不能確定它是"足色"或不"足色"的，即單是從"成色"看不出銀子的好與不好，如"成色"好或純，說明這質量好，如說"成色"不好，如"三等成色"，說明質量不好。所以，單是從"成色"是看不出質量的，單是從"成色銀子"是看不出銀子的成色（純度）的。像西門慶這樣的人，這銀子不大可能是"不足"的。我們再看下面的例子：

（8）美玉與金同，亦有成色可比對。其十成者極品，白潤無纖毫瑕玼也。九成難辨，非高眼不能別。八成則次之。以至七成、六成又次之。古玉惟取古意，或水銀漬血漬之類，不必問成色也，絕難得佳品。（元·孔齊《至正直記》卷三"美玉金同"）

上例充分說明，金、銀、玉都是成色高低的不同，從"一成"到"十成"。

（9）孫因問要換折多少。汪曰："弟祇零買雜貨，憑兄銀色估折便是。"孫因取出小曹八九錢重的，祇九一、二成色。汪看喜曰："此銀九四、五傾來麼，俱一樣如此，即好矣。"（明·張應俞《杜騙新書》第三類換銀騙"成錠假銀換真銀"）

（10）貂鼠皮道："我看那銀子沒紋，財主家使的銀子，九八成色，就要算細絲哩。"（《歧路燈》第五十七回）——第八十四回還有："誰知他们撥起成色來。我原不認的銀子，他们說，這一錠子祇九四，那一個鏒兒祇九一二。內中有家母添出來幾個元寶，他们硬說元寶沒起心，祇九二。"

（11）下晚苗禿子亦到，取出兩張當票來：一張皮衣，當了一百四十兩；一張緞衣，當了八十兩。除去棺價六十，交與如玉一百六十兩。苗禿道："成色俱是九九，分兩是我親自秤兌，絲毫不短。……"（《綠野仙蹤》第四十二回）

（12）金道台道："……即以各省銀圓一項而論，北洋制的，江南不用，浙閩制的，廣東不用，其中祇有江南、湖北兩省制的，尚可通融，然而送到錢莊上兌換起錢來，依舊要比外國洋錢減去一二分成色，自己本國的國寶，反不及別國來的利用，真正叫人氣死。如今我的意思，凡是銀圓，勒令各省停鑄，統歸戶部一處製造，頒行天下，成色一律，自然各省可以通行。……"（《文明小史》第四十八回）

上面例子中，"成色"不等，例（8）中，"成色"有"十成"至"六成"不等，例（9）中，"成色"有"九一、二"成，例（10）中，"成色"有"九八"成，例（11）中，"成色"有"九九"的說法，例（12）中，"成色"有"一二分"的說法，例（11）《歧路燈》第84回中"成色"有"九四"、"九一二"、"九二"等不同，這充分說明"成色"有不同的等級，但從"成色"本身來說，是分不出好與不好的。

再看如下例子：

（13）這日寧府中尤氏正起來同賈蓉之妻打點送賈母這邊針線禮物，正值丫頭捧了一茶盤押歲錁子進來，回說："興兒回奶奶，前兒那一包碎金子共是一百五十三兩六錢七分，裏頭成色不等，共總傾了二百二十個錁子。"（《紅樓夢》第五十三回）

由上例可知，銀子等的"成色"是"不等"的。

因為"成色"是分等級的，所以人們要"估"要"看"要"辨"要"驗"要"檢"要"撥驗"要"瞧"·要"看驗"要"挑"等，例如：

（14）虔婆笑道："……姐夫是何等人兒，他眼裏見的多，著緊處金子也估出個成色來。"（《金瓶梅詞話》第十五回）

（15）走到一個當鋪裏，看了成色，問當幾多銀子，小孫要當一百三十兩，當鋪還八十兩，當了一百回來。（《宜春香質》風集第四回）

（16）別的銀匠打造金銀首飾之物，就是三七攙銅，四六攙銅，卻也都好驗看。惟這烏銀生活，先把來燒得扭黑，再那裏還辨得甚麼成色；所以一味精銅打了甚麼古折戒指、疙瘩鈕扣、台盞杯盤之類，兌了分兩，換人家細絲白銀，這已叫是有利無本的生意。(《醒世姻緣傳》第七十回)——第九十六回還有："又叫二位師傅：'你仔細驗驗成色，路上好使。'侯、張道：'買我甚麼哩麼？有差些成色的，俺也將就使了。'"

(17) 相公檢成色好的拿去濟急，不拘幾時還。(《歧路燈》第三十三回)——第五十三回還有："二人說了六百兩數目，夏逢若道：'共該銀五百九十七兩，如今剩下三兩，連成色我也不看。即令成色不足，謝他有二百兩謝儀，還說什麼不成。'"第九十八回還有："王象藎用臥單背了一大包來，當主撥驗成色，俱是足紋。……當主展開一封，成色微末差些。"

(18) 忽有一人走進卻是個銀匠，系紹興人，在這南京開了個銀鋪。是店主請來要看銀子成色。(《五美緣》第二十八回)

(19) 鄭唐把此塊金抱至金店，磨看成色，系十成足。(《閩都別記》第二百八十七回)

(20) 一日，方善上街給公子打藥，在路上拾了一隻金鐲，看了看拿到銀鋪內去瞧成色。(《三俠五義》第五十二回)

(21) 那人說："口袋裏就是銀子。"廖貨說："打開瞧瞧成色。"(《小五義》第五十二回)

(22) 賢臣聞聽，心中大悅，將銀包打開看驗，塊數、成色，與富義說的相對。(《施公案》第七十六回)——第八十九回還有："大人將書吏傳來，隨吩咐出示曉諭：車船之上，凡運糧，不拘水陸，糧米到倉，監督收閱，查足數目，再看成色過斛。倘有成色不佳，斛口不足，將押運官同路户、車夫一齊治罪。"

(23) 和尚一瞧，說："比我的銀子還多呢，就是太碎些，有點成色。"楊明一聽，說："和尚，你將就用罷。"……康老丈在旁，瞧著氣就大了，說："這個和尚'真不知事，倒像該給他的，連一句情理話也不說，真是可氣。白給他銀子，他還挑成色。"(《濟公全傳》第七十三回)——第一百一十四回還有："剛追到村口，一瞧'和尚正在村口地下，把包袱打開，瞧銀子的成色。和尚自言自語說：'這是高白，這塊是有成色。這塊太湖，不定好不好。'老道鄭玄修一瞧，說：'好，和尚，你拐了我的銀子，你還瞧成色。'"第 199 回還有："想起前者濟公戲耍神童子褚道緣之時，在酒樓和尚把鄭玄修的銀子誰了走，在村口瞧銀子的成色，鄭玄修限和尚打起來。"

(24) 這邊王夥計將搭聯打開，將銀子一封封搬出來擺在炕上，著如玉看成色，稱分兩：又要算盤，與如玉當面清算。(《綠野仙蹤》第五十四回)

(25) 早上起來，找了當票，自己到當鋪裏，一算不夠，又添了些碎銀，做了利錢，把金鐲子取了出來。到金店裏請他看看成色，換了十四換，元茂不肯。(《品花寶鑒》第五十一回)

上面例子也充分證明，單是"成色"是分不出好與不好看的，要"驗"要"看"纔能知道。

我們再看下面的例子，例如：

(26) 時有省臣條議，紙鈔有十便十妙之說：一曰造之之本省；二曰行之之途廣；三曰齎之也輕；四曰藏之也簡；五曰無成色之好醜；六曰無稱兌之輕重；七曰革銀匠之奸偷；八曰杜盜賊之窺伺；九曰錢不用而用鈔，其銅盡鑄軍器；十曰鈔法大行，民間貨買並可不用銀，銀不用而專用鈔，天下之銀竟可盡實内帑。（清花村看行侍者《花村談往》補遺"搗錢造鈔"）

（27）即前明十便之說，未始不"犁然有當于人心"：一曰造之之本省；二曰行之之途廣；三曰齎之也輕；四曰藏之也簡；五曰無成色之好醜；六曰無稱兑之輕重；七曰無工匠之奸偷；八曰無盜賊之窺伺；九曰不用錢，用鈔，則銅悉可以鑄軍器，十曰鈔法行，則民間貿易不用銀，天下之銀可盡入内庫。真乃十全善法，何不可行？（清·梁章鉅《浪迹叢談》卷五"請行鈔法"）

（28）夏鼎掏出一個紙封兒放在桌上，說："你看看，二兩松紋牛毛細絲，一毫一忽兒也不短。"張繩祖拆開一看，果然成色頂高。（《歧路燈》第四十二回）——第九十三回還有："王象蓋道：'張家老二那一宗地，是二百八十兩當價，這元寶銀子成色高，祇給他二百七十兩便可回贖。……'"

（29）若是首飾，又說是金子顏色淡了，銀子成色醜了，花樣不時式，金燒的不好，翠點的不好。（《風月夢》第一回）

（30）這件事叫古雨山知道了，托人買了他二百元，請外國人用化學把他化了，和那真洋錢比較，那成色絲毫不低。（《二十年目睹之怪現狀》第六十三回）

上面例子也證明，"成色"確實有"好醜"之分，有"高低"之分。但"成色"本身並無"好醜"之分，"高低"之分。

正因為"成色"有"高低"之分，所以，"成色"還可以補，例如：

（31）後來贖時，卻把大大的天平兑將進去，又要你找足兑頭，又要你補勾成色，少一絲時，他則不發貨。（《初刻拍案驚奇》卷十五）

正因為"成色"有"好醜"之分，有"高低"之分，所以，纔有如下的說法：

(32) 婦人慌問："有多少成色在裏頭？"銀匠說："那裏有半毫銀氣？多是鉛銅錫鑞裝成，見火不得的。"(《二刻拍案驚奇》卷十五)

(33) 吳爾知道："……原是一塊精銅白鐵的假銀，沒有什麼成色，若到火上一燒，便就露出馬腳，怎生取得'功名'二字？"(《西湖二集》卷二十)

(34) 又怕銀子低了成色，幣帛輕了分兩，使他說長道短，以開邊釁，就著裔金之使預管徵收，納幣之人先期採買。(《十二樓》鶴歸樓第三回)

(35) 宋紹祁說："當日在京首飾樓下兌換，原是借的珠子鋪的足紋，這成色遞不上，還少三兩一錢。……"(《歧路燈》第三十五回)——第四十三回還有："張繩祖道：'什麼成色？'白興吾道：'俱是細絲。'"第四十六回還有："程公道：'若是借債，這五百兩銀子，也算民間一宗大交易，也該有個文契'寫的有頭有尾，成色秤頭俱要注明……。'"第四十八回還有："王經千道：'叫譚爺說，幾番找息銀，成色、秤頭並沒有足的……'""紹聞展開氈包'孟嵩齡啟了整封，說：'王爺請看。'王經千搖搖頭兒'說道：'成色不足的很。'"第六十一回還有："這話正合隆吉心意，便道：'……況且揭的這宗銀子'文書上寫的成色，其實包瞞著不足，秤頭也怯，每月十幾兩利息，何苦一定使他？……'""及到那比較成色時，盛希僑道：'好一副"臨老人花叢"，滿眼都是春色。'少頃，敲起天平來，夏鼎道：'真正這個合了"油瓶蓋"。'""我心裏惱了，說：'你們就照這銀子成色算，想是不足色，也不敢奉屈。'他們還說：'原是敝東寫書來'要起一標足色的……'"

(36) 洪熒令阿興四個家人將十桶俱打開，見每桶裝二十錠,洪燧笑曰:"我道貢銀是怎樣雕龍刻鳳,原來亦與時銀一般,惟是白潔端正。"那家人阿興介面曰:"不在潔白端正'其内成色不同。"洪燧隨罵曰:"蛤蟆來講了曰,曉得甚麼成色!"(《閩都別記》第八回)

(37) 文揹向段誠要來,胡監生蹲在地下,打開都細細的看了,說道:"你這銀子成色,也還將就去得。我原是十足紋銀,上庫又是庫秤,除本銀三百六十五兩外,通行加算,你還該找我五十二兩五錢,方得完結,還得同到錢鋪中秤兌。"(《綠野仙蹤》第十八回)——第十九回還有:"文魁聽了大喜道:'我算的一點不差,怎便多要出十兩?銀子成色分兩何如?'文煒道:'且說不到成色分兩上,有一件事要稟明哥哥。'"第44回還有:"如玉道:'……銀子成色,定十足。'"

(38) 那夥計向著當當的笑道:"可階,這一件東西上鑲嵌的珠寶已經過火,就當的是金子,成色還是多算些,總值不到五百兩,怎麼當出一千兩銀來?還是要當一百兩罷?"(《紅樓夢補》第十九回)

上面例子中,單是從"成色"此詞也是看不出它是好還是不好。又如:

(39) 飲罷,接杯入,方出揀布四匹,還銀壹兩,祇銀不成色。客曰:"此價要換好銀。"(明·張應俞《杜騙新書》第一類脫剝騙"借他人屋以脫布")

上例是說,因為"銀不成色",纔"要換好銀",也證明"成色"本身無"好壞"之分。

白維國先生的中華書局本《金瓶梅詞典》[2]中"成色"有三個義項,義項二是:"不是足色的(金銀)。"例即例(1)。線裝書局[3]本注釋同,也是不夠準確的。

二　腰子

(1) 走到金蓮那裏來，坐在椅上說道："我兩個<u>腰子</u>，落出也似的痛了。"(《金瓶梅詞話》第五十三回)

腰子——腰。(上册第721頁)

其實，上面的"腰子"不是"腰"的意思，而是"腎"義，另如：

(2) 迎春回道："……心口肚腹兩<u>腰子</u>，都疼得異樣的。"(同上，第五十四回)

(3) 太醫道："……水不能載火，火都升上截來，胸膈作飽作疼，肚子也時常作疼；血虛了，兩<u>腰子</u>、渾身骨節裏頭通作酸痛，飲食也吃不下了：可是這等的？"(同上)

(4) 紫鵑道："不知怎樣，眼中出火，兩個<u>腰子</u>逼著往下墜。"(《紅樓圓夢》第十七回)

就是《現代漢語詞典》[4]也收有"腰子"："〈口〉腎。"而"腎"的義項一是："人和高等動物的主要排泄器官，形如蠶豆，在脊柱的兩側，左右各一，表面有纖維組織構成的薄膜，有血管從内緣通入腎内。血液流過時，血内的水分和溶解在水裏的代謝物質被腎吸收，分解後形成尿，經輸尿管輸出。也叫腎臟。"人的"腎"有兩個，所以，上面幾例中，有"兩個腰子"、"兩腰子"的說法。

李榮先生主編的《現代漢語方言大詞典》也收"腰子"，一般指"腎"，也有指動物如豬、牛、羊等的腎。如：

哈爾濱、成都、洛陽、西安、溫州、南昌：作為食物的豬腎或牛腎。

濟南、西寧、太原、崇明、婁底、于都、福州：腎。

牟平、武漢、銀川、烏魯木齊、績溪、丹陽、上海、杭州、金華、黎川：腎臟，人或高等動物的主要排泄器官，在脊柱兩側，左右各一。

徐州：參見"腎"。

揚州：❶腎。❷特指食用的豬的腎。

南京、貴陽、蘇州、寧波：❶人的腎。❷豬、牛、羊等的腎，供食用，多特指豬腎。

萬榮：❶一般指可食用的豬的腎。❷棉襖的舊稱。

忻州：❶腎。❷背心，貼身穿的不帶袖子和領子的上衣。

長沙：❶腰。❷特指豬的腎。

萍鄉：❶參見"腰"。❷腎（包括做食品的動物的腎）。

以上可見，雖然"腰子"在有的方言裏有作"腰"解的，但更多的還是解釋為"腎"，而且《金瓶梅詞話》中前面還有"兩個"作定語，可見這"腰子"祇能解釋為"腎"。

《現代漢語方言大詞典》還收有"腰子病"，如：

績溪：泛指腎臟疾病。

丹陽、上海、杭州、寧波：泛指腎臟疾病。

萍鄉：參見"腎炎"。

以上的"腰子"也是指"腎"。奇怪的是，許寶華、宮田一郎主編的《漢語方言大詞典》[5]雖收"腰子"，但未收"腎"

三　上位

（1）月娘道："……他便使性子，把他娘打發去了，走來後邊，撐著頭兒和我兩個嚷，自家打滾撞頭，鬏髻跺扁了，皇帝上位的叫。（《金瓶梅詞話》第七五回）

皇帝上位——皇帝、上天。（下冊第1132頁）

其實，"上位"沒有"上天"義。又如：

（2）王司房道："寒家那有玉帶，是上位差學生買來進御的。……"(《型世言》第三十二回)同一回尚有"上位還要具疏"。

(3) 撒敦奏道:"當今天下,莫非王土;衛土之士,莫非王臣:主上位居九五之尊,為萬乘之主,身衣錦繡,口飲珍饈,耳聽管弦之聲,目睹燕齊之色,神仙遊客,沈湎酣歌,惟陛下所為,有何不樂?徒自晝夜勞神!"(《英烈傳》第一回)

(4) 長老道:"因為上位滅我僧家,特來見駕。"萬歲爺道:"是我滅你僧家,你有何話說?"長老道:"昔日漢文帝不曾斬得僧頭,希夫人不曾破得僧戒,上位乃是千千代帝王之班頭,萬萬年皇王之領袖,天高地厚,春育海涵,于人何所不容?況且三教九流,都同是上位之赤子,上位何厚何薄,何愛何憎,今日這等滅僧興道?"萬歲爺道:"這原是龍虎山張天師奏的本。"(《三寶太監西洋記通俗演義》第十一回)——第十六回尚有"貧僧知得上位連日有事"、"上位責令欽天監注記某日某星現某方"、"上位言念下民"、"都在上位這一念愛民心上得來",第六十七回尚有"過蒙上位厚聘"、"今番上位祇管放心了"、"上位,你祇知道他們的手段"。

(5) 林學士拱手說道:"……學生與親家奉著聖旨,為著萬民,今日私開禁門請他進來,祈得一天好雪,就是皇上見罪,也自甘心。況且文武官員都在這裏看見的,又不瞞了那一個,誰人敢在上位面前道個'不'字?但若皇上知道見罪,都是學生承當。"(第四十八回)

上例前有"就是皇上見罪",中有"誰人敢在上位面前道個'不'字",後有"但若皇上知道見罪",三者都是指"皇上"。

(6) 内中道:"恭惟上公魏殿下:赤心捧日,元德格天;秀產仙芝,祥生福地。聚千年之靈氣,欽萬木之精英。誠玉

京之上品,貫瑤池而獨尊。"看此等頌語,竟儼然是以上位尊他了。(《明珠緣》第四十四回)
這裏的"他"是指魏忠賢。

(7) 又撞著一個大中貴韋春公公,他通文墨,上位極喜的。上位喜的是書畫,他乘機把王臣書畫進獻。(《醉醒石》第八回) 同一回還有"今上位好書畫古玩"。

(8) 漢王見眾將如此,假以複入宮中取物,潛自從地道中出來,投見上位,乃頓首伏地曰:"臣該萬死!惟懇陛下憐之。"乞命者再三。上遂命護衛人役,發一圍轎,令漢王坐於轎內擡行,仍悉如諸子從行歸京。赦城中百姓之罪,乃降漢王為庶人,改樂安州為武定州。(《於少保萃忠全傳》第八傳)——第十四傳尚有"力勸今上位親征"、"仍協令上位親征",第十五傳尚有"今上位事情未知何如"。

(9) 不想魏忠賢積威所致,天啟久已拱手服降。且天性愚駿,見了這本,不但不怒,反恐忠賢遷怒到他,滿臉陪著笑說道:"這本上說的話,那外邊的事,說我不知道還罷了。……"忠賢道:"上位說得是。……他們見上位托我掌管朝政,他外邊官兒不得弄權,想要觸了上位的怒將我貶開,好讓他們大家弄鬼。"(《姑妄言》卷八)——同一卷還有"忠賢道:'上位不知道,他們這一黨的人多著呢。……'"

(10) 劉公公攔住道:"……令愛小姐,咱又是在上位前伏侍過的,必得當面寫幾個字兒'咱方肯信真。……"(《平山冷燕》第二回)

《魏忠賢小說斥奸書》更多,有14例,下面舉1例,如:

(11) 內監們多半是慈心的,到王安來計較處置這件事,都與他說分上,道:"這些孩子們,不過跟上位頑耍,並沒有壞事'不知這些科道仔麼要難為他?"(第三回)

上面的"上位"就是指"皇帝"或"王",它根本沒有"上天"的意思。

《漢語大詞典》收"上位":"指君主。"引吳晗《朱元璋傳》第三章二:"元璋多次派使臣督責,國珍推說:'當初獻三郡,為保百姓,請上位多發軍馬來守,交還城池。'"原注:"當時人稱君王為上位。"注釋是準確的,祇是例子有點偏遲。

明代戲曲中也有"上位",如:

(12) 老太師還不知上位正要罷兵,見你的和戎本,不勝歡喜。(《鳴鳳記》第七齣)另第二十齣有"想已進過上位"。

也有稱皇帝為"上位爺"的,《漢語大詞典》未收,如:

(13)(魏忠賢)會見時又做出許多假小心奉承的醜態來,道:"……爺是當今的寵臣,上位爺若問起咱時,煩爺道及咱這幾年來赤心為國,費了許多辛苦。……"(《檮杌閒評》第四十八回)

(14) 謝奶奶道:"……我祇想這兩個,在武臣也貴顯,得上位爺寵。……"(《醉醒石》第五回)

以上是白話小說,明代戲曲中也有,例如:

(15) 自家是上位爺跟前傳命太監。(《鳴鳳記》第三十六齣)

(16) 上位爺念老相公功德,特此頒賜。(《懷香記》第三齣)——第20齣尚有"上位爺傳旨免朝"、"上位爺有旨"。

(17) 自家晉朝一個小黃門是也,恐上位爺視朝,祇得在此伺候。(《投梭記》第7齣)

還有稱"皇帝"為"上位爺爺"的,例如:

(18) 錦衣宮道:"……小官說中間是上位爺爺行走的,故此高;兩邊是文東武西,各位老爺出入的,故此比中間略略低些;這扇小門乃是雜色人往來的,如今師父從小門裏進

去，見各位老爺。……"（《韓湘子全傳》第七齣）

還有稱"皇帝"為"上位皇爺"的，例如：

（19）會見時又做出許多假小心奉承醜態來，道："……爺是當今的寵臣，<u>上位皇爺</u>若問起咱時，煩爺道及咱這幾年來赤心為國'費了許多辛苦。……"（《明珠緣》第四十八回）

還有如下的例子：

（20）他也不是<u>上位文</u>皇帝之弟，乃突厥可汗一種，在隋有戰功，賜御姓為楊。（《隋唐演義》第五回）

前面是"上位"，後面是"文皇帝"，這"上位"也是"皇帝"義。

由此可見，"皇帝上位"是同義連用。

白維國先生中華書局本、線裝書局本的《金瓶梅詞話》不知何因未收"上位"，王利器先生主編的《金瓶梅詞典》[6]也未收。

〔注釋〕

[1] 人民文學出版社，2000。
[2] 中華書局，1994。
[3] 線裝書局，2005。
[4] 李榮主編，江蘇教育出版社，2002。
[5] 中華書局，1999。
[6] 吉林文史出版社，1998。

（崔山佳，浙江財經學院人文學院　郵編：310018）

評《佛教與漢語史研究：
以日本資料爲中心》

闞緒良

內容摘要：本文論述了梁曉虹所著《佛教與漢語史研究：以日本資料爲中心》在中日漢語史研究學術交流中的橋梁作用，並對其研究的價值作了肯定，同時對其中某些問題提出了不同意見。

關鍵詞：梁曉虹　佛教與漢語史研究　橋梁作用　深度研究　考慮欠周

長期以來，作爲研究中國思想史、哲學史、文學史的重要資料，漢譯佛典得到了充分的重視，但是少有從語言學的角度去研究者，即便是慧琳、玄應《音義》，也是爲解釋佛經疑難詞語而作，其目的在於讀通佛典，沒有擺脱附庸的地位。20世80年代學者們注意到佛典在語言學研究方面的價值，從漢語史的角度去研究者日增，出版了若干部有分量的著作，從附庸蔚爲大國，舉其要者有朱慶之《佛典與中古漢語詞彙研究》（臺灣文津出版社1992），李維琦《佛經釋詞》（嶽麓書社1993）、俞理明《佛經文獻語言》（巴蜀書社1993）、顏洽茂《佛教語言闡釋》（杭州大學出版社1997）、李維琦《佛經續釋詞》（嶽麓書社1999，後來此書與《佛經釋詞》合併爲《佛經詞語彙釋》），此外，還有雖然未在書名中明確揭示而在論述中大量徵引佛典資料者，如江藍生《魏晉南北朝小說詞語彙釋》（語文出版社1988）、吳金華《三國志校詁》（江蘇古籍出版社1990）、方一新、王雲路《中古漢語語詞例釋》（吉林教育出版社1992）等。梁曉虹博士《佛教與漢語史研究：以日本資料爲中心》（上海古籍出版社2008，共490頁，以下簡稱《研究》）是同類著作中新出的一種，此書既豐富了漢語史研究，又增進了中日文化交流。

梁曉虹博士早年負笈南京師範大學、浙江大學，師從徐復、蔣禮鴻、郭在貽諸先生，耽學深思，打下了扎實的基礎，畢業後即以其博士學位論文《佛教詞語的構造與漢語詞彙的發展》（北京語言學院出版社1994）享譽學林。其後她曾到國家語言文字工作委員會工作過一段時間，不久即赴日本南山大學宗教文化研究所訪學並工作，最後定居以至於今，其間梁博士筆耕不輟，發表了一系列論文，結集爲《佛教與漢語詞彙》（佛光出版社2001），而《研究》則是其近作的匯集。

收入《研究》中的文章可分爲五個部分：一是以名古屋七寺部分疑僞經爲材料，考察漢語史上的與佛教有關的詞彙、語法現象；二是佛經音義特別是日本寫本佛經音義中的俗字研究；三是對中近世日本僧人，主要是江戶時代臨濟宗學僧無著道忠的著作以及"禪林句集"一類日本禪宗辭書所進行的研究；四是對中古近代漢語三音節現象的研究；五是對"東嶽主冥"的泰山信仰以及佛教的譬喻等研究。

由於梁博士具有專業訓練，身處日本，精通日語，又有機會直接接觸到日本的漢文佛教古籍，因而收入《研究》中的文章有一個顯著的特色：向中國學者傳遞了日本學界（包括她本人的研究）的最新動態，起到了"橋梁作用"（Swanson爲《研究》所作序言中語）。此言甚是，筆者認爲，"橋梁作用"表現之一是介紹名古屋七寺一切經。名古屋七寺位於名古屋市區，此寺的正式名稱是稻園山正覺院長福寺，是真言宗智山派的古寺，今日七寺有名於世並非爲此，而是免於戰火的大約五千卷的漢文佛經即七寺"寫本一切經"。七寺一切經爲安元元年（1175）至治承二年（1178）大中臣朝臣安長命人所鈔寫，共4954卷，分別安放在31個黑漆唐櫃中，在其後的漫長歲月中它們默默無聞。經專家考證，七寺所藏的一切經古逸經典非常寶貴，其中有些經文的原本自三世紀——五世紀以後，在中國本土已經散佚，甚至被認爲是"虛構的經典"，所以它們屬於較早傳入日本、非常接近原典的奈良朝寫經系統的經典。因此，七寺一切經被認爲是繼20世紀初敦煌藏經洞出土大量經文以來的又一重大發現，備受學界矚目。以京都大學教授牧田諦亮博士爲會長的"七寺古逸經典研究會"經過多年的研討，已經出版了六册《七寺古逸經典研究叢書》，匯集了中日兩國以及歐美學者的研究成果，爲以後的進一步研究打下了良好的基礎。因爲這個原因，梁博士1994年冬天曾隨"七寺古逸經典研究會"前往七寺，親眼見到日本學者在會長牧田諦亮博士帶領下認真研究的情景。2002年，梁博士爲撰寫《從名古屋七寺的兩部古逸經資料探討疑僞經在漢語史研究中的作用》專誠到名古屋七寺拜訪了"七寺古逸經典研究會"理事長蟹江良三住持，蟹江良三對梁博士的研究很感興趣，向梁博士贈送了《尾張史料——七寺一切經目錄》和七寺古逸經縮微膠卷目錄等資料，於此可見梁博士與七寺一切經的因緣。"橋梁作用"表現之二是，日本現有佛經音義的介紹。佛教東傳日本，佛經音義也隨之輸出，而且由於受到當時、當地情境的影響，日本的佛經音義又有自己的特色。據日本學者水谷真成《佛典音義書目》的介紹，日本現存佛經音義有12部、234種，其中還包括內容無法判明者以及類似《龍龕手鑒》、《類聚名義抄》等一般辭書。對於日本佛經音義，梁博士分爲三類：一是隨佛教東傳而來的中國僧人所撰述者；二是日本僧人在中國傳來佛經音義的基礎上加工而成者；三是日本僧人所撰述者。無論是哪一類，對於中國有關研究者來說都是好消息。"橋梁作用"表現之三是對於無著道忠的著作在近代漢語虛詞研究方面所作貢獻的評價以及其著《盜雲靈雨》的介紹與評價。關於無著道忠，柳田聖山撰有《無著道忠的學術貢獻》（原載《百丈清規左觿》，後董志翹譯爲漢語，載《俗語言研究》創刊號，收入其著《中古文獻語言論集》），中國學者王锳有《讀〈葛藤語箋〉臆札》（原載《俗語言研究》第二輯，後收入其著《近代漢語詞彙語法散論》）。柳田聖山此文全面評價了無著道忠的學術貢獻，有關無著道忠"俗語研究"、"訓詁之學"各佔一節（即第四、五節），未全面評價其著《盜雲靈雨》，至於王锳的論文，一望可知祇評價其著《葛藤語箋》，而梁博士的兩篇論文補充了柳田聖山和王锳論文之所未備。最近二十餘年來，中古近代漢語研究取得了長足進步，而日本學界起步早，并且作出了卓越的貢獻，理應在學術史上佔有應有的地位，梁博士此舉讓我們知道了"他山之石"的存在，可以避免重復勞動。"橋梁作用"表現之四是對日本"句雙紙"在日本禪學所起作用的介紹。所謂"句雙紙"就是禪語詞彙集，"雙紙"又稱"草紙"、"草子"，原本是供學習用的小型筆記本，人們可以把它放入衣袋中或揣在懷中。日本平安時期的文學"雙紙"是貴婦人有教養的象徵，參禪的僧人經常把一些東西記在上面以備遺忘。演變到後來，"句雙紙"變成了日本禪林爲有助於禪門初學者學習禪林偈頌而編纂的工具書，梁博士《"句雙紙"與日本近代禪學》全面介紹了"句雙紙"的源流、特點以及它對日本禪學的普及、禪林文學所產生的影響，我們相信，對於中國的禪學研究不無啓發意義。此外，並非不重要的是每篇文章後詳贍的脚注也提供了豐富的日本學界的信息。

當然，《研究》並沒有停留在"橋梁作用"，而是對有關話題作了深度研究。在《研究》第一部分即疑僞經與漢語史研究部分，梁博士探討了七寺一切經中的兩部經典：《清净法行經》和《佛説安墓經》，研究其中的詞彙和語法現象。在《研究》第二部分即日本佛經音義研究部分，梁博士着重探討了《孔雀經單字》、《四分律音義》、《新譯大方廣佛華嚴經音義》、《新譯華嚴經音義私記》諸書中的俗字和詞彙，在深入研究研究的基礎上，梁博士提出了若干有價值的結論。

先說理論方面。名古屋七寺一切經有疑僞經的存在，這就引發了梁博士關於疑僞經的思考，收入《研究》中的《從名古屋七寺的兩部古逸經資料探討疑僞經在漢語史研究中的作用》全面探討了疑僞經的源流及其產生的原因與背景。從歷史上看，辨別疑僞經，始自道安，道安《綜理衆經目錄》專設《疑經錄》，收26部30卷，其後僧祐不僅在《出三藏記集》列出了道安所出的全部疑經，而且在《新撰疑經僞撰雜錄第三》中又列出疑經12部13卷，僞經8部13卷，道安和僧祐均認爲：真經源自佛陀以來的世代傳授，自然是來自印度，即使是輾轉而來自西域的經典，其義理也一定與佛經不相違背，而所謂疑僞經乃後人假託佛的名義而僞造，或據部分義理而加入虛構的成分，或完全是編造者的臆造。從内容看這些疑僞經"義理乖背"，從文風看，這些疑僞經"文偈淺鄙"，從來源上看，這些疑僞經並非來自"西天"，道安和僧祐言行對後世影響極大，梁博士認爲，這些認識有局限，也有偏差，他們未能明確區分"疑經"和"僞經"，更沒有對疑僞產生的原因和背景作出合理的解釋。在綜合考量後，梁博士認爲，疑僞經的產生有其深刻的歷史原因：一是西天所來者並非均爲真經。佛教之源在"西天"，創立者爲釋迦牟尼。雖然釋迦牟尼述而不作，但是其弟子們還是把佛祖的言行記錄下來，并且結集，形成了最初的經，但是各地教團都用自己的方言去記錄並傳承佛祖的言說，沒有統一的標準語，這樣，在佛教向外傳播的過程中，難免會產生理解的不同與傳承的訛誤，因而形成了不同的文本。再加上，印度教發展至鼎盛之際，宗派林立，每個宗派各自傳承研習本宗派的經典，特別是大乘經典，與"佛所説"相距甚遠，非"佛說"的本意，儘管這些經典也都冠以"如是我聞"、"佛說……"等字樣。縱觀千餘年佛教史，始終沒有出現一部統一的大藏經，所以古代中國僧人認爲凡是從古印度（包括中亞一帶）傳入的佛經均爲真經，是非常片面的。二是疑僞經是佛教中國化的特定產物。佛教傳入中國以後，信徒們奉釋迦牟尼之言爲永恆的真理，他們很自然地聯繫到儒家的五經，而由於儒家思想的正統地位，五經被儒家信徒奉爲根本的法則，所以釋迦牟尼之言也被稱爲"經"，由此可見，佛教初來東土就已打了中國傳統文化的印記。就在佛家的信徒們虔誠信奉佛祖之言爲"經"而且大批譯成漢語的同時，一些好事者開始撰述"佛經"，即"僞經"，儘管它們被判爲"僞妄"，遭遇禁止流通甚至被銷燬的命運，但是幾百年間疑僞經現象非但沒有消失，而且有日漸增多之勢，之所以如此，梁博士認爲有兩個原因：一是記錄和詮釋逐漸發展的中國化佛教。佛教自傳入中土之日起，就與中國傳統文化相接觸，開始了試探、依附、衝突、調和、滲透的過程，結果是形成了具有中國特色的中國佛教，正是在這個過程中，出現了"疑僞經"現象。二是擴展壯大中國佛教之需。相對於中國傳統文化，佛教屬於一個完全不同素質的文化系統，儘管譯經者盡可能使佛教本土化，但是佛國、淨土等概念總讓中國人覺得陌生和遙遠，爲了迎合廣大的中國信衆，當然要有符合信衆水平的"經"，於是就有好事者爲滿足這種需要而造"疑僞經"，此舉贏得了更多的信徒，擴大了佛教的影響，這正是"疑僞經"屢禁不止的原因。梁博士的分析鞭辟入裏，令人信服。

關於日本佛經音義的價值，梁博士也有精彩的分析。《研究》中收錄的《日本現存佛經音義及其史料價值》認爲日本佛經音義的意義主要有兩方面：一是有些古籍在中國大陸已經散逸，但因傳到日本得以保留，對輯佚和考定現存古籍殘本之真僞極有價值，比如隋朝僧人釋曇捷曾爲解讀《妙法蓮華經》而撰述《法華經字釋》，但是此書在中國本土已佚失不傳，然而日本僧人中算的《妙法蓮華經釋文》將此書作爲其書的兩個重要基礎之一，所以曇捷此書的部分內容被中算引用在書中，丁鋒《殘存最早佛經音義考——隋釋曇捷及其所著〈法華經字釋〉》通過從中算書中輯出來的與曇捷有關的全部材料的歸納，考證出《法華經字釋》的內容及體制。二是日本人所撰的音義，或在所傳來的古音義基礎上添加注釋成分，所援引自然不限於中國古籍，也有日本各種古典書籍，這些資料大多不爲中國學者所熟悉，特別是那些在日本已久佚者，則更顯珍貴，比如被認爲寫於平安中期的醍醐寺所藏《孔雀經音義》不僅在日本國語學研究上具有重要地位而且因其中所引百餘種文獻有中國本土已失傳的典籍而尤爲可貴。梁博士所透露的信息對中國古籍研究者無疑是一個令人振奮的消息。

當然，《研究》除了理論上的探索之外，更多的是對具體問題的研究與探討，同樣體現出作者豐厚的學養與敏銳的觀察力，能說明這一點的《研究》中有很多例子，本文不能一一列舉，姑舉三例以示其餘，如七寺一切經古逸經典《清净法行經》中有"叩頭搏頰"，整理者將"搏頰"視爲"博煩"，也未解釋"博煩"的意義，梁博士中舉多例證明"搏頰"不誤，可稱卓見，原文具在，茲不具引。（《研究》46頁）核諸字形與文例，梁說可爲定論。又如七寺一切經古逸經典《佛說安墓經》有"天覆地載應軍流行"語，整理者訓讀此句爲"天露"，顯然爲"覆"之字誤，翻刻作"覆"是正確的，梁文並舉多例證明。"應軍"之"軍"當爲"運"（運），"應運"古書常見，（《研究》55頁）梁說甚確。再如《四分律音義》卷一"羅閱"條云："以拙反，《十游經》雲，此言王舍城，應言羅闍，義是料理，以王伐之，謂能料理食。""食"字不可解，梁文認爲"食"爲"人""民"二字連寫所致，"料理"有"照顧"義，可能是抄經者當時已經把"料理"與"飲食"連在一起理解，故有此說。（《研究》129頁）有此一解，其義遂豁然貫通。

"智者千慮，必有一失"。《研究》在某些問題的討論中容有考慮欠周之處，筆者不避淺學之譏，願獻芻蕘之言。

關於徵引有關資料。梁博士身處日本，見聞廣博，能夠見到並利用國內學者難以見到的資料，《研究》中的諸多文章已經作了證明，但是偶有待補之處，比如關於疑偽經的討論，香港學者孔慧怡早有《從佛經疑偽經看翻譯文本中的文本規範》（孔慧怡《翻譯·文學·文化》156 頁—180 頁，北京大學出版社 1999），儘管孔氏討論問題的角度與關注的焦點與梁博士不同，但是應該在有關的地方提及孔氏此文。又如《從名古屋七寺的兩部古逸經資料探討疑偽經在漢語史研究中的作用》討論古漢語"疊架"現象，（《研究》22 頁）失引王海棻《六朝以後漢語疊架現象舉例》（《中國語文》1991．5）。《〈清净法行經〉語詞考辨》中討論"博煩"爲"搏頰"之訛，（《研究》55 頁）誠爲卓見，但是楊聯昇《道教之自搏與佛教之自撲》（載《塚本博士頌壽紀念佛教史論集》1961），已對"搏頰"作詳細討論，似應提及。《從佛經"同義爲訓"考察同義複合詞的發展》討論"棒"與"棓"的關係，認爲"棒"是"棓"的俗字，（《研究》224 頁）實際上吳金華《三國志校詁》早已指出（該書 4 頁）。《讀無著道忠的〈盋雲靈雨〉》評論無著道忠"古者飲則以劍舞之"的討論時（《研究》301 頁）失引周一良的有關研究（周一良《魏晉南北朝史札記·三國志札記·以舞相屬》）。同文評論無著道忠關於"落英"的討論（《研究》316 頁）失引錢鍾書的有關研究（《管錐編》2 冊 586 頁）。關於三音節副詞（《研究》418—445 頁），中國學者論之者頗不乏人，就筆者所知有吳金華《古文中的同義詞連用》（原載《語文學習》1982.9，後收入其著《古文獻研究叢稿》）、董志翹《古文獻中的多音節同義詞》（原載《訓詁教學與研究》1988.1，後收入其著《訓詁類稿》）、方一新、王雲路《中古漢語讀本》（吉林版65頁，上海版92頁）、張涌泉《敦煌變文校讀釋例‧三字同義而復用例》（原載《敦煌學輯刊》1987.2，後收入其著《舊學新知》），而《研究》概未提及上引諸文。

關於某些具體問題。

日本名古屋七寺一切經古逸經典中《毗羅三昧經》，該書卷上有："釋印氏迦羅越家，一朝舉門皆得時病，致有困極。未有死者，殆得一日、二日、三日、五日者，各各欲死。"（174—177）"太子、夫人、彩女皆得時病，致大困劣。"（202—203）梁博士《從名古屋七寺的兩部古逸經資料探討疑偽經在漢語史研究中的作用》認爲：以上例子中"困極"、"困劣"無法用"困"的一般意義解釋，"困"在中古有一個特別意思：病重。《世說新語‧品藻》："王珣疾，臨困，問王武岡曰：世論以我家領軍比誰？"又《容止》："裴令公有俊容姿，一旦有病，至困，惠帝使王夷甫往看。"《世說新語》中如此用，共有四次，可見當時爲常用義，然此義未見其他工具書述及，而以上例正好作此補充。特別是"至困"恰好與《毗羅三昧經》兩例句型亦同，"至"與"致"同意，祇是後邊又加了補語"極"和"劣"，更加強了突出病重的程度。（《研究》29頁）釋"困"爲"病重"，誠爲卓見，祇是此段仍有三處可商。一是梁博士認爲"至困"與"致有困極"、"致大困劣"中"至"與"致"同意，鄙意不以爲然，我認爲，"至困"之"至"爲程度副詞，義爲"十分"，而"致有困極"、"致大困劣"中的"致"爲"以致於"，有連詞意味，"至"與"致"此處不同意。二是梁博士認爲"困極"中的"極"爲"十分"，此係誤解，"極"是"疲憊"義，"困極"爲同義連用，在古人看來，"病重"與"疲憊"（渾身乏力）相關連，"極"有"疲憊"義，如《史記‧屈原列傳》："人窮則反本，故勞苦倦極，未嘗不呼天也；疾痛慘怛，未嘗不呼地也。""勞苦倦極"中的"倦極"不能理解爲"十分疲倦"，因爲下文"疾痛慘怛"與"勞苦倦極"同爲同義詞連用,"困極"亦同此理。《廣稚·釋詁》:"疲憊,極也。"七寺本《一切經音義》卷七引《通俗文》:"疲極曰憊,憊,疲劣也。"(轉引自《研究》193頁)皆其証,對此,郭在貽《訓詁學》第三章《訓詁學的作用》已有詳細討論(中華書局22頁)。三是梁博士認爲"困劣"之"劣"亦爲"十分",此亦誤,觀前引《通俗文》,則知"劣"與"疲"、"極"同義,"困劣"猶言"疲劣"。再者,"困劣"一語古書常見,如《漢書·史丹傳》:"上意大感,喟然太息曰:'吾日困劣,而太子兩王幼少,意中戀戀,亦何不念乎?'"《論衡·氣壽》:"若夫無所遭遇,虛居困劣,短氣而死,此禀之薄、用之竭也。"兩例"困劣"皆爲同義並列。

又,日本名古屋七寺一切經古逸經有《清净法行經》,該書卷一百五有"帶此神王名著身,夜無惡夢、縣官盜賊、水火灾怪、怨家暗鬥、口舌鬥亂,自然歡喜,兩作和解"語,梁博士《〈清净法行經〉語詞考辨》認爲:"縣官盜賊"應讀作"縣官、盜賊",爲名詞並列結構,並認爲"縣官"之"縣"義爲"被係","縣官"義爲"被官所獲",係縛而懸,亦即因事惹上官司,故爲禍殃。(《研究》40-41頁)語涉模糊,且有可商。第一,它誤解了"縣官"之"縣",此"縣"爲"赤縣"之省,《史記·秦始皇紀》"宇縣之中,承順聖意"注:"縣,赤縣。"第二,"縣官"在此也不是"被官所獲,係縛而懸"義,而是由"官府"引申的"官司"義,正如"官司"本爲官府,後引申爲抽象的"訴訟"義一樣。中國古代社會聚族而居,注重親情倫理,如有糾紛,一般采取和解的方法,這就是孔子講的"必也,使無訟乎!"(《論語·顏淵》)萬一事情激化到官府裏去,其結果往往是傾家盪產,乃至身敗名裂,在古人眼裏,進官府打官司的嚴重程度不亞於水火、盜賊,所以古人視若畏途,怯於見官,此種心態屢見於古代詩文中,如王建《田家行》:"田家衣食無厚薄,不見縣官身即樂。"唐彥謙《宿田家》："明朝怯見官，苦苦燈前跪。"敦煌寫本《燕子賦（甲）》："吾昨夜夢惡，今朝眼瞤，若不私門，克被官嗔。"《夷堅志》補卷六《周翁父子》："雖爲細民，粗守行止，未嘗與人有一詞紊煩官府，初不省作小惡。"《金瓶梅》二六回："奴纔無禮，家中處分便了，好要拉剌剌出去經官動府做甚麽?"《名公書判清明集》卷十"鄉鄰之争勸以和睦"宋人胡石璧評論道："今世之人識此道理甚少，祇争眼前强弱，不計長遠利害。纔有些小言語，便要去打官司，不以鄉曲爲念。且道打官司有甚得便宜處，使了盤纏，廢了本業，公人面前陪了下情，着了錢物，官人廳下受了驚嚇，吃了打捆，冤冤相報，何時是了？"胡氏此言曲傳怯於見官的心理，此種心理一直持續到近現代，費孝通《鄉土中國》內專立一節"無訟"討論近代中國農村的情形。綜上所述，梁博士對"縣官"的解釋有欠考慮。

又，《清净法行經》有"佛告阿難：諸國皆易，天竺東北真丹偏國，人民攏捩，多不信罪，知而故犯，對强難化。"梁博士認爲文中"對强"之"對"爲"剛"的訛變，因爲二字的繁體俗字形體相近，又認爲"剛强"義爲"强暴"，（《研究》43—45頁），梁博士認爲"對强難化"應爲"剛强難化"，誠爲不刊之論，祇是未舉旁証，今補1例以助其説，竺法護譯《舍頭諫太子二十八宿經》："貪財宿日生，剛强難化，憽悷自用，不知羞慚。"（大正藏 21/417a）而釋"剛强"爲"强暴"則似不可從，因爲細玩文義，"强暴難化"語不可解，且不信仰佛教也難與"强暴"連在一起，今按，"剛强"義爲"倔强，不順從"，如此理解方纔通順，"剛强"有此義，大約始於唐代，《慧琳音義》卷十四"憽悷"條謂："上禄董反，諸字書並無從人，作者應是譯經者以意作之，相傳音也。唯《纂韻》中從心作憽。下音麗。《義説》憽悷者，掘强拂戾，難調服也。並從心，從人非也。"（54/393b）卷二十八"憽悷"條釋："上禄公反，諸經有作㰪，同。下力計反,《三蒼》作俍,同,恨戾剛強貌也。"(54/497b)卷四十五"懭悢"又説:"懭悢者,剛強不服也。"(54/609b)卷六十六又釋"懭戾"曰:"此二字諸字書中先無,綴文學士以意書出,相傳音之。案:懭悢者,是剛強難調伏也。大意如此,故無別釋。"(54/744c)卷七十九"懭悢"慧琳再次强調:"字書先無此二字,是譯經者任他情書之。懭悢者,剛強難屈服也。"(54/818b)觀上引諸例,"剛強"與"恨戾"、("恨戾"即"很戾",《説文解字》釋"很"爲"不聽從也"。)不服"、"難調伏"、"難屈服"等詞連用,而且同樣的語境,也可說"掘強",由此可知,"剛強"義爲"倔強、不順從"是很明顯的,值得指出的是,"剛強"此義《漢語大詞典》失收。

《佛經音義與漢語雙音化研究》認爲《慧琳音義》卷二收録的"能阻、攀枝、無累、無暇、衆喻、不怯、壞瓶、遭苦、堪盛、穿穴"等不屬於詞,而是詞組,(《研究》271頁)梁博士這裏所列舉的其他詞暫置不論,可是要説"穿穴"不是詞,則缺乏歷史根據,因爲《漢語大詞典》已收此詞,所舉例证皆爲唐以後,實際上唐以前即已出現,如《齊民要術》卷六《養羊》:"若不數換者,非直垢污,穿穴之後,便無所直,虚成糜費。"《雜阿含經》卷四十三"觀察四方,見大石山,不斷不壞,亦不穿穴,即登而上。"(2/317a)

梁博士十分謙虚,本着"知之知之,不知爲不知"的宗旨,在有關文章的結尾列出"待考",以求得大家的討論。下面就《佛説安墓經》中的一個詞語貢獻自己的一得之言。

日本名古屋七寺一切經古逸經《佛説安墓經》內有"若人立墓中不安便若有慈怪便心生死疑生無量亦爲一切衆生説十二部經。"對於文中的"慈怪",梁博士在《試説〈佛説安墓經〉》文末"結語與待考"中説:案,此句中"慈怪"甚難解。訓讀文將其作爲一個詞,然未釋其義。筆者認爲,"慈"或可視爲"玆"

之訛，即"此"也。(《研究》61頁)我們認爲，"慈怪"當爲"變怪"，理由有二：一是字形上，"變"的繁體字與"慈"形體相近似；二，更重要的是，"變怪"在中古是個常見的詞，義爲"怪異"，恰與此處語境密合，如依此説，則上引《佛説安墓經》句意當爲：如果有人站在墓穴中，會有不安的感覺，就會疑神疑鬼，有一種怪异的感覺，"便心生死，疑生無量"則是對怪異感覺的進一步説明。"變怪"(也寫作"怪變")，中古多見，如劉秀《上山海經表》"文學大儒皆讀學，以爲奇，可以考禎祥變怪之物，見遠國異人之謡俗。"(袁珂《山海經校注》附)《後漢書·彭寵傳》："其妻數惡夢，又多見怪變。"《三國志·魏書·管輅傳》："此郡官舍，連有變怪，使人恐怖。"《世説新語》忿狷4條："乃夜往鵝欄間，取諸兄弟鵝，悉殺之。既曉，家人咸以驚駭，雲是變怪。"《太平經合校》卷三六"事死不得過生法"："生時所不樂，皆不可見於死者，故不得過生，必爲怪變甚深。"《夷堅志》支癸卷六《淮陰民失子》："山下諸家積以夜失物，知必爲鬼魅變怪，邀巫治之。"此詞也見於佛典，如日本名古屋七寺一切經中《清净法行經》："一切諸鬼魍魎妖魅，無有禁限，此守門户，住其宅中，求望飲食，坐諸變怪，恐動人心。"(69—70)(轉引自《研究》44頁)《佛本行集經》卷四十三："我今可往至彼，觀察是何灾禍變怪所致，忽然若斯！"(3/849C)竺佛念《出曜經》卷一："時尊者阿難便生此念：奇哉變怪，無常對至，何其速乎！"(4/613a)

　　當然，以上所言不一定正確，即便是筆者偶有所得，也無損於《研究》的總體成就，更何況，就其介紹日本學界有關動態而言，其功甚偉。

(闞緒良，安徽大學中文系　郵編：230039)

稿　約

　　《漢語史研究集刊》由四川大學漢語史研究所主辦，主要刊登從歷時的或歷時與共時相結合的角度研究古代漢語的論文和學術評論，適量刊登國外已發表的具有借鑒價值的論文。本刊奉行學術自由原則，鼓勵學術爭鳴，歡迎各方來稿。來稿請注意：

　　1. 本刊提倡扎實語料基礎，在拓寬傳世典籍語料研究領域的同時，重視出土文獻和活的語言資料，並汲取相關學科的研究成果；提倡微觀與宏觀相結合，在繼承傳統的同時吸收現代語言學的理論和方法，探求語言現象產生的原因和演變規律。

　　2. 來稿請用繁體字書寫，全文一般不超過版面 12000 字，包括 100 字左右的提要，列 3—5 個關鍵詞。來稿半年後未得到本刊答復，作者可自行處理。因人力限制，來稿恕不退還。

　　3. 本刊採用匿名審稿，來稿請寫上論文題目、作者姓名、工作單位、通訊地址以及作者學術簡歷。正文另起一頁，不署名。

　　4. 引用文獻請注明出處，附在引例之後，並據內容採用以下順序：一，論文集類：作者、首發年份、文章標題、文集名稱、編者、出版社、文集出版年份；二，期刊類：作者、文章標題、期刊名稱、期數、出版年月、頁碼；三，專著類：作者、首版年份或時代（古人）、書名、出版社、出版年份。

　　5. 來稿請寄：四川大學中文系《漢語史研究集刊》編輯部，郵政編碼 610064。並發電子郵件至：hanyus98@163.com

圖書在版編目（CIP）數據

漢語史研究集刊・第十四輯/四川大學漢語史研究所，四川大學中國俗文化研究所編. —成都：巴蜀書社，2011.6
ISBN 978-7-80752-892-0

Ⅰ.①漢… Ⅱ.①四…②四… Ⅲ.①漢語史—文集 Ⅳ.
①H1-09

中國版本圖書館 CIP 數據核字(2011)第 185684 號

策劃組稿：楊宗義
責任編輯：譚曉紅　楊宗義
封面設計：楊　丁

漢語史研究集刊(第十四輯)　　四川大學漢語史研究所
　　　　　　　　　　　　　　四川大學中國俗文化研究所 編

四川出版集團・巴蜀書社出版發行
（成都市槐樹街2號　郵政編碼610031）
總編室電話 (028) 86259397　發行科電話 (028) 86259422 86259423
網址　www.bsbook.com
成都蜀通印務有限責任公司印刷（成都市二仙橋東三段5號）

成品尺寸 203mm×140mm　　印張 13.25　字數 330 千
2011 年 6 月第 1 版　　　　2011 年 6 月第 1 次印刷
印數：1—1750 冊

ISBN 978-7-80752-892-0　　　　　　定價：35.00 圓
本書如有印裝質量問題請與工廠調換